物业管理
——研究书系

U0587587

物业管理原理 第2版

THEORIES OF PROPERTY MANAGEMENT

黄安心◎著

重庆大学出版社

内 容 提 要

本书从建筑物区分所有权理论出发,沿着业主公共事务自治管理的轨迹,遵循专业物业管理市场化运行规律,从一个全新的视角全面系统地解读物业管理,并全面系统地构建了物业管理理论体系。主要内容有:物业管理学概述、物业管理基本理论、物业管理相关理论、物业管理方法、物业管理环境、物业管理关系、物业管理体制、物业服务企业、物业服务主要工作及业务、物业管理服务评价、物业分类管理、物业管理发展。本书在物业管理理论体系的系统性、科学性方面做出有益的探索,并在理论上较好地解答了一些长期以来争论不休的学科及理论问题,也为物业管理实践提供了科学的理论逻辑和政策规范指导。

本书适合物业管理研究者、物业服务企业中高层管理人员、业主自治机构人员、政府相关行政管理人员、大专院校物业管理专业教师及学生学习、研究时使用。

图书在版编目(CIP)数据

物业管理原理/黄安心著. —2 版.—重庆:重庆大学出版社,2010.3(2018.7 重印)
(物业管理研究书系)
ISBN 978-7-5624-4813-6

Ⅰ.①物… Ⅱ.①黄… Ⅲ.①物业管理 Ⅳ.①F293.33

中国版本图书馆 CIP 数据核字(2010)第 016983 号

物业管理原理
第 2 版
黄安心 著

责任编辑:林青山 李文杰　　版式设计:林青山
责任校对:邹　忌　　　　　　责任印制:赵　晟

*

重庆大学出版社出版发行
出版人:饶帮华
社址:重庆市沙坪坝区大学城西路 21 号
邮编:401331
电话:(023) 88617190　88617185(中小学)
传真:(023) 88617186　88617166
网址:http://www.cqup.com.cn
邮箱:fxk@ cqup.com.cn(营销中心)
全国新华书店经销
POD:重庆新生代彩印技术有限公司

*

开本:787mm×1092mm　1/16　印张:25　字数:490 千
2009 年 4 月第 1 版　2010 年 3 月第 2 版　2018 年 7 月第 4 次印刷
ISBN 978-7-5624-4813-6　定价:49.00 元

序言
Preface

　　物业管理实践的发展离不开理论支持,实践中的问题需要理论研究探讨去加以解决。随着近些年来物业管理的快速发展,各种问题、矛盾甚至冲突也逐步显现,在业内人士勇于实践、勤于探索,不断寻求解决问题良策的同时,一批理论研究工作者也积极参与到物业管理发展研究中来,付出了艰辛,努力实现基于职责的价值,力求与物业管理行业产生发展相伴的物业管理学科理论研究能有新的突破,以指导物业管理难题的破解,促进行业的可持续发展。黄安心先生的著述,正是顺应物业管理理论发展的潮流,力求提升物业管理学科理论研究层次的一个探索。

　　2004年7月在哈尔滨召开的中国物业管理协会年会暨物业管理企业改革与发展工作交流会上,黄安心先生提出了物业管理根本性质是公共管理的观点,引起了业内人士的注意。后来他又发表了系列相关论文,带着对物业管理事业的热情和执著,继续深化他的研究。时隔4年之后,一部物业管理学的新著作呈现在大家面前,也是水到渠成的事情。

　　黄安心先生这部著作的理论体系出发于建筑物区分所有权理论,沿着业主公共事务自治管理的轨迹,遵循专业物业管理市场化运行规律,尝试从一个较新的视角全面系统地解读物业管理。本书所构建的物业管理学科体系,是建立在其他学科理论支撑和本学科理论系统化的基础上,是对物业管理实践认识的升华,具有科学性和系统性。它的逻辑主线比较清晰,可以简述为:从建筑物区分所有权理论出发——构建业主自主管理的产权基础;沿着业主公共事务自治管理的轨迹开展物业管理活动——确保业主公共管理权的有效实现;专业物业管理按照物业服务企业和业主的物业服务产品市场化委托代理关系的交易方式——确保业主需求合理满足;以物业服务企业为专业物业管理的市场化物业服务产品供给主体——保障物业服务与经营活动的市场高效率;围绕物业区域公共环境因素综合治理的理念——达到社区微观的有效治理;最终实现业主满意、物业服务企业发展与社区文明进步的目的——全面提升物业区域综合效益。这对于我们更全面地认识物业管理的本质特征,把握行业发展规律,创新行业发展理念,破解行业发展难题都具有诸多的启示作用。

目前,国内理论界和实业界人士(包括物业服务企业和行政官员)比较多的是从经济学的角度研究解释物业管理问题。如物业公司与业主发生经济纠纷时,以经济学的逻辑去处理,大家都追求自身利益最大化,就难以调和矛盾。但是,如能从公共管理的逻辑角度,按业主物权的逻辑,在分清权责利界限的基础上去处理,结果就完全不同。同样,如果单从技术角度出发,只能解决设施设备上的问题,不能解决产权关系和社区关系问题;而从行政管理角度出发,更是解决不了现代社会的行为模式下民事私权关系问题。黄教授在著述中较为全面清晰地理顺了各种物业管理关系,并从各自的规律出发,从理论的角度较好地解答了一些长期以来争论不休的问题,为物业管理实践提供了丰富的观察视角和科学的理论指导。

当然,作为一本以物业公共事务管理为支撑的学科理论体系的学术成果,本书还有一些需要雕琢完善的地方:如何使理论体系更加科学,促进知识与理论模块进一步融会贯通,如何以观点思路指导具体的物业管理实务工作,如何使物业管理学科建设更具鲜明的中国特色等,都值得作者去进一步思考、挖掘、丰富和完善,这同样也是有志于物业管理理论研究和致力于物业管理行业发展的所有人的希望。

中国物业管理协会会长

谢家瑾

2009 年 2 月 18 日

目 录

第1章　**物业管理学概述** ……………………………………………… 1

〖重点关注〗 ……………………………………………………………… 1

1.1　物业与物业管理 ……………………………………………………… 1

1.2　物业服务及其主要环节 ……………………………………………… 16

1.3　物业管理学科性质、理论来源及体系构成 ………………………… 23

1.4　物业管理学研究对象、内容与方法 ………………………………… 35

〖简要回顾〗 ……………………………………………………………… 38

〖案例碰撞〗 ……………………………………………………………… 39

第2章　**物业管理基本理论** …………………………………………… 40

〖重点关注〗 ……………………………………………………………… 40

2.1　建筑物区分所有权理论 ……………………………………………… 40

2.2　公共管理理论 ………………………………………………………… 50

2.3　委托-代理理论 ……………………………………………………… 58

2.4　服务理论 ……………………………………………………………… 63

〖简要回顾〗 ……………………………………………………………… 69

〖案例碰撞〗 ……………………………………………………………… 69

第3章　**物业管理相关理论** …………………………………………… 70

〖重点关注〗 ……………………………………………………………… 70

3.1　市场经济理论 ………………………………………………………… 70

3.2　行政管理理论 ………………………………………………………… 78

3.3　城市管理理论 ………………………………………………………… 85

3.4　社区管理理论 ………………………………………………………… 88

〖简要回顾〗 ……………………………………………………………… 95

〖案例碰撞〗 ……………………………………………………………… 95

第4章　**物业管理方法** ………………………………………………… 96

〖重点关注〗 ……………………………………………………………… 96

4.1	企业战略管理方法	96
4.2	团队管理方法	103
4.3	虚拟管理方法	109
4.4	质量管理方法	113
4.5	项目管理方法	118
4.6	客户关系管理方法	123
4.7	沟通方法	129
4.8	心理学方法	132
	〖简要回顾〗	137
	〖案例碰撞〗	137
第5章	**物业管理环境**	**139**
	〖重点关注〗	139
5.1	物业管理环境特点及内容	139
5.2	物业管理环境的因素分析	142
5.3	我国物业管理环境的优化	149
	〖简要回顾〗	153
	〖案例碰撞〗	153
第6章	**物业管理关系**	**155**
	〖重点关注〗	155
6.1	房地产开发与物业管理	155
6.2	政府行政行为与物业管理	160
6.3	公用事业经营与物业管理	171
6.4	业主自治与物业管理	175
6.5	居民自治与物业管理	181
6.6	物业服务企业与物业管理	185
	〖简要回顾〗	194
	〖案例碰撞〗	195
第7章	**物业管理体制**	**197**
	〖重点关注〗	197
7.1	物业管理体制概述	197
7.2	中国物业管理体制改革	202

〖简要回顾〗 ·· 211

〖案例碰撞〗 ·· 211

第 8 章　物业服务企业 ·· 213

　　〖重点关注〗 ·· 213

　8.1　物业服务企业 ·· 213

　8.2　物业服务企业人力资源管理 ·· 224

　8.3　物业服务企业家的成长 ·· 229

　8.4　物业服务企业创新 ·· 236

　8.5　物业服务业务市场拓展 ·· 241

　　〖简要回顾〗 ·· 244

　　〖案例碰撞〗 ·· 244

第 9 章　物业服务主要工作及业务 ·· 247

　　〖重点关注〗 ·· 247

　9.1　物业服务经营管理工作开展 ·· 247

　9.2　物业公共服务 ·· 274

　9.3　物业经营服务 ·· 291

　　〖简要回顾〗 ·· 298

　　〖案例碰撞〗 ·· 298

第 10 章　物业管理服务评价 ·· 300

　　〖重点关注〗 ·· 300

　10.1　物业管理行业发展水平评价 ·· 300

　10.2　物业服务企业服务质量评价 ·· 315

　10.3　物业服务企业业绩评价 ·· 319

　10.4　物业管理行业服务质量的评价 ·· 327

　10.5　物业管理服务顾客满意度评价 ·· 330

　　〖简要回顾〗 ·· 334

　　〖案例碰撞〗 ·· 335

第 11 章　物业分类管理 ·· 337

　　〖重点关注〗 ·· 337

　11.1　物业分类管理概述 ·· 337

11.2　居住物业管理 ·· 341

11.3　商务物业管理 ·· 349

11.4　工业物业管理 ·· 358

11.5　特种物业管理 ·· 364

　　　〖简要回顾〗 ·· 367

　　　〖案例碰撞〗 ·· 368

第12章　物业管理发展 ·· 370

　　　〖重点关注〗 ·· 370

12.1　物业管理理论与物业管理发展 ······································ 370

12.2　物业管理行业与物业管理发展 ······································ 374

　　　〖简要回顾〗 ·· 384

　　　〖案例碰撞〗 ·· 384

参考文献 ·· 386

后记 ·· 391

第 1 章
物业管理学概述

CHAPTER
·1·

【重点关注】
物业及物业管理的性质　物业服务及其主要环节
物业管理学科性质　物业管理学科理论来源及体系构成

1.1　物业与物业管理

1.1.1　物业

1）关于 Property 与 Estate 的理解

物业一词原出于港澳及东南亚一带的地区和国家。"物业"一词译自英语 Property 或 Estate，由中国的香港地区传入沿海、内地。国内这两个概念有时存在着误用的现象，因此有必要对此做一个辨析。

Property 一词的意思是财产或财产权，既包括有形财产、财产权，如土地、房屋、货物、金钱等，也包括无形财产、财产权，如版权、专利权等。根据词典的解释，Property 为财产、资产、所有物、所有权、房地产、性质、特性之义。当它与其他词组合时，可以表明特定的事物。如"Real Property"意为真实存在的不动财产或不动财产权（包括土地、房屋建筑及其设备、设施）；也有人将其翻译成房地产、房地产权，这里的"产"字是指财产，而不是产业。随着事物的发展，在特定的范围内，如在不动产的范围内，省掉 Real，只提 Property，则皆知是指不动财产，简译为不动产。

Estate 意为财产、状态、不动产、时期、阶层。虽然它有财产的含义，但有两点与 Property 不同：一是它侧重于有形财产的涵义，如 Real Estate 仅指不动产，或房地产；二是有"产业"的涵义，而产业是创造物质财富或追求利润的。因此，房地产开发往往用"Real Estate Development"，而不用"Property Development"。

2)物业含义的界定

物业是一个广义的范畴,是物业管理的物质对象。物业是特指正在使用中和已经可以投入使用的各类建筑物及其附属设备、配套设施、相关场地等组成的单元性的房地产以及依托该实体上的权益。中国香港地区业界认为物业是单元性的房地产。物业既可指单元性的房地产,也可指单元性的建筑物。

根据国务院《物业管理条例》第 2 条的规定,物业是指"房屋及配套的设施设备和相关场地"。其中的"房屋"是指"土地上的房屋等建筑物和构建物",即指能够遮风避雨并供人居住、工作娱乐、储藏物品、纪念和进行其他活动的空间场所,包括住宅房屋,如居民楼、公寓、别墅;也包括非住宅房屋,如工业厂房、仓库、商店、饭店、宾馆、医院、办公楼等。由此,物业管理中的物业一般是指已开始建设或已投入使用的对象集中在一定范围内的各类房屋建筑,以及与之相配套的公用设施、设备及相关的场地。

从实体形态看,一个完整的物业,应至少包括以下几个部分:

①建筑物:包括房屋建筑、构筑物(如桥梁、水塔等)、道路、码头等。

②设备:指配套的专用机械、电气等设备。如电梯、空调、备用电源等。

③设施:指配套的公用管、线、路。如上下水管、消防、强电(供变电等)、弱电(通讯、信号网络等)、路灯,以及室外公建设施(如幼儿园、医院)等。

④场地:指待开发建设空地或露天活动、放置物品之地,包括建筑地块、庭院、停车场等。

为进一步理解物业的含义,还可以从物业规模大小的边界和物业的权益、权属关系上进行理解。

物业可大可小,可以是群体建筑物,如住宅小区;也可以是单体建筑物,如高层住宅、写字楼等。物业还可以分割,如大物业可以划分为小物业,住宅小区物业可以划分为几个小的单体住宅楼物业等。

从物业权益上看,这些"物业"应该有明确的所有权人,即说明物业处在一定的建筑用地范围内、已建成并确定业主权益、有特定四至界限。"已建成"是形成可供使用、需物业管理的前提;"已确定业主权益"表明已建成的物业是经过法定竣工验收程序验收合格的并对物业的权益归属已从法律上给予确定。业主,即物业产权人,指房屋所有权人和土地使用权人。业主可以是个人、法人(如企业)、国家。

物业的权属主要是指区分所有建筑物的区分所有权,包括专有所有权、共有所有权和成员权三部分。专有所有权,又称"专有权"或"特别所有权",是指区分所有权人对专有部分予以自由使用、收益及处分的权利;共有所有权,或称共用部分持分权,是指建筑物区分所有权人依照法律法规或物业管理区域的管理规定,对区分所有建筑物的共用部分所享有的占有、使用和收益的权利。成员权,亦称为构成员权或共同管理权,是指建筑物区分所有权人基于在一栋建筑物的构造、权利归属及使用上的不可分割的共同关系而产生的,作为建筑物的一个团体组织的成员享有的权利和承担的义务。

综上所述,物业含义主要包括两个大的部分:a.已建成并具有使用功能的各类供居住和非居住的建筑物、与这些建筑物相配套的设备和设施、相关的场地;b.依托实体上的权益。

3)物业与房地产、不动产的区分

"物业"、"房地产"、"不动产"3个概念在业界常常使用,并不加区别地加以使用,由此可见此三者概念之间的密切联系。

房地产是泛指房屋建筑、土地以及附属定着物。既可以是宏观层面上的建筑、土地及其定着物,也可以是一个具体的建筑、土地及其定着物。从法律意义上说,房地产本质上是指以土地和房屋作为物质存在形态的财产及其权益,是指寓含于房地产实体中的各种经济利益以及由此而形成的各种权利,如所有权、使用权、租赁权、抵押权等。

"不动产"一词译自英语 Real Estate 或 Real Property。在英语中,Real Estate 具体是指土地及附着在土地上的人工建筑;Real Property 具体是指 Real Estate 及其附带的各种权益。房地产由于其位置固定,不可移动,通常又被称为不动产。它与"房地产"概念是同一语义的两种不同表述,一般没有本质区别,只是两个概念的侧重点稍有不同:"房地产"倾向于表明这种财产是以房屋和土地作为物质载体,而"不动产"侧重于表明这种财产具有不可移动这一独特属性,但两者所指乃同一对象。

从以上的分析可以看出,虽然"物业"、"房地产"、"不动产"三个概念本质相同,但表述的侧重点不完全相同,主要区别有:

(1)称谓领域不同

就一般情况而言,"不动产"是民法惯常使用的词汇,"房地产"则是经济法和行政法及商事实务中较常用的称谓,而"物业"仅仅是房地产领域中单元性的房地产概念的别称。不动产在土地研究和土地经济管理领域使用较频繁,房地产和物业的概念在建设管理领域使用频率高。从经济活动环节看,"房地产"是生产、流通、消费中房地产产品,是进入开发经营领域的不动产,很显然不动产范围大于房地产;"物业"是指进入具体消费领域的房地产最终产品,范围最小。

(2)适用范围不同

"房地产"与"物业"在某些方面可通用,但"物业"一般多指一个单项的"房地产"单位,如单项的房产、地产,或一个独立的物业管理区域,如"某物业小区",是指某个具体的群体建筑物或单体建筑物;而"房地产"除了可以指一宗具体的物业以外,还可以指一个国家、地区或城市所拥有的房产和地产,更多用于宏观经济活动统计、分析等领域。因此,从宏观的角度来看,一般只用"房地产"而非"物业",如"房地产业"。

(3)概念外延不同

一般而言,"房地产"概念的外延是包括房地产的投资开发、建造、销售、售后管理等整个过程。"物业"有时也可用来指某项具体的房地产,然而,它主要只是使用于房地产的交易和售后服务,以及日常物业服务等阶段或领域。因此,相对于开发商来说,用"房地产"更能体现一次性的房地产商品交易特性;对于物业管理主体,如业主,物业服务公司,则用"物业"更能体现基于"物业"基础上的物业服务产品的持续交易特性。

国际上,物业是一个通用的习惯词汇,与房地产、不动产表达同一种含义。在我国,物业则有其约定俗成的内涵,即主要指进入消费领域的房地产产品,而不是我们通常所说的生产、流通、消费的整个过程中的房地产。从这个角度上看,物业与房地产是有区别的。

完整地把握物业的概念,需要注意以下3点:

第一,物业的主体是建筑物,辅助部分是配套的设备、设施与场地等。如果没有建筑物,而是单独的设备、设施或是单独的场地(如空地),就不能称其为物业,至少不能称其为物业管理中的物业。

第二,物业管理中的物业(以住宅小区物业为例)主要是物业的公共部位、共用设施设备、物业规划红线内的市政设施和附属建筑及附属配套服务设施。其中,建筑物共同部位主要包括楼盖、屋顶、梁、柱、内外墙体和基础等承重结构部位和外墙面、楼梯间、走廊通道、门厅、电梯厅等。房屋建筑共用设施设备包括共用的上下水管道、落水管、邮政信箱、垃圾道、烟囱、供电干线、共用照明、天线、中央空调、暖气干线、供暖锅炉房、高压水泵房、楼内消防设施设备、电梯等。物业规划红线内的市政设施和附属建筑包括:道路、室外上下水管道、化粪池、沟渠、池、井、绿化、室外泵房、自行车棚、停车场等。规划红线内的附属配套服务设施包括球场、游泳池、商业网点等。

第三,物业管理中的物业还包含着寓于物业公共部位、共用设施、设备、场地等实体中,基于物业区域整体关联的权益,因此,对物业管理中的"物业"是有特定(法定和约定)的界限的(如上所列),并且其中是附有清晰的权利和义务的。

4)物业的性质

(1)物业的自然属性

物业的自然属性又称物业的物理属性,是指物业的物质实体或物理形态相联

系的性质,主要有以下几点:

①物业的二元性。物业多为土地和建筑物的统一体,兼有土地和建筑物两方面的物质内容和自然属性。物业的二元性,是其他任何商品都不具备的。

②物业的有限性。物业的有限性是由土地的有限性所决定。土地的自然供给有限,用作兴建建筑物的建筑地段更有限,人类只能在有限的土地上开发建设。由于现代建筑技术要求高、耗资大,因此物业的数量和规模还受制于社会经济力量和技术水平。

③物业的差异性和多样性。这一是由土地的差异性所决定的,二是由建筑物的差异性所决定。

④物业的固定性。物业的固定性主要是指物业空间位置上的不可移动性。人们无法将某一物业从偏远区位移动到商业中心,或将重庆的土地移到上海。

⑤物业的耐久性。土地具有不可毁灭性,而建筑物虽然可能灭失,或逐渐损耗,直到丧失物理寿命,但其寿命也不是一两年的时间,而是几十年乃至几百年。

⑥物业的配套性。物业的配套性是指物业以其各种配套设施,满足人们各种需要的特性。人们的各种需求从客观上决定了物业的配套性。

(2)物业的经济属性

①稀缺性。物业的稀缺是指物业的供给难以满足人类的需求。它一方面表现为土地的资源供应的绝对稀缺;另一方面表现为建筑资源供应的相对稀缺。

②商品性。物业作为一种商品,具有商品的属性。物业的商品性是由物业的稀缺性、使用价值和市场的有效需求所决定,它具有几方面的实质性内容:物业的交换价值通过市场交易活动得以实现,物业的买卖、租赁、抵押,土地使用权的出让与转让,都是体现物业商品性的具体方式;物业的开发建筑、经营管理都是商品经济活动,必须遵从价值规律。

③保值、增值性。土地资源的有限性、人口的不断增长和社会经济水平的不断提高,从长远的角度看,物业具有保值、增值性。增值是一种长期的趋势,而不是直线式的运动。从某一时期来看,物业的价格可能有升有降、上下波动;但从长期来看,它无疑呈现出在波动中上扬、呈螺旋式上升的趋势。

④易受政策的调控性。由于物业的固定性,它不像其他商品可以随意地从一个区域移动到另一区域,因此,它难以回避地区和国家宏观政策对它的影响;并且由于物业的稀缺性,物业对国计民生、社会稳定的重要性,各级政府对物业市场的调控就显得尤为重要。

⑤交易的契约性。购置一宗房地产不像购置其他商品一样可以将商品带走,购入物业就意味着购入一宗房地产物权,带走的是房地产交易的契约,是一些文书。房地产物权,在我国是指物权人在法律规定的范围内享有的房屋的所有权及其占有土地的使用权。而且,物业的所有权不仅是一项单项权利,而是一个权利

簇,拥有多项权能,如占有、使用、限制使用、买卖、租售、抵押等,形成一个完整的、抽象的权利体系。在这一权利体系中,各种权利可以采用不同形式进行组合,也可以相互分离,单独行使、享有。显然,房地产物权比其他商品财产权的结构更为复杂,交易中物业交易的契约条文更显得重要。

1.1.2 物业管理

1)物业管理的概念

物业管理可以称为"不动产管理"或"房地产管理",也有人直接用"物业经营"一词来替代"物业管理",以示与传统的房地产经营的区别。

我国物业管理的实践中,对物业管理有广义和狭义理解之分。广义的物业管理泛指一切有关房地产开发、租赁、销售及售后的服务;狭义的物业管理的主要任务是楼宇的维修养护,以及管理好各层的机电设备和公共设施,还包括治安保卫、环境绿化、设备设施维修、信息传送、环卫服务等项目。显然,这种解释实际上是从经济学角度对物业管理的解释,即物业管理是为满足物业服务产品需求者主体的需求,达成经营者的经济效益,围绕物业服务产品交易实现的管理活动。如物业服务公司为业主提供安全服务,是基于业主确定的需求和公司的利益,为了达成双方的利益,物业服务公司就要通过依据物业服务合同对安全管理的要求,开展安全方面的资源进行计划、组织、协调、控制等管理活动。从这个意义上讲,物业管理并不反映这些管理活动的本质,即管理活动在这里只是实现经济活动的手段而已。此时称物业服务企业经营更为贴切。另外,开发商习惯委托给物业服务公司来提供的房地产产品售后服务活动,这是房地产产品交易活动延续的一个环节,这应属于房地产开发经营范围,它与物业管理活动(主要是业主、物业服务企业、政府部门等市场主体之间围绕物业服务产品交易而展开的活动)有着本质的区别。这两种观点实际上是将物业管理看作房地产经济活动的延续或物业服务企业经营活动,只从经济学角度揭示房地产经济活动规律,并没有从管理学角度揭示物业管理活动的规律。因此有必要从管理角度重新界定这个概念。

从管理学角度解释物业管理,能更为准确反映物业管理活动的本质特性。因为管理向来是被看作资源配置方式和手段,但它同样不回避管理活动的目的性,只不过与经济学只考虑或主要考虑经济利益最大化的价值判断准则不同,管理学还要关注资源效率、社会效益、环境效益、心理效应等其他更多有价值的领域。物业管理正是需要对这些领域关注的一个特殊的管理事业或管理工作范畴。

物业管理作为管理工作的方式,所涵盖的内容是多层次的。从物业管理权的来源和实现的角度来分析,物业管理主要包括了4个层面的管理活动:一是业主基于物业产权的自主管理,如香港地区业主法团对所持有物业的自治管理。二是基于产权分解后的物业公共事务管理权委托的物业服务企业或其他管理人进行的委托管理活动,其中也包括物业服务企业利用小区公共资源和自身经营资源进行的经营活动。这就是人们通常所见的专业的物业管理活动,即业主通过选聘物业服务企业,根据业主和物业服务企业之间订立的物业管理服务合同的约定,对房屋建筑及配套的设施设备和相关场地进行维修、养护、管理,维护相关区域内的环境卫生和秩序的活动。三是基于公权的政府物业行政管理和行业协会的行业自律管理。如政府发布物业管理政策法规的抽象物业行政管理行为;政府对小区业主自主管理组织及活动、物业服务企业的物业管理服务活动依法采取的指导、监督、行政规制措施等具体物业管理行政行为;行业协会对企业资质的管理等。四是基于管理权力的交叉性、关联性的物业区域的综合治理,主要是物业业主、社区居民、经营单位和公用事业单位、专业公司、基层政府组织或非政府组织(NGO)(主要是业主联盟、协会等组织)等进行的互动式、渗透式管理活动,或关联性影响活动。

因此从管理学角度,物业管理应该是指合法的物业管理主体(物业产权主体及相关组织或人员)为实现物业产权人和物业相关利益主体的权益,达到经济效益、社会效益、环境效益等综合效益最大化,以物业或物业区域为界限而开展的对物业本体、物业关系和物业区域秩序管理活动的总和。显然这一界定并不影响物业经营价值的实现,只不过是将其放在更广的层面,在协调各方利益和实现各领域的平衡中去实现。因为上述 4 个层面的物业管理活动,真正体现经营性的只有物业公共事务委托管理的微利经营、物业服务企业利用小区公共资源和自身经济资源进行的经营活动以及其他公司企业与物业管理相关的经营活动(包括专业物业服务、金融服务、中介服务、公用服务等),而且从根本上讲,只有后两者才反映经营性的本质。由此可见,只从经营角度界定物业管理显然是不够的。

物业管理还是科学和艺术的结合。一方面物业管理需要按体现物业的自然属性的自然规律和体现物权人的社会属性的社会规律办事,即尊重物业管理科学规律,按物业管理规律所决定的内容、逻辑、程序、要求、方法办事;另一方面物业管理环境的高度复杂性、动态性,需要管理人员权宜应变,即物业管理艺术性。因此有人认为物业管理是工程技术活动;也有人认为物业管理是处理公共关系的活动;更有人认为物业管理是处理物业管理纠纷案件的活动。这些观点都有一定的道理,都能成为从不同学科视野观察研究物业管理活动,繁荣物业管理学术研究,提供多种解决实际问题的思路方法,也有一定的理论和现实意义。

关于物业管理概念的官方定义可以从物业管理政策法律里找到解释。根据2007 年 8 月 26 日国务院修改后《物业管理条例》(后文简称《条例》)第 2 条对"物业管理"作的界定:物业管理"是指业主通过选聘物业服务企业,由业主和物业服务企业按照物业服务合同约定,对房屋及配套的设施设备和相关场地进行维修、养护、管理,维护物业管理区域内的环境卫生和相关秩序的活动。"《物权法》第 81 条规定:"业主可以自行管理建筑物及其附属设施,也可以委托物业服务企业或者其他管理人管理。对建设单位聘请的物业服务企业或者其他管理人,业主有权依法更换。"显然,这里讲的物业管理是指通过物业服务企业或其他物业管理人提供的专业的物业管理。这是人们对物业管理的较常见的理解。从此角度理解,物业管理的概念应包括3层含义:

①物业管理是由业主通过选聘物业服务企业或其他管理人的方式来实现的活动。业主对物业进行管理,一般有3种方式:其一是业主自己进行管理;其二是业主将不同的管理内容委托给不同的专业服务公司进行管理;其三是业主选聘物业服务企业或其他管理人进行管理。关于管理主体,《物权法》与《条例》是有区别的,《物权法》对物业管理被委托的主体做了更宽泛的界定,它包括"其他管理人",物业服务企业只是其中一种形式,这为管理主体的扩大和管理体制的改革留下了"活眼";还规定物业服务企业或者其他管理人要根据业主的委托管理建筑区划内的建筑物及其附属设施,并接受业主的监督。可见物业管理的权力原始主体是业主,而物业服务企业是经业主选聘委托后的管理与服务主体,实质是从属性的市场主体。

②物业管理活动的基础是物业服务合同。从经济学角度看,物业管理活动是一种基于经济理性的物业服务产品交易活动,物业服务企业提供物业服务产品,并由此获得报酬或利润,业主获得服务产品,获得效用,得到满足。从法律上讲,物业管理活动则是业主和物业服务企业就物业服务的权利义务谈判,并签订、履行合同或协议的过程。物业服务合同确立了业主和物业服务企业之间被服务者和服务者的关系,明确了物业管理活动的基本内容即权利和义务。物业服务企业根据物业服务合同内容提供物业管理服务,业主根据物业服务合同交纳相应的物业服务费用,双方是平等的民事法律关系。

③物业管理的内容是物业服务企业按照物业服务合同约定,对物业进行维修养护、管理,对相关区域内的环境卫生和秩序进行维护管理活动。物业管理的内容主要有两方面:一是对房屋及配套的设施设备和相关场地进行维修、养护、管理;二是维护相关区域内的环境卫生和秩序,包括物业服务企业提供的保安、保洁、绿化、交通及车辆管理等服务。除此之外,物业服务企业可以接受业主和使用人的特别委托,为其提供物业服务合同没有约定的服务项目,也可接受供水、供气、供热等公用事业等单位的委托,为其向业主代收有关费用,还可接受政府委托提供公共行政服务等。

2)物业管理与物业服务

物业管理行业属于服务性行业,它的基本职能就是为业主、住户提供完美的服务。从物业管理一进入我国,围绕应该称"物业管理"还是称"物业服务",两种意见进行过多次交锋。一种意见认为,应该称"物业服务",因为服务是第一位,称"物业服务"有利于提高物业管理行业和物业服务人员的服务意识;另一种意见认为,管理与服务是物业管理的双重职能,管理本身也是服务,管理中有服务,服务中有管理,称"物业管理"可以更好地体现这一行业的特性。不管这两种意见最后达成怎样的结果,物业管理的服务特性是大家都一致认可的。特别是《物权法》将"物业管理企业"的称谓改为"物业服务企业",似乎有一锤定音之效。不过从理论上讲管理和服务是两个不同角度界定同一事物的方法,它们既有区别也有联系。

从区别看,首先是概念的解释方法不同。物业管理是从管理权来源或取得、管理权实现、管理功效等管理学角度解释物业管理活动的方法;而物业服务是从服务产品交易的经济学角度解释物业管理活动的方法。其次是立足点不同。物业管理立足于对物业、物业关系、物业区域环境秩序管理的综合效益,是全方位、全过程的管理活动,包括实体管理、资产管理和秩序管理等所有方面;而物业服务立足于约定物业服务项目效益目标的达成,管理活动只是取得服务产品效益的手段。再次是判断标准不同。管理强调是以工作为中心,围绕管理事件展开管理活动;而服务强调以人为中心,围绕人性激发和人的需要满足程度来展开管理活动。如物业服务企业是以物业功能正常发挥、环境优美、物业区域安宁为判断标准,还是以物业效用、业主满意度、小区生活品位为判断标准反映了不同的管理理念。最后是使用的领域不同。物业管理可以使用到与物业相关所有社会活动的领域,包括物业服务领域。如物业服务企业的服务活动不但要受到宏观、中观(地方政府及协会)物业管理行为的影响与制约,而且物业服务目标的达成是要通过具体的物业管理活动去实现。物业服务只在商业化的物业服务产品交易活动中才出现。

从联系来看,管理与服务两者密不可分。首先服务是管理的一种表现形式。从管理学意义上讲,管理本身就包含平等关系下的管理和不平等关系下的管理(即管制)两种模式。通常讲的服务是平等关系下的管理。平等关系下的管理是基于平等民事关系(通常是经济交易关系)管理模式。这种管理模式从理论意义上讲只可能产生于市场经济条件下的物质产品或服务产品的交易活动中。其主要有 3 个含义:一是主体平等,二是等价交换,三是自由竞争。随着物业管理行业的市场化进程加速,人们对这种平等交易模式越来越期盼,以至大家急切盼望将"物业管理"改为"物业服务"就不足为奇了。但是在物业服务中有大量的活动是在不平等的管理方式下实现的,如个别业主不按物业用途使用物业,物业服务人员就要以全体业主委托的公共事务管理权实现者的身份,对其实施管制措施。此时双方虽然在法律上是平等的,方式上可以人性化一些,但双方在这一具体行为中的地位上显然不是平等的,物业服务人员代表的是全体业主,而个别业主只代表自己,并且要服从包括自己在内的全体主体制定的管理规约的约束。其次是服务内容具体表现为管理活动,或者说服务是由管理活动来帮助实现的。如要满足业主对"环境优美"的服务需求,就需要对环境资源进行配置管理活动来实现。其三是两者都反映了管理风格。管理的两种模式在不同时代或不同情境条件下都可能成为最佳的选择,体现适应环境的管理风格的差异。两者之间是可组合可优化的关系,不是排斥关系。不平等关系下的管制实际上最早产生于落后社会形态的专制体制下的管理活动中,同时也存在于现代社会各个领域,最主要体现在国家治理,特别是行政管理等宏观活动中,同时机关、事业、企业单位的微观管理中也大量存在管理手段,如对不规范的行为,不符合要求的产品或服务实行纠正和惩处措施。反过来,上述组织在现代社会也在推广人性化的服务。当关系不协调、运行无序、社会不和谐时,就需要管制或管理;当关系协调、运行有序、社会和谐时,则强调更多的是服务。其四是反映不同企业经营管理的专业特色。这可以从公司的名称与专业特色的联系上反映出来。从管理或服务的专业领域看,有的以资产管理为主,用"管理公司"名称;有的以服务为主,用"服务公司"名称;有的以顾问、中介为主用"顾问公司"、"管理公司"名称。因此,可以说"管理"中有"服务","服务"中有"管理",服务提高管理效果,管理保障服务的稳定提供和服务的质量。

但是长期以来物业管理行业缺少服务意识,存在"管制"业主的普遍现象,因此,从现实意义上看,称"物业服务"有利于提高物业服务人员的服务意识,培育全行业服务意识,纠正行业不正之风,是改善物业管理行业形象的举措。

有鉴于此,从物业管理的微观层面讲,专业的物业管理主要是从服务交易角度来理解,物业管理不应是居高临下地"管制"业主,而是受业主委托,以平等的民事主体的身份管理业主委托的物业公共事务。当然对发生在物业小区内的不合约定的违法违规行为,也要依法或依合同行使适当的管制手段。从企业内部经营管理角度,物业服务企业还有自身管理问题。将自身管理与业主委托的事务管理结合起来考虑,就是要通过加强物业服务企业内部管理,通过服务专业化和专门化,提高为业主服务的质量,来实现业主多样化的需要,从而实现物业服务的目标要求。

由于物业管理项目和内容之广几乎没有边际,因此,必须严格区分抽象意义上的无边界的物业管理和具体服务业务或服务产品意义上有明确界限的物业服务。在物业服务过程中,一方面服务项目与范围必须有约定,服务等级、服务标准和服务收费要一一对应,界限清晰,不可任意扩大;另一方面物业服务的质量必须有保证,不可"偷工减料"。

3)物业管理性质

在我国早期的物业管理实践中,政府在行政法规中对物业管理的性质并没有作出明确的界定,甚至对"物业管理"术语都没有作出明确的定义。在地方性法规和政府规章中,对"物业管理"术语的定义一般也都是从狭义的角度来定义的,并且各自的表述都有差异。在理论界对物业管理的定义也是多种多样。然而,在这些对物业管理的定义中,虽都表明了物业管理的主体、物业管理内容,但没有阐明管理性质,即管理的宗旨、管理方式、产品性质等。

与此同时,当前理论界在物业管理的性质上仍有争议,主要有两种看法:一种看法认为物业管理是公共行政管理;另一种看法认为是私人管理即经营性管理。

以上两种观点都有偏颇,对物业管理服务实际工作影响很大。前者以社会公共利益为导向,忽视物业区域业主或非业主使用人的公共利益,使管理者倾向传统的"房管所式"的行政管理模式,一方面使"管制"业主或非业主使用人的方式盛行,不能体现物业管理服务的物业区域(如住宅小区)本位特性,在当前社会普遍倡导人性化服务的理念下,这种"管制"方式显然不合时宜;另一方面使管理者不计成本,经费上更加依赖于开发建设单位,物业服务企业独立经营更加困难,很难实现物业管理与开发建设分业经营的目标。后者以企业利益最大化为导向,使管理者倾向于私人管理模式,这可能囿于物业服务企业多由房地产开发建设单位(商)组建或控制的背景,物业管理大多是房地产开发建设单位投资经济活动的一个营销组合要素售后服务机构而矣。具体表现为,一方面使"压榨"业主或非业主使用人的方式盛行,或与房地产开发建设单位(商)合谋,损害业主利益,或乱收费、乱涨价等增加自身利益;另一方面提供尽可能少的服务产品、降低服务质量以降低成本,造成管理者与业主或非业主使用人关系的紧张,物业公司将从根本上面临生存危机。因此非常有必要对物业管理性质做出恰当的界定。

(1)物业管理的根本属性是公共管理[1]

从区别企业管理及各种形式的私人管理(即企业法人或自然人的经营管理,是以盈利为目的,旨在实现自身利益最大化)出发,公共管理可以定义为:公共管理是政府与非政府公共组织所进行的、不以营利为目的,旨在追求有效地增进与公平地分配社会公共利益的调控活动。定义的前半部是区别企业管理,定义的后半部是区别非企业化的私域中一切形式的管理。

从公共管理所包括的基本内容出发,公共管理可以定义为:公共管理是政府与非政府公共组织,在运用所拥有的公共权力,处理社会公共事务的过程中在维护、增进与分配公共利益,以及向民众提供所需的公共产品(服务)所进行的管理活动。

从物业管理现有的定义来看,物业管理包含了公共管理和私人管理双重属性,即物业管理内容、宗旨上体现了公共性,但物业管理活动又是借助于企业管理形式来施行,且有盈利目的。业主自治管理组织是非政府组织,所开展的物业管理活动是公共管理活动,但在通常的委托管理模式下,物业管理市场主体是物业服务企业。不过物业管理与物业服务企业经营管理是两个范畴,物业服务企业开展的委

---

[1]黄安心.公共管理:物业管理的根本属性[Z].中国物业管理协会.2004年物业管理企业改革与发展工作交流会(哈尔滨)论文集,2004年7月17~18日.

托物业管理活动提供的物业公共服务产品,并没有改变物业管理的根本性质,而由企业组织来施行公共管理项目活动在国内外的管理实践中已是非常普遍的事实。

狭义的物业管理主要是因建筑物区分所有权的不可分割性而产生的物业区域公共事务管理。由于高层住宅楼宇的出现,这种住宅一般都是按单元出售给单个业主,因此一座楼宇的产权会有很多个业主所共有。在这种多元化的房屋产权要求统一管理的情况下,就出现了狭义的物业管理,即一般只限于对该物业本体进行管理服务,并且是以约定的物业管理项目为依据开展的委托性物业服务活动。其主要的任务是对物业的维护、共用机电设备和公共设施的管理,也包括治安保卫、分送信报、清洁卫生、绿化养护等公共管理服务内容。

广义的物业管理就具有双重性。它是泛指一切有关房地产开发、租赁、销售及租售后的管理和服务,是以房地产产品交易、物业服务、物业区域公共资源为前提条件,所开展的更宽泛的物业服务与物业经营活动。它包括房地产开发的早期介入和前期管理,以及房屋及其设备、公共设施的保养、维修,住宅小区的治安、环卫、交通、分送信报、公共绿化及道路养护等公共事务管理内容,范围相当广泛。有的物业管理还兼营小区内的商业服务、搬家服务、家政服务、房屋的装修装饰、房屋租赁等经营性服务项目。美国的罗伯特·C.凯尔等人著的《物业管理案例与分析》一书中所阐述的物业管理者的基本职能是:a.为业主管理物业;b.为业主创造来自物业的收入;c.使物业保值增值。这代表了这种广义物业管理的观点。由此可见,广义的物业管理具有公共管理与私人管理双重属性。

不过,在计划经济条件下物业管理作为社会性事务管理,分别由房管所和国家机关及企事业单位管理。但在物业管理行业出现后则由物业服务企业进行市场化方式管理,提高了公共管理的效率。显然,物业管理本质上是公共事务管理,只不过采用了企业经营的途径来实现。物业服务企业的经营性业务是利用物业区域公共资源开展的经营服务,这只是"物业管理中的特殊机遇"而已。

不论是广义还是狭义理解物业管理的性质,都不能回避公共管理性质,而经营性只体现在广义的理解中。不可否认从经济利益的量上考虑,经营性对经营者有巨大的诱惑,但从根本利益上讲,物业管理区域的经营性管理活动如果脱离了物业公共管理性,就成了与其他商业性活动毫无区别的纯粹的商业经营管理活动,不但偏离了物业管理的轨道,而且将导致失信于业主,最终将导致失去项目管理权。因此,公共管理性是物业管理的根本属性,也是经营者必须坚守的理性原则。

从物业管理权来源看,业主的物业产权即建筑物区分所有权中的共有权和成员权是物业管理区域公共权力的基础和来源。在专业的物业管理条件下,业主将物业公共事务管理权委托给物业服务企业,物业服务企业据此向业主提供物业服务产品。从专业的物业服务产品提供的角度看,物业服务企业提供的物业服务产品,主要是满足业主集体需要的公共服务产品,而物业服务企业的私人服务产品提供要服从于公共产品的提供,是附产品。物业服务企业不但要向全体业主和非业主使用人提供公共管理服务产品,还要对部分或个别业主或非业主使用人开展专项委托服务和特约个性化委托服务,即提供满足部分业主和非业主使用人个体需要的私人产品。在这一点上物业管理采用企业化的方式,实现了企业家精神在公共管理活动中的有机结合,符合现代管理、公共管理与经营管理在理念、方式方法上越来越趋向一致的特点。

(2)物业管理属性(即公共管理属性)显现的历程

首先,从国外物业管理实践活动的内容看,物业管理具有明显的公共管理属性。在国外,物业管理在不同对象和内容上体现物业管理的公共管理属性,即租户(或物业使用人)在使用物业过程中的建筑物及设施设备的公共事务管理和业主的由区分所有权引起的产权关系、公共关系的管理。如英国 19 世纪 60 年代伯明翰市的奥克维娅·希尔(Octavia Hill)最早为其出租物业制定了一套规范约束所有租户的行为管理办法,要求承租者遵守,同时女房东希尔女士本人也及时对损坏的设备、设施进行了修缮,维护了起码的居住环境。这些早的物业管理也体现了建筑物及设施设备的公共事务管理属性。在宏观上,伯明翰市政府为适应当时的工业发展的需要,从城市建设的角度出发,开创了由政府出面主持房地产即物业的成片开发、租赁、管理的先例,体现了政府公共管理对物业管理领域的渗透。

其次,从物业管理较为成熟的我国香港的物业管理主体演变发展趋势看,物业管理的公共管理属性逐步显现出来。过程是:①政府管理即行政管理。如香港早期的物业管理主要是"看更"服务,"公共房屋计划"的实行等。②发展商管理即企业管理。香港政府要求发展商承诺在批地契约后的全部年期内要妥善管理该屋村。③业主会议委任管理委员会业主立案法团管理即公共事务管理。如制定了《多层大厦(业主立案法团)条例》、《建筑物管理条例》,业主可以"参与管理者"的身份,组织业主立案法团,开展合法的自主公共管理。④政府宏观调控下的业主立案法团管理,即是政府调控下的业主对物业公共事务的自治。主要通过立法、执法和培训制度来介入业主的自治管理活动。即在政府引导下业主开展物业公共事务管理。

再次,从中国内地的物业管理短暂的发展历程看,也呈现出与香港物业管理发展过程相类似的轨迹:①计划经济时期政府多层次多头的直接管理,即政府机关、企业事业单位对其所属物业的直接管理,即通过房管所对城市国有房产进行的直接管理。②开发建设单位设置的物业服务企业管理。如 20 世纪 80 年代初期,沿海开放城市的广州和深圳经济特区,推行的专业化的物业管理方式。③现阶段政府指导下的业主委员会的自主管理与委托物业服务公司企业化的公共事务管理。《条例》第一条规定:"为了规范物业管理活动,维护业主和物业服务企业的合法权益,改善人民群众的生活和工作环境,制定本条例。"强调了公共服务的宗旨。第二条规定:"所称物业管理,是指业主通过选聘物业服务企业,由业主和物业服务企业按照物业服务合同约定,对房屋及配套的设施设备和相关场地进行维修、养护、管理,维护相关区域内的环境卫生和秩序的活动。"从物业管理目的和物业管理内容上体现了"公共性"。

综上所述,可以看到物业管理的公共管理属性逐渐显露的过程:从物业管理的政府多层次多头的直接计划行政管理,到房屋管理开发建设单位设置的物业服务公司的企业管理,再到政府指导下的业主委员会自主管理与委托物业服务公司管理相结合的企业化的公共事务管理。

从物业管理的公共管理根本属性出发,我们在物业管理活动中应注意以下几点:

第一,物业管理必须与房地产开发分业经营。分业经营才能改变物业管理行业以经济学逻辑主导物业管理实践的局面。就是要回归到以管理学逻辑,通过分业经营和分开运营实现物业管理自身的价值与功能,实现物业经理人的自身价值。其实质是所有的物业管理活动必须按物业服务市场规则运作,体现各市场主体的独立经营与成果。国际上对待不动产的管理,通常是区分房地产商品交易和房地产物业管理的各自特点,按各自不同的"游戏规则"进行运作,"分业经营"。

第二,物业管理从本质上讲是公共管理。物业服务企业只是业主集体通过"公共选择"雇请的物业管理代理人,应以增进物业区域业主或非业主使用人的共同利益为根本宗旨。物业服务企业应将物业公共管理服务作为其核心业务,才能处理好物业服务企业同业主和非业主使用人的关系。另外,在服务的方式、方法上要根据公共服务的特点和规律来开展,提高业主对服务质量的认同度,化解物业纠纷。如物业服务产品的"业主集体订制"、让业主感知物业公共服务的"延迟服务方式"、促进物业服务信息沟通的"信息透明制"等。

第三,物业管理采用企业化的方式推行,首先不应将物业管理同物业服务企业内部经营管理相混淆,其次要处理好委托物业管理(对外物业管理服务)与物业服务企业管理(对内企业经营管理)的关系,还特别要处理好物业公共服务与物业区域经营性服务的关系。物业服务企业开展的经营性业务必须是物业区域所必要的,但这些服务只能是对物业管理公共服务的有益补充,而不是损害公共服务。物业管理经营者必须解决好业主委托的公共管理服务、专项委托服务和特约个性化委托服务等经营性服务以及物业服务企业内部经营管理3个层次关系的问题。

忽视和无视物业管理的根本属性,物业管理活动将受到物业管理规律的制约,物业管理矛盾和纠纷将会增多,物业管理环境难以改善。

1.1.3 物业管理特征

(1)管理分工社会化

物业管理的社会化是指物业管理将分散的社会工作集中起来统一管理,它是社会分工的必然产物。物业管理专业化和业主专注所从事的专业工作,这样的分工,使通过业主让渡管理权和物业服务企业提供的专业服务来实现业主和物业服务企业各自的更理性的效用目标成为可能。因此,推行物业管理不仅有利于发挥物业的整体功能,实现经济效益、社会效益、环境效益的统一,提高整个城市管理社会化程度,而且在有利于业主和非业主使用人更好地专注于自己的工作,在促进社会经济发展的同时提高生活品位和生活质量。

(2)管理工作专业化

专业化有3层含义:一是业主有较高的物业管理意识和成熟的业主素质。二是物业服务企业有专业的人才和管理水平。物业公司具有专门的组织机构、专业人才,如房屋及设施设备的维修必须配备专业人才,以及专门的管理工具和设备。作为一种统一管理,物业管理将有关物业的各项专业管理都纳入物业服务公司的业务范围之内,物业服务公司可以通过设置专门的职能部门来从事相应的管理业务。三是政府的宏观调控能力和行业协会的自律水平。从事物业服务的企业必须具备相应的资质。政府从宏观上制定物业管理业的相关政策和法律以及监督整个行业运行,促进整个行业健康有序的发展等方面有着重要的影响和作用。行业协会自我约束能力及活动有效性也是专业化的重要内容。

(3)管理运作市场化

尽管物业管理的根本属性是公共管理,但是要通过物业服务企业来实现管理目标。物业服务企业作为一个独立的法人,必须依照物业管理市场的运行规则参与市场竞争,依靠自己的经营能力和优质服务在物业管理市场上争取自己的生存与发展的空间。当然,由于物业服务的公共性,物业服务企业在市场化运作过程中还要处理好与业主委员会及公安、市政、街道、居委会、邮电、交通等行政或公用事业单位的关系。

(4)管理服务有偿性

物业服务公司所提供的服务是有偿的,即通过收取合理的费用,维持企业的正常运转。物业管理的经营目标是保本微利,量入为出,不以高额利润为目的。在目前,许多物业服务企业存在着入不敷出的现象,存在着政府、公共机构强制摊派业务给物业公司的现象,但这些特殊现象并不能否定物业服务的有偿性。

(5)管理效益最大化

物业管理应以追求经济、社会、环境等方面的最大化综合效益为目标。综合效益的最大化就是在考虑物业服务公司、业主和非业主使用人、小区其他组织的合理收益的基础上,发挥各利益主体的优势,通过利益共享机制建立、实现共赢,从而使整体效益最大化。物业服务公司作为小区重要的经营主体,其职能除了为业主管理物业,为业主创造来自物业的收入,使物业保值增值,还要为居民创造一个舒适的社会生活环境,并推动资源共享机制建设,实现多方利益主体共赢。同时实现自身的经济效益目标。

1.2 物业服务及其主要环节

1.2.1 物业服务的特点

（1）服务对象的相对稳定性

一般的维修服务或酒店服务提供者与服务对象接触的时间较短,大多数都是一次或数次。而物业服务对象则是业主或非业主使用人,委托物业服务企业实施管理服务的期限一般是 1~3 年,而且可以续聘。这样,提供服务者和接受服务者之间建立起相对长期的稳定的服务关系。相对长期性和稳定性对物业服务提供者和业主都有有利的一面,因为双方可以在一段较长的时间里互相适应,可以减少业主因服务提供者的一次不好的服务而对服务水准和质量的整体评价的偏差,也可以有较充分的时间来调整和改进服务质量。但同时也增加了物业管理服务的难度,因为要使业主长期满意并非一件容易的事情。

（2）服务内容的公共服务主导性

虽然物业服务内容有公共服务和经营服务,但物业服务的主要内容是公共服务。物业服务企业接受业主集体委托向业主们提供物业服务,表明物业服务企业物业管理权来源于业主集体,代表业主集体管理物业区域的公共事务。没有业主公共事务管理权的委托,物业服务企业无法承接物业服务项目。物业服务企业接管物业后如果不能做好公共服务,也就会令业主不满意,从而丧失物业服务项目管理权。具体来说,物业公共服务的主导性体现在三个方面:一是物业服务企业的管理权来自业主集体的委托;二是对房屋公用部位及公用配套设备、设施和相关场地的维护管理是物业管理的基本内容,体现管理事务的公共属性;三是体现物业管理的经营属性的专项服务和特约服务必须考虑物业管理区域整体公共利益的需要。

（3）服务监督的直接性

物业管理属于委托服务,业主委员会有权根据业主大会的决议与物业服务企业订立、变更或解除物业服务合同,业主和业主委员都有权监督物业服务企业的管理服务活动。这种直接对服务的监督,在服务业的其他行业中还是比较少的。业主监督的直接性,促使物业服务企业更好地履行物业服务合同,按照委托合同规定的管理服务项目、标准和要求提供物业管理与服务。

（4）服务活动的政策性

政府有关部门制定的物业管理法规政策对推动物业管理的发展极为重要,对物业管理服务质量也有一定的影响。如物业服务标准的确定、服务指导价的制定、企业资质管理、行业信用评价、服务质量考证等,都有很强的政策性。如政府由于考虑到群众的承受能力和社会稳定,所制定的物业服务费政府指导价一般都比较低,有的甚至低于成本价。

（5）服务需求的差异性

业主对物业管理的认识程度不同,对购买服务产品的价值观念也有差异。沿海经济发达地区的大城市,如上海、广州、深圳、大连等地,物业管理工作开展较早,业主对物业管理的收费服务比较理解,因而在缴交物业服务费和业主自治自律等问题上,能够与物业服务企业的专业化服务相协调,使物业管理服务者的水平能得到正常发挥。相反,在内地及一些中小城市,由于物业管理工作开展较迟,物业意识不强,当发生物业管理纠纷时,容易产生拒交物业管理费等连锁反应,加深服务者与被服务者之间的矛盾。

（6）环境条件的制约性

物业周边的环境,如治安、商业、人文、交通等状况,以及大环境下的社会服务体系的完善程度,都会对物业管理的发展造成人力、成本、效果等多方面的影响。

1.2.2 物业服务业务类型

物业服务业务按业务的产品性质分为包括满足公共需求提供公共服务产品的常规的公共性服务和满足个性化需求提供私人产品的经营性服务两类。

（1）常规性公共服务

这是指物业管理中基本的管理工作,是物业服务企业面向所有的业主和非业主使用人提供的最基本的管理和服务,其目的是确保物业的完好和正常使用,保证正常的工作生活秩序和净化、美化生活工作环境。常规性公共服务是物业内所有业主和非业主使用人每天都能享受到的普惠性服务。

（2）经营性服务

经营性服务是物业服务企业为满足物业区域内住户的需求,利用物业区域公共资源或物业管理垄断经营的有利条件,为住户提供公共性服务以外的服务,是物业管理公共性服务范围的延伸。一般包括针对性的专项服务和委托性的特约服务。

1.2.3 物业服务的内容

根据物业服务的宗旨和本质要求,物业服务的内容应是多样化、全方位的。但通常人们所享受的物业服务内容是由物业服务合同约定的。

1）公共性物业服务

公共性物业服务是物业服务企业针对物业区域物业共用部位、共用设施设备和相关场地及居民所开展的综合性的、普惠性的服务。这类服务是业主与物业服务企业根据双方签订的物业服务合同约定实现交易的服务业务,现将其基本的服务内容归纳为以下5个方面：

①为物业实体的服务。这类服务是指对房屋建筑、附属设备设施及相关场地的维护、保养、修缮、装修、翻新、改造等。

②卫生清洁服务。这类服务是指对小区内物业环境进行全面清扫保洁。包括：对公共场地和公共部位的日常清扫保洁；定时、定点收集垃圾，清运垃圾。

③绿化养护服务。这类服务是指对小区内的公共绿地、宅旁绿地、庭院绿化和道路绿化的日常养护、恢复整顿、美化修理以及提供家庭私人绿化服务与指导。

④安全维护及消防管理服务。这类服务是通过保安或秩序维护人员的值班、巡逻所进行的防火、防盗、防突发事件等工作。保证小区内生活秩序井然，及时处理突发事件，维护小区正常生活秩序。

⑤车辆道路交通管理服务。这类服务是指通过保安或秩序维护人员所开展的对车辆进出、车库占用、收费等管理服务，以及道路交通的管理服务。

2）经营性物业服务的内容

经营性物业服务包括专项服务和针对性服务。专项服务一般是指能通过专业商家规模经营方式提供的商业服务，并在专门的营业场所交易的项目。如在"店"、"场"、"所"、"室"等小区商业服务场所交易的项目，其内容很多。针对性服务是指以个别委托的中介服务或劳务服务提供无固定交易场所的交易活动。

实际上住户（业主）的成规模或批量需要，能支撑商户经营的项目主要是可经营的专项服务项目，它包括了衣、食、住、行、娱乐、购物等各方面。以下列举一些服务项目：

①衣着方面：其一洗涤服装服务；其二是裁剪、制作服装服务。

②饮食方面：其一是酒店、餐饮店、快餐服务；其二是音乐茶社、咖啡店的便民服务。

③居住方面：如房屋装修、房屋修缮、搬家服务等。

④文体娱乐方面：如成立棋牌社、读书社，举办影视、歌舞、健身活动，游泳、球类体育活动等。

⑤购物方面：通常有两类，一是日用百货供应；二是粮油蔬菜供应。

针对性的服务项目主要有：

①家政服务：这类服务是指对全体住户进行衣、食、住、行、医、娱、用、修等全方位的家政服务。

②资产经营服务：为业主提供房产等资产经营服务，如出租服务、产权交易中介；利用小区资源进行广告位出租服务；小区临时停车场的车辆看管服务和场地出租服务等。

1.2.4　物业服务方式

物业服务的方式由其内容决定,它主要包括业主集体委托常规性公共服务、业主个体委托经营性服务、政府机构委托无偿性服务和物业服务企业免费增值服务。

(1)业主集体委托常规性公共服务

集体委托常规性公共服务是物业服务的基本方式。它主要包括公共的、经常性的、面向全体业主和非业主使用人提供的必不可少的服务项目。这些项目是由业主集体通过业主大会确定,并与物业服务企业商定,约定在物业服务合同中的公共性、普惠性服务项目,也称之为公共服务项目。它通常以"公共契约"的形式相对固定下来,作为物业服务公司最基本的服务项目。另外,物业服务企业利用物业区域公共资源进行经营活动,也应视作在业主集体许可并委托的以公益为主的服务行为,虽然对物业服务企业来说是经营活动,但对业主来说是一种公共资源经营管理活动,属公共服务范围。

(2)业主个体委托经营性服务

经营性服务是物业服务中具有明显营利目的的服务方式。但也是物业区域所必须的服务,当业主(或使用人)因健康、时间、知识、信息、能力等的局限,遇到生活上或工作上的各种问题而需求帮助时,而这些项目又不是公共服务项目,不能在公共服务名义下提供,但物业公司又有一些公共资源闲置,可资利用时,物业服务公司就可以提供这种经营性服务。这种服务是由个别业主(或使用人)委托物业服务企业来提供,不是业主的集体委托,与公共服务不同,这些项目往往是不能写入物业服务合同中的。

(3)政府机构委托无偿性服务

在综合服务中,物业服务公司除了开展上述的有偿性服务外,为改善与基层政府及部门的关系,也为承担必要的社会责任,有时还接受政府委托,全部或部分地提供无偿公共行政服务,这种服务有一定的被动性。如承担或协助文明城市建设、治安服务等政府公益性服务活动。

(4)物业服务企业免费增值服务

为了沟通和融合服务者与被服务者的关系,提高社会效益和长期效益,还应为业主开展某些无偿性服务,也称企业增值性服务。主要目的是改善与业主的关系,为物业服务创造良好气氛,提供一些免费服务项目。比如为业主提供小区内物品搬运,代业主电招的士,代孤寡病残老人购物,提供雨伞出借和自行车打气等。

1.2.5　物业服务的基本环节

物业管理服务的运作,基本环节分别包括在:物业服务的策划阶段、物业服务的前期准备阶段、物业服务的启动阶段、物业服务的日常运作阶段。

1) 物业服务的策划阶段

这一阶段的工作包括物业服务的前期介入;制订物业管理方案;选聘或组建物业服务企业等 3 个基本环节。

（1）物业服务的前期介入

所谓物业服务的前期介入,是指物业服务企业在接管物业以前的各个阶段(项目决策、可行性研究、规划设计、施工建设等阶段)就参与房地产开发活动,从物业服务运作的角度对物业的环境布局、功能规划、楼宇设计、材料选用、设备选型、配套设施、管线布置、房屋租赁经营、施工质量、竣工验收等多方面提供有益的建设性意见,把好规划设计关、建设配套关、工程质量关和使用功能关,以确保物业的设计和建造质量,为物业投入使用后的物业服务创造条件。

（2）制订物业管理方案

在前期介入的同时,就应着手制订物业管理方案。由于此时物业服务企业还没有到位,物业管理方案的制订由房地产开发企业完成。房地产开发企业可聘请物业服务企业为其代做物业管理方案。作为物业服务企业,如果有能力提供这种服务,无疑会增加接受物业服务委托的机会。物业管理方案包括以下主要内容:

①根据物业类型和功能,规划物业消费水平,确定物业服务的档次。管理低档和超档管理都是不经济的。一幢设施先进的高档楼宇,如果没有完善的管理,则楼宇功能不能充分发挥,而且维修跟不上,会使设备过早老化失去使用功能。一幢档次低的楼宇,管理档次很高也没有实际意义。因为购买低档房屋的人多为中低收入者,物业服务的档次高、费用也高,中低收入者无法承受。

②确定服务标准。不同类型、功能和档次的物业,需要提供的物业服务项目及服务质量是有较大差别的。普通居民住宅小区可能只需要一些最基本的管理和服务内容,如清洁、绿化及维修等工作。其他服务如自行车存放,代订报刊、代送牛奶等,要求也相对低些,收费也较低廉。而高层大厦则需要提供高水平的专业化服务,如设立服务台、行李搬运服务、订车和租车服务、外墙定期清洁;24 小时保安巡逻,设置来访对讲机,假日装饰、洗衣等各项服务,收费也相对较高。

③财务收支预算。a.依据政府的有关规定,根据物业服务的标准,进行费用的测算,确定各项目的收费标准及支出预算。每年收入总额包括管理费收入,多种经营收入和其他收入等。支出总额即每年物业服务所需的经费总额,包括管理、服务人员工资与福利费、办公费、修缮费、各项服务支出、税费、保险及预留费用等。b.进行费用分摊。根据各业主所占物业的份额,计算出按比例分摊费用的多少,明确每一个业主及使用人应交的费用,把收费标准相同的分类。c.建立完善的、能有效控制管理费用收支的财务制度。

（3）选聘物业服务企业

在物业管理方案制订并经审批之后,即应根据方案确定的物业服务档次着手进行物业服务企业的选聘。在开发项目全面竣工交付使用之前,首次选聘物业服务企业的工作由房地产开发建设单位进行。

上述三个环节均由房地产开发建设单位进行操作,也是物业服务全面启动和运作的必要先决条件。

2)物业服务的前期准备阶段

物业服务的前期准备工作包括物业服务企业内部的机构设置与拟定人员编制;物业服务人员的选聘与培训;规章制度的制定;物业租售的介入等四个基本环节。

(1)物业服务企业内部机构的设置和拟定人员编制

受聘的物业服务企业要依据受委托管理的物业的规模及特点组建管理机构、设置工作岗位。其设置原则就是使企业的人力、物力、财力资源达到优化高效的配置,建立一个以最少人力资源而能达到最高运营管理效率的组织。岗位设置和职能安排既要分工明确,又要注意各部门之间的衔接配合,并最大限度地减少冗员。具体员工数还需视实际需要而确定。

(2)物业服务人员的选聘和培训

选聘的人员一般需要两种类型:管理类型和工程技术类型。招聘的人员应由富有经验的专业人员进行培训,培训时间应选在开展工作前3~6个月为最佳。由各部门的负责人及骨干负责培训;培训的目的以胜任所担负的工作为主。须特别注意的是:电梯、锅炉、配电、空调等特殊工种要取得政府主管部门岗位的资格认定方可上岗。

(3)规章制度的制定

规章制度的制定应依据国家和政府有关部门的法律、法令、文件和示范文本,结合本物业的实际情况,制定一些必要的、适用的制度和管理细则。这是物业服务规范化、法制化的前提,也是实施和规范物业服务行为的必要措施和保证。

(4)物业租售的代理

物业的租售在其建设阶段就已开始。房地产开发建设单位除自行进行的市场营销与租赁外,还经常委托经纪代理机构进行租售。特别是物业服务企业开始实施物业服务后剩余物业的销售与租赁。物业服务企业在具备相应的资质后,可介入物业的租售工作。

3)物业服务的启动阶段

物业服务的全面正式启动以物业的接管验收为标志,从物业的接管验收开始到业主委员会的正式成立,包括物业的接管验收、用户入住、产权备案和档案资料的建立、首次业主大会的召开和业主委员会的正式成立等四个基本环节。

（1）物业的接管验收

物业的接管验收包括新建物业的接管验收和原有物业的接管验收。新建物业的接管验收是在政府有关部门和开发建设单位对施工单位竣工验收的基础上进行的再验收。接管验收一旦完成，即由开发建设单位向物业服务企业办理物业的交接手续，标志着物业正式进入使用阶段，物业服务就应全面启动。原有物业的接管验收通常发生在产权人将原有物业委托给物业服务企业管理之际；或发生在原有物业改聘物业服务企业，在新老物业服务企业之间。在这两种情况下，原有物业接管验收的完成也都标志着新的物业服务工作的全面开始。

（2）用户入住

用户入住是指住宅小区的业主入住，或商业楼宇中业主和非业主使用人的迁入。这是物业服务企业与服务对象的首次接触。用户入住时，首先要签订《前期物业服务服务协议》，为了能有一个良好的开端，物业服务企业需要做好下列工作：

①通过宣传使用户了解和配合物业管理工作。采用多种宣传手段和方法，向用户进行宣传，使用户了解物业管理的有关规定，主动配合物业服务企业日后的管理工作，通常物业服务企业向用户发放《用户须知》和《用户手册》，使用户了解应遵守的管理规定，同时也告知用户物业服务企业所能提供的服务项目。

②配合用户搬迁。无论是住宅小区还是商业楼宇，用户搬迁对于物业服务企业都是十分关键的时刻。既要热情服务，又要让用户意识到应积极配合物业服务企业，共同维护舒适的工作和生活环境，遵守物业管理的有关规定。这方面的主要工作有：a.清洁卫生。新建楼宇一般来说环境卫生不尽人意。物业服务企业要尽力打扫室内外卫生，并清扫出道路；b.协助用户搬迁。替用户联系搬家公司或物业服务企业自己临时组织有偿搬迁服务，并可依据用户情况，调整搬迁时间，避免搬迁时间过于集中而造成拥挤和混乱；c.做好用户搬迁阶段的安全工作。用户搬迁一段时间比较集中，此时的人身安全、财产安全应引起特别关注。这一时期物业服务企业应提高警惕，加强治安管理，安排较多的保安人员值班；d.加强对用户装修的管理。迁入新居业主，一般都要对房屋进行不同程度的装修。对此，物业服务企业除给予积极的协助外，要特别注意加强对房屋装修的管理，包括建立对房屋的装修尤其是房屋结构变动和室内原有设备、管线改动的申报审批制度；对装修工程中的垃圾、噪声、用火、用电安全的管理，对装饰装修材料的管理等。

（3）产权备案和档案资料的建立

①产权备案。产权备案是物业管理服务中十分重要的一个环节，根据国家规定，产权人应按照城市房地产行政主管部门核发的所有权证规定的范围行使权利，并承担相应的义务。物业中的公共设施和房屋公共部位，是多个产权人共有的财产，其维修养护费用应由共有人按产权份额比例分担。为准确界定每个产权人拥有产权的范围和比例，维护其合法权益，建立产权备案是实施专业物业管理必须做

而且要做好的一项工作。

②档案资料的建立。档案资料包括业主或非业主使用人的资料和物业的工程技术资料。业主或非业主使用人入住后,应及时建立他们的档案资料,例如业主的姓名、家庭成员情况、工作单位、平时联系的电话或地址、收缴管理费的情况、物业的使用或维修养护情况等。物业档案资料是对前期建设开发成果的记录,是以后实施物业管理对工程维修、配套、改造必不可少的依据,是更换物业服务企业时必须移交的资料之一。档案资料的建立主要抓住收集、整理、归档、利用四个环节。要尽可能完整地归集从规划设计到工程竣工、从地下到楼顶、从主体到配套、从建筑物到环境的全部工程技术维修资料,尤其是隐蔽工程的技术资料。

(4)首次业主大会的召开和业主委员会的正式成立

当物业销售和用户入住达到一定比例时(如50%),应在政府房地产行政主管部门指导下适时召开首次业主大会,制订和通过管理规约,选举产生业主委员会。至此,物业服务工作就从全面启动转向日常运作。

4)物业服务的日常运作阶段

物业服务的日常运作包括日常的综合服务与管理和系统的协调两个环节。

(1)日常综合服务与管理

日常综合服务与管理是指用户入住后,物业服务企业在实施物业管理服务中所做的各项工作。这是物业服务企业最经常、最持久、最基本的工作内容,也是其管理水平的集中体现。

(2)系统的协调

物业管理社会化、专业化、市场化的特征,决定了其具有特定的复杂的系统内、外部环境条件。系统内部环境条件主要是物业服务企业与业主、业主大会、业主委员会的相互关系协调;系统外部环境就是与相关部门关系的协调。物业服务企业要想做好物业服务工作,就要建立良好的内、外部环境条件,内部环境条件是基础,外部环境条件是保障。与此同时,政府还要加强物业管理的法制建设和宏观协调。

1.3　物业管理学科性质、理论来源及体系构成

1.3.1　物业管理学科性质界定

物业管理行业从传统的房地产行业独立出来已是不争的事实,但是时至今日,物业管理学科到底是什么性质仍然模糊不清,这已成为物业管理实践和人才培养

中的乱象之源。要界定物业管理学科属性,必须认清物业管理理论产生的两个前提,解决物业管理学科区别于其他学科的性质及物业管理学科本质属性两个层面的问题。

1)物业管理学科性质界定的两个前提

物业管理学产生的两个前提是物业管理实践和物业管理学科独特的方法论。

（1）实践基础

①国外的物业管理实践

物业管理起源19世纪60年代的英国,当时英国工业正处于一个发展的高速阶段,对劳动力的需求很大,城市住房的空前紧张成为一大社会问题。一些开发商相继修建一批简易住宅以低廉租金租给贫民和工人家庭居住。由于住宅设施极为简陋,环境条件又脏又差,不仅承租人拖欠租金严重,而且人为破坏房屋设施的情况时有发生,严重影响了业主的经济收益。于是,在英国的第二大城市伯明翰,一位名叫奥克维娅·希尔(Octvia Hill)的女物业主迫不得已为其出租的物业制定了一套规范——约束租户行为管理办法,要求承租者严格遵守。同时,女房东希尔女士本人也及时对损坏的设备、设施进行了修缮,维持了起码的居住环境。此举收到了意想不到的良好效果,使得当地人士纷纷效仿,并逐渐为政府有关部门重视,被普遍推广采用,因而被视为最早的物业管理。

物业管理虽然起源于英国,但真正意义上的现代物业管理却是在20世纪初期在美国形成并发展的。公寓大厦、摩天办公大楼是现代物业管理的催生剂。19世纪末至20世纪初,美国进入垄断资本主义经济阶段,垄断资本在积累巨额财富的同时,也带来大规模的国内民工潮、国际移民潮和求学潮,加速了美国城市化的进程。而美国政府出于环境保护和长远的考虑,对城市土地的使用面积进行了严格的控制,加上建筑新材料、新结构、新技术的出现和不断进步,于是一幢幢高楼大厦迅速拔地而起,构成蔚为壮观的摩天大楼群体景观。然而,高层建筑附属设备多,结构复杂,防火、保安任务繁重,特别是一些标志性建筑的美容保洁工作技术要求很高。大厦的日常管理、服务、维修、养护等专业技术要求大大超出传统的物业管理要求。尤其棘手的是,摩天大厦的业主常常不是一个或几个,而是数十个或数百个,面临着不知由谁来管理的难题。于是,一种适应这种客观需要的专业性物业管理机构应运而生,该机构应业主的要求,对楼宇提供统一的管理和系列的服务,开启了现代物业管理的大门。

现代物业管理的另一标志是物业管理行业组织的诞生。随着物业管理机构的增加,为协调规模众多机构的运作,物业管理行业组织也逐渐建立。芝加哥摩天大楼的所有者和管理者乔治·A.霍尔特在管理工作中发现,与同行们经常一起交谈,既能相互学习,又能交流信息,解决了不少管理工作中的疑难问题。在他的策划下,1908 年芝加哥建筑管理人员的组织(Chicago Building Managers Organization,CBMO)举行了第一次全国性会议,有来自美国各地的 75 名代表参加,宣告了世界上专门的物业管理行会诞生。在其后的 3 年中,CBMO 先后在底特律、华盛顿、克利夫兰等美国大城市举行了年会,促使世界上第一个全国性的业主组织——建筑物业主组织(Building Owners Organization, BOO)问世。CBMO 和 BOO 的成立,对美国物业管理的发展起了积极的作用。

在美国物业管理模式的影响下,欧洲很多国家在第二次世界大战前后都实现了这种管理行为与组织体制的有机结合,并且涌现了一大批高素质的物业管理人才。政府对物业管理行为的影响,一般不采取直接干预方式,而是通过法律与制度进行规范引导,促使物业管理行业的健康发展。

②国内的物业管理实践

我国物业管理起步较晚。由于受经济体制和房地产行业发展的影响,我国的物业管理几经沉浮,大体经历了起步、休眠、恢复与发展和完善提高 4 个阶段。

第一阶段:起步阶段

20 世纪 20 年代,旧中国房地产业蓬勃发展。这一时期,在一些大城市(如上海、天津、武汉、广州、沈阳、哈尔滨等),陆续建起了许多高层建筑和民宅。在当时房地产市场上,就已经出现了代理经租、清洁卫生、住宅装修、服务管理等经营性的专业公司。这些公司开展的业务与现代物业管理的服务形式十分相似,标志着此时物业管理行业的萌芽。

第二阶段:休眠阶段

新中国成立后,城市土地收为国有,实行无偿划拨使用,房产绝大部分成为公有,住宅基本上由政府包下来建设,房屋作为福利分配,房地产管理由政府房地产管理部门统一管理。房地产不再作为商品进入流通领域,房地产经营活动停止,此时物业管理也随着房地产市场进入了"休眠"状态。

第三阶段:恢复与发展阶段

进入 20 世纪 80 年代以后,我国城市建设事业迅速发展。随着房地产综合开发的崛起和房地产管理体制的改革加快,通过学习和借鉴我国香港物业管理的经验,我们从实践中探索出一条经营型综合性物业管理的新路子。1981 年 3 月 10 日,第一家专业性物业服务企业——深圳市物业管理有限公司宣告成立,具有现代意义的物业管理在我国内地迈出了第一步。此后,特别是在邓小平同志南巡讲话以后,随着房地产业的迅速发展,带动了物业管理的发展。从深圳到广州,从南方到北方,从沿海到内地,物业服务企业像雨后春笋般地涌现,物业管理行业发展到了高潮。

1993 年 6 月 30 日,成立了全国首家物业管理协会——深圳市物业管理协会;1994 年 4 月,建设部颁布了 33 号令,即《城市新建住宅小区管理办法》,正式确立了我国物业管理的新体制;1996 年 2 月,国家计委、建设部联合颁发了《城市住宅小区物业管理服务收费暂行办法》,规范了物业管理服务的收费行为;1998 年 11 月 9 日,建设部颁发了《住宅共用部位共用设施设备维修基金管理办法》,进一步维护了业主和使用人的共同利益;2003 年 6 月 8 日《物业管理条例》(国务院第 379 号令)颁布,并于 2003 年 9 月 1 日起施行;2004 年 1 月 1 日,国家发展和改革委员会和建设部联合颁布《物业服务收费管理办法》,规范了物业管理服务收费行为,进一步保障了业主和物业服务企业的合法权益;2004 年 3 月 17 日,建设部为加强物业服务企业的资质管理,提高物业管理水平,促进物业管理行业健康发展,颁布了《物业管理企业资质管理办法》。以上这些条例和办法的颁布和实施,标志着我国的物业管理已进入大发展阶段,物业管理日趋成熟。

第四阶段:完善提高阶段

2007 年 10 月 1 日,《物权法》和修改后的《条例》开始实施,同时国家相关部门的相关配套改革政策陆续出台,地方实施性物业管理法规政策的创制活跃,特别是 2009 年最高人民法院有关物业管理服务的两个"司法解释"的出台,使物业管理制度更加完善。在此环境下,物业管理行业和物业服务企业、业主及业主委员会也都在做适应性调整,物业管理关系也将由混乱与纷争向有序与理性方向发展。《物权法》在确定业主自治权,确定物业管理的"服务"性质,界定未定产权,定分止争,物尽其用等 5 个方面具有重要作用,有利于保护业主和物业服务企业双方权益、规范业主行为,转变物业管理行业服务理念,促进物业服务企业管理服务水平和服务质量的提高,同时不断增强物业的功能和效用。这标志着我国物业管理行业进入完善提高阶段。

经过近 30 年的发展,我国物业管理行业已经在国民经济和社会发展中具有重要的地位和作用,至 2007 年底从业人员超过 320 万人,全国一级物业服务企业达到 368 家,全国实行物业管理的房屋面积超过 108 亿平方米,物业管理覆盖率达到 50%,北京、上海、深圳等发达城市的覆盖率分别达到 70%、97%、95%,上述 3 个城市物业服务企业创造的产值已占当地国民生产总值的 2%左右。与此同时物业管理行业协会的成立和《物权法》《物业管理条例》等物业管理法规政策的出台和完善,为物业管理实践提供了政策支持和行业自律与指导,推动了物业管理行业的发展和实践经验的总结与提炼,也为物业管理学的产生提供丰富的经验、资料,打下了实践基础。

(2)方法论前提

任何一门新的学科产生都是以独特的研究对象和独特的方法论为前提的创新活动的结果,物业管理学当然也不例外。物业管理学科产生的理论前提是物业管理学科的独立存在的价值,即该学科有其学科研究的方法论和独特的研究对象。从区分物业管理、物业服务与房地产经济的学科角度分析,两者的方法和对象是根本不同的:物业管理是从管理角度介入研究建成投入使用的房地产物业产品的基于建筑物区分所有权不可分割性而产生的公共设施、设备和公共事务的管理与服务问题,交易的是物业管理服务产品;而房地产经济则是从房地产经济学的角度研究房地产商品的开发与经营中投入、产出和效益问题,交易的是房地产商品本身。

物业管理作为独立学科存在的实际价值在于它的对象独立性。

首先,物业管理学科研究的物业管理和物业服务活动是一种独立于房地产开发的物业服务活动,要有方法论和理论的创新才能实现其理论化和系统化。房地产商品一经建成交付使用,房地产开发经济活动实质上也就结束,进入物业管理与物业服务环节。尽管还可能有许多与开发有关联系的情况发生,如房地产售后服务,但这些情况要么是与开发商的房地产开发经济活动有关的历史遗留问题,要么是开发商以新的角色出现(如以业主、物业服务企业股东身份出现)。

其次,物业管理学科研究的物业管理和物业服务活动是客观存在的管理服务活动,需要探寻其内在联系,找到其自身规律,优化管理与服务。物业是一种在使用上时间长久和超耐用的消费品,物业在建成投入使用以后几十年甚至于上百年的物业使用期中,物业管理与物业服务活动相伴始终。物业的产权管理,物业及相关设施设备的维修、养护,场地的秩序维护等管理与服务活动将长期客观存在。

第三,物业管理学科所研究的物业管理和物业服务活动是不断适应居民的社会生活水平变化的动态活动,需要在发展变化中解答物业管理与服务的理论和实践问题。随着社会经济的发展和人们生活水平的提高以及收入的增加,会对现有的房地产物业而提出新的功能要求(包括布局、结构、造型、装潢、设备等)和生活需求(如便捷、品位、生活虚拟化等),这些需要都必须加以研究解决。

第四,物业管理学科所研究的物业管理和物业服务活动是在社会主义市场经济前提下进行的。这就需要对来源于西方国家的物业管理与物业服务思想理论、我国计划经济时代的物业管理思想理论和改革开放以物业管理与物业服务的实践总结出的经验主义思维材料,进行理论化、系统化的抽象思维与实证研究,形成具有本土特色的物业管理学科体系。

2)物业管理学科性质问题的提出

物业管理作为房地产管理的重要组成部分已有几十年的历史,但物业管理学作为一门独立的学科的建立和发展尚为时不久,而我国对物业管理学的专门研究可以说是近几年才兴起和发展起来的。

关于物业管理的学科属性的理解,国际上也没有统一的定义。国际建筑研究与建筑文献委员会(CIB)对运营阶段的物业管理(FM),从经济学、环境学、社会学及运营的角度对物业管理工作内容进行了系统归纳。国际物业管理协会(IFMA)也做了类似的定义:物业管理的任务是协调工作场所与人和组织的工作。它集成了经营管理、建筑科学、行为科学和工程科学的知识和经验[1]。

国内理论界和实业界人士(包括物业服务企业和行政官员)比较多地从经济学者角度解释物业管理学科性质。如叶天泉就认为物业管理学是房地产经济学的一个分支学科,它以经济学的原理来研究物业管理问题,即研究物业管理的运动规律及其所体现的经济关系[2]。

但也有国内学者持不同看法,黄安永在谈到物业管理学科性质时指出:"物业管理是一门多学科知识综合运用的新学科","从大学科目录来讲有行政管理学、心理学、公共关系学、经济学、系统工程学、法学"[3]。这一观点对物业管理的内容和学科理论来源或基础进行了说明,为物业管理学科性质探讨指明了研究方向。

在高等教育的学科专业设置的具体做法上,从20世纪90年代中期开始,我国有少数高等学校尝试在大专层次上开办物业管理专业。现在诸多高校都开设了物业管理专业,有的在工民建专业下延伸,有的在房地产经营管理专业下拓展,有的在工程学科下挂靠,有的放在工商管理类专业中发展,还有放在地理及环境学科中设置的,总而言之,五花八门。[4] 显然这是对物业管理学科属性不确定的动荡状态的反映。物业管理学科属性定位问题已经成为影响理论研究、人才培养和实业运作的重要问题。

特别是高校物业管理学科建设与专业人才培养必须正确定位物业管理学科的性质,适应物业管理学科规范发展的内在要求,遵循物业管理自身的规律,形成科学的理论体系和教育教学体系,培养适应物业管理行业发展需要的有用人才。一些高校在利用现有相关专业,通过专业"相近挂靠"、"纵向延伸"、"横向拓展"来开办物业管理专业,只能是权宜之计。长此以往将使物业管理专业学科定位不清,直接导致在专业核心课程的知识内容组织、相关科学知识的选择上与物业管理行业发展的实际需要相背离,学生所学与物业管理工作的实际需要脱节,在理论逻辑上和知识技能素养上不能对接,满足不了行业实际需要,毕业生在物业公司岗位上找不到感觉。如一些以工科知识为核心课程的毕业生就有技术上不如学工科的,管理上不如学管理的自卑心态,同时面对专项业务外包化的趋势,又有被行业抛弃的感觉。这不但将会造成严重的教育浪费,而且将导致使物业管理行业宏观管理和企业的微观治理逻辑存在重大分歧,难以形成普遍认同的"游戏规则",从根本上制约了物业管理行业的发展。

[1]尤建新,孙继德.物业管理实务[M].北京:中国建筑工业出版社,2003:9-13.

[2]叶天泉.建立比较物业管理学构想[J].中国房地产,1996(10):58.

[3]黄安永.现代房地产物业管理[M].南京:东南大学出版社,2002:300.

[4]俞万源.我国物业管理高等教育发展研究[J].宿州师专学报,2004(6):111-113.

3)物业管理学科基本属性的分析

虽然目前理论界,对物业管理是经济学科还是管理学科观点不一致,但这并不影响对物业管理学科本质属性的进一步认识。管理学科属于什么细分类别管理学科,也是不一致的,主要有3种看法:早期看法认为物业管理是房屋管理,是公共行政管理,从行政管理学角度去研究物业行政管理关系及规律;随着房地产业的兴起,很多人认为物业管理是私人管理,是房地产经营管理的一部分,因而从房地产经济学角度去研究物业管理中的经济关系及规律;近些年随着物业质量问题及纠纷的增多,又有不少人认为物业管理是工程技术管理,从工程技术角度去研究物业管理中的"人机关系"的维护与管理。前2种看法对物业管理服务实际工作影响很大。笔者认为这3种看法都有偏颇,并给实际工作带来一些弊端与危害。

第1种观点以社会公共利益为导向,忽视物业自治区域业主或非业主使用人的公共利益,使管理者倾向传统的"房管所式"的行政管理模式。一方面不能体现物业管理服务的物业区域(如住宅小区)业主物权本位特性,另一方面使物业管理效率难以提高。

第2种观点以企业利益最大化为导向,使管理者倾向于私域管理模式,这可能囿于物业服务企业由房地产开发建设单位(商)组建或控制的背景,且大多是将物业管理作为房地产开发建设单位(商)投资经济活动的一个营销要素而已。这就为不良物业服务企业与开发建设单位一方面合谋欺诈业主或非业主使用人,另一方面提供尽可能少的服务产品、降低服务质量以降低成本的不当行为发生提供了理由和可乘之机。

第3种看法显然属于工科范畴,如物业设施设备管理,它研究的是"机与机关系"属自然科学的工科范畴,不属于研究"人与机关系"、"人与人关系"的管理学科范畴;它是从工程技术角度,以物业管理活动相关的专项业务途径介入物业管理活动的,早期物业服务企业提供此类业务,但国内外的趋势是外包化,这里也就不加讨论。

产生上述看法的根源在于:在对物业管理学科性质界定时,依据的是物业管理活动的主体及其工作性质,而不是依据物业管理活动本身内在规定性来界定。物业管理的主体及其管理工作性质显然是各不相同的,这是因为参与管理活动的主体有政府、物业公司、开发商、公用事业单位、业主、非业主使用人及其他物业管理利益相关者。它们的经营或管理活动目的、性质、逻辑各不相同,站在不同主体角度来研究物业管理就会有不同的物业管理学科性质的界定结果。政府官员可以认为物业管理是城市行政管理,房地产开发商认为物业管理是房地产经营管理的延伸,建筑与维修业者认为物业管理就是物业工程技术活动等。物业管理学应该研究物业管理活动内在规律性,即是物业管理关系及其规律,目的就是寻求处理好物业管理关系,建立物业管理有效运营体制,提高物业管理水平和物业服务质量,有效增进物业区域的各方整体综合效益最大化,满足人们日益增长的物业管理与物业服务的需要。

由于物业管理的根本属性是公共管理,因此物业管理学科的基本属性也就只能是公共管理学科性质,即应当从公共管理角度研究物业管理基本关系及其规律。由于物业管理同时还兼有经营性,因而从经济学角度研究物业服务企业经营管理和研究利用物业区域公共资源和企业内部资源提供的经营性服务也是非常必要的。同时由于公共管理服务业务的微利性和经营性业务的高报酬性的影响,人们对从经济学角度研究物业管理的兴趣大于从公共管理角度研究物业管理也是正常现象,但这并不能从根本上否定物业管理学科的公共管理性质。客观地讲,从经济学角度研究物业管理活动中的生产投入、成本收益问题是非常重要的,可惜目前持这种观点的教科书中大多讲管理程序和方法问题,而缺少经济学意义上成本收益分析。只有少量经济学者从经济学角度研究物业管理服务问题,如张贯一的《物业服务与管理》就是一本从服务经济学角度研究物业服务经济问题的有益尝试[1]。不过建议用经济学方法研究物业管理活动规律的学科叫物业经济学,以区别于物业管理学。

物业管理学科的公共管理属性在国内外一些学者研究成果表述中也有火花般的闪现。美国学者罗伯特·C.凯尔等就认为经营性业务只是"物业管理中的特殊机遇"而已,同时认为物业管理者的具体职责就有"作为社区成员的管理者"和"业主利益促进者"两项。他们也指出了"政府控制"、"干预"对物业管理领域的影响,以及"伦理道德"的遵守[2]。较早研究物业管理的中国学者王青兰在对物业管理做出"服务性"专业的性质的界定的时候,指出了物业管理的经营方针是"保本经营,服务社会"[3]。这些观点除了都说明了物业管理的公共管理性和私域管理性(经营性)双重性外,还将公共利益、伦理道德和公共管理放在首要的或重要的位置。

1.3.2 物业管理学的理论来源

物业管理学是研究物业管理与物业服务关系及其规律的科学,是研究在物业业主公共事务管理关系为主、物业经营管理关系为辅的关系模式下,达到物业管理区域综合效益最大化的规律的科学。当今学科交叉日益紧密,"你中有我,我中有你"的格局在物业管理学科中也得到强化。因此,物业管理理论来源应是多方面

[1]张贯一.物业服务与管理[M].武汉:华中师范大学出版社,2005.

[2][美]罗伯特·C.凯尔,等.物业管理——案例与分析[M].北京:中信出版社,2001.

[3]王青兰.物业管理——一个新兴的与千家万户密切相关的行业[M].上海:三联书店,1994.

的,是支持物业管理实践的"看不见的手"——理论构架以及由此形成的思维逻辑体系。由于物业管理活动牵涉面广,涉及学科必然众多,有必要弄清物业学科理论的来源,并从多学科角度解析物业管理活动的现象及规律,以期为提高物业管理水平和物业管理质量提供基本理论依据。

（1）管理学

管理学作为研究资源合理配置,以提高资源效用的综合性交叉科学,是分支庞杂的一个大学科体系,它将研究的触角伸向社会各个领域,物业管理是其中重要领域之一。物业管理和物业服务活动过程中,将相关的管理学原理运用其中,配置好人力、资金、物资、信息等各种与物业管理相关的资源,以保证物业资源效用的功能发挥。维护物业区域的秩序,满足业主和其他利益相关者的需要,实现多方利益共赢,是其追求的根本目标。因此从管理学角度,物业管理理论需要提出对针对物业管理的方方面面的管理领域的研究。如从物业管理服务内容角度,开展物业公共服务管理、物业设施设备管理、物业资产管理的研究,特别是要对物业公共服务管理这个物业管理学科核心理论和实践工作的研究。又如从不同的管理主体角度进行研究,包括从业主自我管理角度对业主自治管理的研究、从物业服务企业或其他管理人角度对专业管理的研究,从外包服务企业的角度对专项物业服务的研究,从中介角度对物业中介服务的研究等。再如从不同管理学科进行研究,如从公共管理角度对业主公共事务管理的研究、从项目管理的角度对物业管理项目运营管理的研究、从经营管理角度对资产管理的研究、从工程管理角度对物业设施设备管理、物业智能化管理、物业信息管理等方面的研究,等等。

（2）经济学

物业管理活动涉及经济学中的产权理论、价值-价格理论、制度经济学——公共选择理论、制度变迁理论、规模经济理论等。又因为它提供的服务在市场中实现了生产、交换、分配、消费过程的统一,所以它与市场经济规律又密不可分。与此同时,政府的宏观调控作用也参与其中,最终使物业管理成了与经济学高度相关的行业。

（3）法学

物业管理是一个法治条件的管理活动,物业管理需要对物业管理关系进行理顺,并通过立法和法律适用来进行完善物业管理活动。特别是物权关系、建筑物区分所有权关系、物业行政管理关系、物业服务活动中的民事法律关系等进行调整。这些都需要法学的支持。

（4）心理学

心理学提供了物业管理和服务中有关人的心理活动规律的分析工具,物业服务最重要的依据是物业服务对象的心理需求。通过人性化的管理,尽可能满足其不同心理需求是物业管理的重要目标。同时物业管理提供的服务质量最终是以业主或非业主使用人的满意度作为评判标准的。也就是说,物业管理是以业主或非业主使用人的心理需求、心理感受为出发点的。这就需要物业服务公司和物业服务人员了解业主的心理需求,根据心理学提供的方法技巧,采取相应的对策措施,不断提高居住环境质量以适应高水平的居住心理需求,同时从心理需要入手,促成业主或非业主使用人产生良好的心理效应,达到管理的最佳状态。

(5)行政管理学

物业管理活动与政府的公权和公共资源配置高度相关,政府通过政策工具对宏观物业管理活动的调控和城乡基层政府机构对物业管理活动的微观指导,都直接或间接地影响物业服务企业的物业管理和物业服务活动。物业管理行业管理、地方政府的城市管理与城市文明建设等都需要行政管理学理论的指导。业主大会及业主委员会等物业管理相关的非政府组织的活动等,都需要行政管理学的研究来支持其发展与有序活动。行政管理学对制定科学、合理、有效的行政政策,理顺物业管理关系,合理配置公共资源,提高物业管理效率,有效行使行政权力,促进行业有序发展都有理论支撑作用。

(6)公共关系学

公共关系是指社会组织通过信息传播手段,建立良好的公众关系,使社会组织拥有良好的社会关系环境,从而谋求事业的成功。物业管理和物业服务活动发生在物业区域,但其影响不仅仅在物业区域,往往会影响到城市(乡镇)社区,乃至全国。事实上,近年来全国频频发生物业区域的集体事件,对物业服务企业、业主、开发商、政府的形象都产生重大影响。因此,良好的物业公共关系是物业管理行业有序发展、业主权益的正确维护以及政府的社区文明建设和社会稳定的目标实现的重要保证。物业管理公共关系学的研究有利于促进物业管理众多主体的信息沟通,提高沟通效能,并协调组织与内部公众和外部公众之间的关系,保持社会稳定,维护正常生产生活秩序。在物业管理活动中,就是要在交往沟通中建立物业公司、业主、居民委员会、政府基层组织、公用事业单位及开发商等多方合作协调的稳定关系,以达成多方主体之间相互了解,相互理解,相互信任,相互支持的和谐共赢的局面。

(7)政治学

物业管理是在一定的物业区域中实现的,业主及非业主使用人在共同的社区生活中实现着物业管理权,同时也实现着公民权、市民权、居民权。基于政治权的社区自治和基于经济权的业主自治关系如何理顺? 如何实现各自有序运作,良性互动,确保业主和市民的权益? 如何实现基层社会有序、文明和稳定? 借助政治学将得到有效解决的思路和方法。

（8）社会学

物业管理小区本身就是城市社会单元,社区变迁、社区问题、社区治理、社区文化、社区文明、社区服务与社区和谐等这些社会学概念,在物业管理活动中直接出现,不可回避。同时物业管理活动中管理规约和管理制度等新社区规则无不对物业区域的居民的行为产生的影响、调整和约束。这种人与人、人与物的互动关系正是社会学研究的新领域。社会学的有关理论中的"人本主义"理论、组织管理理论、社会控制理论、区位环境理论和发展理论对物业管理理论和工作有重要指导作用。特别是现代管理重视社会控制的闭合性,也从环节上强调了社区控制和物业管理的重要性。在工作(学习)场所的严格管理和往返工场(学习)与居所之间的路途中的有序运动与在小区生活出现的杂乱无序状态(即使是少数人或大家都有偶尔的不文明行为造成),已成为对现代社会管理或文明人的嘲讽。这些都需要社会学的贡献。

物业管理学理论来源非常丰富,限于篇幅,在这里不可能一一列出。

1.3.3　物业管理学科体系构成

管理学、经济学、法学、心理学、社会学、政治学等众多学科在物业管理工作领域的运用,给物业管理实践带来了很多思路与一定的专业性、理论性指导,对物业管理事业的发展和物业管理理论研究的深化起到了重要的支撑作用。但是,目前物业管理学著述大多是经验加相关学科理论的简单应用,没有形成令人信服的理论化、系统化的学科体系。同时,正如前面所述,物业管理学科理论的混乱状态也给物业管理实际工作者和业主们带来一些思想上的混乱和行为逻辑上的不协调,以及大量的物业矛盾和纠纷出现。物业管理人员和广大业主对理论的要求越来越强烈,需要理论对现实中问题的回应。可以说,当前物业管理实践中出现的诸多问题都与物业管理理论研究滞后,没有科学理论指导,对物业管理规律掌握不够等理论研究现状有关。因此,有必要站在理论的高度,运用科学的方法论展开物业管理学科的理论创新工作,首先要在弄清物业管理学科性质的前提下,弄清物业管理学科理论的来源,并利用多学科知识分层次、系统地解析物业管理活动的现象及规律,以期为提高物业管理水平和物业管理质量提供基本理论依据,同时为构建物业管理学科体系打下基础。

由于物业管理活动牵涉面广,涉及学科必然众多,但物业管理学科不可以是一些学科知识的堆砌。同时物业管理作为综合性学科,又很难以一种工具性学科理论,如经济学、心理学等来解析清楚,它应是以某一学科为核心构成理论体系。因此有必要从管理学科的角度出发,围绕主要学科中心,整合现有其他学科理论,在多学科互相融合中推陈出新,形成完善的物业管理学科理论体系。下面用图1.1

来说明物业管理理论体系。

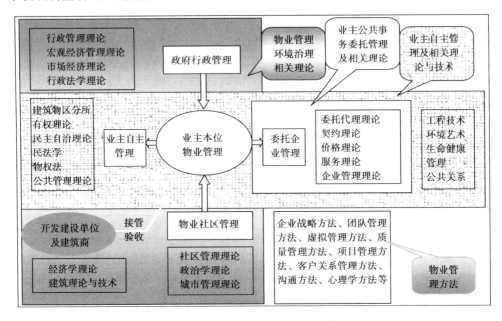

图 1.1　物业管理的理论体系构成图

这个体系是以业主本位为立论的理论体系,它包括了一个核心理论、两个运营理论,三大层次理论序列,四个理论作用的管理领域。一个核心理论是指业主公共事务管理理论,也是指导物业管理服务活动,反映物业管理学科性质的核心理论。两个运营理论是指导业主自治管理活动和委托代理条件下的专业物业管理活动的理论,分别是建筑物区分所有权理论和委托代理理论。三大层次理论序列是指以业主公共事务管理委托代理理论为基本作用领域的物业管理基本理论系列、物业管理的环境治理相关理论系列和物业管理方法系列。四个理论作用的管理领域是指业主自主物业管理、委托企业物业管理、物业社区管理和物业行政管理。

具体来说,物业管理学科体系,是建立在其他学科理论支撑和本学科理论系统化与实践需要的基础上的完整科学体系。它的逻辑主线可以简述为:从建筑物区分所有权理论出发——构成物业业主自主管理的产权基础;沿着业主公共事务自治管理的轨迹开展物业管理活动——确保业主公共管理权有效实现;专业物业管理按照物业服务企业和业主的物业服务(主要是公共服务)产品市场化交易委托代理关系的市场交易方式——确保业主权益的实现和需求的合理满足;以物业服务企业为专业物业管理的市场化物业服务产品供给主体——保障物业公共服务与经营活动的市场高效率;围绕物业区域社区公共环境因素综合治理的理念——达到社区微观的有效治理;最终实现物业业主满意、物业服务企业发展与社区文明进步——全面提升物业区域综合效益。

随着物业管理行业的发展,物业管理理论也需要不断地完善和发展。一方面,要不断完善以建筑物区分理论为基础、公共管理理论为核心面构建起来的物业管理理论体系;另一方面也需要从经济学、工程技术、法学等其他学科角度研究物业管理理论与实践问题。形成物业管理学科主干体系和分支体系,繁荣我国物业管理理论研究事业,丰富我国物业管理学术思想,早日创建和完善中国化的物业管理思想理论体系。

1.4　物业管理学研究对象、内容与方法

1.4.1　物业管理学研究对象

每一门学科都有其特定的研究对象,只有明确了学科研究对象,才能深入地探讨学科对象的特有发展规律,物业管理学也是如此。物业管理活动同其他管理活动一样有其活动规律。以往人们可能比较关注物业管理基于开发建设项目经营活动的经济规律,因此比较关注从房地产开发角度研究房地产进入消费环节而形成的经济关系。但由于物业管理活动主要是围绕进入消费领域的物业服务产品交易活动展开,而其根本的属性是物业公共事务管理属性,因此物业管理学研究的对象很难专注于某一领域,而应是以物业业主公共事务管理规律为主同时研究物业服务企业服务规律、政府物业行政管理规律以及与物业管理活动相关的专项服务活动规律等,实质上这是一组规律集合。这种独特的规律集合,就构成了物业管理学研究的对象。所以,物业管理学是研究物业管理活动的现象、关系和运行规律的学科,是研究和阐述物业管理基本理论和基本方法的学科。

物业管理学研究的对象是十分广泛而复杂,它不仅包括对物业维修养护、使用功能的完善和使用寿命的延长等方面,而且包括更突出的物业产权关系及业主自主治理模式、物业服务市场体系、物业区域人与环境、物业区域综合经营、社区公共关系和文化建设、物业行政管理等物业管理活动领域的规律的研究。前者是早期物业管理研究比较关注的重点,后者是当今社会越来越关注的重点。

1.4.2　物业管理学的研究内容

物业管理学研究的对象一般而论是物业管理活动现象、关系及其规律,研究内容包括物业管理的基本范畴、基本原理、基本内容、基本关系、基本制度和基本方法等。具体来说应该包括以下基本内容:

（1）物业、物业管理及其相关范畴

物业管理所有活动都离不开物业管理基本范畴的界定,如物业、物业管理、房地产、服务、物业服务活动等一些基本的范畴和基本知识,没有这些概念范畴的准确界定,必将造成物业管理的混乱。如"物业"是从实物上理解还是从价值上理解,或者同时考虑,不同的理解在指导人们的物业管理实践上有不同的工作思路和行为逻辑,会有不同社会活动结果。

（2）物业管理基本理论

物业管理基本理论是在物业管理理论体系中占主导地位,起基础性作用的理论。首先要界定物业管理学科性质,探讨物业管理学理论来源,构建物业管理学科体系,规定物业管理学对象、内容与方法。其次探讨建筑物区分所有权理论、公共事务管理理论、委托代理理论、服务理论等物业管理基本理论在物业管理与服务中的应用。

（3）物业管理相关理论

物业管理活动涉及领域广,牵扯理论多,涉及市场经济管理、行政管理、城市管理、社区管理等领域,因此物业管理相关理论主要包括市场经济理论,如物业服务市场体系、市场机制完善等问题;行政管理理论,如政府的宏观物业管理政策对物业服务企业影响等;城市管理理论,如物业管理与城市管理关系等;社区管理理论,如社区文化与和谐社区建设,社区综合治理与城市文明等。

（4）物业管理方法

物业管理是一项综合性强,处于复杂环境中的管理活动,要考虑众多利益相关者的经济效益、环境效益、社会效益、心理因素、文化因素等。需要物业管理人员、业主及其他相关者的权宜应变才能有好的管理绩效。因此现代管理方法在物业管理中的应用是非常广泛的,主要方法有企业管理战略方法、团队管理方法、虚拟管理方法、质量管理方法、项目管理方法、客户关系管理方法、沟通方法、心理学方法等。除此之外,还有传统的管理方法,如经济方法、行政方法、法律方法、思想政治工作方法等。

（5）物业管理环境

物业管理及物业服务活动总是处于特定的物业区域环境下进行的。这就要求研究物业管理环境内容、物业管理环境的特点、物业管理环境的分析、物业管理环境分析方法、物业管理中的相关利益者、我国物业管理环境及其特点、物业管理环境的控制、物业管理环境的改造等。

（6）物业管理关系与物业管理体制

围绕物业管理活动,包括行政管理、企业经营管理、业主自主管理、社区管理等,各种权力主体和市场主体之间存在错综复杂的关系,在没有弄清和理顺这些关系之前,物业管理活动很难说做到按规律办事。这其中最重要的关系有房地产开发与物业管理的关系;物业管理中的行政管理关系;公用事业经营与物业管理关系;业主自治及实现形式;居民自治与物业管理;居民自治及业主自治的关系等。

处理好物业管理关系的重要途径是建立良好的物业管理体制。这就需要研究物业管理体制的含义及特点;物业管理体制的内容;国外物业管理体制;中国物业管理体制及改革等重要内容。

(7)物业服务企业及其物业服务工作与业务

物业管理活动最主要的方式是专业化物业管理,即由业主委托物业服务企业或其他管理人进行的管理。这种委托活动是在市场中实现的,这就需要研究物业服务市场主体——物业服务企业及其经营管理工作规律,研究其主要业务活动规律,如物业服务企业的创立、组织的模式,人力资源开发与利用,物业服务企业家的成长,物业服务企业创新,物业服务业务的市场拓展等企业建设和发展问题。还要研究物业服务活动相关问题,如物业服务经营管理工作的开展;研究物业服务企业对外提供的物业公共服务和物业经营服务的规律等。

(8)物业管理评价

对物业管理效果进行评价是推动物业管理行业发展的重要动力。主要包括对物业管理行业发展水平评价;物业管理行业服务质量评价;物业服务企业业绩评价;物业服务企业服务质量评价;物业管理服务中的顾客满意度评价等。

(9)物业分类管理

随着物业管理手段的科技含量提高和物业管理水平的不断提高,物业管理由粗放管理向集约经营方向发展。这就要求物业管理服务市场进一步细分,物业服务程序和方法进一步细化,物业分类管理成为物业管理发展的新趋势。物业分类管理及其意义;现代物业各主要类型:居住物业管理、商务物业管理、工业物业管理和特种物业管理等如何按各自特点进行管理,如何解决突出的问题等成为需要深入研究的重要领域。

(10)物业管理发展

物业管理实践需要物业管理理论,也促进理论的产生和发展;物业管理理论来源于物业管理实践,也指导了物业管理实践,使物业管理活动建立在科学理论指导基础之上,形成按规律办事的新风尚。这就要求研究物业管理理论与物业管理实践的关系;物业管理行业发展现状、问题、影响因素、趋势、路径等。

1.4.3　物业管理学研究方法

一般来说,物业管理学的研究方法有以下 3 种:

(1)唯物辩证法或抽象法

唯物辩证法是研究物业管理学的基本方法。物业管理学的研究,一定要坚持运用辩证唯物主义的观点和方法,在纷繁复杂的诸多矛盾中寻求符合客观实际的正确认识,这样才能发现物业管理活动内部的本质联系,从而在学科建设中找到符合物业管理特点的解决问题的途径。由于物业管理学是一门独具学科体系的新兴学科,有其特殊的研究对象和领域,在运用唯物辩证法解决物业管理的现象与矛盾时,应结合国情而不宜照搬不适用于我国的某些西方物业管理理论。我们必须看到国家制度和体制上的差别,建设具有中国特色的物业管理学。

（2）系统方法

每一个单元性的房地产都是一个系统,它同时又是从属于一个更大系统的子系统。从物业管理的角度来说,系统一方面是指一个实体,另一方面又是指一种方法。所谓系统方法,就是用系统的观点来研究和分析物业管理活动的全部过程。系统方法要求我们了解和把握系统的特性,从中找出系统的特点,并据以研究、分析和解决物业管理中的各种问题。物业结构、设备设施的复杂性,物业使用功能的多样性,物业管理与政府部门、开发商、居委会、供应商及业主等方面交往的多层面性,都要求我们以系统的观点进行观察和研究。

（3）实证方法

在具体应用宏观调控与微观管理相结合、静态管理与动态分析相结合、定性研究与定量分析相结合等方法的同时,既要注重理论演绎的方法,更要特别注重实证方法的研究与应用。所谓实证方法,简而言之,就是用实际情况予以证实的方法。在物业管理的现阶段,由于大量的不规范形态的存在,如果仅仅采用理论演绎方法去联系众多感性材料,往往会出现理论脱离现实的情况。因此,只要有可能,就应该强调实证方法的应用,使之有助于对现实问题的分析和物业管理基础性研究的开展。通过有关数据的收集、整理,对基本情况和过程的描述,为进一步的理论阐述与研究提供事实基础以及充分的案例分析,为进一步的理论阐述与研究提供事实基础。所以,在物业管理学科研究方法上只重视理论探讨而忽视实证分析,常常无法得出令人信服的结论。理论来源于实践,实践是检验真理的唯一标准。只有经过实践反复验证的理论,才能具有指导实践的普遍价值。

〖简要回顾〗

本章主要介绍了物业、物业管理、物业服务、物业管理学等基本知识范畴,是学习研究物业管理与物业服务问题的基本工具和逻辑起点,是对后面问题进行探讨的基础。

首先从物业及物业管理概念入手,从理论认识物业及物业管理性质和特征,认识物业管理与物业服务的联系与区别;又物业服务的含义、特性、物业服务的主要环节介绍,从物业管理实践中物业服务工作来进一步认识物业管理和物业服务这两个重要范畴;其次对物业管理学性质进行了分析探讨,界定了物业管理学科的性质,分析了物业管理学理论来源,构建了物业管理学科体系;再次探讨了物业管理学对象、内容与方法。

〖**案例碰撞**〗

物业自主治理反映了什么？

某花园在自主治理之前，在管物业公司管理服务质量差，特别是小区治安形势严峻和相关服务欠缺，物业服务公司对已经发生在小区里的一些治安事件采取漠视的态度。业主们不满该物业服务公司的各种服务，经广泛征求业主意见后，到房管局递交了解除物业服务合同的申请，最后将物业服务公司解雇，走上了业主自主治理的道路。

业主自己新成立的一家物业服务公司，新公司完全受业主管理委员会支配，而不再像以前那样，物业服务公司在收取业主费用后，总在为业主服务上出现各种纰漏。

业主自己管理家园后治安状况明显好转。小区实行封闭式管理，在出入口装置了电子监控系统，只允许小区居民刷卡进出，同时保安24小时巡逻，此后没有发生过失窃事件。业主们也群策群力，出资出力，齐心管理自己的小区。小区现在鸟语花香，居民居住就更加舒心了。居民还自觉植树，费用均由业主自己出，由小区业主委员会几位负责人前去购买回来的。业主认为，这样一个普通的活动，很有意义，既美化了小区，又拉近了业主间的距离，营造了小区的和谐气氛。

小区物业管理的经费来源于业主，分两部分：物业管理费和停车费。经费完全由业主委员会掌握，专款专用，主要投入到支付所聘物业管理队伍的薪酬和社区的公共设施建设中。业主委员会11名负责人全部是不计报酬，因此不享受这笔费用，摆脱了盈利性。

该花园在业主们的积极配合和支持下，小区自主治理日渐走上正常轨道，但这也只是刚刚开始，业主委员会自治在走向成熟的过程中还需要不断地探索与业主们的协作。（摘编自 http://www.jiangmen.gov.cn/zxzx/sssqzx/hszx/t20080318_96850.html）

互动话题：

1.从专业管理到业主自主治理为什么会产生这样的现象？实质是什么？

2.为什么物业公司不能解决业主关心的问题？

3.业主对小区的事务表现出的关心和支持，以及所产生的效果对物业管理人员有什么启示？

第2章
物业管理基本理论

【重点关注】

建筑物区分所有权理论　公共管理理论

委托-代理理论　服务理论

2.1　建筑物区分所有权理论

2.1.1　区分所有权建筑物管理制度

1）区分所有权建筑物管理制度的产生与发展

建筑物区分所有权是工业革命和城市化的产物。在原始社会,由于生产力水平低下,人们只能居住在巢洞,故不可能形成建筑物区分所有权的观念。通常认为,建筑物区分所有权观念的萌芽,开始于人类文明之始的奴隶社会。在奴隶社会,由于生产和交换的发展,人口大量集聚于城市,城市得以形成。为满足城市人口居住和经营的需要,公元前两千年的古巴比伦王国,产生了类似于现代区分所有权建筑物的建筑物形态,标志着建筑物区分所有权的正式萌芽。在罗马法中,由于贯彻了“一物一权”主义的原则,尤其是确认了所谓“建筑物所有权属于建筑物所附着之土地所有人”或“地上物属土地所有人”的原则,所以并不存在建筑物的区分所有权问题。其后的日耳曼法,曾经形成所谓的“阶层所有权”,在某种程度上承认了建筑物区分所有权,但并不完整。自19世纪上半叶开始,英、法、德、意、瑞（士）等国先后进行了工业革命,加速了城市和工业中心的发展。随着建筑材料和建筑技术的发展,高层建筑拔地而起,多个业主或承租人共同使用同一楼宇的现象出现,与此相关的楼宇管理问题日显突出,要求建立建筑物区分所有权法律制度的呼声高涨。1804年,《法国民法典》第644条的规定,开创了近代民法建立建筑物区分所有权制度的先河。此后,意、葡、西(班牙)、瑞(士)以及中国国民政府的民法典等先后建立了建筑物区分所有权法律制度。进入 20 世纪,两次世界大战堪称人类浩劫,原有建筑物遭到极大破坏。另一方面人口激增,并纷纷涌向城市,致使住宅问题更趋严峻。但与此同时,科学技术的进步客观上又为建筑物向更高的立体化方向发展提供了基本条件。为了解决日益复杂的建筑物区分所有权法律关系,各国或重新检讨已有的法律制度,或者积极创设新的理论体系,促进了建筑物区分所有权制度的发展。

在我国,随着住房制度改革,越来越多的城镇居民拥有自己的房屋,而且大量集中在住宅小区内,业主的建筑物区分所有权已经成为私人不动产物权中的重要权利。2007 年 3 月 16 日由第十届全国人民代表大会第五次会议通过,并于 2007 年 10 月 1 日起施行的《中华人民共和国物权法》,对物业管理行业的最重要影响是肯定了建筑物区分所有权存在的价值,明晰产权关系,从法律上明确保护私人财产,为物业管理服务活动提供了法律保障。物权法从维护业主的合法权益出发,明确规定业主对建筑物内的住宅、经营性用房等专有部分享有所有权,对专有部分以外的共有部分如电梯等公用设施和绿地等公用场所享有共有和共同管理的权利;还对小区内的车库、车位的归属,业主委员会的职能,业主和物业服务机构的关系等作了规定。这些规定明晰了产权关系,为规范物业服务市场提供了依据。

随着我国住房制度改革的不断深入,多人共同拥有一幢建筑物的现象将越来越普遍,区分所有权人因房屋而发生的纠纷,仅靠我国民法通则中的相邻关系规定已不能解决。为正确审理建筑物区分所有权纠纷案件,依法保护当事人的合法权益,最高人民法院审判委员会两次会议通过的《最高人民法院关于审理物业服务纠纷案件具体应用法律若干问题的解释》与《最高人民法院关于审理建筑物区分所有权纠纷案件具体应用法律若干问题的解释》于 2009 年 10 月 1 日起施行。这对于妥善解决物业管理中的纠纷,有效化解物业管理中的矛盾,规范物业管理主要涉及的业主与物业服务企业双方行为都有重要的指导意义。

2)建筑物区分所有权的含义

随着住宅商品化,建筑物向多层、高层发展,一栋建筑物通常为众多住户所有,这种现象就是建筑物区分所有。对于建筑物区分所有权的概念,历来也有诸多争议。主要有一元论、二元论和三元论说。一元论依专有和共有的不同,将区分所有权分为专有权说和共有权说。专有权说认为建筑物区分所有权是指区分所有权人对建筑物的专有部分享有所有权,而共有权说则认为建筑物区分所有权是区分所有人对建筑物的一种共有。而二元论则综合一元论的两种观点,认为区分所有权是共有权和专有权的集合。而三元论说在二元论说的基础之上又增添了一个非常重要的因素,就是因共同管理所产生的成员权。三元论的学说比较全面地反映了建筑物区分所有权的概念。我国《物权法》采用了三元说，该法第 70 条规定："业主对建筑物内的住宅、经营性用房等专有部分享有所有权，对专有部分以外的共有部分享有共有和共同管理的权利。"因此，建筑物区分所有权是指两个或两个以上的区分所有权人共同拥有一栋建筑物时，各区分所有权人对建筑物所享有的复合权利，它是所有人对建筑物专有部分所享有的专有所有权，对建筑物的共有部分所享有的共用部分持分权，以及因区分所有权人之间的共同关系而产生的成员权的总称。

建筑物区分所有权包括下列 3 种权利：①专有所有权：每一独立单元的所有人就该独立单元享有的单独的所有权（亦称为专有部分的所有权）。②共有所有权（即共用部分持分权）：对于建筑物及其附属物的共有部分，除当事人另有约定外，由业主按其专有部分占整个建筑物的比例享有不可分割的共有所有权。③成员权（即共同管理权）：当整栋建筑物或整个小区的全体所有人成立管理组织以便有效管理相关事务时，各个所有人即享有成员权，包括对重要管理事项的表决权、参与订立规约的权利、选举管理者的权利、解除管理者的权利和请求停止违反共同利益行为的权利等。

3）建筑物区分所有权的特征

建筑物区分所有权作为现代民法中一种重要的不动产所有权形式，具有以下区别于一般不动产所有权的特征：

①复合性。复合性指建筑物区分所有权由专有所有权、共有所有权和成员权构成。一般不动产所有权仅指权利主体对不动产享有占有、使用、收益和处分的权利。

②主导性。在建筑物区分所有权所包含的三项内容中，专有所有权具有主导性。其主导性表现在：区分所有权人只有取得专有所有权，才能取得共有所有权和成员权；区分所有权人专有所有权的大小，决定了共有所有权和成员权的大小。

③一体性。一体性即构成建筑物区分所有权的三要素的专有所有权、共有所有权及成员权必须结为一体，不可分离。在对专有部分进行处分时，其他部分同时处分；不可能对某一部分进行处分而保留其他部分。

④多重性。建筑物区分所有权因由专有所有权、共有所有权和成员权三个要素构成，因而区分所有权人的身份也具有多重性。对专有部分的所有权主体而言，区分所有权人为专有所有权人；对共有部分享有所有权而言，区分所有权人为共有所有权人；对区分所有建筑物的行使管理权而言，区分所有权人为成员权人。

4）建筑物区分所有权的类型

建筑物区分所有权的类型一般包括以下 3 种：

（1）纵切型区分所有权

纵切型区分所有权指一栋建筑物以纵向垂直分割，垂直各段分属于不同区分所有权人。对于这种形态的区分所有建筑物，各区分所有权人的共同部分包括共用的墙壁、柱子。

（2）横切型区分所有权

横切型区分所有权指一栋建筑物以横向水平分割，水平各层分属于不同区分所有权人。这种形态的区分所有建筑物，各区分所有权人的共同部分包括共用壁、屋顶、楼梯和走廊等。

（3）混合型区分所有权

混合型区分所有权指一栋建筑物以上下横切、左右纵割分套。这种形态的区分所有建筑物，各区分所有权人的部分以分间墙、楼和地板等与他人所有部分分隔，在构造上形成独立性。二层以上区分所有权人的所有部分与基地不直接接触，而是通过走廊、楼梯或电梯与外界相通。

2.1.2 建筑物区分所有权的内容

1）区分所有权人在专有所有权方面的权利与义务

专有所有权又称"专有权"或"特别所有权"，是指区分所有权人对专有部分予以自由使用，收益及处分的权利。

关于专有部分的认定，《最高人民法院关于审理建筑物区分所有权纠纷案件具体应用法律若干问题的解释》第2条规定：建筑区划内符合下列条件的房屋，以及车位、摊位等特定空间，应当认定为法定专有部分：a.具有构造上的独立性，能够明确区分；b.具有利用上的独立性，可以排他使用；c.能够登记成为特定业主所有权的客体。

关于业主在专有所有权方面的权利与义务，《物权法》第71条规定：业主对其建筑物专有部分享有占有、使用、收益和处分的权利。业主行使权利不得危及建筑物的安全，不得损害其他业主的合法权益。第72条规定：业主对建筑物专有部分以外的共有部分，享有权利，承担义务；不得以放弃权利不履行义务。业主转让建筑物内的住宅、经营性用房，其对共有部分享有的共有和共同管理的权利一并转让。

（1）区分所有权人作为专有所有权人所享有的权利

①所有权。专有所有权是以区分所有建筑物的专有部分为客体而成立的单独所有权，具有绝对性、永久性和排他性，区分所有权人在法律界限范围内，可以自由使用、收益、处分专有部分而不受他人干涉；可直接占有、使用专有部分，以实现居住和营业等其他目的，可将其出租收取租金，也可设定抵押或予以转让等。

②相邻使用权。所谓相邻使用权,是指区分所有权人为保存其专有部分或共有部分,或于改良的必要范围内,可以请求使用其他区分所有权人的专有部分或不属于自己所有的共有部分。例如,三楼居民天花板漏水,需要从四楼的地板着手修理。在这种情况下,区分所有权人彼此间应容忍他人利用自己的专有部分从事建筑物的维护、修缮和改良等。

(2)区分所有权人作为专有所有权人应承担的义务

专有权人的义务,实际上就是建筑物区分所有人的专有义务,归纳起来主要有下列几项义务:

①尊重建筑物区分所有权的性质以及建筑物专有部分的自身性质和用途,按照本来的用途使用专有部分,不得擅自改变本来用途。

②正当维修和改良的义务,即专有权人如果对专有部分进行维修和改良,必须遵循正当性,不得破坏建筑物安全及外观,不能妨碍建筑物整体的正常使用以及违反各个区分所有人的共同利益。

③容忍他人行使专有权的义务,即建筑物区分所有人都有行使专有权的权利,当区分所有人正当使用、维修、改良其专有部分时,其他区分所有人有容忍的义务,不得阻碍和妨害。例如,其他区分所有人因维护、修缮其专有部分或设置管线,必须进入另外所有人的专有部分时,该专有部分的所有人无正当理由不得拒绝。

2)区分所有权人在共有所有权方面的权利与义务

共有所有权,或称共用部分持分权,是指建筑物区分所有权人依照法律法规或物业管理区域的管理规约,对区分所有建筑物的共用部分所享有的占有、使用和收益的权利。

关于共有部分的认定,《物权法》第 73 条规定:建筑区划内的道路,属于业主共有,但属于城镇公共道路的除外。建筑区划内的绿地,属于业主共有,但属于城镇公共绿地或者明示属于个人的除外。建筑区划内的其他公共场所、公用设施和物业服务用房,属于业主共有。《最高人民法院关于审理建筑物区分所有权纠纷案件具体应用法律若干问题的解释》第 3 条规定:除法律、行政法规规定的共有部分外,建筑区划内的以下部分,也应当认定为法定共有部分:

①建筑物的基础、承重结构、外墙、屋顶等基本结构部分,通道、楼梯、大堂等公共通行部分,消防、公共照明等附属设施、设备,避难层、设备层或者设备间等结构部分。

②其他不属于业主专有部分,也不属于市政公用部分或者其他权利人所有的场所及设施等。建筑区划内的土地,依法由业主共同享有建设用地使用权,但属于业主专有的整栋建筑物的规划占地或者城镇公共道路、绿地占地除外。另外根据

《物权法》第 74 条规定:建筑区划内,规划用于停放汽车的车位、车库应当首先满足业主的需要。建筑区划内,规划用于停放汽车的车位、车库的归属,由当事人通过出售、附赠或者出租等方式约定。占用业主共有的道路或者其他场地用于停放汽车的车位,属于业主共有。业主对建筑区划内,规划用于停放汽车的车位、车库有优先购买的权利。

(1)区分所有权人在共有所有权方面的权利

①对共用部分的使用权,这是建筑物区分所有权人作为共有所有权人的一项基本权利。在一栋建筑物上,专有所有权人对共用部分,如走廊、电梯等依其性质为共同使用,因此,共用部分不管其持分多少,在使用上应是全体使用。

②收益权。这是建筑物区分所有权人作为共同所有权人所享有的一项基本权利,即各共有所有人根据规约或其持分,获得因共用部分产生的利益的权利。

③对共有部分的单纯的修复和修缮改良权。该项权利是指各共有所有人基于居住或其他用途的需要,可对共用部分享有单纯的修缮改良权。所谓的单纯修缮改良,是指不影响或损及建筑物共用部分原有性质的修缮改良行为。

(2)区分所有权人作为共有所有权人的义务

①按共用部分的本来用途使用共用部分。所谓本来用途,是指必须根据共用部分的种类、位置、构造、性质及规约的共用部分的目的或用途。例如,停车场用于停车,不允许堆放杂物,用于垂直运输的工具电梯(货梯)不能用于载客用途等。

②分担共同的费用和负担的义务。区分所有建筑物的共用部分,通常是整体建筑物的实体部分,而为此所发生的管理、修缮、维持、改良费用,应由全体区分所有权人分担。鉴于共用部分分为全体共用和部分共用两类,因而各国立法都规定,全体共用部分的费用由全体区分所有权人分担,部分共用的费用由该部分区分所有人分担。关于共同费用和负担的范围,主要包括:日常维修和更新共同部分及公共设备的费用;管理事务的费用,包括管理人员的酬金;由区分所有权人共同负担的税项;不动产或区分所有权人连带负责的债务。至于共同费用和负担的份额分担,一般按共有所有权人对共用部分所占的共同持分的比例予以核定。

3)区分所有权人作为成员权人的权利与义务

成员权亦称为构成员权,我国物权法称共同管理权,它是指建筑物区分所有权人基于在一栋建筑物的构造、权利归属及使用上的不可分割的共同关系而产生的,作为建筑物的一个团体组织的成员享有的权利和承担的义务。《物权法》第 76 条规定:下列事项由业主共同决定:①制定和修改业主大会议事规则;②制定和修改建筑物及其附属设施的管理规约;③选举业主委员会或者更换业主委员会成员;④选聘和解聘物业服务企业或者其他管理人;⑤筹集和使用建筑物及其附属设施的维修资金;⑥改建、重建建筑物及其附属设施;⑦有关共有和共同管理权利的其他重大事项。决定前款第五项和第六项规定的事项,应当经专有部分占建筑物总面积 2/3 以上的业主且占总人数 2/3 以上的业主同意。决定前款其他事项,应当经专有部分占建筑物总面积过半数的业主且占总人数过半数的业主同意。

(1)区分所有权人作为成员权人的权利

①表决权。表决权是指业主参加建筑物管理团体的集会,对业主大会讨论的事项所享有的投票表决权。如前述《物权法》第 76 条规定的业主共同决定事项。

②参与订立管理规约权。管理规约是指业主为了调整相互之间权利义务关系,通过业主大会制定的、对全体业主具有普遍约束力的书面形式的自治规则契约。如前述《物权法》第 76 条第二款规定。

③选聘、解聘和监督管理人以及管理服务人的权利。业主作为管理团体的一个成员,有权选聘、解聘管理人以及管理服务人,有权对管理人以及管理服务人的管理行为进行监督。《物权法》第 81 条规定:业主可以自行管理建筑物及其附属设施,也可以委托物业服务企业或者其他管理人管理。对建设单位聘请的物业服务企业或者其他管理人,业主有权依法更换。第 82 条规定:物业服务企业或者其他管理人根据业主的委托管理建筑区划内的建筑物及其附属设施,并接受业主的监督。

④请求权。请求权主要包括以下四项,即请求召集业主大会会议的权利,请求正当管理共同关系的事务,请求收取共用部分应得的利益,请求停止违反共同利益的行为。《物权法》第 79 条规定:建筑物及其附属设施的维修资金,属于业主共有。维修资金的筹集、使用情况应当公布。第 78 条规定:业主大会或者业主委员会作出的决定侵害业主合法权益的,受侵害的业主可以请求人民法院予以撤销。第 83 条规定:业主应当遵守法律、法规以及管理规约。业主大会和业主委员会,对任意弃置垃圾、排放污染物或者噪声、违反规定饲养动物、违章搭建、侵占通道、拒付物业费等损害他人合法权益的行为,有权依照法律、法规以及管理规约,要求行为人停止侵害、消除危险、排除妨害、赔偿损失。业主对侵害自己合法权益的行为,可以依法向人民法院提起诉讼。

(2)区分所有权人作为成员权人的义务

①执行业主大会所做出的决议。业主大会所通过的决议,是管理团体的集体意志,对于全体业主都有约束力。如《物权法》第 78 条规定:业主大会或者业主委员会的决定,对业主具有约束力。

②遵守管理规约。业主应当依照管理规约的规定行使权利,履行义务。《物权法》第 77 条规定:业主不得违反法律、法规以及管理规约,将住宅改变为经营性用房。业主将住宅改变为经营性用房的,除遵守法律、法规以及管理规约外,应当经

有利害关系的业主同意。

③接受、服从管理人及其管理服务人员的管理。《最高人民法院关于审理物业服务纠纷案件具体应用法律若干问题的解释》第四条规定:业主违反物业服务合同或者法律、法规、管理规约,实施妨害物业服务与管理的行为,物业服务企业请求业主承担恢复原状、停止侵害、排除妨害等相应民事责任的,人民法院应予支持。

④支付共同费用。业主具有对建筑物中属于全体共用部分的管理、维护、修缮和改良所需的负担和费用的分担支付义务。而这个共同费用实际上就是物业管理活动中的物业管理费。《物权法》第 80 条规定:建筑物及其附属设施的费用分摊、收益分配等事项,有约定的,按照约定;没有约定或者约定不明确的,按照业主专有部分占建筑物总面积的比例确定。《最高人民法院关于审理物业服务纠纷案件具体应用法律若干问题的解释》第六条规定:经书面催交,业主无正当理由拒绝交纳或者在催告的合理期限内仍未交纳物业费,物业服务企业请求业主支付物业费的,人民法院应予支持。物业服务企业已经按照合同约定以及相关规定提供服务,业主仅以未享受或者无需接受相关物业服务为抗辩理由的,人民法院不予支持。

2.1.3 物业管理权的实现形式

1)物业管理中"管理权"的由来

在区分所有权物业中,业主以成员权人的身份参与物业区域的共同事项的管理,如参加业主大会并投票参与决策,选举产生业主委员会等,体现了"业主主权",但绝大多数情况下,物业公共事务管理活动往往是由接受委托的物业服务企业来施行的。这里管理权与产权发生了分离。业主享有的是基于产权的共同管理权,即业主"公共事务管理权",它是权力之源;而作为委托代理人的物业服务企业所拥有的管理权是基于物业服务合同的委托而产生的权力,是从属性权力。此外,物业服务企业还可以基于社区公益需要从"政府授予"中获得一些社区公共行政管理权力。

业主公共事务管理权是物业服务企业管理权的主要来源。物业服务企业通过接受业主委托,签订委托服务合同来获得物业管理权。物业服务合同以管理规约为依据、体现业主集体意志,就物业服务企业承接该项物业管理项目的权利、义务关系逐项作出明确约定。物业服务企业依据合同约定的职责行使管理权,任何业主都必须接受管理规约和物业服务合同的约束,若有违反就得承担相应责任。

政府公共行政委托管理也是物业服务企业管理权的来源,它实质上是由政府行使的物业小区公共管理权力,在委托或"摊派"给物业服务企业后而形成的公共行政委托管理权。任何一个功能齐全的小区或大厦内都会包括各种基础性的设施设备,如供电、通讯(邮政和电讯)、燃气、给排水、环卫、绿化、交通等设施设备在计划经济体制下,多由政府设立或授权的公用事业单位或企业来管理。在市场经济条件下,这些基础设施设备等仍属公共物品范畴,理应由政府提供,但政府基于物业服务公司的进入与存在而以分割管辖范围的方式向物业服务企业做了"无成本移交"。为便于区分,可将这种经分割而作出的政府部门向物业服务企业的授权称为"准行政管理权"。不管是业主还是政府,授权都必须明确、具体,否则可能会发生物业服务公司为摊销成本而产生的滥用经营垄断权、损害业主利益的行为。

2)物业管理权的实现形式

(1)物业管理权实现的社会经济条件

物业管理权实现与物业产权的分解有关。管理权的实现包含在产权实现中,没有产权的分解,也就没有讨论物业管理权实现的意义。而之所以分解产权,主要还是考虑产权分解并实施委托管理后,有可能增进产权主体的收益。物业产权的可分解性,是指物业的各项权利,如狭义所有权、占有权、支配权和使用权可以分解开来,分属于不同主体的性质。由于物业产权由权能和利益组成,物业产权的可分解性包含两层含义,即物业权能行使的可分工性和利益的可分割性。物业产权的不同功能可以由同一主体行使转变为由不同主体分工行使,就是物业权能的分解。在权能分解的同时,利益也进行分割。

物业产权的可分解性并不等于物业产权的实际分解,现实的分解取决于现实的社会经济条件。它具体包括:第一,物业所有者拥有的物业数量和质量对物业产权行使能力的要求与所有者自身具有的相应能力之间的相对状况。第二,所有者对由自己兼行多重权能与由别的主体去行使部分权能的得失权衡。第三,社会观念的改变。例如,在自己有能力行使物业使用经营权能的情况下,由于机会成本、个人偏好、观念不一样,具体的选择可能有差异。物业所有者可能选择自己行使物业使用经营权,也可能选择将这项权利交由其他主体。

物业产权可分解理论,一方面说明了物业产权是一个完整的整体,物业的经营权、管理权是物业产权的一个重要组成部分;另一方面,它又说明了物业的经营权、管理权也可以与物业的其他权利相分离。

物业产权没有现实分解之前,城市政府或居民拥有完整的产权,包括物业的经营管理权。城市政府以行政方式设立房管局、房管所(站)、街道办事处等机构,来实施物业的产权产籍、维修管理等管理权。它们的管理是简单的、传统的,称不上完整意义上的物业管理,只能称之为房屋管理。城市居民自己所有的私房,则几乎完全是自己维修和管理,完全是自然经济的管理模式,更谈不上是专业的物业管理。物业产权现实的分解,特别是物业经营管理权的分离,使物业产权行使主体变得多元化起来。城市居民不再需要,事实上也很难实现自己亲自动手管理自己的物业。同时,产权多元化也导致公房数量的减少,在这种情况下,物业的管理权甚至经营权就顺应时代的要求,从物业的整体权利中分离出来,由业主来将物业的管理权暂时让渡给物业服务企业来行使,在签订的合同的期限内,物业服务企业享有约定的、有限的委托物业管理权,并在业主集体授权(合同)下,充分行使物业的管理权,发挥物业服务企业管理物业的特长和作用。但当物业服务企业解聘后,业主委员会将代表全体业主收回自己的物业管理权,然后又通过招投标方式实现新物业管理权的委托。

(2)管理权实现的方式

这里讲物业管理权的实现方式,是指物业业主的基于产权的物业管理权经由企业化方式提供的专业的物业管理形式来实现的方式。企业化方式使专业物业管理活动打上了私人管理的烙印,但实际上这种多主体架构中的物业管理,包含了公共管理(业主自治、行政管理)和私人管理(物业服务企业经营管理、开发建设单位房地产开发与经营)双重属性。必须指出的是,业主自主治理权是根本。业主大会或业主委员会是物业管理的最高自治主体,它是基于区分所有权建筑的不可分割性而产生的旨在维护业主利益和维持正常物业区域社会经济关系的物业业主自治组织,是一个准公共组织(区别于有特定含义的政府和非政府公共组织)。政府只是一个为物业管理活动提供宏观管理政策的管理者。而开发建设单位与业主只是基于房地产商品交易而发生关系。在物业服务产品交易中,开发商不构成一方,不是物业管理者,无权介入物业管理活动。即使开发商拥有控股物业服务企业,也不存在有开发商直接干涉物业服务企业经营管理活动的正当逻辑。物业服务企业也只是在专业化、市场化、社会化的物业管理体制条件下,接受业主委托、行使约定的有限物业管理权的市场主体,是从属性的主体。物业管理的最终话语权在业主一方,即物业管理权的实现是以业主公共事务管理权委托业务交易活动的达成来实现的。在委托管理条件下物业公共事务管理权的实现,也具体体现在物业管理方式、管理内容、管理目的和宗旨上。

①物业管理权是以业主公共事务管理权委托的方式实现的。业主通过业主大会行使自治权,业主大会选举产生业主委员会作为常设机构,履行业主大会委托事项。物业服务企业接受业主集体(由业主大会决定,业主委员会负责实施)的委托向业主们提供公共产品(物业服务产品),即物业服务企业按照物业服务合同约定,依法对物业区域的房屋公共部位及配套的公共设施设备和相关场地进行维修、养护、管理,维护相关区域内的环境卫生和秩序的活动。物业服务企业也有义务制定增进物业区域公共利益的政策,以确保业主集体委托的管理目标的实现。从管理方式上选择物业服务企业提供专业的物业管理服务,看重的是企业化管理的高

效率,更好地实现业主的意愿,体现业主对物业管理权实现方式上的理性决策。

②在管理内容上离开对委托公共事务管理业务的坚持,物业管理活动将失去自己的特性,而沦为一般性商业经营管理活动。对房屋公共部分、共用设备设施和公共场地的维护管理是物业管理的基本内容,也是《物业服务合同示范文本》的主要条款。而物业服务企业利用物业区域的公共资源进行物业经营活动,如店面出租,经营会所、游泳池、球场、车库等,不能影响物业公共服务业务的开展。当二者发生冲突时应坚持公共服务业主为主,经营性服务业务服从于公共服务业务的原则来处理。另外,在服务开展过程中,还必须根据公共服务的规律办事,提高管理服务的效能和服务满意度。

③管理权的实现以管理宗旨达成为目标。专业的物业管理的宗旨是维护物业区域公共设施设备的正常运行,维护公共场所的正常生活秩序和环境,促进社区和谐与稳定,有效增进物业区域的业主整体公共利益。强调物业服务企业、业主及其他利益相关者共赢,实现整体利益最大化;而不应只是从自身利益出发,实现自身利益最大化。

2.2　公共管理理论

2.2.1　公共管理理论概述

公共管理学正成为一门日益受到人们关注的学科。由发端于 20 世纪 70 年代与 80 年代之交的新公共管理运动引发和推动,公共管理新概念是对传统公共行政学的"扬弃"。物业管理作为以业主公共事务管理为主要内容的公共管理的重要领域,不可避免地受到公共管理理论的影响。

1)公共管理的基本概念

公共管理(Public Management)是指公共部门与准公共部门共同满足公共需求、处理公共事务、提供公共产品和公共管理,以实现良好治理的管理活动。公共管理包括"公共"和"管理"两个方面。"公共"是指公共管理的本质属性,它表明公共管理的本质是提供公共产品,管理社会公共事务,以满足社会公共需求;"管理"是指公共管理作为管理活动的一般属性,它表明公共管理是公共管理主体实施公共事务管理的一系列计划、组织、协调、控制等管理活动的总和。

公共管理的公共属性,"公共的"(Public)意指多数人的或关系多数人利益的,"公共的"问题的存在是公共管理存在的基础。公共问题广泛地存在于人类生活的各个方面,只要有人群居住的地方,就会发生各种各样与人类生活息息相关的公共问题,如公共危机问题、贫富差距问题、人口老龄化问题、环境污染问题、资源危机问题,等等。公共问题是与广泛的社会生活发生关系,造成了广泛的社会影响,并关系到公共利益。为维持正常的社会秩序,促进社会发展与经济持续增长,人类必须认真地处理社会公共问题。

处理公共问题的关键是通过公共部门与准公共部门的合作,共同满足社会公共需求、提供公共产品与公共服务、处理社会公共事务,从而实现良好的治理目标。公共需求、公共产品、公共服务、公共事务、良好治理是公共管理的五个基础概念。

公共需求是人类社会共同体解决所面临的社会公共问题的共同需要。它是社会成员在社会生产、生活中产生的共同需要,具有社会成员的平等享用性。

公共产品是和私人产品相对应的概念,是指具有非竞争性和非排他性的产品。非竞争性是指一个使用者对该物品的消费并不减少它对其他使用者的供应,即当某人在消费一定物品的同时,其他人也可以消费等量的同类物品;非排他性是指使用者不能被排除在对该物品的消费之外,即同一物品不仅供其占有者来消费,而且不排斥占有者以外的人来消费。公共产品的这些特征,以及规模效益大、初始投资量大的特点,使得私人企业或市场不愿意提供、难以提供或即使提供也难以做到有效益,因而,一般由公共部门与准公共部门来提供。

公共服务是公共部门与准公共部门为满足社会公共需要,共同提供公共产品的服务行为的总称。它分为提供纯公共产品的公共服务和提供准公共产品的公共服务两种。基本公共服务是提供纯公共产品的公共服务,它指政府向全体社会成员提供的平等的、无差别的公共服务,如国防、外交、公安、司法、义务教育、生态环境保护,等等。混合公共服务是提供准公共产品的公共服务,它带有满足公共需要与满足个人需要相交叉的性质,这种公共服务既能满足公共需要,又能满足个人需要;既人人平等消费,又具有一定程度的竞争性与排他性;既要付费,又不完全付费,如高等教育特别是研究生教育、公共工程等。

公共事务是指涉及社会全体公众整体的生活质量和共同利益的一系列活动,以及这些活动的实际结果。公共产品是对客观状态的界定,公共事务则是对公共产品形成和效能的实际描述。公共事务具有公益性、非营利性和规模性等特点。公共事务的受益对象是全体社会公众,它所反映的是社会整体的公共利益,公共事务所提供的物品和服务应该由全体公众来享用,公共事务所提供的物品和服务也是整个社会发展所必不可少的条件。一般而言,公共事务的公益性决定了社会公众在享受公共服务的过程中一般不需要交费。有时为了弥补公共事务经费的不足,也会采用收费的办法,但这种收费绝不以营利为目的。公共事务的范围十分广泛,建立公共事务体系需要大量的投入,而且公共事务的某些内容必须达到一定的规模后才能体现出应有的效益,因而公共事务具有规模效益。

治理是各种公共的或私人的机构管理其共同事务的诸多方式的总和,是使相互冲突的或不同的利益得以调和并且采取联合行动的持续的过程。治理的目的是在各种不同的制度关系中运用权力去引导、控制和规范公民的各种活动,以最大限度地增进公共利益。治理是国家与公民社会的合作、政府与非政府组织的合作、公共机构与私人机构的合作、强制与自愿的合作。治理是一个上下互动、全方位互动的管理过程,主要通过合作、协商、伙伴关系、确立认同和共同的目标等方式实施对公共事务的管理。良好的治理即善治是使公共利益最大化的社会管理过程,合法性、透明性、责任性、法制性和有效性等构成了它的基本要素。良好治理的本质特征是通过政府与公民的良好合作实现对公共事务管理的良好治理。

与私人产品、私人事务相比,公共产品、公共事务具有不同的性质、不同的运行规则。由专门的、拥有足够管理资源和合法性的公共组织与非政府公共组织合作,依照某些特定的规则来提供公共产品与公共服务、处理公共事务,以满足公共需要,这个过程就是公共服务。因而,公共服务就是公共部门与准公共部门共同处理公共事务、提供公共产品与公共服务,以满足社会公共需求和实现良好治理的管理活动。

2)公共管理的基本理论

(1)公共产品理论

公共产品理论是随着西方混合经济理论产生而产生的,它认为现代市场经济是公共经济与私人经济的混合物。公共产品理论系统地研究了市场经济条件下社会公共需求与政府公共供给之间的相互关系,重点研究了社会公共需求的弹性特点,研究了政府公共产品与公共服务供给的特点、种类、结构及其发展规律,并对政府公共支出结构的发展演变进行了系统深入地分析。

公共产品是指用于满足社会公共需要的物品或劳务。整个产品世界可以分为两类:一类是私人产品,如服装、食品等,用于满足个人消费需要;另一类是公共产品,如国防、治安、城市污水处理等,用于满足社会公共需要。严格地说,公共产品是相对于私人产品而言的,是具有非排他性和非竞争性的,用于满足社会公共需要的物品或劳务。

公共产品具有非排他性和非竞争性。公共产品的非排他性使它具有公共性,这类产品具有极大的外部收益,是一种人人都有权使用、人人都获益的产品,从而体现了全体居民的共同利益。公共产品则在消费上具有非排他性的特点,可以为许多人同时享用,也可以反复消费,其边际消费成本为零,每增加一个消费者并没有引起总成本的增加。由于公共产品具有消费上的非排他性,不管是否付费,都可以获得消费收益,就会出现"免费搭车"现象,因而公共产品的生产费用一般采取税收方式强制性地分摊。

公共产品提供的主体有 3 种：一是由公共部门提供的方式。基本公共产品要由政府部门亲自提供，如由政府独资经营的公共产业、警察服务、义务教育、社会保障等。二是由市场和私人部门提供的方式。政府负有生产公共产品的责任，但不是由政府机关亲自提供公共服务，而是由社会组织、基层组织和民营企业去提供公共服务，政府负责监督公共产品提供的效果与效益。混合公共产品可以由私人部门或非政府组织生产，如政府发包的公共工程，由民营企业竞标承建；又如政府修建好的高速公路，交由民营企业或社会组织承包经营；再如城市自来水供应，既让国有企业提供，又让民营企业进入，形成竞争等。三是由政府公共部门与非政府组织、私人企业合作的提供方式。一部分混合公共产品可以采取由公共部门、非政府组织、私人部门三者共同提供的方式。

（2）新公共管理理论

新公共管理理论的理论来源主要是公共选择理论、新管理主义理论和新制度经济学理论。其中，公共选择理论主张重新界定政府、市场、社会三者之间在提供公共产品和公共服务中的作用，主张缩小政府在提供公共产品与公共服务中的作用，扩大市场和社会在公共服务中的作用。

根据"新"公共管理的市场化和社会化的基本思想和理论，社区管理属于公共管理范畴。该理论系统地阐述了社区公共管理的理论内容，探讨社区管理对公共管理理论的创新贡献。社区管理为公共管理在"社区"层次的理论研究和社会实践开创了一片新天地。

社区管理的性质是公共管理。首先，社区是社区成员的"利益共同体"，是一个非营利的社会组织，其"共同利益"不具有私人性质。其次，社区的"共同利益"的内容不仅仅指物质利益，如社区基础设施、社区环境等公共物品或服务，还包含更多非物质利益，比如价值观念、习俗文化、生活方式等，是一个比较抽象的社会性概念，具有社区"共享性"。社区共享利益的内容是社区的本质、社区存在和发展的标志。再次，社区没有一个明确的界限，成员可以流动，拥有的资源系统也处于不断的变化中，其共同利益具有动态的可变性；而且显示出一定的非私人性，从而具有较强的公共性质。

社区公共利益具有社会共享性，就必须确保公共利益的增加和公平分配，就需要"管理"来引导、协调、控制和监督等，以实现社区的良性运行和协调发展。社区是一个组织，其宗旨或活动目标、活动空间、约束范围等都以社区为基础，具有动员社区自然资源、社会资源及人力资源，组织生产，开展服务，解决问题等的"管理能力"。实现这个管理能力的活动就是"社区管理"。如何增进和分配公共利益是社区管理的关键问题。社区管理的基本思想是"民主自治"管理，"自治"的核心就是由社区居民处理社区公共事务,决定社区"公共领域"的运行。可见,社区管理远离政府干预,具有现代意义上的公共管理内涵。

(3)新公共服务理论

新公共服务学(The New Public Service,NPS)的理论来源非常庞杂,至今尚未形成一个统一的理论模式。新公共服务理论是在与新公共管理理论的争论中产生与发展起来的,从新公共管理学派产生起,新公共服务学派就对其加以不断的尖锐批评,用公共服务理论的公共取向、民主取向或社群取向批评新公共管理学的"市场模式"。新公共服务学认为:"资本主义与民主政治在强调保护个人自由而不是个人发展的现实问题的社会中共存。当今新公共管理的政府'市场模式'超出了早期'改革'的范围,具有消减公共部门管理中作为主导原则的民主政治的危险。"新公共服务学主张在公共管理改革中倡导参与式国家模式,强调保护公民自由,发挥社区与非政府组织在公共管理中的作用,发挥民主特别是直接民主机制的作用。首次正式系统地提出新公共服务理论的是美国行政学者罗伯特·丹哈特(Robert B.Denhardt)和珍妮特·丹哈特(Janet Vinzant Denhardt)。新公共服务理论的基本原则是:第一,政府的作用是服务而不是掌舵;第二,公共利益是目的,而不是副产品;第三,战略地思考,民主地行动;第四,服务于公民,而不是顾客;第五,责任不是一个简单的概念,公务人员不仅要关注市场,还应该关注依法行政、政治规范、专业标准与公民利益;第六,尊重人的价值,而不是仅仅重视生产力的价值;第七,尊重公民与公共服务的价值,重于企业家精神的价值。

2.2.2 公共管理理论在物业管理上的应用

在物业管理活动中,公共管理理论的意义在于为物业管理或物业服务提供了一些新的思考方式。物业业主公共事务管理严格来讲,不是传统意义上公共管理,充其量只能算个准公共管理。但实际如前所述,物业管理有公共管理性质是确信无疑的,关键是不要受传统观念的束缚,重新审视物业管理这个新学科、新事物。我们不妨从公共管理角度界定一下几个物业管理基础性新概念,从而谈谈如何开展工作物业管理服务工作。

①物业公共事务管理主体是业主,所有物业公共事务管理活动是业主自治管理权的实现展开的。从产权角度来说物业公共事务管理的主体应是业主,实现形式往往是业主大会和业主委员会或其他自治组织形式,如业主自治社等非政府组织形式。从派生角度是物业服务企业。产权的分解性为业主成为物业公共事务管理的主体变成可能,这时业主产权角度有可能分化及同时有可能出现两个角色:一是产权未分解时的完全私人物业产权管理主体;二是产权分解时的专有产权主体。共有产权主体和成员权主体,共有产权主体和成员权的行使,衍生出业主公共事务

管理主体。业主成为物业公共事务管理的主体的前提是区分所有建筑物的存在，并有相应的制度保障。建筑物区分所有制度，一方面保障了业主对专有部分排他的所有权；另一方面，对于不具有排他性的共有部分的公共事务，则交由全体业主通过自治方式解决，既避免了共有产权模式下个别协商成本高昂、效率低下的难题，又保全了业主对专有部分的完整所有权。因此，业主自治所指向的对象不是针对专有部分，而指向共有部分以及共同管理小区的公共物业事项。

业主大会、业主委员会或其他形式业主自主治理组织为物业公共事务管理主体。这些组织实际上是物业管理领域的非政府组织。《物权法》第75条规定：业主可以设立业主大会，选举业主委员会。地方人民政府有关部门应当对设立业主大会和选举业主委员会给予指导和协助。这说明依法成立的"业主大会"、"业主委员会"是有法律地位的合法组织。《物权法》第76条至83条对业主共同决定事项，业主大会议事规则，业主行为，业主大会或者业主委员会的决定的效力、建筑物及其附属设施的维修资金的归属、费用分摊、收益分配等事项，业主建筑物及其附属设施管理方式的选择、对物业服务企业或者其他管理人的委托管理及监督等事项作了规定。这些规定阐明了物业管理权从根本上归属业主，体现业主主权的思想，同时，共有权、成员权的行使又是通过业主大会和业主委员会第一次代理来实现，从而有了直接代理主体——业主大会及业主委员会。业主授权业主大会（实质上）和业主委员会（形式上）将物业管理权进行第二次委托，从而有了物业服务企业从属性物业管理或物业服务主体的出现。所有这些公共管理主体的管理与服务活动都是围绕物业共有权和成员权的实现展开的。

②物业服务企业提供的物业公共服务产品必须是业主集体的共同需求。物业管理中的公共需求是物业区域区分所有权人在物业管理区域内物业共用部位和共用设施设备的使用、公共秩序和环境卫生的维护中所形成的服务需求。这种服务需求是物业区域共同需要，并经业主与物业服务企业谈判确立需求等级、标准和要求，订立在物业服务合同中，双方按物业服务产品交易的规范和模式进行交付和消费。物业服务需求是社会成员的共同需要，也称普惠性需求，社会成员平等享用。物业公共服务在效用上是不可分割和相互依赖的。因此，物业服务企业及员工在开展服务时，一要认真调查了解业主的公共需求，要一切"以业主为中心"了解其实际需求，不可"以我为中心"设计服务项目等级标准，然后去艰难地向业主推销；二要积极参与业主大会及业主委员会的活动，主动影响业主的集体意思，即使不能影响，也能及时掌握业主需求信息，提早做好准备；三要在与业主谈判签约物业服务合同时，应对双方权利义务认真研究，仔细斟酌，要将日后服务标准要求能否实现，服务工作能否正常开展作为签约的重要价值准则。否则有可能因为不能履约而触犯"众怒"。四要在服务工作时平等对待每一个业主，将优质物业公共服务惠

及所有小区的业主,密切与业主之间的关系。同时要注意关键业主在民意中的影响,并加强与其沟通联系。

③关注物业服务产品提供的上经营垄断性,防范物业服务企业的经营垄断。物业服务企业提供的主要是公共产品,公共产品具有非竞争性,往往采取垄断经营方式提供,物业管理服务产品提供更是如此。《条例》第34条规定:"一个物业管理区域由一个物业服务企业实施物业管理。"物业公共服务的供给上具有垄断性,带来了小区服务总成本的集约性,并奠定了小区物业服务的规模经济和范围经济优势。但这种垄断性特点往往使物业服务企业滥用"自然垄断"[1]地位侵害业主权益,主要表现为:物业服务提供者的剥削性滥用行为(如超高收取物业服务费、物业服务捆绑收费或其他强制交易行为);物业服务提供者的内部交叉补贴;"劫持"业主委员会等。[2]物业服务企业往往以获得物业管理权从而获得垄断利润为最终目标,或者一旦取得了物业管理权,就将优质服务产品提供放在一边。

公共服务的这一特性,表明公共服务具有规模经营带来的成本上的优势的同时,也存在"自然垄断"问题。因此,在物业服务过程中应注意以下几个问题:首先是物业服务企业对规模经营要有足够的认识,合理选择物业服务项目,项目面积、管理人口或管理跨度(包括业务类型、地区、分支机构等)不宜过大或过小,应总结各自物业管理服务项目在规模经营上的经验,合理确定适合自己的规模经营策略。其次是物业服务企业与团队要进行适应经营环境的组织变革,特别要对项目团队按精干、专业、活力、快捷、优质的原则进行建设与改组,对公司组织进行柔性化、扁平化改组,适应规模经营的要求。第三是针对物业服务企业的"自然垄断"问题,业主和行业协会、政府部门都要发挥作用,通过业主维权、行业自律、行政监督去解决这些问题。

④关注物业服务产品消费的上"非排他性",防止"公地悲剧"和"囚徒困境"现象的发生。非排他性是指从技术上不可能或者必须花费巨大的成本才能将拒绝付费的人排除在公共物品的受益人之外。假设小区内某一业主拒交物业管理费,根据合同法的一般原理,该业主应当无权享受物业服务提供者所提供的任何服务。但实际上,物业服务提供者不仅在技术上不太可能将该业主排除在享受小区绿化、

---

[1]自然垄断是经济学中一个传统概念。古典经济学家约翰·斯图亚特·穆勒(John Stuart Mill)1848年提出自然垄断概念。早期的自然垄断概念与资源条件的集中有关,主要是指由于资源条件的分布集中而无法竞争或不适宜竞争所形成的垄断。法勒(T. Farrer)1902年前后的研究及其所归纳的自然垄断的特征。自然垄断行业具有如下技术特征。(1)规模经济和范围经济效应非常显著;(2)关联经济效应显著;(3)网络性;(4)有大量的沉没成本;(5)市场集中度特别高;(6)普遍服务性。丹尼尔·F.史普博(Daniel F.Spulber)在其名著《管制与市场》中给自然垄断的定义是:"自然垄断通常是指这样一种生产技术特征:面对一定规模的市场需求,与两家或更多企业相比,某单个企业能够以更低的成本供应市场。自然垄断起因于规模经济或多样产品生产经济。"
[2]肖江平.物业服务市场的自然垄断及其规制思路[J].法商研究,2006(2).

治安和公共保洁所带来的益处之外,而且在法律上进行排除就更为困难。非排他性促使物业公共产品的过度消费的"公地悲剧"[1]现象不可避免地产生。它助长了业主只享受物业服务,而又不愿缴费的心理和行为。不缴费使物业服务企业不堪重负或投入资源减少,影响服务质量,但最终业主的利益减少。但是在物业公共服务产品的交易中,理论上业主是处于主导地位,物业服务企业将最终承担不利的结果,因为当双方发生矛盾、冲突或对立时,业主掌握最终话语权,业主会串通起来抵制甚至排斥该企业提供的物业服务产品,或恶意否定服务质量,这便出现了"囚徒困境"[2]现象,即业主享受物业服务而不支付成本代价,并且业主拒绝与物业服务企业合作,物业服务企业利益最小化,以致物业服务企业只好撤离该物业项目。

公共服务的这一特性,表明公共服务有"公地悲剧"和"囚徒困境"发生的可能性。针对这一特点,首先应认识到物业服务费收缴率只有更高,没有最高,即在物业服务费收支平衡问题,应主要基于现实的经验数据考虑,不可理想化,否则正常的管理可能难以为继。这是目前一些物业公司经营不下去的重要原因。其次是对物业服务收缴工作要有足够的重视,了解收缴困难的原因,积极化解矛盾,提高收缴率。第三是增加收费开支的透明度,依法让业主参与重大开支决策及财务监督,积极推行酬金制,公用事业收费代理制,让容易发生经济纠纷或容易引起争议与怀疑的收支项目尽可能用增加透明度和科学的管理制度化解。第四对无理取闹,拒不缴费的"钉子户"要采取必要措施进行解决,如沟通谈判;寻求外力影响,软化其态度;还有法律诉讼等方式解决问题。第五强化第三方物业服务客户满意度评价制度,客观评价物业服务质量,避免少数业主或业主委员会成员操控物业服务质量评价结果。

⑤注意理解物业公共事务的特点,开展针对性的物业服务项目。物业公共事务是指由于区分所有建筑物的存在,由物业区域或楼栋共用部位、共用设施设备和相关场地的管理问题引发的,涉及物业全体业主整体的生活质量和共同利益的一系列活动,以及这些活动的实际结果。物业公共事务只涉及公有所有权及相关成员权的运作效能问题,而不涉及业主专有部分权能问题,因而它同样具有公益性、非营利性和规模性等特点。一般而言,社会公众在享受公共服务的过程中不需要交费,但物业公共事务的受益对象是全体业主及非业主使用人,对全社会而言,是面向少数人的享受性的服务,但又是公共服务,因而采取的是收费的有偿服务,是

[1] "公地悲剧":1968 年英国科学家哈丁(G.Hardin)在美国著名的《科学》杂志上发表了《公用地的悲剧》(The Tragedy of the Commons)一文,牧民利益取决于放牧数和草地承受力;无主公地往往放牧过度,导致牧草减少,最终导致产奶减少的结果。

[2] "囚徒困境":图克(Tucker)1950 年提出的一个著名的博弈模型,是完全信息静态博弈的典型例子。假定两个合谋犯被警察抓,不能互通信息,两人坦白各判 5 年,共服刑 10 年;一人坦白立即释放,另一个承认判 8 年,共服刑 8 年;拒不承认各判 1 年,共服刑 2 年。所以大家拒不承认是服刑最少的。

一种收费收标准较低的微利经营的有偿服务。物业公共事务的范围广泛,需要专业的物业服务企业来提供公共服务,并且只有物业事务达到一定规模后,物业服务企业才能提供这种服务。同样,物业区域大小及公共事务的项目多少、需求等级、收费标准等,决定物业公共事务规模效益能否实现和实现程度。

⑥注意物业区域治理的综合性,培育物业区域利益主体参与意识,重视民主的价值,营建利益共赢机制。物业区域的治理是在基层政府机构统一领导下,物业管理区域各种管理主体既依据各自职责进行自主管理达成自身目标,又以社区整体利益增进为归宿的综合协调管理活动。它是物业区域不同的利益主体之间的意见和行动的达到各方利益主体共赢的局面的过程。在物业区域实际上存在多种治理架构和治理的触角:政府宏观物业管理向物业区域的延伸、城市社区文明管理与建设运动的冲击与覆盖、居民自治活动的直接影响、业主自主治理活动、物业服务企业内部管理活动及委托管理行为、公用事业单位及其他专业公司及产品提供商的商业活动及行为的影响等。在这些模式的设计与运作中,一方面强调企业家精神的作用,政府、行业协会应是当“舵手”而不是“划桨”者;另一方面强调民主的价值和业主的利益,在治理架构中应更多让业主参与,重视业主利益和社会公共利益,重视信息公开与决策民主。治理的结果是小区社会的综合治理,目的是在各种不同的制度关系和经营逻辑中,运用共赢的理念和各种有限的资源去引导、控制和规范物业服务企业、业主及非业主使用人、其他利益相关者的各种活动,以最大限度地增进物业区域的公共利益。

2.3 委托-代理理论

2.3.1 委托-代理理论概述

经济学意义上讲,“委托-代理”的前提是委托人和代理人均是理性的。委托人是理性的即委托活动将增加委托人的利益,或减少委托人的损失;代理人也是理性的行为,将从委托代理中获得报酬。

委托是指受托人以委托人的名义为委托人办理委托事务,委托人支付约定报酬(或不付报酬)的活动。委托关系之所以能够成立,是因为受托人能够解决委托人在生产、生活中自己不能解决或处理不好的事务。例如,对缺乏物业管理知识的人,可以委托物业服务公司办理有关物业管理事务;缺乏法律知识的人,可以委托律师或熟悉法律的人办理有关法律事务等。代理是代表他人从事某项活动。根据我国《民法通则》第63条规定,代理是指“代理人在代理权限内,以被代理人的名义实施民事法律行为,由此产生的民事权利和义务直接由被代理人承受的一种民事关系”。代理在法律活动中具有以下4个特征:

①代理活动必须是具有法律意义的行为,行为符合合同的约定和国家的法律法规的要求。

②代理人以被代理人的名义实施民事法律行为。

③代理人在代理权限内实施代理行为。

④被代理人对代理行为承担民事责任。

在代理关系中,主体有代理人、被代理人和相对人。没有相对人则不能发生代理关系。代理人以被代理人的名义与相对人发生民事行为关系时,代理人与被代理人之间的代理关系才能实现。物业管理实践中,可以认为代理人为物业服务公司,被代理人为业主或业主委员会,相对人则为专业公司,如房屋维修公司、设备维修公司、绿化公司、清洁公司等。物业服务公司与各专业公司签订各种合同,以满足被代理人的需求。

此外,分散业主和承租人也可被认为是"相对人"。物业公司代表业主委员会或产权人与分散业主或承租人签订房屋使用合约或公共契约,以规范分散业主或承租人的物业使用行为。

《民法通则》第 64 条规定:"代理包括委托代理、法定代理和指定代理。"物业服务是一种委托代理,它区别于其他代理。委托代理是指代理人在被代理人的委托和授权之下产生的代理行为,委托方处于主体地位,由双方共同根据市场规则形成委托-代理关系;它属于委托-代理双方行为,仅凭被代理人一方授权的表示,代理人就取得代理权,故委托代理又称为意定代理。从委托方的组成来看,委托代理有两种情况:

①单独代理:它是指代理权属于一个业主的代理,如单个业主委托物业服务公司复印文件。

②共同代理:它是指代理权属于 2 人以上的业主的代理,如目前多个业主委托业主委员会选聘物业服务公司的代理。

委托代理之所以能够存在,主要原因:一是源于代理人能够解决被代理人无法自己处理的事务。如专业物业管理活动,对于没有专业的机构、设施设备、人员和资质的业主来说是无法自己提供的;二是代理人代理被代理人的事务比被代理人自己处理事务时成本费用更低或收益更多。如单个业主自己的处理物业公共服务问题,不但难以处理好,而且成本会比专业物业服务公司规模经营成本高得多。

2.3.2　物业管理中的委托代理

1)物业管理委托代理的产生——交易费用及分工问题

在物业管理实践中,业主为了使物业保持一个良好的状态,使居住(或办公、商业)环境更加舒适,生活品位更高,就需要对物业进行管理,比如清洁、绿化、保安、空调、消防、楼宇自动化等。这时,他们有两种选择:一是业主直接在市场上购买各种所需劳务或实物产品;二是委托一家物业服务公司对所有物业管理相关事项进行专业服务。

第一种情况下,业主须分别聘请园丁、清洁工、维修工、保安员,购买空调机电设备等,要与多家企业(或个人)进行交易。这种方式虽然直接,但是缺少集体谈判机制,单个业主面对供应商在谈判中会因信息不对称而成为弱者,价格往往会很高;同时在没有规模的产品及服务交付条件下,固定成本摊销也会导致价格提高。虽然有越来越多的途径使人们能较容易地找到所需信息(如互联网的出现),这种搜寻成本有可能减少,但不可能消除。这种情况对以独立别墅或单一业主的物业有一定价值,但对建筑物区分所有权人就不适用。这些业主所需的物业服务主要内容不仅仅是清洁、维修、保安等"硬件"的管理,更多是社区公共秩序管理、关系维护、文明建设、精神和心理需求等"软件"需求。

第二种情况下,物业服务公司的引入将大大降低业主管理的复杂程度。按科斯(Coase)的理论,业主只需与物业服务公司签订一个合约,不必与各个专业公司(比如清洁公司、园林绿化公司、电梯公司、机电公司等)签订一系列繁杂众多的契约。并且如果签订一个较长期的契约替代若干个较短期的契约,那么签订每一个契约的部分费用就将被节省下来。这种方式既有利于降低交易成本,又有利于简化业主对供方的管理难度,便于监督与控制。由此可见,专业物业管理的产生有其必然性。业主将物业管理工作委托给专门的物业服务企业完成,这样一方面可以充分利用外部资源(物业服务企业)提供的专业化管理和高生产率,使物业的价值最大化;另一方面,业主也不用为非自己专长的物业管理事务分散精力,从而专注于自己的工作,在分工条件下提高了整个社会的产出水平。另外,开发商从事房地产的投资、修建及销售活动,但他们并不一定要直接进行物业管理。如果在市场上聘请物业服务企业来管理的效益大于开发商自己筹建物业服务企业进行管理的效益,那么开发商就倾向于委托其他的物业服务企业。

我国《条例》提倡房地产开发与物业管理"分业经营",但目前这种进程似乎很缓慢,甚至于倒退。这其中的主要原因是"混业经营"对开发商有利。另外,我国的工商业界同样存在相类似的问题——混业运营,即物业及物业管理的价值从属于工商企业运营的价值,物业及物业管理没有体现独立价值。工商企业破产时才发现资产(主要是各种房地产物业及设备)的价值。因此,委托代理制在物业管理活动中存在的重要前提是"分业经营"和"分开运营"。而"分业经营"和"分开运营"的前提又是物业服务提供商让开发商和工商业运营商看到物业独立运营所创造的更多价值。

2）物业管理的效率来源——专业化分工与学习效应

"一体化"运作模式是工业经济时代企业组织中普遍存在的一种现象,其特点是:沿着产业链顺序作业,强调所有工序整体"面"上的改进,主张加强产业链条,依靠自身的力量,信守"肥水不流外人田"理念,将所有环节的利润收于同一家公司。从企业竞争力角度来看,这种传统的一体化作业的策略思考已经落伍,世界已进入分工整合的新阶段。如今,许多国家和产业正在向分工整合模式转变。在分工整合的环境下,没有任何公司可以什么都做,并且都做得很好。企业必须集中资源和力量,选择一个或几个最具优势或专长的领域,在专业化的基础上形成技术优势和规模优势,成为专业领域的领头羊。在我国物业管理行业成长的初期,主要实行的是"小而全"、"大而全"一体化运作模式,相当一部分物业服务公司偏向在公司内部建立各种部门,聘请相关人员以应付在管理中碰到的各种问题。而物业管理本身具有综合性,涉及治安、绿化、清洁、智能化、会所经营、房屋修缮等各方面,这些项目中有部分是专业性较强、科技含量较高的项目,如电梯系统、监控系统、消防报警系统的安装、维修和保养等。由单一企业包揽所有业务的做法会使企业内交易费用(特别是专业化费用)过高,工作效率较低。所以,越来越多的物业公司采用外包的形式来进行管理。

"外包"(outsourcing)是分工整合模式下的一种有效的组织方式。外包最早在1990年由 Gary Hamel 和 C.K.Prahaood 在《哈佛商业评论》发表的《企业的核心竞争力》一文中提出。外包从字面上可理解为 out 加 sourcing,即"外部求源"。外包可以看作是劳动分工的延伸。企业将非自己专长的业务外包出去,充分利用最优的外部专业化资源,可降低生产的复杂性与管理的难度,减少经营成本,增强核心竞争力,并提高对环境的应变能力。

专业化分工使企业产生学习效应。对于物业公司及外包企业(供应商和分包商)而言,适当的外包能使企业集中精力专注于生产某个特定的产品,并使大规模生产成为可能,这样一来就可产生学习效应,能带来巨大的外溢效果。学习曲线(Learning Curve)也称经验曲线,是美国康乃尔大学 Wright.T.P.博士首先在飞机制造业发现的。他发现累计产量和累计平均生产成本(工时)之间存在某种函数关系(即学习曲线),每当飞机的产量积累增加 1 倍时,累计平均单位工时就下降约20%,即下降到产量加倍前的 80%。学习效应的产生是因为我们不仅可以通过"干中学"这种免费的非正式教育直接在工作中学习,更可以通过学习别人来积累自己的经验,这种直接与间接知识、经验的积累可以积累人力资本,降低生产成本,最终会带来巨大的外溢效果与经济效益。

2.3.3　物业管理中进行委托代理活动时应注意的问题

在物业管理中,委托-代理关系是通过一系列连续性的合约得以实现的。任何合约缔约方的目标,都可归结为寻求自身利益的最大化或损失的最小化。与一次性的交易合约不同,物业服务合同目标的实现包含了一个很长的持续期。在这一期间,存在着三个层次的决定关系:第一个层次是委托-代理关系的制度设计,决定了双方的权利与义务;第二个层次是委托人所采取的监督和激励的有效性,决定着代理人行为按照委托人的要求开展工作;第三个层次是最终代理人的敬业精神和工作努力水平,也决定着物业管理的实际效率。因此,可以得出影响管理效率和效益的几个主要环节:

(1)产权利益

在委托-代理关系中,对代理人进行监督或激励的原动力来自初始委托人对产权利益的追求,包括业主在自用时对使用效益的追求,在经营时对租金收益的追求或在转让时对价值的追求。在物业管理中,委托人可以是一个产权人,也可以是多元产权所构成的利益共同体。作为利益共同体,成员越多,规模越大,每个委托人分享的份额就越小,多元产权主体"搭便车"的倾向就越严重。于是,委托人监督的积极性下降。

(2)监督距离

在物业管理中,业主对物业服务公司的监督环节较为复杂。首先,"物业管理"是针对各类物业、环境和秩序的专业性管理,对管理质量的评价和判断具有较大的不确定性,相应地,代理人较委托人拥有更强的信息优势;其次,物业管理的委托-代理,是由若干个连续性的合约组成的,包括初始委托人(众多产权人)—业主委员会—物业服务公司—最终代理人(公司员工),其中存在着因产权性质而异、为数不多的中间层,因而每个中间层则同时具有代理人与委托人的双重身份。可见,从初始委托人到最终代理人有相当长的"监督距离",而监督距离越长,中间层越多,监督积极性就越小。

(3)激励手段

"激励"一词,作为心理学的术语,指的是持续激发人的动机的心理过程。通过激励,在某种内部和外部刺激的影响下,使人始终维持在一个兴奋状态中。激发人的动机的心理过程模式可以表示为:需要引起动机、动机引起行为、行为又指向一定的目标。即人的行为都是由动机支配的,而动机则是由需要所引起,人的行为都是在某种动机的策动下为了达到某个目标的、有目的的活动。

心理学的一般规律,同样适用于物业管理。物业服务企业最大的需要是通过提供自己的管理与服务活动,获得企业的最大利益。只有在可以获取最大利益的"动机"驱使下,物业服务公司(代理人)才能不断提高自己的努力水平。委托人要刺激代理人的工作动机,自己也才能获得最大的产权利益。对于那些管理较好的物业服务企业,通过合约期满后的续约、再聘用等方法给予激励,在心理学上称为"正强化"。正强化的另一面是负强化,这是激励中采用的另一种手段。物业管理中的负强化就是要有一种"替代威胁",即代理人如果管理服务不好,委托人可解雇或改换代理人。

(4)行为能力

在合约关系中,委托方与代理方必须具备谈判和履约能力。委托方的重要职责是将业主的意见统一为一致意思表示,因此在选举业主委员会的过程中务必做到两点:一是严格挑选条件适合的业主组成业主委员会;二是充分调动业主委员会各成员的积极性。在这方面,不仅要充分利用业主对自身利益的追求,还应辅以相应的激励措施,如信任、尊重并赋予相应的权力。

代理方应履行维护业主工作和生活秩序的职责,并依法及依合约对越轨者采取相应的制止措施。因此自律性的管理规约、业主自觉的物业管理意识、业主委员会的支持以及健全的法律法规成为推动物业管理行业健康发展的重要条件。

2.4 服务理论

2.4.1 服务的性质与特征

1)服务的概念

从 18 世纪欧洲工业革命开始,人们就已经从经济学领域去研究服务问题。对服务的专门系统化研究是从 20 世纪 30 年代开始的。1935 年英国经济学家阿·费希尔(Allan.G.B.Fisher)的《安全与进步的冲突》一书出版,他在书中提出三种产业划分的新概念,即第一产业以农业、畜牧业为主;第二产业以工业制造业为主;第三产业以服务业为主。随后,人们开始对第三产业进行理论研究。第三产业又称服务产业,所以也是对服务经济理论系统研究的开始。1968 年出版的美国经济学家 V.R.富克斯(V.R.Fuchs)所著《服务经济》一书就是把第三产业当作服务产业来研究的。从经济学角度讲,"服务"从一般意义上是指为满足他人的某种需要而提供服务劳动,并收取报酬的经济性活动。广义的服务包括在备有劳动资料前提下提供劳动的服务和不备有劳动资料仅提供劳动力的劳务两类活动。

比较系统对服务进行研究大致是从 20 世纪 50 年代至 60 年代,市场营销学界区别于经济学界的研究。市场营销学把服务作为一种产品而进行研究。1960 年,美国市场营销协会(AMA)最先给服务下定义为"用于出售或者是同产品连在一起进行出售的活动、利益或满足感"。这样的定义,它有一个明显的缺点就是没有把有形产品同无形的服务区分开来,因为有形产品也是用于出售并使购买者获得利益和满足。

在众多对服务的定义中,被誉为"现代营销学之父"的美国管理科学联合市场营销学会主席、西北大学凯洛格管理学院终身教授菲利普·科特勒(Philip Kotler)给服务所下的定义比较能够反映服务的内涵与本质,他认为:"服务是一方能够向另一方提供的本质上无形的任何行动或利益,并且不会导致任何所有权的产生。它的生产可能与某种物质产品相联系,也可能毫无联系。"从上述定义可以看出,服务并非是一种物质性、有形的,可眼见、手摸的一般产品。

2)服务的特征

(1)无形性

服务的无形性是服务的主要特征。它可以从两个不同的层次来理解。首先,服务与有形的消费品或产业用品比较,服务的特质及组成服务的元素很多时候都表现为无形、无质,让人不能触摸或不能凭肉眼看见其存在,甚至使用服务后的利益,也可能要等一段时间后才能感觉到它的存在。正如一个新业主,只有搬进小区居住后亲自体验到物业管理的各种服务,才能感受到物业管理带来的好处。而他们在购买物业时,是不能感知物业服务企业将会提供什么样质量的服务的。

(2)不可分离性

有形的产业用品和消费品在从生产、流通到最终消费的过程中,往往要经过一定的时间间隔,而服务则与之不同,它具有不可分离的特性,即生产过程与消费过程同时进行。也就是说,服务人员提供服务给顾客时,由于服务不是一个具体的物品,而是一系列的活动或者说是过程,所以在服务中消费者与生产者必须直接发生联系,从而使生产过程就是消费过程。服务的这种特性说明,消费者只有而且必须加入到服务的生产过程中才能最终享受服务。在物业管理中,业主即消费者参与生产过程的事实迫使物业服务企业的管理人员正视如何有效地鼓励和支持他们参与生产过程,也就是通常说的业主自治,使生产和消费的过程能够和谐进行。

(3)差异性

差异性是指服务的构成成分及其质量水平经常变化,很难统一界定。服务业是以"人"为中心的产业,由于人类个性的存在,使得对于服务检验难以采用统一的标准。一方面,由于服务人员自身因素(如心理状态)的影响,即使由同一服务人员所提供的服务也可能会有不同的水准;另一方面,由于消费者直接参与服务的生产和消费过程,消费者本身的因素(如知识、经验、动机等)也会直接影响服务的质量和效果。

(4)不可贮存性

基于服务的不可感知形态以及服务的生产与消费同时进行,使得服务不可能像有形的消费品和产业用品一样被贮存起来,以备未来出售,而且消费者在大多数的情况下,并不能将服务携带回家安放。

(5)缺乏所有权

缺乏所有权是指在服务的生产和消费过程中不涉及任何东西所有权转移。既然服务是无形的且又不可贮存,服务在交易完成后便消失了,消费者并没有"实质性"地拥有这些服务。缺乏所有权会使消费者在购买服务时感到有风险。如何消除业主的这种心理,是物业服务企业所需要解决的问题。

从对上述 5 个特征的分析中不难看出,"无形性"是服务的最根本特征,其他特征都是由此而派生出来的。正是因为服务的无形性,才产生了不可分离性。而差异性、不可贮存性和缺乏所有权在很大程度上是受无形性和不可分离性两大特征所决定的。

2.4.2　物业服务及物业服务质量

1)物业服务的含义

根据上述服务的定义及特征,可以从物业管理服务工作各个环节来考察物业服务的含义。

①服务是一种由服务人与被服务人的活动构成的行动。因此,我们可以这样来认识服务的第一层含义:物业服务是由物业服务企业及其员工与业主及非业主使用人的行为构成的一种活动。

②服务是对物业服务需求者业主及非业主使用人来说是能在一定程度上带来心理上的满足,是有一定效用的行为。这种心理因素有两个内涵:一是物业服务人员的心理因素。即使物业服务人员能按规定的服务程序和方法去工作,也不能说这种工作就是完整的。服务态度、工作精神等,是服务行为的关键因素。二是被服务者的心理因素,服务工作的好坏很大程度上是以业主或使用人的满足程度来衡量的,而业主或使用人的心理又是复杂多变的。因此,从这个意义上说,服务是一种有效用,但又是无形的、难以用物质尺度去衡量的行为。服务效用往往又取决于业主的主观评价。

③服务是在一定的物质条件和人员素质条件下完成的行为过程。因此物业服务虽然是一种以劳务活动为主的活动,但由于物业服务过程中要管理现代物业设施设备、管理对技术和人文知识含量高的物业区域自然环境、要使用现代化的专业技术手段,还要通过信息化手段与业主进行沟通服务等,这些管理服务过程中都要先进的、必备的物质条件才能实现。因此,从这个意义上来说,物业服务是有形劳动资料价值转移和服务人员无形劳务价值实现的结合过程,是具有价值量的行为效用。

④服务是一种体力或智力劳动,并以获取报酬为活动目的。物业服务企业不能无偿地向业主提供物业服务,经济效益目的明显。但服务报酬和服务标准、服务质量应是对等的。

由此可见,物业服务是由物业服务企业或其他管理人及其成员,为满足业主及非业主使用人物业服务需要而提供体力和智力劳动,并收取一定报酬的经济活动。它是由物业管理与物业服务活动构成的、无形的、难以用物质尺度衡量的、具有价值量的行为效用。

2)物业服务质量

(1)服务质量的构成

服务的质量要求与实物产品有明显不同,服务的质量不是用检测设备所能精确测量的。服务质量的好坏常需要顾客来评价,服务质量要求主要反映在提供服务的人员行为表现、服务的设施条件和服务的管理等方面。如服务态度,即现代服务的文明要素;服务的技术水平,即现代服务的人力和物力要素,这是对服务人员技术素质的要求;服务速度,即现代服务的效率因素;服务的舒适性,即现代服务的另一种文明要素;服务的安全性和保密性等,即现代服务的安全要素。

国外许多学者采用"多种属性模型"来分析研究,美国哈佛大学学者塞腮(Earl. Sasser)、奥尔逊(R. Paul Olson)和瓦尔克复(Daryl. Wyckoff)认为,顾客会根据7种服务属性评估服务质量:a.安全,指人身安全和财产安全;b.一致,指服务的规格化和可靠性;c.态度,指服务态度;d.完整,指服务项目是否完整;e.环境,指服务环境和气氛;f.方便,指服务时间和服务地点是否方便顾客;g.时间,指服务所费时间和服务速度。

在 ISO 9004—2(质量管理和质量体系要素第二部分:服务指南》中,对服务特性所体现的内容归纳如下:a.设施、能力、人员的数目和材料的数量;b.等待时间、提供时间和过程时间;c.卫生、安全性、可靠性和保密性;d.应答能力、方便程序、礼貌、舒适、环境美化、胜任程度、可使性、准确性、完整性、艺术水平、使用和有效的沟通联络。

根据以上分析,将这些内容进行分析归纳,看出现代服务的构成要素:

①人力和物力要素。服务要靠人工也要靠物质,这个物质在很大程度上依赖于先进的设备、设施和技术。

②效率要素。效率是生命,没有效率的服务绝对成不了优质的服务。因此,时间定量成为衡量服务质量的主要标准之一。

③文明要素。包括精神和环境文明。从根本上说,环境文明亦源自于人类的精神文明,礼貌、卫生、环境美化、舒适等离不开文明。

④能力要素。服务已不再是简单的体力消耗,它需要相应的能力保证,语言、

技术、应变、协调管理能力的高低都直接影响服务质量。

⑤安全要素。服务产品使用过程中就是让消费者全部参与过程，安全的重要性就比其他服务显得更为突出。

⑥商品要素。在市场经济中，服务也是商品，必须等价交换，这也是物有所值原则。

可见，现代物业服务由以上六大要素构成，把握现代服务的构成要素，在制定其服务标准时就能充分考虑这些因素，使标准更具有时代性、大众性。

（2）对物业服务质量的理解

作为无形产品的物业服务产品的质量不同于有形产品的质量，只有全面地、正确地认识物业服务产品的质量，才能把握提高物业服务质量的途径。

①感知服务质量。服务产品的质量水平并不完全由企业所决定，而与消费者的感受有很大的关系，即提供服务的部门以为是高标准的规范服务，却不一定为消费者所喜爱和接受。有些物业服务企业认为自己已经尽了最大的努力服务业主，但还是不能让业主满意。所以，一些服务质量研究专家把"服务质量"定义为一种衡量企业服务水平能够满足消费者期望程度的工具。而有些学者明确指出，服务质量是一个主观范畴，它取决于消费者对服务质量的期望（即预期质量）同其实际感知的服务水平（即检验质量）的对比。如果消费者对服务的感知水平符合或高于其预期水平，则消费者获得较高的满意度，从而认为企业具有较高的服务质量；反之，则较低。

②技术质量和功能质量。技术质量主要指某项服务带给消费者的价值，包括所使用的设备和作业方法等技术层面的内容。在物业管理服务中，管理人员为业主提供的咨询服务、受理投诉，以及工程维修人员提供的设备运行维修服务等方面反映出的专业水平，都是技术质量的反映。如果一个居住小区，尽管物业服务企业的员工训练有素、服务意识强，但小区内水电设施严重失修，高层住宅在酷热的天气下供水不足，电力线路经常出故障而导致停电，那么业主无论如何也不会认为这是满意的服务质量。功能质量是指提供服务时消费者的感觉，即消费者对服务的认知程度。这种认知是让消费者的主观感觉到更多、更好、更能满足个性需求的服务功能，主观的因素占据相当的成分。如技术人员的维修服务，不仅在维修上实现技术功能，而且态度好、准时、沟通顺畅等，那么业主感觉到的服务功能则更多。

③预期质量与信息质量。预期质量为消费者接受该项服务之前的期望值。消费者对服务产品质量的判断往往取决于体验质量与预期质量的对比。如果消费者的期望过高，或不切合实际，即使他们接受的服务水平是很高的，他们仍然会认为企业的服务质量较低。预期质量主要受宣传沟通、企业形象、顾客口碑、顾客需求等因素的影响。信息质量是针对服务组织而言。这里的信息是指包括市场形象、价格水平、处理客户投诉的有效性等有助于形成消费需求的综合信息。在信息质量的

构成中,市场形象占据了相当重要的地位,而市场形象又与服务环境关系密切。如整洁的环境布置、排列有序的文件档案、一目了然的服务项目和收费标准,内容全面的操作规程、富有品牌标识性的服务口号等信息,都会增强服务对象的信任感。

(3)提高物业服务的质量的途径

①管理者要确立管理与服务的质量意识。服务的好坏、优劣是影响整个管理服务的关键因素。优质的商业环境,优美、配套完善的居住环境以及物业的造型、用料,是业主或非业主使用人决定购买、租赁某一物业单位的主要原因;同样,优质的物业管理服务自然会坚定业主的选择,劣质的服务却会使业主望而却步,业主完全可以拒绝这种劣质的服务。提高物业管理服务的质量,管理者要确立管理与服务的质量意识:

a.质量是物业管理服务的重要的主导因素,有服务就必须有质量。没有质量的服务给业主造成诸多不便,是一种"占用"业主管理费的行为,损害了业主的利益。

b.优质的服务可以为物业及其所有者提供一笔无形资产。一个好的物业包括好的环境、好的设计与用料、好的服务等要素,其中,好的服务是无形的、不变的要素。好的服务可以使物业的好环境、好设计、好用料锦上添花,也可以弥补物业在环境、设计、用料上的不足。因此,服务质量是改变物业形象、提高物业质量的重要要素。

c.服务质量直接影响业主的满意程度,也直接影响业主对管理公司的评估和好恶。因此,服务质量是物业管理服务的目标和指向,也是管理公司能否继续经营的决定因素之一。

d.服务质量的提高关键在于物业管理者的素质与服务技能。

②制定并遵循适合与适度的质量标准。提高服务质量没有止境,并不是说物业管理服务质量没有标准,不讲标准。物业管理服务的质量标准,是指安全、舒适、高效、文明的居住、商务及其他服务,满足业主生理和心理两方面的需要,并保持其可靠性、一贯性。它包括物业的建筑、装饰、园林、设备、设施条件和维修保养、清洁卫生、管理水平和服务等各个方面。

③建立物业管理服务质量体系。为了提高物业管理质量水平,建立一套完整的企业服务质量体系,既用利于物业管理质量水平的提高,又便于管理工作的考核和评估。一般来说,质量体系由以下几个基本部分构成:

a.内部组织管理质量系统。如组织计划质量系统、人员培训质量系统、财务管理质量系统、文件资料管理系统、合同管理系统。

b.内部运作管理质量系统。如采购控制、服务用品进货检验和试验控制、设备检测控制系统。

c.服务过程的质量系统。如接管验收管理质量系统、业主收楼管理质量系统、装修管理质量系统、房屋与设备管理质量系统、安全管理质量系统和环境管理质量系统。

d.客户服务的质量管理系统。如客户服务中心管理系统、客户投诉处理系统、服务满意度测评系统。

〖简要回顾〗

本章主要介绍了与物业管理直接相关的4个基本理论:建筑物区分所有权理论、公共管理理论、委托代理理论、服务理论。

首先是建筑物区分所有权理论,它是物业管理最核心最基础的理论,它决定物业管理权的来源和物业管理基本面貌;其次是公共管理理论,它反映物业管理的根本性质,是对物业管理起基础性规律作用的理论;再次是委托代理理论,它提供了专业物业管理活动开展的理论依据及物业管理活动准则;最后是服务理论,它是物业服务人员服务提高工作质量的理论宝典。

〖案例碰撞〗

优质服务从细节做起

某天某小区管理员到××阁巡楼,刚上楼就听到吵嚷声,原来是××阁21-D的代理人来交水费时对200多吨用水量、合计600多元的水费提出质疑,并称一直以来没有入住怎么可能有这么多的水费,不查清楚不交费。管理处工作人员让维修班的人员核对水表读数是否正确,经核对读数是正确的,但代理人依然认定房子没人住,不可能发生这么多的水费。

根据已经掌握的情况,管理处作了如下解释:第一,可能是水管漏水;第二,可能是曾有人用了马桶而没有关好,造成跑水现象。经与维修班的人员核实,水管漏水现象基本可以排除,那可能就是有人用过水后没有关好阀门,而最有可能的就是马桶水箱没有关好。代理人认为这样的解释不合理且怀疑水表有问题,表示将通知业主来和管理处交涉。两天后业主来到管理处,管理处作了同样的解释。业主不接受。

后来,管理处让××阁护卫员回忆在3月份业主的代理人是否上楼去过,什么时候去过。经护卫员回忆,业主代理人在3月曾几次带其老公上楼并在楼上居住。

当业主再次来电,管理处将了解到的情况告知业主,让业主证实其代理人居住的情况,并再次说明费用管理处不应承担,也希望业主尽快将费用交清,不然所要交的滞纳金也会越来越多。经过管理处多次做工作,业主终于在月底前将水费交清。

互动话题:

1.上述服务有哪些重要环节值得关注?

2.物业服务人员的服务质量是如何体现出来的?

第 3 章
物业管理相关理论

3.1　市场经济理论

3.1.1　物业服务市场

1）物业服务市场的含义

市场是商品经济的产物,是实现商品交换和实现商品价值的纽带。有商品的生产与交换,就必然会形成市场。狭义的市场指商品买卖的场所;而广义的市场则是商品流通过程中各种交换关系的总和,是不同产权所有者之间关系的体现。

物业服务市场,是物业服务或产品的交换领域,是物业服务中一切交换关系与流通关系的总和。物业服务市场是房地产市场的一个组成部分,是围绕进入消费领域的房地产产品即物业和业主开展的物业服务产品交易的市场,这一市场包括两大内容:物业劳务服务与物业经营服务。劳务服务属于能够通过控制劳动过程来预知劳动结果的生产服务;而物业经营服务则不然,它主要是通过产权交易的运作过程来完成。由于这两类服务的提供方式和内容不同,交易物业服务产品的物业服务市场必然存在不同的级别层次。主要包括一级物业服务市场,如综合物业服务管理权交易市场,物业管理顾问服务市场;二级物业服务市场,如清洁卫生、绿化、保安等专项物业服务管理权交易市场;三级纯劳务性物业服务市场,如物业服务劳务用工市场、物业服务经纪人市场等。

2）物业服务市场的构成

物业服务市场是物业服务交换关系的总和。物业服务市场交换的内容是什么，是谁在与谁交换，又是在一种什么环境中进行交换的，这是必须弄清楚的问题。

（1）物业服务市场主体

物业服务市场主体是指物业服务市场的行为者，包括物业服务商品的供给方、需求方与调控方三者。

①需求主体。物业服务市场的需求主体是业主。物业的所有权人（业主）为了使自己所拥有的物业能够保值增值，希望能对其进行有效的保养维护，并创造良好物业环境，但是由于自己的精力、能力有限，这样就有了物业服务的市场需求。在市场上，根据业主对其所有权行使的不同可将业主产权分为：单独产权的业主与共有产权的业主。而共有产权的业主又可分为少数业主共有与多数业主共有 2 种情况的物业所有权。单独产权，独资的投资主体建成物业后，不需转让产权，或转让之前的产权情况，如自建的商业楼、写字楼等的物业业主、开发商等；少数业主共有产权，共有资产的投资主体建成物业后，不需转让产权，或转让之前的产权情况，如自建的商业楼、写字楼等物业业主、开发商等；多数业主共有产权，开发商开发的区分所有建筑物构成的住宅区，出售给购房业主之后的情况。在单独产权与少数业主共有产权的情况下，往往业主的物业管理决策容易统一，其物业服务市场的发展也较顺利；但在多数业主共有的区分所有建筑物构成的住宅区中，由于业主多，业主集体行使物业管理权困难，而导致物业服务市场进展缓慢。

②供给主体。物业服务市场供给主体，是指各种物业服务商品或服务的供给者。各类物业服务企业，包括综合性的物业服务企业、专业性的物业服务企业（包括如项目公司、清洁公司、环境绿化公司、保安公司、维修公司等）或其他提供物业服务的管理人。

③调控主体。各级（含乡镇，主要是县级以上）政府的房地产行政管理部门及相关的机构、物业管理协会都会在物业服务市场上起到不同的协调作用，都是调控的主体。同时这些组织机构也可以是提供物业管理与服务政策法规服务产品的供给主体。

（2）物业服务市场客体

市场客体是物业服务市场上用于交换的对象。这就是物业劳务服务与物业经营服务。物业劳务服务是指物业服务企业通过为其所管物业的业主提供劳务服务，同时企业也收取物业服务报酬或利润的物业服务过程。如物业的维修养护、清洁卫生、环境绿化、安全保卫。物业经营服务是指物业服务企业通过为业主代理经营其委托的物业，为业主挣得物业收益，或通过经营物业区域公共资源，发挥资源的效用，同时企业也可得到经营劳务报酬或利润的物业服务过程。

物业经营服务,是物业服务市场上最能反映物业服务经济特征的客体内容,它体现了服务的成果。物业劳务服务的目的在于满足业主的服务需求,同时物业服务企业获得相应的经济效益。但是劳务服务中大量的劳动耗费是用在公共服务产品提供上,而这种公共产品的提供从直接来看,往往是微利的。也就是说劳务服务的价值不能直接反映出来,而是转换为优质服务评价,变成业主的口碑等,物化在物业服务企业品牌中,然后通过经营服务的业绩间接反映出来。

（3）物业服务市场环境

广义上物业服务市场环境包括硬环境和软环境,狭义上主要是指与物业服务交易活动有关的制度环境,包括规范市场的各种社会制度、物业服务的相关法律、法规以及具有效应的契约文件。具体为:物业服务的相关法规与政策,如民法、经济法、物权法、合同法、企业法、物业管理条例等;房地产业的相关法律、法规与政策;基本的社会制度,包括宪法与市场经济体制等。

3）物业服务市场的特征

物业服务市场是房地产市场的一个组成部分,但由于物业服务市场主体、客体和环境的复杂性,以及与房地产市场交易产品的不同,决定了物业服务产品市场呈现一些不同于房地产产品交易市场的特征。

①物业服务市场是服务产品交易市场。与房地产商品交易市场对象是房地产商品本身不同,物业服务市场交易对象是围绕进入消费领域的房地产即物业的服务,交易的是服务这种无形产品,而且这种服务主要是花费大量劳务的公共服务,同时还要提供必要的经营性服务,以满足业主个性化需求。

②物业服务市场中的物业服务产品的交易是一个持续的过程。在一般的服务产品交易中,包括房地产商品的交易基本都是一次性交易完成,但物业服务市场服务产品的交易不以交易物业管理权而结束,相反它是服务产品交易的开始,是持续在一个约定管理周期（如三年）的持续交易活动。这一交易特征增加了物业服务产品交易成本,增加了物业服务企业的经营风险,交易质量即物业服务质量也易受到监督。

③物业服务市场是一个由多层次委托代理行为实现的服务产品市场,主体关系复杂。物业管理原始主体是业主（包括前期物业管理阶段的开发商）,一级市场主体有物业服务企业或其他管理人;二级物业服务市场主体有各类专业公司。从业主大会到业主委员会实现第一次管理权的委托,业主委员会到物业服务企业的第二次管理权委托,物业服务企业到专业公司的第三次委托,每次委托行为都以契约或合约方式约定各方关系。

④物业服务产品交易的质量等级、标准要求是以约定为基础,是收费与等级对应的定制服务。物业服务产品质量等级不同于一般商品的"依质论价",而是"以

价定质",是事先约定收费与等级对应的定制服务,质价相符。一般来说物业服务费用高,服务等级也高,享受的服务项目多,服务水平也较高。既要求尊贵的服务,而又不愿意多交费的物业服务要求是做不到的,它违背了物业服务质价相符的规律,也违背了等价交换的规律。

3.1.2　物业服务市场运作机制

1)物业服务市场的价格机制

价格机制是指在市场竞争过程中,价格变动与供求变动之间互相制衡的联系和作用。价格机制是市场机制中最敏感、最有效的调节机制,价格的变动对整个社会经济活动有十分重要的影响。

（1）物业服务的价值构成

物业服务公司的产品——服务,凝结着物业服务公司工作人员的劳动,具有价值和使用价值。由于物业服务的无形性,服务的等级和层次难以精确地加以描述,因此在定价方法上与有形产品的定价不同。

物业服务的价值在形式上表现为物业服务价格,它是物业服务的效用、物业服务的相对稀缺性及对物业服务的有效需求三者相互作用的结果。也就是说,物业服务的价值由这三者的相互作用并通过具体价格表现出来。

①物业服务的效用。物业服务的效用是指物业业主或用户因物业服务公司的服务而得到满足的程度。物业服务如果没有效用,就不会有物业服务价格,业主或用户也就不会产生占有物业服务的欲望。

②物业服务的相对稀缺性。物业服务的相对稀缺性意味着相对于业主的一般需求,有效的物业服务供给处于不足的状态。特别是公共服务不具有排他性,人人可以享用,资源有限,易产生"公地悲剧"。因此,物业服务价格被看作是稀缺性的价值反映,可以认为是在结合效用和稀缺性后产生的。

③物业服务的有效需求。人们将购买力形成的需求称为有效需求。物业服务要形成现实购买力,还需业主或用户对物业服务费具备一定的支付能力才行。物业服务过剩而有效需求不足在我国是一个较长期的问题[1]。

（2）物业服务的价格形式

目前,我国物业服务的价格形式可以分为政府定价、政府指导价和市场调节价3 种。

①政府定价。政府定价是一种政策性定价,是以城市居民平均生活水平为基本依据的定价。1996 年国家计委、建设部联合发出的《城市住宅小区物业管理服

[1]黄安心.物业管理服务产品过剩问题探讨[J].现代物业,2006(12):24-26.

务收费暂行办法》规定:物业服务收费"实行政府定价或政府指导价"。政府定价的形式,在住房制度改革和物业市场起步阶段是非常必要的,它有助于市场的稳定。但长远看它是与市场经济体制不相适应的定价形式。2004 年 1 月 1 日生效的建设部、国家发展和改革委员会《物业服务收费管理办法》第 6 条规定:"物业服务收费应当区分不同物业的性质和特点分别实行政府指导价和市场调节价。"这一规定取消了政府定价形式。

②政府指导价。它是另一种政策性的价格形式,是由政府物价部门会同物业管理行政主管部门,根据当地经济发展水平和物业服务市场发育程度制定并公布执行的基准价。物业服务公司与业主委员会共同协商,在政府的指导价规定的幅度内确定具体的收费标准。

③市场调节价。它是指物业服务收费标准由物业服务公司与业主委员会或产权人代表、使用人代表共同协商议定,然后将收费标准和收费项目向当地物价部门报告备案的一种价格形式。这种定价形式是由双方平等谈判达成的价格,是完全体现市场规律的作用,是一种市场价格,在发展得较为成熟的物业服务市场中适宜采用这种定价形式。与此相对应的是经营者定价,这是特定历史的产物,是物业服务企业与业主之间关系不平等的体现,是与市场调节价本质不同的定价方式。

(3)物业服务价格的确定

①定价方法。一般来说,物业服务价格的确定有两种方法:一是成本定价法,即成本加利润定价。成本一般是通过对物业服务费及其构成进行测算和处理,然后加上按目标利润率计算的利润额。二是协议定价法,由物业服务公司和业主委员会或产权人、使用人协议定价。

具体定价时往往是结合政策和综合实际因素来确定。《物业服务收费管理办法》第七条规定:"物业服务收费实行政府指导价的,有定价权限的人民政府价格主管部门应当会同房地产行政主管部门根据物业管理服务等级标准等因素,制定相应的基准价及其浮动幅度,并定期公布。具体收费标准由业主与物业服务企业根据规定的基准价和浮动幅度在物业服务合同中约定。""实行市场调节价的物业服务收费,由业主与物业服务企业在物业服务合同中约定。"物业定价要考虑综合因素,该办法规定:实行物业服务费用包干制的,物业服务费用的构成包括物业服务成本、法定税费和物业服务企业的利润。实行物业服务费用酬金制的,预收的物业服务资金包括物业服务支出和物业服务企业的酬金。

物业服务成本或者物业服务支出构成一般包括 9 个部分:管理服务人员的工资、社会保险和按规定提取的福利费等;物业共用部位、共用设施设备的日常运行、维护费用;物业管理区域清洁卫生费用;物业管理区域绿化养护费用;物业管理区域秩序维护费用;办公费用;物业服务企业固定资产折旧;物业共用部位、共用设施设备及公众责任保险费用;经业主同意的其他费用。另外,物业共用部位、共用设施设备的大修、中修和更新、改造费用,应当通过专项维修资金予以列支,不得计入物业服务支出或者物业服务成本。

②定价策略。差别定价法:即对不同的物业、市场采取不同的价格;或者对同一宗物业,按不同的顾客需求采取不同的价格。增量定价法:就是指通过价格政策引起的利润是否增加来判断定价方案是否可行,如果增量利润是正值,说明定价方案可以接受,反之,则不能接受。增量利润等于定价方案引起的总增量收入减去定价方案引起的增量成本。

物业服务价格与服务质量的定价技巧:不同的服务质量与相适应的价格标准组合在一起,在物业服务公司与用户或业主认可的范围内是可行的。高服务价格、低服务质量的组合不为业主所接受;高服务质量、低服务价格的组合对物业服务公司来说无利可图。一般来说,在既定的服务价格水平上,业主希望得到最优质的服务;或者在既定的服务质量水平上,业主希望自己支付最低的价格,这两种愿望都是可以理解的,但原则上应是质价相符才合理。

2)物业服务市场的供求机制

在物业服务市场中,供给是指在一定时间内,已经存在于市场和能够提供给市场销售的服务的总量;需求则是指在一定时间内,市场上消费者对物业服务的具体货币支付能力的需求数量。

物业服务市场上的供给与需求是对立统一的关系,二者互为条件、相互对立、互相制约。供给和需求都要求对方与之相适应,达到平衡协调的关系。然而,供求之间不可能永远一致,在一定时期和一定条件下可能表现为供大于求;而在另一时期和条件下,又可能表现为求大于供。当然,在一定时期的客观条件下,物业服务可能会呈现供求相等的平衡状态。但总的来说,供求之间的平衡只是暂时的、相对的、有条件的,而不平衡则是普遍的、绝对的。

(1)决定物业服务市场供求的主要因素

①决定物业服务供给量的主要因素。一是人力资源状况。物业服务提供的是服务,要完成这种服务,最主要的是人力资源。目前,在我国物业服务市场中,熟练掌握物业服务技能并有效地进行物业服务企业经营管理的专门人才并不多,高素质人力资源并不丰富。二是国家经济政策。国家的产业政策、财政政策、税收政策等对物业服务的供给量也产生影响。三是相关服务价格的变动。有些劳务的使用价值与物业服务是密切相关或互相替代的,这些相关联或可替代的服务价格的变动,也会引起物业服务供给量的变动。

②决定物业服务需求量的主要因素。一是消费者的货币收入水平。物业服务作为一种享受性服务,收入水平的变化对其需求的影响程度相对会大一些。对收入低者消费影响大于收入高者。特别是收入低者对收费调整很敏感,收入高者对

物业服务档次、质量和精神需求满足程度很敏感。二是消费者偏好。消费者偏好对物业服务的需求量有较大的影响。例如,有人要求有保安员的高层次保安服务,有人只喜欢一般性保安服务,有人对使用高科技安全防范产品进行安保感兴趣。当然,人们的生活习惯和消费偏好是可以引导和改变的。三是房地产发展规模。房地产发展规模大,向社会提供的物业绝对量增加,客观上扩大了物业服务的需求;房地产发展规模小,对物业服务的需求自然就少。四是物业管理社会意识。它是指人们对物业管理的个体感知和理性认识水平。沿海地区物业管理意识强,需求量大;内地则相反。物业管理社会意识与人们对物业管理感觉体验和人们对物业管理在其工作、生活中的价值的大小有关。

(2)物业服务市场的供求规律

供求规律是物业服务市场中的一个重要规律,主要表现为:

①供求的变动决定着价格的变动。如果物业服务供不应求,价格就要上涨。这种情况可以在供应量不变而需求量增加的情况下发生,也可以在需求量不变而供应量减少的情况下发生;如果物业服务供过于求,价格就会下降。这种情况可以在需求量不变而供应量增加的情况下发生,也可以在供应量不变而需求量减少的情况下发生。

②价格变动引起供求情况的变动。如果物业服务的价格上涨,需求就会相应减少;相反,价格下跌,需求就会相应增加。如果物业服务的价格上涨,供给便会增加;价格下跌,供给便会减少。供求的变化和价格的变化方向相反。

③供求变动决定买卖市场的变动。在物业服务的供求变化中,买卖双方哪一方占优势,在价格和其他条件上就能压倒对方,在市场中获得有利地位。当物业服务供不应求时,卖方占优势,便形成"经营者主权",表现为卖方市场;在物业服务供过于求时,买方占优势,便形成"消费者主权",表现为买方市场。

3)物业服务市场的竞争机制

竞争机制就是指供求关系、价格变动、生产要素流动与组合以及市场成果分配诸因素之间的有机联系和运动趋势。

(1)物业服务市场竞争的形式

①物业服务企业之间的竞争。从市场竞争的范围来考察,物业服务企业之间的竞争主要是围绕着提高服务质量、增加服务项目、降低经营成本等内容而展开的。这种竞争促使物业服务企业不断推动企业技术进步和劳动生产率提高。按不同分类方法这种竞争形成不同的途经。

按物业服务的服务方式分类:第一是通过委托服务占领市场。物业服务企业通过全权委托方式接管物业:一种方式是通过全权委托方式接管有隶属关系的开发公司开发的物业,这就是自建自管的模式;另一种方式就是通过全权委托方式接管无隶属关系的开发公司开发的物业。第二是通过顾问服务占领市场。物业服务企业不直接接管物业，而是为另外一个物业服务企业的物业服务活动提供顾问、咨询服务，主要表现在：一是物业优秀，发展商不愿意全权委托；二是物业不是很好，顾问公司不愿意接受全权委托。第三是通过合作服务占领市场。就是两家物业公司通过投资建立股份制物业服务企业进行合作服务。这种合作的条件是：物业良好，有一定的盈利空间；两家物业公司想通过合作方式将双方的利益联系起来，加强合作。

按物业服务权的方式分类：第一是通过公开招投标占领市场。通过公开招投标的方式获得物业管理权，是物业服务市场化后最广泛使用的方式。第二是通过协议招标方式占领市场。通过协议招标的方式获得物业管理权，在中国物业行业发展初期比较常见，而且项目数量较多。第三是通过自建自管的方式拥有市场。房地产开发商将所开发的物业委托给自己下属的物业服务公司进行管理。目前大多数开发商开发的物业由下属的物业服务企业自管。第四是企业兼并、重组，走强强联合之路。企业为了做大、做强，也可走兼并、重组之路。这是物业服务企业寻求自身发展、增加自身实力的一种途径，也是企业占领市场的一种方式。

②业主与物业服务企业之间的竞争。从一般经济学意义上讲，此两者之间的竞争是买方市场与卖方市场竞争态势的争夺。目前，物业服务企业作为优势主体，掌握着定价、信息、经济实力、政府机构及行业协会支持等方面的优势，物业管理市场往往表现为卖方市场态势。从参与竞争的市场主体之间的关系来考察，业主与物业服务企业之间的竞争表现为：针对物业服务，围绕服务质量和收费标准进行博弈。这在一定程度上可视为物业服务企业与业主争夺物业服务市场主导权的竞争。

③价格竞争和非价格竞争。价格竞争就是通过降低服务价格来争取较多的消费者，从而扩大物业服务销售量的竞争，其实质是企业之间提高劳动生产率的竞争。这种竞争要求物业服务企业千方百计加强服务，改进技术，节约资源，达到少投入、多产出的效果。非价格竞争就是指不变动价格，而是通过其他途径和采用其他方法来争取较多的消费者，从而扩大物业服务销售量的竞争，如开发新的服务项目，提高服务质量，扩大广告宣传，改变销售方法，通过品牌竞争等。

（2）价格、供求与竞争机制的功能

价格、供求与竞争机制的功能表现为调节服务市场运行的过程。

①适应与协调功能。在物业服务市场中，各物业服务企业的经营和业主的消费是分散决策的，需要通过市场竞争机制的作用相互协调。市场价格信号的变化反映着物业服务的稀缺程度，从而表明一定的物业服务的需求程度。处于竞争之中的物业服务企业，出于对自身经济利益的追求和市场竞争的巨大压力，必然会对市场价格信号的变化做出灵活的、及时的反应，调整自己的经营规模和经营结构，其结果是保证了物业服务能不断地适应变化的需求。

②刺激与创新功能。竞争就是要战胜对方,在市场上保持优势。每一家参与竞争的物业服务企业都试图获得超过竞争对手的市场份额和利润率。为此就要不断改进技术、降低成本,开发新的项目、新的市场领域,强调服务与经营过程中的技术创新和项目创新。竞争促进了技术进步,同时也促进了物业服务市场新技术的推广和扩散。随着竞争参与者的模仿,创新者暂时的垄断地位和优势利润将逐渐失去。在这一过程中,物业服务的新理念、新方法、新技术、新项目得到普及,整个物业管理服务的技术水平也因此而提高,物业管理智能化就是一个显著的例子。

3.2　行政管理理论

3.2.1　行政管理理论概述

1)行政管理的含义

最广义的行政管理是指一切社会组织、团体对有关事务的治理、管理和执行的社会活动。这里的行政管理,不仅包括政党和国家的立法、行政、司法组织活动,还包括企业、事业、社会团体等各种各样的社会组织的执行。

广义的行政管理是指国家政治目标的执行,包括立法、行政、司法等社会组织领域内特定组织的指挥活动及其机关内部的总务、后勤工作等。

狭义的行政管理是指国家行政机关及其官员在管理国家事务、社会事务和机关内部事务的过程中进行的计划、组织、指挥、协调和控制等各项管理活动。政府从宏观的角度对物业管理与服务活动进行调控也属于行政管理。

2)行政管理的特点

作为一种特殊的社会管理活动,行政管理具有以下3个特点:

(1)执行性

在我国,实施行政管理,必须执行党的路线、方针、政策,同时执行国家权力机关所赋予的任务,向权力机关负责,并受权力机关的监督。行政管理不仅要"有令必行",而且要"雷厉风行",注重科学管理,讲求高效率,亦即执行性要求高效率。

(2)政治性

行政机关的使命是执行国家权力机关的意志,国家权力机关具有强烈的阶级性,行政机关也不例外。社会主义国家的行政机关是人民政府,政府主要通过大量的组织工作来保证国家的安定团结和社会主义现代化建设事业的发展。

(3)权威性

行政管理活动是以国家名义进行的、代表国家并以国家强制力为后盾的。一切管理对象,对行政机关及其工作人员的管理行为都有服从的义务。但行政机关在执行任务时要依法行政,做到"有法可依,有法必依,执法必严,违法必究",这种法制的集中性体现了行政管理的权威性。

3)行政管理主体、客体及活动原则

行政管理的主体是国家权力机关的执行机构,即行政机关。在我国,行政管理的主体是国务院和地方各级人民政府及其职能部门。根据国务院《条例》规定,我国物业行政管理主体是国务院、省(自治区、直辖市)人民政府和市、县人民政府房地产行政主管部门。在特定事项(如业主委员会的成立)上街道办事处、乡镇人民政府也是行政管理的主体,规划、城管、环卫、公安、工商、物价、税务等与物业管理相关并行使部分物业行政管理权的部门也是物业行政管理的主体。

行政管理的客体是国家事务、社会事务和行政机关的内部事务。行政管理的范围遍及国家和社会生活的各个方面和全体国民。任何一种社会管理都没有行政管理这样广泛的外延性和关系国家、社会的全局性。涉及国家、社会、城市社区的物业公共管理事务都是行政管理的客体。

行政管理的基本依据是行政权力。行政权力是国家行政机关为有效实现国家意志,依靠特定的手段和宪法原则,对国家事务进行管理的权力。

行政管理活动的根本原则是依法管理。行政管理,特别是现代行政管理必须是以法律为根本的活动准则,在法律规定的范围内实施管理。任何行政机关和行政人员都只有依法行政的义务,而没有超越宪法和法律的特权。依法行政是依法管理必须严格遵循的重要原则。

3.2.2　政府对物业管理领域的宏观调控

物业管理领域的宏观调控的目标是通过一定宏观政策、手段和工具的操作来实现的。物业管理中的宏观调控的政策手段主要包括经济手段、法律手段、计划手段、行政手段等。

1)产业政策

通常意义上,产业政策是指政府为了提高本国经济增长和发展水平,运用政策手段引导和调整国民经济中各产业间的资源分配,或者干预特定产业部门内部的组织形式的完整的政策体系。政府通过产业定位、产业发展规划和政策导向,引导物业管理行业稳定、健康地发展具有十分重要的意义。

(1)物业服务产业政策目标和实施手段

产业政策一般包括政策目标和政策手段两个方面。物业管理行业政策目标是指一国政府为了物业管理行业本身健康、稳定、持续发展,根据物业管理行业不同

时期的产业状况所设定的一系列经济政策体系。

具体来看,物业管理行业政策目标主要从以下几个方面来考察:一是物业管理行业发展水平目标。物业管理行业作为相对独立的产业,在产业结构体系中必须确定整个产业部门的发展规模和水平。二是物业管理行业效益水平和行业竞争力目标。主要是设定物业管理行业劳动生产率水平的提高幅度、投资回报率的提高幅度、资源配置效率、社会贡献率和社会积累率等目标。三是物业管理行业内部结构调整目标。使产业部门内部的各种物业类型的物业服务在不同时期和不同空间地域上实现平衡。

物业服务产业政策是一种方向性、导向性的政策措施体系,因而其实施应主要运用间接的、经济性的手段。具体的实施手段包括:一是间接经济调节手段。即政府可以运用财政政策手段、货币政策手段、投资政策手段等间接性的经济手段对物业管理行业整体发展方向进行诱导,促使物业管理行业的发展按照政府设定的方向进行。二是直接行政控制手段。即政府可以运用直接的行政权力对物业管理行业的发展方向进行调节和控制,促使物业管理行业的发展符合国民经济整体发展的要求。三是信息引导手段。即政府可以利用所掌握的产业发展现状、技术水平、需求变化方向等信息引导物业管理行业进行技术、结构、组织等方面的调整和优化。

（2）产业政策的主要内容

产业政策的主要内容包括:产业结构政策、产业组织政策、产业技术政策、产业布局政策和产业联系政策等。物业管理行业的产业政策是由产业结构、组织、技术、布局等政策而形成的体系。作为整个产业政策的组成部分,物业服务产业政策是指在科学地确定物业管理行业同国民经济各部门的比例关系的基础上,运用适当的产业组织措施,分别针对不同的市场层次、企业状况,所采取的包括促进产业内部竞争、限制垄断等项产业经济政策。

由于行业本身的特殊性以及产业政策本身具有间接指导性的性质,物业服务产业政策一般划分为两个层次。第一层次是从国民经济全局出发的物业服务产业政策,主要是物业管理行业发展政策,即确定物业管理行业所属的国民经济产业分类、其在国民经济中所占的地位和应有的比重、发展的规模和速度等方面。第二层次就是根据物业服务行业的具体情况制定的政策。一般包括:土地有偿有期限使用为主体的土地使用制度政策体系;物业管理行业内部地区、产品比例结构调整政策;物业管理行业综合经营政策;物业管理行业经营的资金融通政策;培育和完善物业服务市场政策;以住宅商品化为目标的住房制度政策;针对物业服务经济的发展预测和战略对策的政策;涉外物业服务经济发展政策等。

2）财政政策

所谓财政政策,主要包括财政收入政策和财政支出政策。具体来看,就是国家利用财政收支的各种工具,通过有规则地调节国民收入分配的方向和规模,以达到预定的社会经济目标的各种政策手段。

财政收入政策主要是税收政策,通过税种和税率的变动,来调节社会总供给和总需求。对消费者减税,使消费增加,社会总需求增加;对生产者减税或免税,则可以使生产者投资增加,生产增长,社会总供给增加。物业公司应缴纳的税款应视其具体业务而定,正常情况下,物业公司取得应税收入应缴纳以下税费:营业税、城建税、教育费附加、印花税、企业所得税(或个人所得税),如有自有车辆、房产或出租房产的还应缴纳车船使用税、房产税、土地使用税,并依法负有代扣代缴公司员工工资薪金个人所得税的义务。有数据表明,目前全国 27 300 多个物业服务企业发生的普遍亏损的现象,与税费计算不合理有关[1]。

财政支出政策的运用,主要通过财政支出结构的变动,来调节积累与消费的比例关系;通过财政支出量的变化,来影响社会总需求的变动。由于积累性或消费性的支出都会转化为投资品和消费品的购买,增支可以扩大社会总需求,节支可以缩减社会总需求,从而实现产业结构调整。物业管理行业作为房地产相关行业,其发展速度和内部结构同国家的财政支出政策存在一定关系。财政支出重要原则是责任划分与辖区居民受益紧密衔接。财政支出在或大或小的程度上代表辖区居民所付,而公共物品的提供则是辖区居民所得。业主在购房时或作为公民交了各种税就应该享受公共物品。在物业管理财政支出上,地方政府应负主要责任,应为投资者、经营者创造尽可能良好的治安环境、生态环境、基础设施条件和行政服务。诸如社区治安、垃圾清理、市容美化、公用物业设备设施在小区延伸部分的管理等社区服务支出,应由城市区、乡村镇政府负责;应该改变目前这类支出摊派给物业公司,实质是最终由业主自费管理的不合理状况。

3) 投资政策

投资政策是指政府作为宏观经济的服务者,根据国民经济发展的总体目标以及产业政策的导向,对投资方向、投资规模和投资数量进行调节的政策手段。

(1) 物业服务投资规模控制

对投资规模的控制首先要考虑投资规模选择的技术界限,其次要考虑投资规模选择的经济界限。在投资规模控制中最重要的是投资规模适度性的政策准则,这一准则主要由以下几个因素构成:一是投资品保证准则。投资品是投资的物质基础,当投资规模大于投资品时,表明投资规模处于膨胀状态;反之,如果前者小于后者,则表明投资规模不足。也就是说,在有投资品保障的前提下,现实的投资规模才是合理的。二是投资目标准则。任何一个产业的投资规模,都必须服从于宏

---

[1] 刘伟.物业管理企业税收政策应调整.http://www.fzfdc.gov.cn/article/shownews.asp?id=13222.

观经济总目标,即在一定时期国家经济发展和结构调整的总体目标的要求。三是投资的市场需求准则。任何投资都会形成现实的和未来的生产能力和市场供给,最终都要受到市场需求的制约。当投资规模超过市场需求的规模时,便会造成因生产能力闲置而浪费社会劳动和资源。我国物业管理行业的投资规模还要考虑居民有支付能力的需求。目前情况是:一方面物业服务企业平均服务面积过小,另一方面业主对物业服务的有效需求不足。

(2)物业服务投资结构控制

所谓物业服务投资结构是指物业管理行业内部的各种资金的使用方向及其各方面的比例关系。一般包括物业服务投资主体结构,即制定正确的物业服务投资决策、进行投资和提供资金单位构成;物业服务投资客体结构,即各种物业项目类型之间的投资比例关系;物业服务投资时间结构,即物业服务投资各要素在时间上的分配关系;物业服务投资的空间结构,即物业服务投资要素在各地域中配置的比例关系。在我国,物业服务投资中投资主体主要有政府和企业,但政府投资仍占有相当大的比重。从发展趋势来看,政府投资的重点应主要放在基础设施、基础产品和支柱产业方面,政府有关物业服务的投资则将集中在具有社会保障性的廉租房、安居房、旧城区房改房等方面。

4)法律手段

对物业管理行业进行宏观调控的法律手段是指政府通过立法和司法,运用法律和法规来规范经济运行秩序,服务物业服务经济活动的一种方法。运用法律手段服务物业服务经济,主要是通过物业服务立法和法律适用实现的。

法律手段具有强制性、规范性、稳定性的特点,并具有普遍约束性,是物业服务经济活动的准则。它通过规范物业服务市场主体行为、市场竞争行为和政府物业服务经济行为,来协调各方面利益,引导物业管理行业的健康运行。因此,法律手段是实施物业管理行业宏观调控的重要手段。随着《物权法》的实行和《条例》的修订,我国物业管理法律法规体系逐步完善,进一步,应借鉴发达国家对物业管理行业实行法制管理的经验,建立完善的物业管理法律服务体系,并设立与服务职能相对应的物业管理执法机构。

5)行政手段

行政手段就是政府通过街道居委会、公安、交警、规划、城建、工商、税务等行政管理部门对小区内的居民和单位实施的行政管理措施。其权力来源于政府的行政权,主要任务是贯彻执行政府的政策法规。涉及范围包括街道办事处和居民委员会的民政、征兵、计划生育、侨务等项工作,公安交警部门的社会治安、户籍管理、交通管理工作,规划、城建部门的城市规划管理和工程质量管理,工商税务部门对经济活动的管理工作,等等。

行政行为包括抽象行政行为和具体行政行为。运用行政手段属于具体行政行为。抽象行政行为是指针对不确定的多数人制定和发布的、可反复适用且不能直接进入强制执行过程的行政管理规范性文件的行政行为,具有普及性和后及性。具体行政行为是指依据行政管理法规,针对特定对象行使行政管理职权,规定和采取一定的行政处理手段或行政措施的行政行为,具有具体性和前溯性的特点。所谓具体性指该行为必须指向特定的事项或行政相对人;前溯性指该行政行为对已经发生的情况有效。例如,对违反物业服务企业资质管理规定的行为做出行政处罚决定书这一具体行政行为,处罚的对象必定是某个具体的违规者,而该项处罚又必定是溯及处罚决定书做出以前已经发生的未取得物业管理资质证书而从事物业服务业务的违规行为。

3.2.3 物业服务行政管理

1)物业服务行政管理涵义及工作内容

物业服务行政管理是国家行政机关依据有关的法律、法规,对物业服务活动实施的行业管理。其实质是国家通过法律手段、行政手段,规范物业服务活动,建立物业服务市场正常秩序,改善人民群众的居住和工作环境。其工作内容如下:

(1)行政立法

物业管理行政机关的首要职责就是制定政策法规,根据国家法律规定的基本原则,针对物业服务中出现的新情况和遇到的新问题,制定物业管理规章制度。

(2)执法监督

行政机关根据行政立法进行执法监督,是约束、制止物业服务诸多主体不当行为、不法行为的重要环节,是整顿物业服务市场秩序、促进物业管理行业健康发展的有力手段。行政管理部门要根据行政法规赋予的行政执法职权进行行政执法,对物业服务中出现的违法行为依法给以查处。

(3)协调管理

对物业服务活动中出现的业主之间、业主与业主委员会之间、业主与物业服务企业之间,业主、业主委员会、物业服务企业与各行政管理部门之间的关系进行协调,如制定服务等级标准、物业服务收费指导价格等;对物业服务业与房地产、建筑装修、市政环保、金融等行业进行协调;同时,要提供各种服务,包括政策咨询,人才交流、培养,信息沟通等。

(4)宣传引导

物业管理行政机关还要履行一些宣传引导方面的工作。譬如加强宣传力度,通过培训等形式向业主委员会以及物业服务企业的有关人员普及物业管理的相关法律知识,促使其学习物业管理法规、用好物业管理法规;同时,还要运用科学的理论和先进的理念、方法对物业管理法规中不便具体规定或尚未具体规定的,有利于提高物业服务水平、促进物业管理行业规范发展的一些做法进行积极倡导,旨在创造和谐、健康的物业管理环境。

2)物业服务行政管理方式与手段

市场经济条件下,政府的作用主要是根据法律、法规、规章对物业管理服务行为进行监督管理,为其从事市场活动提供法律和制度上的保障。

(1)对物业服务企业的行政管理方式

主要有:一是依法处罚。处罚的方式有警告、罚款、没收违法所得和非法财产、责令停业、暂扣或吊销许可证、行政拘留以及其行政处罚。二是备案记载。记录物业服务企业的基本情况、经营服务业绩,特别是违法违规等不良行为。

(2)对物业管理行业的行政管理方式

主要有:一是实施准入制度,对物业服务企业实行资质管理制度,对专业人员实行执业资格准入制度;二是创造竞争环境,在物业管理行业中推行市场竞争机制,创造公开、公平、公正的市场竞争环境;三是组织开展考评活动,在物业管理行业内,组织创优达标等考评活动;四是处理投诉,按照法定权限与程序,处理各种投诉,解决物业管理纠纷。

(3)物业服务企业违法违规行为的行政管理手段

可以归结为如下 3 种:一是限制手段:主要有吊销资质证书、降低资质等级等;二是经济手段:主要包括奖励、罚款、没收非法所得等;三是教育手段,主要包括教导、规劝、告诫、表彰和经验推广等。

3)物业服务企业与行政管理部门的关系模式

物业服务企业是依据公司法设立的自主经营、独立核算、独立承担民事权利和义务的民事主体。物业管理服务行政主管部门依法对物业服务企业实施行政监督管理,就与管理对象即行政相对人发生行政法律关系。因而,物业服务企业应积极协调与行政管理部门的关系,充分发挥其社会职能,承担作为企业法人组织应尽的社会责任。

①服从行政部门的管理。物业服务企业应及时、全面、准确地了解并掌握物业管理相关的政策、措施、法律、法规,严格遵守各项规章制度,自觉服从行政管理部门的管理。

②协助行政部门的管理。行政管理部门是执行相关法规的主体,承担了维护社会以及市场正常秩序的重大任务。当物业服务企业遇到涉及行政管理的事务时,应当主动向行政管理部门反映,积极协助行政管理部门进行处理,但决不能越

权、越位,模糊了自身职责和定位。

③借助行政部门资源的管理。物业服务企业要实现健康、快速以及可持续的发展,行政管理部门的理解和支持是不可或缺的。近年来,物业管理行业发展迅速,立法滞后,加上矛盾纠纷增多,行政成本增加,在现有的管理体制下物业管理服务的行政管理资源比较紧缺,物业服务企业难以获得行政管理部门的支持。因此,物业服务企业应当主动加强与行政管理部门的交流沟通,关注政策的变化,并积极服从、执行相关规定,配合行政管理,为争取获得行政管理部门的理解、支持奠定良好基础,从而为自身的发展创造良好的外部环境。

④支持行政部门的管理。物业服务企业是社会活动的参与者,应及时响应行政管理部门的号召,积极开展有关政策法规的宣传、贯彻、落实等活动,及时向物业管理服务行政主管部门及有关部门真实、准确地通报反映实际情况和社会信息,为行政管理部门的决策和管理提供便利和支持。

3.3 城市管理理论

3.3.1 城市管理理论概述

从某种角度来看,城市就是由房屋建筑、交通设施、基础设施等构成的一个庞大物业群体,没有物业的城市是不存在的,没有物业管理的城市管理也是不存在的。作为一个专门的行业,市场化的物业管理给我国的城市建设和管理带来了蓬勃的生机和广阔的前景,充分体现了其地位的重要性和作用的不可替代性。

1)城市管理的含义

现代城市管理是指多元的城市管理主体依法管理或参与管理城市地区公共事务的有效活动,属于公共管理范畴。从现代城市管理主体的主角——城市政府角度出发,现代城市管理主要是以城市的长期稳定协调发展和良性运行为目标,以人、财、物、信息等各种资源为对象,对城市运行系统做出综合性的协调、规划、控制和建设、管理等活动。

2)城市管理的性质

城市管理在城市学和城市管理理论研究中一直颇受关注且争论颇多。一方面是因为城市管理学的产生本身就是多学科交融的产物,政治学、经济学、管理学、城市规划学、城市社会学、城市土地学、城市地理学等一批学科都作为城市管理学的支撑;另一方面是因为我国对城市管理的研究还处于起步阶段,对城市管理的各种整合性的研究和实践工作刚刚开展。

目前学术界关于城市管理内涵的理解主要有 4 种不同的观点：一是认为城市管理就是市政管理，主要指政府部门对城市的公用事业、公共设施等方面的规划和建设进行控制、指导；二是认为城市管理就是城市各部门管理的总和，包括人口管理、经济管理、社会管理、基础设施管理、科技管理和文教卫生体育管理在内的城市群体要素管理；三是认为城市管理是以城市为对象，对城市运转和发展所进行的控制行为，主要任务是对城市运行的关键机制、经济、产业结构进行管理；四是认为现代化的城市管理是指以城市基础设施为重点对象，以发挥城市综合效益为目的，包含了城市经济管理、城市社会管理和城市环境管理等内容的综合管理。

上述 4 种观点中，最后一种观点较接近地反映了现代城市管理的实质和内容。现代城市管理不仅要对市政进行管理，而且还要管理城市的经济、社会、环境的发展，并处理和预防各种城市问题。实际上，城市管理是以提高城市生活水平为目标，以城市经济、社会和环境为对象，有效使用城市资源，推动城市综合效益长期稳定发展的活动。[1]

3）城市管理的内容

城市管理是一个系统工程，其内容极其丰富。通常将城市管理内容分为 4 个部分：

（1）城市经济管理

经济运作和发展是城市管理工作的中心内容，它直接关系到该地区城市繁荣和文明，各级政府都十分重视。在市场经济条件下，政府逐渐由微观经济管理转向宏观经济管理，运用法律和经济杠杆以及政府制定的政策对各种经济活动进行有效的控制、指导、协调，促进城市功能的发挥。

（2）城市的社会管理

城市社会管理主要是对人的管理。城市中的人按一定社会关系和生产关系，在共同环境里（城市里）生产、生活。为了使城市里的人生活在一个有序良好的社会环境里，必须对城市进行有效的管理。如人口管理、社会秩序和治安管理、城市文化和道德管理、虚拟社会管理等。

（3）城市基础设施建设管理

城市基础设施是城市居民生活必不可少的物质基础，它已渗透到人们的衣、食、住、行等生活之中。长期以来，这些基础设施是政府单一投资管理的，由于政府资金投入与经济发展的速度不相适应，基础设施始终是经济发展的"瓶颈"。随着改革开放的不断深入，许多地方政府改变了过去的做法，出台了相关政策鼓励民间投资基础设施建设，进一步开发资本市场，鼓励外资和国内各类社会资本投资城市

---

[1]李斌.物业管理理论与实务[M].上海：复旦大学出版社,2006：95-96,134-136.

市政公用事业,提高存量的资产运行效率。

(4)城市生态管理

城市生态是指由城市地区内的自然、生活和生产三大方面所构成的一种自然和谐的系统状态。城市生态管理内容主要指人类生存、生产、生活及社交环境的管理。

3.3.2　城市建设中发挥物业管理的作用

城市化发展的加快使得城市集中了大量的人口,城市规模不断扩大,城市土地越来越紧缺,城市住房建设与管理问题、社会治安问题、环境污染问题、城市人口老龄化问题等不断困扰着各级政府,而物业管理则是城市管理系统中的一个重要载体,是解决"城市病"的重要途径,是加强城市管理的重要措施。因此,物业管理在城市建设中能够起到重大的作用。

(1)城市的建筑物需要进行专业物业服务公司的精心管理

首先每个城市都有自己的标志性建筑,不仅有高楼大厦,还有大型社区及豪宅等建筑物,对于这些建筑物的有效管理,乃是物业管理责任所在,也是其特长;其次,物业管理在对小区自然环境和人文环境的营造上,填补了政府对公共环境和公共设施以外的社区环境和城市人文环境的空白。再次,作为城市管理的一个重要组成部分和社区建设的一支生力军,物业管理在自然、人文环境建设中扮演着充满个性的角色,具有重要的社会地位。专业化的物业不但能有效地解决"城市病",而且使城市内各个区域规范运作,提升了城市品位,减轻了政府的管理难度。

(2)物业管理促使城市建设与管理并重,提高了城市管理水平

由于人口多,住房难,在我国城市建设中存在"重建轻管"的思想。许多房屋建设者只求自身经济利益,建房不为住房着想,不为管理着想。开发商为追求经济利润而损害业主利益,业主违章装修、使用物业,对城市管理和城市和谐社会建设造成不利影响。随着《条例》和《物权法》的出台,政府提倡房地产开发与物业管理分业经营,采用专业的物业管理之后,上述现象则将逐步得到有效的制约和规范。

(3)物业管理促进城市管理向"大社会,小政府"方向发展,提高城市服务功能

城市管理的一个重要趋势是在城市社会管理中行政管理弱化,社会化服务强化,逐步走向"大社会,小政府"的状态。在"大社会,小政府"的理念下,作为区分所有建筑物管理的一个典型的形式,物业管理是应运而生的时代产物,管理着政府想管而又管不好的小区管理事务。专业化物业管理已经成为转换城市房屋管理机制和城市物质文明与精神文明建设相结合的最佳选择,是完善和发展现在城市功能的基础;同时重构了城市管理体制中各种要素的组合,促进了城市管理方式的转变,强化了城市管理的其他功能。可以设想在有专业物业服务公司进行专业物业管理的社区,可将城市管理中分散的管理职能集中起来,通过政府的委托,由物业

服务企业实行统一有效的管理,将进一步提高城市管理社会化和专业化的程度。

(4)物业管理促进房地产的健康发展

改革开放以来,政府十分重视解决老百姓的住房问题,加大了住房建设投资。中共"十七大"报告中明确提出了"住有所居"思想,在21世纪头20年全面建设小康社会的目标,落实在住房上就是保证人均一间房,其中城镇人均居住建筑面积35平方米,每套住宅平均面积在100~120平方米;城镇住宅成套率达到95%;新建住宅区物业管理的覆盖率达到95%以上;社区居民公共服务便利程度普遍提高。[1]这将大大推进房地产迅猛发展,大量住宅小区、高层楼宇遍布全国各大城镇。物业管理质量、环境美化程度又成为老百姓购房的重要考虑因素。良好的物业管理将改善开发商形象,使消费者从心理建立起对企业的信任感,从而赢得消费者的认可,促进房地产业的健康发展。

(5)物业管理有利于推进"两个文明"建设

住宅小区是城市文明的窗口,它反映出一个城市的经济建设和管理水平,是城市整体素质的表现。通过物业服务公司的精心养护,发挥小区文化娱乐设施的功能作用,更好地满足了居民的需要,净化了人们的心灵,提高了人们的素质,通过物业服务人员的优质服务,化解业主之间的矛盾和纠纷,创造和谐、和睦的社区气氛,对整个城市的精神文明建设起到积极的推动作用。

3.4 社区管理理论

3.4.1 社区管理理论概述

1)社区的概念

作为社会学基本概念的"社区"一词是从英文 Community 翻译过来的,其含义是共同体和亲密的伙伴。社区是社会经济发展的必然产物,随着社会的发展,社区在人类生活中的作用越来越大,因而引起了社会学家对社区的关注,关于社区的研究也就随之产生。社区研究起源于西欧,发展于美国,而后影响到中国。社区研究以其丰富的调查资料和理论成果在世界社会学界占有重要的一席之地,不仅为社区建设提供了重要的理论支持,也为研究现代城市物业管理提供了理论来源。

关于社区的定义,如果抛开某种特定的研究角度,从构成社区的客观要素出发,社区即是由生活在一定的地域范围内拥有某种互动关系、地方特征的生活方式和共同的文化心理,且彼此依存的社会群体和社会组织所形成的社会生活共同体。

---

[1]中国发展门户网.www.chinagate.com.cn,2007-08-07.

它一般为地域性的、规模较小的基层社区。我国目前所称的社区,在城市一般指街道,农村则指乡、镇或自然村。

2)社区的要素和类型

（1）社区的要素

根据社区的定义,我们可以看出社区主要由以下5方面的要素构成。

①地域要素。社区是地域性的社会,必须占有一定的人们从事社会活动的区域。正是由于考虑到了地域空间因素,社区研究才与社会学的其他研究区分开来。我国目前社区的地域范围往往被界定在以街道、马路、河道、地界等自然地理或人为区划等来规定的行政区域。社区管理就是对这一地域的人群、组织及社会活动进行的管理。

②人口要素。人口是社区构成的第二大要素,主要包括人口的数量、构成、分布和流动等4方面的内容。

③区位要素。相对于地域要素来说,区位是指社区内部的人口及其活动的空间分布。在社区内部,人口及其活动的空间分布是有规律的,某些活动往往集中于社区的某一特定部位,逐渐出现了活动与生活设施的空间分布特征,而在社区内形成了不同区域,如自发形成的菜市场、集市、体育运动场、文化娱乐场所等。在传统的农业社区,土地利用形式比较简单,基本上是作农田和宅基地来使用;但在现代城市社区,由于社会生活的复杂化,土地的利用形式也比较复杂,形成特定的功能分区,如工业区、商业区、住宅区及娱乐区。城市社区在时间和空间方面的特点,决定了社区区位建设和管理的复杂性。

④结构要素。社区的结构要素是指社区内的各种社会群体和组织相互之间的关系。在社区的地域范围内存在着诸多的社会群体和组织,包括家庭、业主委员会、居民委员会、政府职能部门的派出机构、党政机关、学校、医院、生产部门、商业服务部门以及社区居民自发组织起来的各类社会团体等。城市社区内群体和组织的多样化以及各部分之间关系的复杂化,不仅是社区结构理论研究上的难题,在实践上也为社区管理加大了难度。

⑤社会心理要素。在社区内,各个家庭、单位、部门、机关、团体等,都是由社区成员个体组成的。当人们生活于一定的社区之中时,人们总是通过血缘、业缘、地缘等关系,与社区中相互联系又有区别的个体结成种种不同的社会关系。在人与人的互动关系中,以及社区群体与社区个体之间的互动关系中,社区的性质和规模对社区成员的心理和行为产生极大的影响;反过来社区的个体心理因素也对社区的变化发展和社区主体的行为方式产生巨大的影响。社区的社会心理要素通常会内化为社区成员对本社区的认同感、归属感和社区精神,而外化于具有一定文化传统和人文背景的生活方式、行为方式和文化心理取向。同时,长期生活在同一地域

的人们,会在衣着服饰、饮食习惯、接人待物、婚丧礼俗等方面,形成一种具有地方特点的生活方式,甚至形成一种约定俗成的默契。这种具有特定人文背景的社区心理,构成了社区的内聚力。在未来的社区文明建设和管理中,社区心理的健康发展将变得越来越重要。

(2)社区的类型

由于社区类型的复杂性,同时也由于研究侧重点的不同,目前社会学界对社区的分类还没有统一的意见。比较常见的分类主要有以下几种:

①按照社区的空间特征来划分。一是法定社区。即通常所说的地方行政区,如城市中的各行政区、街道所辖的地域范围形成的社区,农村中的乡、镇、村等行政单位所辖的地域范围形成的社区等。法定社区由一级政府或政府授权的派出机构来充当占主导地位的管理主体,负责协调社区内的其他管理主体,并对社区进行综合管理。二是自然社区。它是人们在生产和生活中自然形成的村落和聚集地,如农村中的自然村落、自然镇,因重大工程而大规模搬迁的居民的聚集地,农村人口向城市流动过程中形成的自然迁移人口的聚集地等。这类社区内成员的血缘、亲缘、地缘关系密切,宗族势力较大,乡规民约和宗族家法构成社区的约束要素之一。三是专能社区。它是指人们从事某些专门活动而形成于一定空间的聚集区,如上海的浦东新区的路家嘴金融贸易区、外高桥保税区、张江高科技园区等,就是这类社区。

②按照农村—城市边界理论标准划分。一是城市社区,指在城市区域内由各种从事非农业劳动的人群组成的区域范围。其特征表现为:人口密集,异质性强;成员关系既复杂又松散,其心理受社区组织和社区外的环境影响大;结构要素复杂,物质要素齐全,管理水平较高。二是小城镇社区,即由生活在小城镇范围内,不从事农业劳动的人群所形成的区域范围。它具有农村社区向城市社区过渡的特征:它的人口要素与城市接近;结构要素和社会心理要素与农村社区的特征相类似;物质要素则介于这两类社区之间。三是农村社区,指以从事农业生产为主要谋生手段的农民所形成的区域范围。社区成员的同质性强,关系密切,流动性小,其社会心理受家庭影响大;结构要素比较简单,物质条件比较薄弱。

3.4.2　社区文化与和谐社区建设

1)社区文化

社区文化指在一定地域范围内,因为共同生活和习俗所形成的文化价值观念。社区文化的特征主要有:开放性、多元性、地域性、归属性。

现代社会高强度、快节奏的工作方式,造成心理压力增大,也可能造成身心疾病,带来诸多社区问题。社区文化则可以创造一种和谐、愉快、友好的家庭氛围及周边环境氛围,让人们的心理得到放松,身体健康、精力充沛地去工作和学习。

社区文化活动通常采用如下几种方式:一是运用传播文化的工具和康乐设施,如影剧院、文化站、图书馆、闭路电视等开展联络感情的活动,增强人们之间的友谊;二是创建文明单位、文明楼、文明家庭、文明市民、文明住宅小区等活动,促进文明居住,邻里团结、互助,社区和谐;三是积极开展各类创文明、树新风活动,提倡讲文明、懂礼貌,树立新风尚;四是组织各类体育比赛、文艺比赛、音乐沙龙、戏剧票友联谊会等文体活动,加强住户之间的交往与联系,培养集体观念,增强公民意识;五是在特定的节假日,专门进行各类联欢活动;六是在一些涉外居住小区,结合外国友人的实际情况积极开展中西合璧的社区文化活动。

社区文化的内容应包括:一是精神文化。精神文化是社区文化的核心,是社区独具特征的意识形态和文化观念,包括社区精神、社区道德价值观念、社区理想、行为准则等,这是社区成员价值观、道德观生成的主要途径。二是制度文化。制度文化是社区成员在生活、娱乐、交往、学习等活动中形成的,与社区精神、社区价值观、社区理想等相适应的制度、规章、组织机构等。三是环境文化。社区环境是社区文化的外显部分,它是由社区成员共同创造、维护的自然环境和人文环境有机结合的产物,是社区精神物质化、对象化的具体表现。四是行为文化。行为文化又称之为活动文化,是社区成员在交往、娱乐、生活、学习、经营等过程中产生的活动文化,通常所说的社区文化都是指这一类社区活动文化。

2)和谐社区建设

(1)和谐社区的基本内涵

①主体和谐。和谐社区是以人为本的社区,其最终目的就是让居民心情舒畅、身体健康、生活幸福。每个社区居民作为社区的基本细胞,是建设和谐社区的主体,主体和谐决定了社区居民的身心健康、整体素养和全面发展程度。

②人际和谐。和谐社区是社区居民和睦相处、友爱互助的社区,社区内各个方面的利益都能够得到充分照顾,社区成员个体之间、单位之间、部门之间按照公平、公开、公正的原则竞争,形成人与人之间彼此平等、相互尊重、相互信任、融洽和谐的局面。

③秩序和谐。和谐社区是管理民主、安宁祥和的社区。建设和谐社区的过程是居民归属感和责任感的培育过程,其关键是发展基层民主,推进社区居民自治,大力提高社区居民参与社区建设管理的积极性,调动社区内各种力量共同维护社区的规约和秩序。从此意义上讲,和谐社区同时也是一个负责任的社区,驻社区的各个法人主体(机关、社会团体、企业)应依法承担各自的社会责任,利用各自资源优势,与社区居民一起进行社区文明共建共享,从而实现社区与政府、社区与企业、社区与社会、社区与自然、社区与居民之间良性互动,共同营造社区的和谐氛围。

④生态和谐。和谐社区应该是人与自然长期协调相处的社区,人与城市相互融合、相得益彰。和谐是一种状态,是事物按照自然规律协调运转达到的最佳状态。和谐社区关注"民生"、"民居"、"民安"、"民需",要求创造以人为本,充溢着优雅浪漫气息的人性化生活空间,以达到自然、人文、功能、建筑、园林的高度融合,做到建设与发展和谐、人文与自然和谐,最终实现人与环境、人与城市的和谐发展、和谐统一。

(2)和谐社区建设的基本原则

①以人为本,服务群众原则。社区的所有工作都要以社区居民的需求为导向,以社区居民的参与为动力,以社区居民的满意程度为准则,以求社区居民在社区发展中得到实惠,在参与和谐社区的建设中实现自身的发展。

②围绕大局,着眼发展原则。和谐社区建设要有利于经济、社会与自然的协调发展和可持续发展,有利于社区治理和城市治理模式的创新,有利于激发基层社会的创造活力,为我国的改革发展稳定创造良好的社会环境。

③有序改革,逐步推进原则。和谐社区建设是一项系统工程,既要目标坚实,又不可能一蹴而就,要从实际出发,合理规划,分类指导,一步一个脚印,打牢基础,巩固成果,扎实推进。

④整合资源,共建共享原则。充分调动社区内机关、学校、部队、社会团体和企事业单位参与和谐社区建设的积极性,最大限度地实现社区资源的共有和共享,努力营造出共驻社区、共建社区的良好氛围。

⑤注重公平,兼顾效率原则。只有公平,社会才能和谐,社区中居民差距,特别是收入差距不能拉得过大,超过了警戒线就可能使社会走向失衡。但是绝对的公平是没有的,适当有些差距,是社会有活力、有创造力、有效率的表现。所以要引导社区居民正确对待差距,正确看待公平,学会互助互爱,学会同舟共济。

⑥发扬民主,健全法制原则。民主的第一个目标是要获得权力,第二个目标是防止权力滥用。

(3)和谐社区建设的主要内容

①以文化为载体,促进人际和谐。加强社区文化建设,创建学习型社区、学习型家庭;开展社区新风尚创建活动;以打造社区共同文化价值观念为纽带,增进共识,促进信任,使不同群体的社区居民在共同的文化活动中得到共鸣,增强归属感、认同感、亲情感,使人们之间相互接纳和相互信任,实现社区和谐。

②以自治为方向,促进管理和谐。积极推进社区自治管理,以创新社区运行机制为重点推进社区自我管理、自我服务、自我约束。探索建立社区各方民主参与、合作共事的社区运作机制和议事协商机构,建立和完善社区居民议事委员会、业主委员会制度。创新社区中介组织形式,按照非政府组织类、公益服务类、娱乐兴趣类等对中介组织进行分类管理,提高社区自治和协助管理基层社会事务的能力和

水平。

③以服务为重点,促进民生和谐。积极发展社区服务,以满足社区各方面利益需求为基点,关注民情、关心民生、关怀弱势。着力建立社区服务的组织网络、社会保障和救助网络、再就业工程网络、便民服务网络;组建社区服务专职人员队伍和社区服务志愿者队伍;加大对社区公益事业的投入,让所有居民均能平等地享受社会公共资源;不断拓宽服务领域,开展各种专业化、社会化的便民服务。

④以建设为支撑,促进环境和谐。要以适度的较高标准加快社区建设,以社区环境持续改进为基础推进人居环境适宜、人与自然和谐。要立足于现代居住的高要求和高起点,打造精品社区、品牌住宅小区,不断推动社区结构功能优化,让社区成员在分享社会发展成果的过程中感受社区环境的温馨和舒适。

⑤以稳定为关键,促进社会和谐。全力抓好社会稳定工作,以社区家园安宁祥和为目标,致力化解矛盾。正确处理社区内部矛盾是建设和谐社区的必然要求。通过开展社区矛盾纠纷排查,畅通信访、信息渠道,了解群众最急最盼的需要,尽力帮助群众解决生产生活中的实际困难,从源头上消除影响稳定的因素。加强社区人民调解、司法调解、行政调解工作,增强化解矛盾纠纷的合力。坚持以和谐指导稳定工作,依法处置稳定事件,切实处理好激发社会活力与维护社会稳定的关系,解决好影响社会稳定的一些深层次矛盾和问题。

3.4.3 社区综合治理与物业管理

在引入物业管理机制之后,城市的社区管理已由原本街道、居委会等基层组织负责的单一行政管理模式,转变为基层组织管理与专业化物业管理相结合运作的社区管理模式。

社区管理包含社区文化、环境卫生、综合治理、物业管理等众多单元。物业管理作为社区管理的一个子系统,二者在职能上和方法上有些类似,但在权属关系上却不一样。物业管理(这里指通常的专业物业管理)是基于业主的管理权委托的企业化的管理服务行为,而社区管理是以街道和居民委员为主体带有很强政府色彩的社区行政管理活动和社区服务等公益活动。因此,两者之间有功能重叠部分,又有各自的空间。两者的关系是相对独立又相互配合的关系,社区管理需要物业管理做基础,物业管理要受社区管理做指导。

1)物业管理与社区管理的联系

①物业管理和社区管理的指导思想一致。物业管理和社区管理都以物质文明和精神文明建设为内容,以物业区域为载体,按照一定的规范,通过管理和服务活动,满足业主或居民的需要,推动社区发展与进步。

②物业管理和社区管理的社会目标一致。物业管理区域建设和社区建设都要以人为中心,开展多种多样的活动,为人们的生活、工作、学习提供良好的环境。物

业管理完善物业及其周边人居环境,社区建设则侧重于调解人际关系,为人们提供和谐的空间。

③物业管理与社区管理是同处社区的关联管理系统。社区管理系统按行政逻辑运行,如文教卫生管理、计划生育管理、老龄人口管理、流动人口管理等;物业管理服务系统按市场化逻辑运行,如物业服务委托管理、物业服务企业经营管理等。两者是共存于物业社区中的关联系统,必然要发生联系、影响、制约作用。因此,物业管理需要考虑社区管理因素及要求,反之亦然。

④物业管理和社区管理互为影响。物业管理通过物业管理服务,为社区居民创造安全舒适的生活和工作环境,影响人们的生理和心理,促使人们的思想、精神、道德升华,促进社区和谐。社区管理则通过多种途径来建设一个社区文明,提高居民的文明素质,培养良好的社区环境和社区参与意识,为物业管理的正常开展打下基础。

2)物业管理与社区管理的区别

(1)管理的主体不同

社区管理的主体是政府指导下由社区成员参加的社区管理委员会,也即由社区范围内的政府组织、企事业单位、社团组织和居委会等多方参与、共同管理的多元化互助的新型社区组织。其原始权力来自政府。物业管理的原始权力主体是业主,物业服务市场主体是接受业主委托的承担专业物业管理的物业服务企业。

(2)性质特点不同

社区管理是国家管理社会生活、群众管理社会生活和各种社会主体相互交融的基础性社会管理。具体而言,社区管理是在街道办事处领导下的行政性管理和在街道办事处组织引导下,社区内有关单位和居民共同参与的围绕"居民权利实现"而实施的居民自治性管理。政府行为在社区管理中起着主导作用,因而社区管理具有明显的行政性。物业管理则是社会化、市场化、专业化管理,是在业主或业主委员会的委托下围绕业主的物业服务需求满足而实施的公共事务委托管理,不仅具有公共性,还具有劳务交换性和经济性。

(3)管理的内容不同

社区管理的内容不仅包括对整个社区建设与发展的规划与组织,而且包括社区范围内具体事物的专项管理,例如计划生育、婚姻家庭、卫生保健、科技教育、安置就业、扶贫帮困、老龄工作等。物业管理的内容则是围绕物业和业主开展的专业化管理与服务,如各类房屋建筑及附属设备设施的维修养护,物业环境的治安保卫、消防管理、清扫保洁、绿化管理、停车场的管理以及相关的家庭生活服务等。

(4)运行方式不同

社区管理主要以行政管理、互助管理的运行方式来实施管理。街道办事处与社区有关单位组织的关系,是一种纵向的组织和被组织、协调和被协调、指导和被指导、监督和被监督的关系。社区有关单位组织之间，则是横向的互助关系、协作关系。而物业管理主要以业主自治管理与专业化物业管理相结合的运行方式来实施管理，如成立业主委员会选聘物业服务公司，签订委托管理服务合同，由物业服务公司提供有偿物业服务，业主及业主委员会实施监督落实等。

〔**简要回顾**〕

本章主要介绍了物业管理活动涉及的市场经济、行政管理、城市管理、社区管理等领域相关理论，完整地理解物业管理与物业服务活动与其他相关领域的活动的衔接性、互动性和共生性等特性，有利于处理好相互之间的关系。

具体介绍了市场经济理论，如物业服务市场，物业服务市场运作机制，物业服务定价等问题；行政管理理论，如政府在物业管理领域的宏观调控，物业管理服务中的行政管理等；城市管理理论，如城市管理的内容，物业管理在城市建设中的作用等；社区管理理论，如社区管理理论概述，社区文化与和谐社区建设，社区综合治理与物业管理的联系与区别等。

〔**案例碰撞**〕

物业管理与社区服务能否双轨运行

为完善城市社区服务体系，促进社区公益性与福利性事业的发展，深圳市某社区服务中心正式成立并开始非营利性的运营。

根据该社区服务中心章程规定，社区服务中心主要从事社区内公益性、福利性服务及便民利民服务，开展各项社区便民服务、居家养老、老年大学、会员服务、社区共有资产及公益慈善基金的经营与管理、社区义工及社工的奖励、社区救助等服务工作，一切盈利将用于社区公益和福利事业。

该中心的经费来源主要由3部分组成：一是开发商捐赠的福利基金和捐赠给社区的集体共有资产；二是政府各种拨款和社会赞助；三是中心在业务范围内开展服务活动的收入。中心收入盈余不得分红，而是按"三三制"原则使用，催生社区经济，完善社区服务，培育社区福利：年收入的1/3用于中心日常企业化运作；1/3上缴市民政局作本社区公益慈善基金专用款；1/3用于社区救助、奖励基金。

目前，该中心业务范围内的便民、利民公益性项目以及社区资产管理和社区公益基金管理工作已全面开展，有偿服务的社区企业服务盈利性项目也已部分开展。随着社区服务中心的诸项业务逐步深化，该社区提出"把社区当酒店、居家当客房、业主当宾客"的构想，实现社区物业管理与社区服务双轨运行机制将成为现实。

互动话题：

1.社区服务中心成立对物业管理服务有何影响？

2.如何建立社区物业管理与社区服务双轨运行机制？政府如何指导？

第 4 章
物业管理方法

【重点关注】

企业战略管理方法　团队管理方法　虚拟管理方法
质量管理方法　项目管理方法　客户关系管理方法
沟通方法　心理学方法

4.1　企业战略管理方法

4.1.1　企业战略管理方法

1）企业战略管理概述

所谓企业战略管理是指企业为了谋求长期的生存发展,在正确的经营思想指导下,对企业的外部环境和内部条件的变化趋势进行调查、预测、分析、规划等,做出科学的决策,最大限度地提高企业的经济效益。

兵法有云:"一曰度,二曰量,三曰数,四曰称,五曰胜。地生度,度生量,量生数,数生称,称生胜。"精辟地阐述了战略分析与战略管理的方法:分析环境并选择、判断,度量形势(定性分析);将定性分析细化,定量分析,并选择、判断,衡量形势;对定量分析的结果再进行分析、判断、选择,认清形势,心中有数,制订计划、战略;根据计划、战略称兵(执行军事行动);掌握并灵活应用战略,在战争中取胜(见表4.1)。

将《孙子兵法》方法结合企业的实际,总结出企业实际应用方法,简述为以下过程:形势分析,选择目标;竞争分析,选择产品;综合分析,制订战略;配置资源,实施战略;战略控制,竞争取胜;战略评价,总结经验。

2）企业战略结构分类

企业战略结构一般分为三层:上层总体战略,中层竞争战略,下层职能战略。

表 4.1　用孙子兵法分析企业战略管理表

理论战略管理方法	孙子兵法分析方法	企业实际应用方法
战略分析阶段:资源环境等分析	地生度	环境分析、资源审视,选择方向
	度生量	行业、竞争和资源分析,选择产品
战略制订阶段:决策	量生数	综合分析,制订战略、规划、方案
战略实施阶段:实施	数生称	应用战略,合理配置资源,实施战略
	称生胜	战略控制,竞争取胜
战略评价		

　　企业总体战略包括稳定战略、发展战略和撤退战略三大类。发展战略是基本的战略选择,包括新领域进入战略、一体化战略和多元化战略。发展战略实现方式有内部发展和外部发展两种途径。新领域进入战略是企业或为了摆脱现有产业困境,或发现了新的产业成长机会,为培育新的增长点,而采取的产业拓展或市场拓展战略,包括进入新的市场、进入新的行业等。一体化战略包括纵向一体化战略和横向一体化战略。纵向一体化战略是将企业生产的上下游组合起来一起发展的战略;横向一体化战略是企业为了扩大生产规模,降低生产成本,巩固企业市场地位,提高竞争力而与同行的企业进行联合的一种战略。多元化战略包括相关多元化和不相关多元化两种战略。

　　企业竞争战略包括成本领先战略、差别化战略和重点集中战略三大类。成本领先战略是指企业通过扩大规模,控制成本,在研究开发、生产、销售、服务和广告等环节最大限度地降低成本,成为行业中成本领先者的一种战略。其核心就是在追求产量规模效益的基础上,降低产品的生产成本,用低于竞争对手的成本优势,取得竞争胜利。差别化战略是指企业向市场提供与众不同的产品或服务,用以满足客户的不同需求,从而形成竞争优势的一种战略。差别化可以表现在产品设计、生产技术、产品性能、产品品牌、产品销售等方面。差别化战略包括产品质量差别化战略、销售服务差别化战略、产品性能差别化战略、品牌差别化战略等。重点集中战略是指企业把经营重点集中在一个特定的目标市场上,为特定的地区或特定的消费群体提供特殊的产品或服务的一种战略。针对目标市场,通过差别化或成本领先的方法,形成重点集中战略,是特殊的差别化或成本领先战略。

　　企业职能战略主要研究企业的营销、财务、人力资源和生产等不同职能部门如何组织,为企业总体战略服务的问题,包括研发战略、营销战略、生产战略、财务战略、人力资源战略等,是实现企业目标的途径和方法。

从战略的划分及其对应的战略内容和分析方法可看出:战略具有层次性,不同层次的分析内容和方法是有区别的(见表4.2)。

表 4.2　战略结构分析方法表

战略内容	战略名称	战略分类	分析方法
确定发展方向、目标	总体战略	进入新领域战略	"PEST"分析、产业政策、行业规划、市场、内部资源分析
		一体化战略	
		多元化战略	
在行业、产品、市场方面展开竞争	竞争战略	成本领先战略	"SWOT"分析、市场占有率、竞争对手分析、决策技术应用
		差别化战略	
		重点集中战略	
按职能制订、确定资源配置	职能战略	营销战略	产品细分、目标市场、产品生命周期分析等
		财务战略	预算、融资、成本控制
		人力资源战略	人力资源现状、需求分析等
		生产管理战略	资源、设备工艺等分析
		质量管理战略	质量保证体系、品牌战略等

3)战略实施中的目标管理

"PDCA"(计划、执行、检查、处理)管理方法是将现代质量管理方法中的PDCA循环法引入目标管理活动中形成的一种目标管理基本方法。战略实施中的目标管理是在目标划分的基础上,应用"PDCA"方法进行管理,是规范管理企业、实现流程再造的途径,是战略管理的新方法。

目标管理方法实施步骤如下:第一步,由决策层确定3~5年总目标(或规划),含目标描述、完成时间、经费概算等。第二步,管理层分解为年度分目标,按重要性(权重)确定分值,分配资源(人力、资金等)、确定主要节点时间。第三步,执行层进行工作分解:将分目标分解为可执行、检查、考核的具体工作。第四步,部门经理制订工作计划(P):工作内容、工作量、主要控制指标、完成时间、执行者、所需资源、评价标准等。第五步,执行者制订执行方案并实施(D)。第六步,上一层随时监控、定期或按节点检查下一层执行情况并将情况报上一层(C)。第七步,根据检查结果按权限进行处理(A):调整计划、增减投资、改变方案、奖励惩罚等。第八步,完成工作后进行评估、考核,回到上层目标;未完成,修改计划。

目标管理简单归纳为以下几点:一是对总目标进行分析;二是工作分解,相对合理地分解目标并将每项具体工作落实到个人;三是严格管理,公正执法;四是及时沟通信息,随时监控;五是对工作量化,便于实现计算机管理。[1]

4.1.2 企业战略管理方法在物业管理中的应用

1)物业服务企业战略管理方法内容

在物业管理中,运用企业战略管理方法主要包括:战略制订、战略实施、战略评价及调整。

(1)战略制订

此即确定物业服务企业任务,分析企业的外部机会与威胁、企业内部优势与劣势,建立长期目标,制订可供选择的战略,选择特定的实施战略。从企业管理角度,战略制订者必须以能够使物业服务企业获得最大收益为战略制订的前提。战略制订具体包括:

①战略分析——了解物业服务企业所处的环境和相对竞争地位。战略分析的主要目的是评价影响企业目前和今后发展的关键因素,并确定在战略选择步骤中的具体影响因素,主要包括三个方面:一是确定企业的使命和目标。它们是企业战略制订和评估的依据。二是对企业外部环境进行分析。要了解企业所处外部的环境(包括宏观与微观环境)正在发生哪些变化,这些变化给企业将带来的是更多的机会还是更多的威胁。三是对企业内部条件进行分析。要了解企业自身所处的相对地位,具有哪些资源以及战略能力;了解与企业有关利益的相关者的利益期望,在战略制订、评价和实施过程中,这些利益相关者会有哪些反应,又会对组织行为产生怎样的影响和制约。

②战略选择——战略方案的制订、评估和选择。包括的内容:一是制订战略选择方案。可供选择的方案并非越多越好,关键是编制方案的人员精干,有理论功底,有丰富的经验。企业可以从对企业整体目标的保障、对中下层管理人员积极性的发挥以及企业各部门战略方案的协调等多个角度考虑,选择自上而下,自下而上的方法或上下结合的方法来制订战略方案。二是评估战略备选方案。通常使用两个标准:考虑选择的战略是否发挥了企业的优势、克服了劣势,是否利用了机会,将威胁削弱到最低程度;考虑选择的战略能否被企业利益的相关者所接受。管理层和利益相关团体的价值观和期望在很大程度上影响着战略的选择。三是选择战略。即最终的战略决策,确定准备实施的战略。

(2)战略实施

这一过程,要求物业服务企业树立年度目标、制定政策、激励员工、配置资源、各个职能部门制订具体的战术,以便使制订的战略得以贯彻执行。战略实施活动

---

[1]赵国志,钱凯西.企业战略管理方法研究[C].贵州省科学技术优秀学术论文集,2004:161.

包括培育支持战略实施的企业文化,建立有效的组织结构,制订预算,建立和使用信息系统,制订各种行动方案和具体计划措施。战略实施是战略管理的行动阶段,意味着动员员工和管理者将已制订的战略付诸行动。战略实施活动受企业中的所有员工及管理者的素质和行为的直接影响,往往被看作是战略管理过程难度最大的阶段,因此在该阶段人力资源的开发和利用是关键环节。

(3)战略评价和调整

战略评价便是获得企业外部及内部因素的变化信息,以不断调整战略。战略评价活动包括:重新审视外部与内部因素、度量业绩、采取纠正措施。通过评价企业的经营业绩以审视战略的科学性、有效性。战略调整则根据企业情况的发展变化,参照实际经营事实、变化的经营环境、新的思维和新的机会,及时对所制订的战略进行调整,以保证战略对企业经营管理进行指导的有效性。战略调整包括调整公司的战略展望、公司的长期发展方向、公司的目标体系、公司的战略以及公司战略的执行等内容。

2)物业服务企业管理战略模式及选择[1]

(1)物业服务企业主要经营战略模式

面对当前向国际开放的物业服务市场环境,物业服务企业必须根据自身资源,运用现代企业管理战略方法,选择适应自身的企业战略管理策略组合,形成不同的经营战略模式。中国物业管理行业经过近30年的探索发展,逐步形成十大经营战略模式。

①战略服务经营模式。这是一种物业服务企业作为地产开发企业的附属机构,从属于房地产开发企业的发展战略而形成的经营模式。实质是从属于开发商多元化战略的子战略。虽然从开发商角度,物业服务企业本身利润较低,所产生的利润在其集团企业所占的份额几乎可以忽略不计,但是优质的物业管理服务有利于房地产销售和开发企业品牌的建立。同时,由于物业管理子公司承接非自主开发的物业,回报低,风险大,而且削弱了自主开发地产项目的服务竞争力优势。因此,很多物业服务企业将经营定位于服务地产开发的经营战略,退出外接物业项目。如万科、中海等几家知名地产企业下属的物业服务公司,就是这种战略经营模式的典型代表。

②内部专业化模式。这是物业服务企业将专业化服务市场内部化的一种经营方式。为了避免物业服务企业利润的外溢和流失,物业服务企业纷纷成立电梯维护保养、清洁、绿化、机电管理等专业服务机构,一方面承担自己公司的业务,避免利润外溢和流失;另一方面,在资质许可的情况下,参与专业市场竞争,对外拓展服

---

[1]周宏泉.物业服务企业经营策略选择[J].中国物业管理,2008(6).

务业务,为企业获得更多利润。不少早期大型物业服务企业都采取了这种模式。

③产业链条经营模式。这是一种充分利用物业服务公司资源优势,向地产产业链条上游和下游业务延伸,从而达到整合经营、获取盈利的经营模式。目前已经有许多物业服务企业在地产策划代理、物业租赁销售,甚至土地测量、地价评估、地产开发、园林施工、建筑监理等产业链条环节有所作为,向房地产产业集团方向发展。

④社区经济经营模式。物业服务企业由于服务于物业项目而具有独特的社区经济经营资源,如何利用这些资源开展多种类社区经济经营活动,为企业获取附加利润,一直都是物业服务企业最关注的经营重点之一。将社区经济资源作为重要的经营资源,将管理处作为一个社区经济经营平台,开展平台型社区经济资源经营。如很多物业服务企业引入家电维修、家政服务、垃圾回收等社会服务机构,以管理处为中心,对各类服务机构进行整合管理,从这些服务机构的经营中获取利润。

⑤规模优势经营模式。因对规模经营的追求,物业服务企业必然走向通过物业管理项目数量增加来实现盈利的目标。即使是通过内部专业化和社区经济经营策略盈利的物业服务企业,也必须有更多的物业管理项目做支点。尤其是没有房地产开发企业可以依赖的物业服务企业,规模优势经营成为必然的选择。

⑥专业市场细分模式。物业管理市场细分,日益成为物业服务企业突破发展困局的策略手段,由此形成专业市场细分经营模式。专业市场细分经营模式可以形成物业服务公司在某类物业类型管理方面的优势,也有利于公司整合这类物业市场的拓展资源,使企业突破发展僵局,取得相对竞争优势,进而达成某种物业类型市场的相对垄断,确保其管理利润的实现。如有的公司专注于写字楼物业管理,有的专注于工业区物业管理。

⑦产品高端化经营模式。物业管理市场一直有高端市场与低端市场之分。从服务类型看,顾问服务市场利润高于全委托服务市场;从服务阶段看,新物业利润高于旧物业利润;从物业类型来看,写字楼商业物业利润高于住宅物业。高端服务产品需要的是经验优势、技术优势、品牌优势。由于物业管理服务属于无形的服务产品,因此产品高端化经营模式本质上是品牌化经营,要靠品牌高端化经营来实现经营目标。

⑧成本优势竞争模式。成本优势竞争策略已经广为物业管理行业应用,并形成最主要的竞争经营方式之一。成本优势竞争模式,是物业管理行业适应日益激烈的市场竞争的主要策略选择,但却是一种难以为继的战略模式。尤其是在物业管理人力成本和服务资源成本日益升高的前提下,非理性恶性竞争所造就的低成本经营方式,导致物业管理行业日渐陷入经营困境。

⑨多元化经营模式。它已经超越了物业管理核心业务范畴,从事与物业管理本身没有直接关联的其他产业的经营,如餐饮经营、超市经营、股票投资等。严格意义上看,社区经济经营模式和产业链条经营模式都应该属于多元化经营范畴。但是这两类模式都是依赖物业服务企业项目资源优势,以物业服务业务为核心业务,围绕物业管理服务而开展的经营活动,有别于多元化经营模式。

⑩兼并式发展经营模式。随着物业管理竞争日趋激烈,物业管理行业平均利润逐渐降低,物业管理服务成本不断提高,出现了物业服务企业经营困难增多的现象。加之许多房地产商逐渐走向专业化,把精力集中于更具盈利能力的主业上,这就为专注于物业管理经营的大型物业服务企业提供了以资本运作为主要形式的市场机会,于是形成了近期的物业服务企业兼并型经营模式。这种经营模式的出现,是中国物业管理行业市场发展的必然结果。

(2)物业服务企业经营战略模式的选择

任何物业服务企业要想在激烈的竞争中站稳脚跟、发展壮大,赚取利润,都必须根据市场环境变化和企业自身资源状况来理性取舍经营策略,采取适合于本企业发展的策略组合。

战略服务经营模式更适合于作为房地产集团子公司的物业服务企业,这样的物业服务企业定位从属于集团的发展战略,即构建集团房地产产品的售后服务体系,其企业经营的核心目标服务于房地产的品质提高而非自身利润扩张。

而内部专业化模式和社区经济经营模式都建立在项目规模基础上,没有足够数量的项目和总体规模支撑,内部专业化和社区经济经营模式就难以实施。规模优势经营模式有两个取向。一是大规模优势,主要是通过项目积累和总体规模扩张来实现规模品牌效益,进而强化市场竞争力;二是小规模优势,一部分小型物业服务企业,以小型项目为市场目标,发挥自己在小项目管理方面的经验,避开与大公司的直接竞争,从而确立自己在物业管理市场上的相对优势。

产品高端化经营模式适合于已经形成品牌效益的物业服务企业。近年来,中国内地的物业服务企业异军突起,凭借扎实的现场服务管理实践和多年物业管理经验技术,开始抢夺高端物业服务市场。在管理经验和规范化程度日趋一致的前提下,内地物业服务企业有着比港资企业和外资企业更加"本土化"的优势,逐渐成为内地高端服务产品的竞争者。

成本优势竞争模式是大多数小型物业服务企业的策略选择。为了与其他物业服务企业竞争,在没有建立优质服务品牌的情况下,为获得更多的物业管理项目,它们多以低价竞得物业管理项目,在管理过程中尽量减少成本,以维护持续经营。这种方式很难形成自己的品牌,有的公司甚至于以偷工减料的方式提供比约定标准更低的服务,从而制约其发展。但是也有越来越多的企业采用现代管理方法和管理模式,使用先进管理手段、技术来降低成本,不降低服务或提供质优价廉的服务。

产业链条经营模式适合于在某类物业服务领域已经形成一定的经营经验和技术的积累的企业,如提供工业物业服务及相关业务服务的企业,为了凝聚和整合产业发展优势,宜采取这种策略。

多元化经营模式则是物业服务企业逐步演化为投资机构,将物业管理视为一种投资项目,根据企业所掌握的经营技术和资源,开展与物业管理无关的其他投资。这种策略的选择,其关键首先在于资金,其次在于其技术结构和投资决策偏好。

兼并式发展经营模式适合于投资机构和经济实力较为雄厚的物业服务企业。前者是为了进入该行业时可以获得一个较高的起点;后者则是通过这种方式取得更快的市场发展。

专业市场细分模式已经成为很多后起之秀的竞争策略。很多物业服务企业采取专业市场细分策略,积累在专业细分市场上的技术优势和人脉优势,促使企业获得相对竞争优势,从而实现市场突破。

4.2 团队管理方法

4.2.1 团队管理

1)团队管理含义

企业团队是指人们在相对平等、自愿的前提下,以企业的项目任务为依托,让员工适当打破原有的部门界限组建项目团队,直接对顾客和公司的总体目标负责,以群体和协作优势赢得竞争主导地位的企业组织形式。团队是由知识技能互补的人员组成的,以项目任务为目标导向,为实现共同的绩效目标,具有相对独立的决策权和执行权的联合体,或叫作工作单元。团队是以对"人"的管理来推动对"事"的管理的新方式。它由一些具有共同信念的人为达到共同目的而组织起来的,各成员有明确的角色定位,通过沟通与交流,保持目标、方法、手段的高度一致,从而能够充分发挥各成员的主观能动性,运用集体智慧将整个团队的人力、物力、财力集中于同一方向,创造出惊人业绩。

团队精神是团队共有的价值观、信念和习惯体系,是团队发展过程中应遵循的工作方式、思维习惯和行为准则。团队精神有利于发挥集体组织的力量,有助于成员之间的交流,通过充分的信息共享,产生积极的协同作用,取得事半功倍的效果。

有研究表明,无论企业还是公共部门实行的团队管理,都有利于员工个人素质的提高、整体服务水平的提升与经营业绩的扩展。

2)影响团队管理的因素

影响团队管理的因素有多种,众多专家学者与企业界精英对此有不同的认识与见解。美国现代结构功能主义的创始人塔尔科特·帕森斯在他的《社会行动的结构》中明确提出行动系统的 4 个基本范畴 AGIL[1],即适应(A)、"达鹄"(G)、整合(I)、维模(L)是任何行动系统(包括社会系统)都必须满足的,它为我们研究团队管理的因素提供了很好的功能分析框架。

（1）发展目标

团队目标是团队成员统一行动的标准,共同活动的客观依据,这与"达鹄"作为社会系统的目标一致,要求系统有能力确定自己的目标次序和调动系统内部的能量,以集中实现系统目标。一个高效的团队要求把个体的行动统一于一个共同的目标之下,整合不同个体的目标,做到心往一处想,劲往一处使,协调一致而有成效地行动。

（2）制度约束

制度是团队为实现自身目标对员工的行为给予的一定限制,它具有共性和强有力的行为规范的要求。"整合"就是为了使系统作为一个整体能有效地发挥功能,必然将各个部分联系在一起,使各个部分之间协调一致,不致出现游离、脱节和断裂。这里的"整合"在团队管理中起着制度的约束功能,制度的约束是人与物、人与运营制度的结合,它既是人的意识与观念形态的反映,又是由一定物的形式所构成。

（3）团队文化

团队文化是一个组织的灵魂,是属于系统运行中的"维模"范畴,可保证系统重新开始运行时能照常恢复互动关系。"系统必须拥有特定机制经常维护处于潜在状态的模式",这就是精神文化,是以观念形态表现的文化内容。通过团队文化的建立,培育和培养共同的价值取向和价值凝聚力,从而塑造团队的精神灵魂。一个团队没有共同的价值取向,就会丧失战斗力和竞争力。

---

[1]AGIL:"适应"(Adaption)功能,指一个系统必须适应环境并从环境中获得可支配的资源,以求得自身的生存和发展;"达鹄"(Goal-attainment)功能,即目标实现功能,指系统必须确立自己的目标以及目标的轻重缓急,并确定达到目标的手段;"整合"(Integration)功能,指系统必须协调内部各部分之间的关系,以维持一定的和谐;"维模"(Latent pattern-maintenance and tension-management)功能,即潜在的模式维持与张力调控(简称维模),指系统必须使各部分具有动力和动机,并按一定的规范和秩序参与系统内部的动态过程,以维护和复制原有模式。

（4）队员管理

团队管理的核心是团队成员的管理。成员的管理就是怎样识人、用人,重视团队每一个成员的价值,发挥成员的作用。企业留不住人才的真正的原因是一些人才没有自己的用武之地。万科物业提出的"先有满意的员工,后有满意的顾客"的理念,就是重视员工价值,发挥员工作用,给员工发展空间和机会,从而能够打造一个骨干员工低流动率的高素质员工队伍,创造了公司佳绩。

3）加强团队管理的途径

大多数"未来的组织"模式,如"网络化组织"、"集群组织"、"非层级化组织"、"横向组织"等,都是以建立能量超越个人的团队作为实现主要业绩的前提。根据这一趋势要求,加强团队管理就成了每个组织必须面对的难题与挑战。

①确立团队和员工利益相一致的发展目标。目标对团队来说,包含两层功能:一是为团队决策提供前提与导向;二是形成团队精神的核心动力。团队的目标是对它的全体成员的利益承诺,是协调大家行为的航标。一个切实可行的团队目标对个体具有激励和鞭策作用,个体能否积极地响应团队目标,要看目标是否正确、明晰,是否具有挑战性。

②加强制度化管理,通过管理制度化强化团队精神和团队意识。一个团队,必须通过制度化管理明确职责、目标、利益,才能使每个人按照团队的目标、分工、职责开展工作,完成团队任务。还要建立严格的奖惩机制,明确利益分配标准,用经济杠杆调动成员工作的主动性和积极性,从而提高团队的运行效率与工作热情。

③建立团队文化,塑造团队精神,增强团队凝聚力。建立有凝聚力的团队文化要坚持"以人为本",重视员工的压力管理和情绪疏导,注重员工素质的提高,最大限度地调动员工工作的主动性和积极性,参与多种形式的团队文化娱乐等组织活动。"以人为本"就是认同团队的核心价值观,且成员自身能力又符合团队要求。这样才能塑造出充满活力、有着强大的向心力、凝聚力的团队精神。[1]

4.2.2　团队管理方法在物业管理中的应用

1）物业管理行业团队建设的重要性

（1）优秀的物业管理服务团队是物业服务企业克敌制胜的法宝

物业管理行业作为劳动密集型行业,人的作用是无可替代的关键要素,同时物业管理服务工作大量是以专业团队作业来完成任务,因此团队管理工作在物业管

---

[1]高芙蓉.浅议加强企业团队管理与构建和谐组织[J].安阳师范学院学报,2006(1):37.

理行业的地位尤其重要。目前,我国物业管理行业正朝着市场化、集约化、规模化、信息化、智能化、专业化方向发展,掌握物业管理服务知识、技术和管理方法的各类物业管理服务团队的作用也日益显现。

(2)物业服务企业人员素质状况需要通过团队建设来改善

物业管理属新兴的服务行业,从业人员总体素质不高,人才相对匮乏。据统计,目前我国80%左右的物业管理从业人员来自城市企事业单位下岗分流人员、部队退伍军人以及农村剩余劳动力。物业管理行业发展较快的深圳市大部分物业服务企业中,管理人员中中专以上文化程度的也仅占60%,专科以上的也仅为35%,中高级管理人才稀缺。同时,企业内部的人才培养和团队建设都是相对滞后的,因而,物业管理行业迫切需要物业服务企业建设一支优秀的职业化团队。

(3)行业特点和发展需求将刺激物业团队的建设与成长

由于物业服务企业属于服务行业,提供特殊的产品——服务是以人为载体。每一个物业管理人员承担着提供服务的职责,人员的素质直接影响服务质量,团队的职业化程度决定了服务水平的高低。物业管理行业是一个微利、低技术、劳动密集型的行业,社会上甚至一些物业服务企业自己都将物业管理行业定位在一个较低的层次上,因此难以吸引高层次人才。不少从业人员也认为这是一项过渡性工作,造成队伍流动性大,服务质量不稳定。面对企业所处的人才困境,不少知名企业提出管理处主任(经理)职业化、培养职业化项目经理人的做法,留住和培养人才,值得提倡。

(4)团队建设有利于提高项目工作的效率

团队建设的重要性从团队建立后的功能发挥上讲,主要是提高了项目团队的工作效率,可以实现在有时间限制、任务艰巨而紧急、资源有限、目标明确、责任清晰的情况下的项目队伍高效率运作。首先,物业管理工作环境变化和差异性大、服务标准达成和评价主观性强,需要成员以灵活多样和权宜应变来处理,团队成员的组成结构和处事方式有利于增强物业管理与服务的灵活性而不偏离既定方针和目标。其次,团队管理模式可以改变物业管理服务工作重复简单劳动的枯燥乏味的特性,使成员在更大的空间活动作业,使工作岗位变得灵活、新鲜而又宽阔,紧张而又富有挑战性,有利于激发团队成员的工作积极性和创造性。第三,团队管理方式运用了现代管理理念和方法,实现了组织结构扁平化、成员专业化、反映快捷化、处事柔性化,团队成员精神好、地位平等、工作协作、相互信任,归属感、集体荣誉感强,创新力、凝聚力和战斗力强,工作效率高。

2)物业管理服务团队建设主要途径

当前物业管理团队建设方面存在一些问题:第一,物业服务企业领导普遍对各类物业管理服务团队管理认识不足,主要表现为重建不重管、管理老套、权力不下放、激励不到位等。第二,对团队成员特别是团队领导的选择不当,缺少必要的培养和引导,且准备不充分,致使团队管理模式有形无神,搞形式主义,不能发挥团队管理方法的作用。第三,团队建设缺少规划和成长机制的作用,缺少团队目标、团队精神、合理授权、沟通畅通、相互信任、支持协作等优秀团队的基本要素,也就不能按团队的"游戏规则"行事。第四,物业管理服务人员中素质不高的成员比例较高,学习能力较差,缺少知识支持,业务技术提高不快,成员安于现状,进取心不强,缺少创新精神。第五,团队成员不够稳定,企业激励和约束机制不完善,难以留住高素质成员。第六,团队管理粗放,缺少科学的绩效评价方法和制度,工作绩效考核不具体、不客观,成员的满意度不高、成就感不强。针对上述问题和物业管理服务团队建设的要求,物业服务企业在团队建设方面应抓好以下几项工作。

①企业要根据物业管理服务团队的特点和物业管理服务工作的规律,建立具有物业管理服务特色的各类物业管理服务团队,并使物业管理服务团队职业化。物业管理行业服务人员,一方面面对多类业主的多种需求,工作琐碎,业务纷杂,扯皮事多,枯燥乏味的工作内容;另一方面管理的物业设施设备技术含量高,服务的对象业主中不少是成功人士,或相对来说是收入高、学历水平高、社会阅历丰富的人士。没有丰富、足够的专业知识和较强的协调管理能力,是很难胜任的。因此,组建各类专业化职业化的物业管理服务团队,是企业组织创新的重要举措,也是培育优秀人力资源,留住优秀人才,形成企业新的核心竞争力的好方法。

②企业高层应加强对物业管理服务团队的管理,建立成熟的物业管理服务团队。首先要建立与物业管理服务团队建设运作相配套的制度体系,特别是成员选拔、培训、运用、考核与评价、激励制度等。对团队领导的选拔是关键,指导团队制订团队规范是重要保障。其次是支持鼓励团队领导和成员按团队管理的规则办事和管理上的创新,合理分权与合理授权,实行专业能手或专家负责制,不断任用先进的管理理念和方法管理团队,创造团队持续发展的局面。第三在企业文化建设上多给团队以创建机会。当前的物业服务企业多是以已有的文化应用到团队建设中,与现代团队管理的理念和方法不相融,有时甚至是对立的,影响团队文化的先进性。第四加强团队专业及管理知识培训工作。培训的总体目标是提高团队的职业化程度,包括满足岗位需求的专业知识和技能要求,掌握岗位操作规程和操作的标准化,具备崇高的职业道德素养,对企业的忠诚度和处理问题的综合能力等。

③团队领导要关心团队成员的成长,重视并发挥每一个成员的价值,使物业管理服务团队成员在开拓和创新中成长,同时实现企业的使命和目标。由于我国物业管理尚处在一个发展的初期阶段,除了少数大型企业或高档物业外,大量的服务是低端服务,即使是高档物业管理项目,大量的人员也是处在基层进行重复的简单

劳动,这一点决定了这个行业从业人员具有很大的流动性,尤其是基层一线人员,如秩序维护员、保洁员、技术员等的变动在企业是很常见的。尽管是基层的员工,但由于他们是与业主(客户)最直接接触并提供服务的人员,他们的素质和服务水平直接体现企业的服务水平和企业的素质高低,关系着企业的形象,影响企业的生存和发展。因此,应从前瞻性角度,建立系统的员工职业规划体系,帮助员工描绘个人在物业服务企业中的职业生涯发展规划。只有这样,员工才会对企业的未来充满期待,才会努力服务客户,服务企业,与企业一起成长。

④团队领导和成员要明确团队及成员的目标,并采用先进的管理理念和科学的管理方法达成目标,形成高效的团队运行模式和团队文化,并持续推进团队发展。首先是确立团队共同的愿望与目标。通过公司或有关部门、项目任务团队、团队成员"两上两下"商定任务内容及目标,并具体化为指标;然后签订"目标责任书"、"项目任务书"、项目合同或协议;由项目负责人根据具体情况分解任务或目标到成员,并与各成员人签订岗位责任书,做到目标明确、分工明确、责任明确。其次是培养和发挥成员的专业特长,提升团队成员的能力,要根据团队成员的特长合理配置资源,为团队成员的工作提供必要的资源、手段、环境条件、良好气氛、指导与支持,帮助成员完成团队目标任务。指导团队成员的学习与业务研讨,建立学习型团队,努力解决高端问题。第三是增强团队成员的之间的信任。要引导成员养成团结合作的健康心理,给员工创造展示自我的机会;营造欢乐生活、欢乐工作的氛围;鼓励与肯定员工的专业与能力,充分信任员工;信息充分公开,让每一位员工清楚地了解团队发生的事情,树立"主人翁"意识,消除一切引起猜忌、怀疑、抱怨、压抑等破坏信任的因素,增加成员之间的信任感。除此之外,团队领导对团队成员合理授权也是重要的增强信任的措施。团队领导需要根据团队成员的性格、知识、经验、技能等合理授权。团队授权不仅可以调动团队成员主动性和创造性,还可以给他们提供更多的成长机会,留住优秀人才。第四是要培养团队精神,促进团队认同度和共识的增加,提高整体协调性、执行力与战斗力。团队精神的培养是团队建设的关键,团队精神包括三个层面:团队的凝聚力、团队的合作意识和高昂的团队士气。团队精神是企业文化的集中体现,搞好团队精神的培育,促使成员认同团队价值观和行为模式,从而产生强大的向心力和凝聚力,提高执行力与战斗力,打造一支高效的专业团队。

⑤团队领导根据企业制度客观评价团队成员绩效,建立优秀成员发展成长激励机制,留住优秀团队成员。当前我国物业服务企业的绩效考评系方面进行了一些有益的探索,如首长负责制,岗位责任制,限时办理制,荣誉激励制,末位淘汰制等,但还不够完善,因此建立一套客观而公正的绩效考评系统无疑成为大多数企业的当务之急。有些企业采用国外先进绩效考核方法,如平衡记分卡法,中航物业从

2007年导入并全面推行平衡计分卡作为战略管理工具,从财务维度、客户维度、内部流程维度及学习与成长维度4个方面解决公司战略执行问题。通过"计分卡",提高了团队成员的工作积极性、主动性,建立了基于客户(业主或非业主使用人)价值的结果导向的团队文化。

4.3 虚拟管理方法

4.3.1 虚拟管理方法

1)虚拟管理方法的含义

虚拟管理方法是以计算机网络和信息技术为支撑,组建实现共享技能、资源和核心能力的临时联合体,是以分布、协调的方式实现项目任务的一种新的管理模式。虚拟管理作为一种无边界的企业管理形式,可以实现制造企业、供应商和客户之间的良好交互,把握快速变化的市场机遇。虚拟管理方法能否成功创建、顺利运行和维护以及安全解散,都需要依据科学准确的事前决策评价、事中质量控制评价和事后绩效评价,根据评价的结果去优化虚拟结构,调整战略目标,控制和维护虚拟管理的运行,以实现效益的最大化和成本的最小化。

2)虚拟管理团队

虚拟管理团队是指能够充分利用本团队内外的不同企业的人力、物力、资源、信息,迅速组合超越时空约束、体制约束和行业部门的分割,以利润或工作任务为中心,以资源为基础,靠信息手段联系进行组织的实体。虚拟团队也可以是一些不同企业的团队通过技术交流形成的功能性团队。虚拟团队是由不固定的成员组成的,成员可以随着任务的不同而不断加以调整、变化。主要通过电子工具(包括网络、电话、传真等)交流的团队都属于虚拟团队。

(1)虚拟管理团队产生的动因

虚拟团队的产生是由于科技发展、环境变化和企业战略调整所造成的。主要表现为:

①互联网的建立,使信息共享成为可能;企业面临来自全球化竞争的威胁,市场竞争环境更加复杂。

②生产力的提高,市场从卖方市场转变为买方市场,同时由于顾客需求日趋个性化、多样化,形成了产品需求顾客化。

③产品技术含量高、生命周期日趋缩短等因素使得技术的更新越来越快。这一新的竞争环境对企业提出了新的要求——敏捷化和适应性。换句话说,企业应

有能力根据市场的变化迅速完成必需的自我调整,有能力迅速与合作者结成新的协作关系,迅速运用新技术生产出市场需要的新产品。敏捷化就是企业对多变的市场环境和全球化的竞争压力做出的有效反应,包括企业对不可预测变化的适应性(被动适应能力)和创新性(主动开拓能力)。对企业实施重组再造、组建虚拟企业组织则可消除资源限制的瓶颈,提高企业的适应能力和开拓能力。

(2)虚拟团队组织形式及其特点

①以机遇为中心的组织形式。从组织体系的整体角度来讲,虚拟企业组织是通过信息交互的方式将具体的成员企业联系起来,进而构成虚拟经营的统一实体。当市场出现新的机遇时,具有开发某种新产品所需要的不同知识和技术的某些成员组织或企业组成一个临时的企业组织,以共同应付市场的挑战,联合参与市场竞争。参与者围绕特定产品建立起来的拥有共同利益的虚拟组织,将随着市场和产品的变化进行调整,项目完成后即解散。该组织模式如图4.1所示。

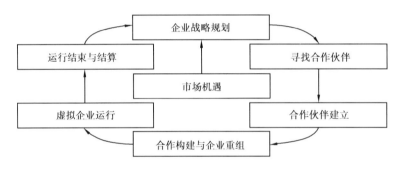

图4.1 虚拟企业组织模式图

②以盟主为中心的组织形式。对组成虚拟群体的每一个具体的企业来讲,虚拟企业组织指盟主企业借用企业外部力量,对企业外部的资源优势进行整合、优化,结合自身力量创造出超常的竞争优势的"联邦"组织。采用这种策略模式,企业可以通过借助外部资源力量来实现获得诸如设计、生产、销售、服务等具体优势功能。

前一种以机遇为中心形式的"虚拟"是针对所有的参与者组成的整体而言的,参与者之间是一个平等竞争合作的关系,无任何等级差异,这种层次上的扁平型及像细胞似的动态网络状的组织形态与传统的企业形态相比是一种虚拟的组织;后一种以盟主为中心形式的"虚拟"则是针对每个参与者个体而言,以我为主,将过程、资源配置虚拟化,形成"他山之石,可以攻玉"的联盟关系。

虚拟团队可分为以下7种类型:a.网络式虚拟团队(network teams):团队和组织边界模糊,团队成员具有较高流动性;b.并行式虚拟团队(parallel teams):团队成员构成明确,团队和组织边界明确,为改善某一过程或系统在短期内构建的临时性组织,任务完成即自动解散;c.项目产品开发团队(projector product-development teams)：团队界限明确，团队成员具有一定的流动性，团队任务具有长期性、非常规性，团队具有决策权；d.工作团队（work teams）：团队界限明确，成员固定，完成常规的、单一功能的任务，通过内部网进行沟通、共享信息；e.服务团队（service teams）：由提供网络维护、技术支持的跨地域的技术专家组成，根据不同地区的时差轮流工作；f.管理团队（management teams）：由公司的高层管理人员组成，利用网络信息技术协同工作以指导公司目标的实现；g.行动团队（action teams）：对紧急情况、突发事件提供快速反应。

（3）虚拟团队组织的特点

无论为哪一种形式，虚拟企业组织都能够针对不断变化的市场机遇，迅速实现企业内部或若干企业联合的各种资源的有效集成和开发，是具有某种动态经济组织形式特征的企业组织。该组织具有 RRS（可重构、可重用、可扩充）能力，其特点可以归纳为：a.组织具有高度的柔性、敏捷性；b.组织结构是可以重构的动态网络化组织形式；c.组织具有动态的规模，可缩扩范围，可调节能力；d.组织是学习型的、面向市场机遇构成的临时团队。

3）虚拟管理方法的步骤

虚拟团队具有生命周期，它是以市场机遇为目的而建立的，机遇消失，虚拟团队也自动、安全解体。虚拟团队的生命周期包括创建、运作、维护和解体 4 个阶段。

虚拟管理方法一般通过项目的完成来实现的。所谓项目是指那些要求在规定的时间、限定的预算和规定的质量标准下完成的一次性工作、任务或活动。项目的一次性是它区别于那些经常性和周期性生产的最基本的特征。项目管理的目的是确保项目在规定时间和规定的成本范围内完成，并达到规定的质量标准。

在运用虚拟管理方法过程中，首先是发现市场机遇、核心业务过程（核心能力）分解、成员选择等，对应虚拟团队生命周期的创建阶段；其次是对项目进行控制，即围绕项目跟踪其进度，掌握项目工作状态，以便进行适当的资源分配和进度调整，对应虚拟团队生命周期的运行、维护阶段；项目结束后要进行科学、及时的总结和评估，获得正反两方面的反馈信息，以利于后续项目的顺利开展，对应虚拟团队生命周期的解体阶段。

4.3.2　虚拟管理方法在物业管理中的应用

①以物业服务企业为"盟主"组建物业管理服务虚拟团队，开展物业管理服务活动。物业管理服务企业虚拟团队通常是由掌握核心资源的房地产开发企业或物业服务企业总部发起组建的虚拟组织形式。

一些大型房地产开发企业拥有众多分布在不同地区或城市的下属独立物业服务公司，并形成各自不同的优势资源，如在物业市场营销、整体管理方案设计、物业机电、给排水等工程技术、智能化安防技术、物业维修养护、绿化、卫生消杀、车库管理、管理软件开发、管理信息化等方面各有优势。由开发公司牵头统一下属各物业公司组建不同的专业团队,主要以电子公告、电子邮件、BBS、QQ群、电话、传真、视频系统等方式建立在线联系,通过网络会议、文字、数据、图片、视频、录像等以现代信息技术和互联网为基础的多媒体形式传递信息,讨论、研究、商量解决问题,各企业之间共同创建和分享敏捷竞争力,也共同承担风险和分享利益。

而以物业服务企业为盟主组建的虚拟团队则是以总公司为主体,在法人子公司,或相对独立的分公司,或各个地区项目管理部,其至各个物业管理项目管理处(中心)之间联合起来组建各类以电子信息手段联系的虚拟团队。由于物业服务公司的分支机构众多,分布在不同的地区、街区,而物业管理服务要求越来越个性化、快捷化、专业化,适宜由虚拟团队来提供服务,其作用也越来越大。可组建诸如人力资源管理团队、物料采购配送团队、档案信息资源开发利用团队、客户服务团队、小区信息技术团队、装修服务团队、快速应急服务团队等。除此之外,还有物业服务企业与专业技术开发公司、物业设施设备生产商或供应商、专业服务公司及其他组织组建的虚拟团队,解决诸如物业信息管理、智能物业设备技术,以及环保等物业管理服务中的软件、技术、设备或管理问题。

②以社区服务中心为"盟主"、物业服务企业参与专业服务组建的虚拟团队。物业服务企业作为社区专业物业管理的市场化管理主体,必不可少要参与社区信息化发展,其中一种主要的形式,就是参与以社区服务中心为盟主的电子社区服务团队,并由专门的虚拟团队来完成相关任务。国家发改委、国家信息化办公室、信息产业部等国家信息化管理与推进部门,已经将电子社区纳入我国"十一五"社会信息化的重点发展领域,作为建设"和谐社会"的重要举措之一,提出要整合社区公共服务信息资源,构建社区综合便民服务信息平台。国家所关注的电子社区是指以社区服务中心为主,联合政府部门、社区服务提供商、银行金融机构和物业服务公司等相关单位,以网络平台、语音平台和平面资讯为载体,以政务服务、商务服务、金融服务、物业服务和资讯服务等为内容,整合各方资源,面向社区居民提供属地化服务的综合服务体系。电子社区将是国家"十一五"期间发展的重点,是我国社会信息化的基础和核心。我国电子社区涵盖了政府、居民、企业3种主要的社会行为主体,根据行为主体间的相互关系与作用,我国电子社区的功能基本上可以概括为:管理功能、服务功能、商务功能、结算功能、资讯功能。根据这5种功能,大量的硬件供应商、软件供应商、系统集成商、网络运营商等,将为电子社区的实现提供不同服务,从而形成了整个电子社区的价值链。物业服务企业的专业服务团队可充分利用这个平台开展各种服务活动。电子社区发展为电子商务进入社区提供了广阔的市场空间,同时社区综合服务系统的建立也为电子商务 BTC(business to customer,即企业对消费者)和 CTC(customer to customer,即个人对消费者)的发展

提供了良好的平台。电子社区由于同时肩负着社区管理和服务的双重功能,因此,发展电子社区可以将信息化各个要素,各主体充分融合和整合,为物业管理服务和社区服务并轨运行提供机会。物业管理服务团队也可以趁机发展,并借电子商务发展便民服务。

4.4 质量管理方法

4.4.1 质量管理方法

1)质量管理方法的定义

质量管理方法是指确定质量方针、目标和职责,并通过诸如质量策划、质量控制、质量保证和质量改进使其实施的全部管理职能的所有活动。

现代质量观有两层意义,上层为商品的"适用性质量",即"商品质量";基层为产品的"符合性质量",即"产品质量"。后者是前者的基础,前者是商战取胜的决定性因素。质量管理的任务就是确保这两项要求。"适用性质量"是质量管理为满足市场的"明确需要"和"隐含需要"而设计开发的商品多品种、系列化要求;"符合性质量"是质量管理为确保产品功能而制定的技术性要求。

现代质量管理的基本观点是"一切为了顾客"、"一切以预防为主"、"一切凭数据说话"、"一切按 PDCA 运行"。PDCA 循环,在西方最早是由美国质量专家戴明博士所首创,故又称"戴明环"或"戴明轮",即计划(Plan)—执行(Do)—检查(Check)—处理(Action),简称 PDCA 循环。

2)质量管理方法的原则

质量管理方法中有以下 8 项质量管理原则:

①以顾客为中心。组织依存于顾客,因此组织应理解顾客当前和未来的要求,满足顾客要求并争取超越"顾客期望"。

②领导作用。领导将本组织的宗旨、方向和内部环境统一起来,并创造使员工能够充分参与实现组织目标的环境。

③全员参与。各级人员是组织之本,只有他们的充分参与,才能使他们的才干为组织带来最大的收益。

④过程方法。将相关的资源和活动作为过程进行管理,可以更高效地得到期望的结果。

⑤管理的系统方法。针对设定的目标,识别、理解并管理一个由相互关联的过程所组成的体系,有助于提高组织的有效性和效率。

⑥持续改进。持续改进是组织的一个永恒的目标。

⑦基于事实的决策方法。对数据和信息的逻辑分析或直觉判断是有效决策的基础。

⑧组织与供方之间的互利关系。通过互利的关系,增强组织及其供方创造价值的能力。

3)质量管理的基本工作、控制过程和数量方法

质量管理的基本工作包括:标准化工作;计量工作;质量信息工作;质量责任制;质量教育工作。

基本控制过程有:设计过程的质量控制;制造过程的质量控制;辅助制造过程的质量控制;使用过程的质量控制。

质量管理的数量方法主要指7种统计分析方法:分层法;排列图法;直方图法;因果分析图法,也称特性因素图、鱼刺图;相关图法;控制图法;调查表法。

当然,要提高管理素质,从根本上解决质量问题,还要多方面地应用到其他科学的管理法,特别是因地制宜,讲求实效,因行业和产品特点而异,对各种方法配套、综合使用。

4.4.2　质量管理方法在物业管理中的应用

1)现代质量管理工具在物业管理中的应用

我们可以从质量规划、质量保证、质量控制3个方面来分析现代质量管理工具在物业管理中的应用。

(1)质量规划

现代质量管理认为,质量出自计划,而非出自检查。任何一个项目首先都要进行需求分析,物业管理项目的质量管理同样也要首先分析客户的需求,确定需要做什么和如何做。可以利用排列图来确定关键质量特性,然后利用流程图帮助预测在何处可能会发生什么样的问题,用因果分析图来描述潜在的问题发生的各种原因和子原因,以帮助质量计划的制订。绘制因果图要听取各方面的意见,避免片面、遗漏的发生,常以头脑风暴法辅助画出符合实际的因果图。

(2)质量保证

质量保证的主要任务是制定质量标准和质量控制流程、明确质量管理体系等。目前,在物业管理服务推行的质量认证体系主要有:ISO 9000 质量管理体系(Q)、ISO 14000 环境管理体系(E)和 OHSAS 18000 职业健康安全管理体系(S)。

(3)质量控制

质量计划制订好以后,就要对过程和产品进行质量控制和改进。物业管理项

目的质量控制包括两个方面的内容:测试和控制(或衡量和纠正)。根据测试或审查结果,对不足的地方进行质量改进,然后正确地执行质量控制活动,以保证绝大多数的错误和缺陷可以预防、避免或在服务管理过程中被及早发现。

2)物业服务企业 QES 三标一体化管理体系

(1)QES 三标一体化管理体系

①ISO 9000 质量管理体系(Q)。ISO 9000 是一族标准的统称,于 1987 年制定,后经不断修改完善而成的系列标准。它是针对组织的管理结构、人员和技术能力、各项规章制度和技术文件、内部监督机制等一系列体现组织保证产品及服务质量的管理措施的标准。现有 90 多个国家和地区将此标准等同转化为本国或本地标准。我国等同采用 ISO 9000 族标准的是 GB/T 19000 族标准,是国际标准化组织承认的中文标准。2000 版标准颁布后,国际认证组织鼓励各行各业的组织采用 ISO 9001:2000 标准规范质量管理,并通过外部认证来达到增强客户信心和减少贸易壁垒的目的。

2000 版 ISO 9000 族标准的核心标准共有 4 个:《质量管理体系　基础和术语》(ISO 9000:2000)、《质量管理体系　要求》(ISO 9001:2000)、《质量管理体系　业绩改进指南》(ISO 9004:2000)、《质量和环境管理体系　审核指南》(ISO 19011:2000)。与 1994 版相比,2000 版 ISO 9000 族标准具有以下特点:一是通用性强,1994 版 ISO 9001 标准主要针对硬件制造业,新标准则适用于硬件、软件、流程性材料和服务等行业;二是更先进、更科学,总结补充了企业质量管理中一些好的经验,突出了八项质量管理原则;三是对 1994 版标准进行了简化,简单好用;四是提高了其他管理的相容性,协调了环境管理和财务管理;五是 ISO 9001 标准和 ISO 9004 标准作为一套标准,相互对应,协调一致,适应组织管理一体化的需要。

②ISO 14000 环境管理体系(E)。近现代工业化的发展过程中,环境问题越来越突出,人们环境意识逐步增强,解决环境问题,追求可持续发展成为各国的战略。自 20 世纪 80 年代起,美国和欧洲一些公司首先建立环境管理方式,1985 年荷兰率先提出建立企业环境管理体系的概念。英国在质量体系标准(BS 5750)的基础上,制定环境管理体系(BS 7750)。英国的 BS 7750 和欧盟的环境审核实施后,欧洲许多国家纷纷开展认证活动。国际标准化组织在汲取世界发达国家多年环境认证的基础上制定并颁布了 ISO 14000 环境管理系列标准,成为各国突破贸易壁垒,增强市场竞争力的有效手段。

截至 2005 年 3 月国际标准化组织已发布的环境标准有:《环境管理体系　要求及使用指南》(ISO 14001:2004);《环境管理体系　原则、体系及支持技术通用指南》(ISO 14004:2004);《现场和组织的环境评价》(ISO 14015:2001);《环境标志和声明　通用原则》(ISO 14020:2000);《环境标志和声明　自我环境声明(Ⅱ型环境标志)》(ISO 14021:1999);《环境标志和声明 原则和程序(Ⅰ型环境标志)》(ISO 14024:1999);《环境表现评价 指南》(ISO 14031:1999);《生命周期评价 原则和框架》(ISO 14040:1997);《生命周期评价 目的与范围的确定和清单分析》(ISO 14041:1998);《生命周期评价 生命周期性影响评价》(ISO 14042:2000);《生命周期评价 生命周期解释》(ISO 14043:2000);《环境管理 术语》(ISO 14050:2002);《质量和(或)环境管理体系审核指南》(ISO 19011:2002)。在这些族标准中,以 ISO 14001 最为重要,它是组织建立环境管理体系及认证的最基本的准则,是一系列环境体系标准的基础。

③OHSAS 18000 职业健康安全管理体系(S)。为了规范企业职业健康安全管理行为,并解决客户群在面对诸多验证机构自行开发的安全及卫生管理系统验证标准时的取舍问题,许多国家和地区都根据 ISO 9001、ISO 14001 的管理模式制定了相应的职业健康安全管理体系标准。如英国的 BS 8800、亚太地区职业健康安全组织 ASOSHO 的 AP 1000,以及欧盟的 OHSAS 18001 等管理体系标准。

OHSAS 18000(全称:Occupational Health and Safety Assessment Series 18000)是继 ISO 9000 质量管理体系和 ISO 14000 环境管理体系标准后,世界各国关注的国际性安全及卫生标准。该标准是依据现代管理科学理论制定的管理标准,用以规范企业的职业健康安全管理行为,以预防为主,控制事故的发生,保障劳动者的安全与健康。我国于 1999 年颁布了职业健康安全管理体系试行标准,并在国内试点。2001 年我国正式颁布了《职业健康安全管理体系标准》(GB/T 28001—2001,等同采用 OHSAS 18001)。

(2)QES 三标一体化管理体系的可行性

三个体系三套标准的共性主要反映在 5 个方面,即总思路一致、总要求一致、总框架一致、运行模式一致和控制方法一致。这 5 个一致奠定了三个体系整合的基础。同时,也要看到三套标准的差异性,主要是侧重点不同和管理内容的不同:ISO 9000 族标准主要关注的是顾客,落脚点是质量;ISO 14000 族标准的关注点是社会,落脚点是环境;OHSAS 18000 族标准的关注点是员工,落脚点是职业健康和安全。由于侧重点不同,也就导致了具体管理内容的不同以及审核认证的依据不同。虽然存在差异,但由于 3 套标准总体要求一致,特别是在环境与职业健康安全问题引起国际普遍关注的今天,一个组织在关注质量的同时,都不可避免地要对本组织涉及的环境与职业健康安全问题进行控制,而 3 套标准可以互为补充成为一套统一的控制管理系统,客观上具备了 3 个体系整合的可行性。

(3)物业服务企业贯标的特点及应注意事项

物业服务企业为提高物业服务质量,在市场竞争中立于不败之地,推行质量认证和质量管理势在必行。许多企业选择 ISO 9000 族标准作为规范自身行为、提高管理水平的途径(俗称贯标)。

①物业服务企业 ISO 9000 族标准贯标的特点。一是以顾客为关注焦点,以顾客满意为工作目标。"组织依存于顾客"是该标准第一管理原则,物业服务企业提供的是服务产品,接受服务产品的顾客是业主,服务产品区别于物质产品的特点是产品无形化和有情感投入与交流,业主的评价是否满意是服务产品合格与否的关键。二是强调领导的作用。"领导作用、全员参与"是该标准的第二、三项管理原则,物业服务企业作为劳动密集型企业,具有分散作业、人员流动性大等特点,领导作用是关键。三是重视每一个环节,控制每一个接口。"过程方法"和"管理的系统方法"是该标准的第四、五项原则,是科学的管理方法。每一项工作分为策划、运行、监视和测量、持续改进(即 PDCA),并对这 4 个步骤进行分段控制,形成步步相联的过程链,无限优化过程,从而优化结果。关注过程就是关注效率和效益,作为服务行业的物业服务企业尤为重要。四是保持优势,持续改进。"持续改进"是该标准的第六项原则,也是过程管理的最后一个环节,它是企业的永恒主题和终极目的。对一个期望保持优势、健康发展的物业服务企业而言,关键不在于本身存在多少问题,而在于是否有识别、分析、解决问题的能力,是否有改进、创新的能力。五是实事求是,科学决策。"基于事实的决策"是该标准的第七管理原则。就是要以企业内外的可靠、精确信息为分析问题的依据,进行科学决策。六是互惠互利,处理好供需关系。"互利的供需关系"是该标准的第八管理原则,是实现供需双赢的管理原则。物业服务过程中存在大量的供需关系,这些供需关系直接影响物业服务企业为顾客提供的服务产品的最终质量,关系到物业服务的顾客满意度,关系到企业能否持续稳定地向顾客提供满意产品。因此,互惠互利的供需关系起到关键作用。

②物业服务企业贯标应注意如下事项:

a.端正动机是前提。贯标的目的是为了提高企业的管理水平,而不是为了证书。为了认证而认证,证书到手企业又恢复原貌;认为贯标就是应对认证机构的检查,就是整理文件、资料,就是对照标准寻找支撑材料;文件是编出来的,不是过程的记录,往往采取抽调骨干,突击培训,补充文件、补充记录;精心挑选恰当的审核路线,让不符合要求的现场,不了解体系运行的员工回避认证机构的现场审核等是对待认证动机不纯的表现。贯标应该是全过程的,不做样子、走过场,只重证书不重过程,既违背了企业发展的长远利益,也违背了标准的基本要求。正确的动机只能是改善企业的管理水平,满足顾客、社会、员工等相关方的需求。

b.全员参与是保证。没有全员参与的管理体系只能是纸上谈兵。要上至最高管理者,下至最基层员工,全员参与企业的管理过程,按职责分工与岗位要求履行自己的职责。每一个岗位员工做好了解管理体系构成、熟记管理方针、明确岗位职责,确保管理体系有效运行。

c.符合实际是关键。确保管理体系的持续适宜性、充分性和有效性,是衡量企业是否符合标准的三个决定性要求。以一个物业服务企业建立的质量管理、环境管理、职业健康安全管理三标一体化管理体系为例,主要从 5 个方面判断是否符合实际:首先是方针目标指标和管理方案与服务过程是否相宜,与各岗位的职责分工是否相宜,环境因素与所处环境是否相宜,重大危险源与所采取措施是否相宜;其次是组织机构、职责、权限和作用与管理体系的运行要求和公司的实际情况是否相宜,人力、物力、财力资源的提供与管理体系的运行要求是否相宜;第三是管理体系文件的难易程度与大多数员工的能力和文化水平程度是否相宜;第四是公司相关法律、法规和其他要求的选择与公司的活动特点、服务性质及其对环境影响、职业健康安全风险是否适宜;第五是公司"三级监控"机制(即日常检查、内部审核、管理评审)与公司服务过程是否相宜。

4.5 项目管理方法

4.5.1 项目管理方法

1)项目管理含义

项目管理是指在一个确定的时间范围内,为了完成一个既定的目标,依靠特殊形式的临时性组织运行机制,通过有效的计划、组织、领导与控制,充分利用有限资源的一种系统管理方法,这是一种集预测、计划、组织、指令、协调和控制等工作于一体的优秀的管理方法。项目管理是 20 世纪 50 年代后期发展起来的一种计划管理办法,由于项目管理成效显著,自 60 年代以来已被广泛地运用于建筑、航空航天、国防、医药、金融财务、化工等作业。

项目管理理论体系由 9 个主要部分组成,分别是:综合管理、范围管理、时间管理、费用管理、质量管理、人力资源管理、沟通管理、风险管理、采购管理。

在项目的前期,通过预测和规划,为企业制定目标,为企业正确地确认自己的市场位置提供依据。在项目的实施过程中,通过组织把各种设施安排在工作现场,并实时发出指令和进行协调,使各项工作能够顺利开展,确保它们的贯彻和执行,朝着一个共同的目标运作。在做好上述工作的同时,还应注意对各项工作的控制,判断其是否与原来的工作计划相一致,是否达到了原定目标的需求,必要时采取补救措施或者修改计划。项目管理通过工作结构划分,把一个项目划分成为若干个可执行活动,并对其编码,从而使各项工作均可用数字来代替,这就使管理工作中应用计算机成为了可能。通过编码的调用使几项活动或一项活动的几个部分同时得到协调或控制,这样就大大地节约了人力资源,提高了管理工作的效率,推动了管理工作的现代化,为管理水平的进一步提高打下了坚实的基础。

项目管理是通过诸如启动、规划、实施、控制与收尾等过程进行的,将各种知识、技能、工具和技术应用于项目之中,以达到整合项目管理资源的要求。大客户工程,一般是分成立项阶段、设计及可研阶段、招投标阶段、建造阶段、竣工验收阶段。

项目管理中,最重要的是质量、工期与成本三要素:

①质量是项目成功的必须与保证,质量管理包含质量计划、质量保证与质量控制。

②进度管理是保证项目能够按期完成所需的过程。在一种大的计划指导下,各参与建设的单位编制自己的分解计划,才能保证工程的顺利进行。

③成本管理是保证项目在批准的预算范围内完成项目的过程,包括资源计划的编制、成本估算、成本预算与成本控制。

2)项目管理的基本特点

①项目管理是一项复杂的工作。其复杂性在于:项目管理一般由多个部分组成,工作跨越多个组织,需要运用多种学科的知识来解决问题;项目管理通常在执行中有许多未知因素,每个因素又常常带有不确定性;需要将具有不同经历、来自不同组织的人员有机地组织在一个临时性的组织内,在技术性能、成本、进度等较为严格的约束下实现项目目标等。

②项目管理具有创造性。由于项目具有一次性的特点,因而既要承担风险又必须发挥创造性。这也是项目管理与一般重复性管理的主要区别。

③项目具有寿命周期。项目管理的本质是计划和控制一次性的工作,在规定期限内达到预定目标。一旦目标满足,项目就失去其存在的意义而解体,因此项目具有一种可预知的寿命周期。

④项目管理具有专门的组织机构。项目管理需要集权领导和建立专门的项目组织。项目进行过程中可能出现的各种问题多半是贯穿于各组织部门的,要求这些不同部门做出迅速而且相互关联、相互依存的反应。但传统的直线职能组织不能尽快与大量的横向协调需求相配合,因此需要建立围绕专一任务进行决策的机制和相应的专门组织。这样的组织由各种不同专业、来自不同部门的专业人员构成,不受现存组织的任何约束。因此,复杂而包涵多种学科的项目,大都以矩阵方式来组织,这是一种着眼于取得项目组织形式和职能组织形式两者的好处的组织方式。

4.5.2　项目管理方法在物业管理中的应用

项目管理只有在适当的条件下应用才有效,是否需要采用项目管理的方式以及项目管理能否发挥积极的作用,取决于有关技术的复杂性、组织的相互关系、公共团体或用户的需求,以及其他一些因素。在物业管理服务中应用项目管理方法也必须考虑这些因素。将项目管理手段应用于物业管理的目的,就是为了对物业管理进行优化配置,实施动态控制,达到保证质量、降低成本、提供更好的服务,以获取更大经济效益和社会效益的目的。

1)项目管理与物业管理的诸多一致性

①物业管理服务工作多以项目运营方式进行,与项目管理特性有天然的一致性。在物业管理的过程中,一方面要尽可能地使业主及非业主使用人满意,另一方面由于物业服务是以盈利为目的的,但在资源、时间、技术要素,服务水平和能力等各个方面都是受到约束的,也即是在限定资源、限定时间、限定质量的条件下进行的。同时,由于单项物业服务业务是有约定期限的,因此也可以看作是一次性的。这些特点可以使物业管理项目按项目管理方法来运作。在物业管理服务工作还有一些分项专业工作,如分包专业服务工作,一些开发、管理服务项目都可以以项目管理方法运营。

②物业管理服务过程与项目管理过程的在推进环节上的一致性。管理工作的过程即规划、组织、指令、协调、控制五个方面的工作,无论项目管理还是物业管理,都要做出一个详细而又周密的规划,以便于为以后发生的管理工作提供一个衡量的依据;在实施过程中,对各项工作应立即决策的问题及时做出指令,并应保证其顺利执行,适时对工作中各项活动进行协调和控制,确保实际进行的工作与计划相一致,必要时采用补救措施或修改计划,保证各项管理工作正常发展,并且朝着一个明确的目标进行。

③物业管理服务与项目管理在目标任务要求上的一致性。作为项目管理本身,其目标就是要将有限的时间、费用等方面的资源,有效地协调,使之能够以尽量少的时间,尽量节省的费用,达到一个尽量满意的质量要求。同理,作为物业管理目标,也是要对物业投入有限的人力、物力,力争为业主、租户提供一个安全、舒适的居住和生活环境,并使物业尽量延长使用寿命和确保其功能正常发挥,尽可能达到一个较高的质量要求。

2)用项目管理法进行物业管理的具体操作过程

(1)物业管理项目团队成员的选定

一个成功的项目,如果由各方面有经验的专家共同合作,以缜密的计划为依据,各方配合,就会有理想的效果和收益。由于物业管理项目任务完成涉及管理、财务、工程技术、法律等多方面的专业技术,因此,项目成员在专业技术上应适应这一要求。除此之外还有不同的性格、年龄、角色的要求,合理选择成员以形成合力最大、功能最优的团队。

（2）物业管理工作任务的系统结构分解

物业管理的内容比较复杂,归纳起来可以分为"五大管理"、"三类服务":即治安消防管理、房屋及公用设施管理、绿化管理、环境卫生管理和车辆交通管理;常规性服务(合同委托服务)、委托性服务(非合同零星委托)和经营性多种服务(全方位、多层次的综合性服务)。可用工作分解结构的方法对物业管理工作任务进行分解(详见表4.3),形成众多不同的物业管理子项目,由各个子项目组完成项目任务。

从表4.3中可以看出,工作分解结构起到了如下作用:a.作为制订和审核物业管理日常工作计划的基础;b.作为制订资金使用计划的基础;c.作为投资差异分析的基础。

表4.3 物业管理工作任务结构分解示意表

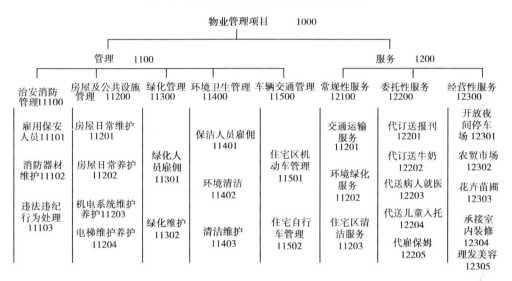

（3）物业管理项目的计划和控制

这里的计划和控制主要包括资金使用计划、资金差异分析及质量控制等。

①资金使用计划。由于物业的各种设备及设施的配件使用年限、质量大不相同,所以在一定时间内也许会出现突发性事件,如水管爆裂、电梯中途停运、下水管道堵塞,等等。解决这些事情需要一笔费用,如果没有预留金,只靠运营中的资金,会打乱资金的正常使用计划。

在日常的管理工作中,对资金可以采取项目划分来编制资金使用计划。首先要选用恰当的项目工作编码,这项工作应该在项目一开始就做好。在编制资金使用计划时,为了使支出预算与日后的投资控制及成本核算相对应,必须事先统一成本编码系统。此编码可以采用系统结构分解中的工作编码。

②资金差异分析。物业管理经理应定期对实际的资金支出进行分析,并应对

今后的资金需要做出预测,把物业管理工作中的实际支出额和计划使用额进行比较,通过比较发现并找出它们之间的偏离额度,进而采取有效的调整措施,实现管理工作的工作目标。资金差异分析可根据表4.4的格式进行:

表4.4　资金差异分析　　　　　　日期:　　年　　月

工作编码	工作内容	原计划金额	现实际支出	差　异	原　因
11101	雇佣保安人员	1 500 元/月	2 000 元/月	−500 元/月	物价上涨
11102	消防器材维护	100 元/月	500 元/月	−400 元/月	消防栓破裂
⋮	⋮	⋮	⋮	⋮	⋮
总　计					

通过对表4.4进行简要分析,可以了解到工作的进展情况和资金的使用情况。要分析差异造成的原因,可能是由于物价上涨或发生了突发事件等各种因素造成的。如工作编码11101,差异为−500元/月,出现了超支情况,其原因是由于物价上涨,相应地工资水平就提高了,这种差异费用就应从管理运行费用中扣除。而工作11102,差异为−400元/月,是由于消防栓突然破裂而引起工作成本超支400元,这400元差异就可以从预留金中扣除。

③质量控制。质量控制工作在管理工作中历时最长、头绪最多、困难最大,但又是最重要的工作。它既要保证工作顺利进行,又要针对管理工作中出现的工作质量问题提出切实可行的解决办法。通过制定各种严格的岗位责任制,为各级人员制定不同的岗位职责,明确每个人的工作范围。同时,对各项工作提出质量要求,制定具体标准,以便于事后检查和对照,以监督工作人员保质保量地完成工作。还需要评定优劣,以调动劳动积极性,提高工作质量。

(4)用网络计划实现物业管理的现代化

物业管理涉及面很广,物业公司内部、物业公司与政府各部门以及与社会化的各专业公司都存在着千丝万缕的关系。要使管理上水平,产生效益,必须采用网络计划,运用计算机管理。比如日常维修计划的制订,只要把所管辖的房屋的原始记录进行登记编表,并按照其规定使用年限及适用范围规定,通过计算机编制网络图,排出哪些房屋应该在什么时候检修,检修的内容是什么。同样,与社会专业房屋修缮公司进行计算机联网,也就可以知道维修计划的落实情况。[1]

3)物业管理采用项目管理方法时应注意的问题

①尽可能在一些物业管理专项业务上推行项目管理制。推行业务项目管理

---

[1]黄安永,成欣.用项目管理方法提高物业管理水平[J].中国房地产,1996(10).

制,一方面可以明确各岗位的职责、权力,实施岗位绩效考核,增强员工竞争意识,建立激励机制,提高员工的工作积极性、主动性,搞活企业;另一方面可以使每一个员工人尽其才,推动物业管理服务专业化,不断提高员工素质,提高服务质量,从而提高企业经营效益。

②重视人才的价值,在实践中培养和留住人才。目前物业服务企业普遍缺乏管理人才,特别是缺乏项目管理人才对项目管理的推行是一个制约的瓶颈。实行项目管理,就必须要有一批既懂现代管理理念、方法和管理技术,又精通物业管理服务业务的综合管理人才。解决项目管理人才的问题,目前一些物业服务企业习惯于"挖墙脚"的方法,这不是长久之计。正确的方法应该是培养人才,留住人才。除通过有计划、有步骤、分阶段学习培训,提高管理人员的业务知识和管理水平外,还要选拔优秀员工充实到一线管理岗位进行实岗锻炼培养,给他们以成长的机会。就是要重视其价值,给其机会,授之以权力,客观评价其业绩,恰当给予物质和精神激励。

③以项目管理优势,推动企业向品牌化、集团化发展。物业服务企业实行项目管理后,将实行"单独核算、自主经营、自负盈亏、自我运转、自我发展"的运行机制。通过先进的项目管理方法和理论来转变企业经营作风,提高服务质量,树立良好的企业形象,以信誉求生存,以品牌增强企业实力,保证企业的发展。

④加强物业管理服务的信息化建设。加强物业管理的信息化建设,是实现项目管理的一个重要手段,也是使物业服务企业在有限的资源条件下,充分发挥管理功能,使企业扭亏为盈,走出低谷的一个有力措施。物业管理服务信息化,可以将物业项目管理与团队管理、虚拟管理方法有机结合起来运营,运用互联网和软件实施信息化物业管理与服务,不仅可以减轻管理人员的劳动强度,减少不必要的人力与物力的重复工作,提高管理水平,同时还能充分运用企业的档案信息,实现再开发再利用,有效地利用和发挥档案资料的价值,提高企业的经济效益。

4.6　客户关系管理方法

4.6.1　客户关系管理

1)客户关系管理的含义

客户关系管理 CRM（ Customer Relationship Management ）是企业为了生存及持续创新而提供的新的思维方法与实现策略,是通过围绕客户细分市场来组织企业,鼓励满足客户需要的行为,并通过加强客户与服务企业之间的联系等手段,来提高盈利、收入和客户满意的遍及整个企业的经营服务策略。

许多人错误地认为CRM仅仅是一套单纯的软件和技术,事实并非如此。CRM从本质上讲,是"以客户为中心"的理念基础上的一套经营理念和企业运作方式。"以客户为中心"的经营理念简而言之就是企业的生产、营销、服务都必须围绕着客户来进行。这种理念在贯彻到企业经营管理的各个环节中去时,具体表现为以下几个方面:进一步重视"客户资源"的价值;划分客户类型,为不同类型的客户制订针对性的营销策略;不断收集和研究客户需求。

"以客户为中心"是客户关系管理中的核心理念,它是相对于"以自我为中心"的企业运营方式而言的。对利润的片面追求,使企业忽略了客户需求,最终违背了追求利润最大化这一企业原始动力。所以,只有"以客户为中心",企业才有一个立足点,才能探讨是否应该着手改组公司的组织结构,或者要不要采用最热门的互联网技术工具,或者应该如何重组业务流程。"一对一"的客户交流可以有效地提高企业的销售业绩,这体现在大幅度地改善销售额、利润率、客户忠诚度等方面。良好的客户关系可以帮助企业进行交叉销售,有针对性地扩展市场,把企业有限的资源运用在最有赢利价值的客户群中,这样的企业才能在激烈的竞争中脱颖而出。

2)客户关系管理的特点

（1）综合性

客户关系管理系统综合了企业中的多种业务流程,实现了市场营销、销售实现、客户服务与支持的优化和自动化。其中,市场营销和客户服务流程由支持多渠道的联络中心来实现,并且后台有强大的以数据仓库和数据挖掘作为核心技术的决策中心的支持,保证在与客户的接触中做出正确的判断。销售功能由客户关系管理系统为现场和远程销售提供客户及产品信息,管理企业可用资源和产品价格以及接受客户的订单,在统一的信息库下进行有效的交流管理和执行支持,使得交易处理和流程管理成为综合的业务操作方式。

（2）集成性

客户关系管理系统将从根本上改变企业的管理方式和业务流程,努力实现与企业运营支撑系统的集成。客户关系管理系统因其具备强大的工作引擎,因此可以确保各部门、各系统的任务都能够动态协调和无缝连接。以客户关系管理系统与计费系统集成为例,客户关系管理系统的数据分析子系统通过对客户数据的分析,经常会得到一些有意义的优惠规则,将有助于提高客户忠诚度和贡献度,而这些优惠规则只有传递到企业的计费系统中,才能达到保持良好客户关系的目的。

（3）智能化

客户关系管理系统具有智能化的决策和分析能力。成熟的客户关系管理系统不仅能实现业务流程自动化,而且能为管理者提供分析工具甚至代为决策。系统中存储的海量客户数据,包括客户的基本信息、消费数据、交费数据、网络运营、指标数据,以及客户信用度和忠诚度,通过数据挖掘、多维分析和智能报表工具,管理者将会得到许多有助于决策的信息,帮助企业改善产品优惠定价方式,提高市场占有率,提高客户忠诚度和寻找新市场的机会。

(4)高技术含量

客户关系管理系统涉及数据仓库、在线联机分析、数据挖掘、工作流、CT(cycle time)、互联网络和多媒体等多种先进技术。完整的客户关系管理系统解决方案必须要将这些技术有效地集成起来,发挥出整合的作用,并能够对这些技术的应用进行有效的管理。

3)客户关系管理的主要目标

①了解和提炼客户真正的需求。客户的需求不是一成不变的。客户需求的变化,对企业提出了更高的需求。如何实时地把握顾客的需求,如何真正地提高顾客的满意度,以加强企业的竞争力,是客户关系管理的一个重要目标。

②提高客户的忠诚度。最大限度地留住企业的顾客,保证他们不被竞争对手所吸引。吸引新客户的成本将是保持现有顾客的成本的 5 倍,因为需要花费更多的努力和成本才能将顾客从竞争对手那里吸引过来。如果企业能够建立一套完整的 CRM 体系,能够为每个客户提供个性化的服务,当客户已经习惯了这些服务时,那么他就会考虑改变服务商所带来的精神和心理成本而选择留下。

③寻找有价值的关键客户。所谓有价值的关键客户是指那些占客户总数较低的比例,而能为企业带来大部分利润的顾客群。据调查,占总顾客群 20%的关键客户实现的利润往往占利润总额的 80%以上。但是,很多企业不能够判断哪些客户是有价值的客户,哪些不是;也不知道哪些客户可能会离开,哪些客户会受到企业新产品和计划的影响。这实际上是一个市场细分的问题。CRM 所做的就是根据对不同客户的成本/利润分析,来寻找关键客户,并为企业如何对待这些不同的客户提出不同的策略。

④挖掘客户潜在价值。客户的情况不是一成不变的,如果能够通过研究各类客户的情况,并对客户的发展状况和潜力进行跟踪,企业就一定能够寻找出许多潜在的关键客户。

4)客户关系管理的主要步骤

(1)客户开发的营销

甄别客户与需求,是服务营销的第一步。物业管理的客户服务需求有两大方面:一类是与物业正常使用与经营密不可分的项目管理需求;另一类就是客户的各种服务需求:现实的需求和潜在的需求。接下来就要激发客户的需求,尤其是潜在需求。运用营销的 AIDA 模式,通过让客户知晓(Awareness)、兴趣(Interest)、欲望

（Desire）和行动（Action）的过程，形成认识、情感、行为三个认知的不同阶段，提供企业与顾客进行沟通的平台。目前不少物业服务公司开设公司的网页，构建小区局域网等，通过其向客户进行可视化的宣传推广，激发客户的服务需求。

（2）客户服务中心建立

客户服务中心是大盘管理运作当中不可缺少的一种系统模式，这个系统既是管理处信息汇集中心，也是信息处理中心和信息发布中心，是一个独立的并集接受投诉、具体调度、分工作业、跟踪检查、统计分析等多功能于一体的快速反应系统，相当于计算机术语当中的"中央处理器"。客户的所有需要与投诉都可以通过中心得以回应与解决，因此，客服中心应作为核心部门，管理处的绝大部分管理工作都由客服中心来处理和完成；同时，还应把客服中心作为管理处对外联系、沟通的唯一窗口，由客服中心根据管理处内部系统程序进行处理，这样既提高工作效率，又避免对外工作的多头管理。

（3）客户长期战略伙伴关系构建

与客户建立长期的战略伙伴关系，除了首先要认知客户的真正需求，有针对性地开展相应的服务项目外，还要在设计服务项目与流程的同时，与客户建立长远的服务关系。物业管理的使用年限长达 40~70 年甚至更长，而业主委员会与物业服务公司所签署的服务合同通常是 3 年。合同期满，若更换物业服务公司，这对于供需双方都需要耗费成本，都不是优化的市场选择。

（4）学习型团队的创建

"以客户为中心"以及由此而衍生的重视客户利益，关注客户个性需求，形成面向感情消费的经营思路等文化特征，也是适应新经济时代要求的新型企业文化特征。因此，企业需要有一支具有能适应环境、持续学习、创新管理理念的，知识结构能适应现代物业管理和满足客户服务需求的人才队伍。

4.6.2　客户关系管理方法在物业管理中的应用

1）客户关系管理在物业管理中的重要性

改善企业与客户的关系问题是极其重要的，经营企业就是经营关系。随着企业竞争的加剧，企业与其外部的关系问题引起了人们的高度重视，很多企业致力改善企业与客户的关系，企业的客户关系问题现在已成为企业管理领域的热点问题。

社会的进步，网络经济的发展，企业的经营观念、经营手法有了很大的提高和改变。"以人为本"的管理理念，"以客户为中心"的模式，使企业的生产经营活动更加注重个性化的需求，如住户、租户对于房屋设施设备的配置、服务水平的不同要求等，许多商家也提供许多方便用户的销售方式，如信用消费、网上订购、各种交费活动中的自我服务等。因此,注重和改善企业与客户的关系是企业未来发展的关键问题之一,企业的客户关系在企业的生存和发展中将发挥越来越重要的作用。

物业服务企业的客户是指在物业管理过程中所必须涉及的有关部门、企业和个人。其中最重要的当然是企业的顾客,即业主和非业使用人,还包括在物业管理过程中所涉及的有关行业主管部门,可以说,物业服务企业的客户关系涉及企业经营管理的各个层面(见表 4.5)。

表 4.5　客户类型分析表

消费客户	消费者 商业客户	消费者是企业产品或服务的直接消费者,即"终端客户"。根据产品和服务用途不同,消费客户分为消费品消费客户和商品消费客户。与此对应的营销市场有消费者市场和商业市场
中间客户		中间客户购买企业产品或服务,但不是直接消费者,典型是销售商
公利客户		代表公众利益,向企业提供资源,直接或间接从企业获利中收取一定比例费用的客户,典型是政府、行业协会、媒体

2)物业服务企业客户关系管理的内容

物业服务企业客户关系管理应当运用系统的思想,借助各种有效的方法,收集企业的客户信息,分析和利用这一信息资源,为企业的经营和发展提供新的商业战略和商业方法,扩展新市场和业务渠道,降低相关成本,提高客户的满意度和企业的赢利能力。物业服务企业在处理顾客服务的过程中涉及的内容很多,其中主要包括:

(1)客户管理

管理客户的基本信息、详细信息、家庭信息、就业信息、联系方式、重要纪念日等信息。通过对客户信息全面的管理,帮助物业管理服务人员根据客户的特征进行个性化的关怀和服务。对这些客户进行进一步的跟踪和额外的关怀,努力促使客户推荐本企业的服务。

(2)活动管理

围绕客户、客户服务和客户投诉等开展各项活动。利用活动模板快速建立活动计划,并可以定时触发和提醒,实现客户服务和关怀的自动化,例如在客户重要纪念日来临时,自动使用预设的信件模板为客户发电子贺卡等。

(3)客户服务

受理客户的服务请求和投诉,自动分派合适的服务人员根据服务请求提供即时服务,处理各种投诉。在客户服务中,注意使用智能化信息处理,提高服务人员解决问题的能力。进行跟踪服务,注重投诉处理的效果,改进服务质量。

(4)接触中心

使用呼叫中心、智能 Email、Web 接入 3 种方式和客户互动交流,可以根据接触中心采集的数据,分析客户的需求和偏好,为客户更好地提供服务以及为新楼盘的设计推广提供参考。

在进行客户关系处理时,必须注意以下几点:a.当你与顾客谈话时,必须保持微笑;b.建立顾客需要的完整信息;c.提供信息并帮助顾客实现愿望;d.确认顾客对于企业服务是否感到满意。

从以上分析发现,对于客户的服务主要要素,包括畅通有效的交流渠道、信息的收集、合理地利用信息等。

3)建立物业服务企业的客户关系管理体系应注意的问题

①要建设畅通有效的客户交流渠道。企业应充分利用先进而丰富的通信手段,建设好企业同客户的交流渠道,如面谈、电话交流、Web 访问等形式,使客户能够选择自己喜爱的方式与企业交流,同时又要保证信息在企业内部的一致性、准确性、完整性。为了便于收集信息,电话交流时,接待人员事先要有充分的准备,对所关心的信息要有规划,可能结果要罗列好,对意外事件、结果要有应对准备。

②应具有对已获得信息的分析处理能力。应借助于先进的工具,如人工智能的专家系统的帮助,或某些专业的分析评估系统的帮助,加上工作人员的手工处理,使得企业对于浩如烟海的客户信息能够进行各种有益的分析和处理,提供出便于使用的数据和信息,为企业的决策者提供帮助。例如,物业服务企业可以将与客户面谈、电话交流录音,通过语音识别软件和人工信息识别后形成数据,再通过智能化软件和人工进行信息分类,最后将信息存储在企业的电脑网络中。

③对互联网的全面兼容。随着互联网成为沟通全球的重要手段以及电子商务的普及,这一方面变得越来越重要。对于企业互联网的访问者,企业应有针对性地进行跟踪,并将信息分类后存储起来;将存储的数据整理后,经过专门的数据管理软件的加工,计算出便于使用的数据和指标,如某客户的特点,某一问题的统计结果,或综合打分结果等。对于企业客户关系的具体分析处理,主要通过一些指标体系来体现,例如客户的消费层次、爱好习惯等。

④企业客户关系管理过程应同企业的内部管理过程形成一个有机整体,信息在企业内部能够达到共享,市场拓展部门、质量管理部门、工程技术部门能够随时得到物业项目管理中心客户服务的信息,财务部门应随时得到收费等财务信息,人力资源管理部门能及时得到员工管理信息,等等。

4.7　沟通方法

4.7.1　沟通方法

1）沟通及沟通管理

沟通是指是两个或两个以上的人之间交流信息、观点和互相理解的过程。在物业管理服务工作中,沟通是一项基本技能,也是基本工作,其内容主要包括:与建设单位就早期介入、承接查验、物业移交等问题的沟通交流;与政府行政业务主管部门、辖区街道居委会等在法规监管、行政管理服务方面的沟通交流;与市政公用事业单位、专业服务公司等相关单位和个人的业务沟通交流;与业主委员会和业主(或物业使用人)的物业管理事务沟通交流;还有内部上下级和平级之间的工作业务、学习沟通。沟通的方法通常有:倾听、提问、表示同情、解决问题、跟踪等。

对于沟通的管理,要建立定期客户沟通制度,建立跟踪分析和会审制度,引进先进技术和手段,加强客户管理。一般而言,一个比较完整的沟通管理体系中,应该包含:沟通计划编制、信息分发、绩效报告和管理收尾。沟通计划决定项目关系人的信息沟通需求,即需要的信息、需要的时间和获得的方式。信息发布使获取的信息及时发送给项目关系人。绩效报告收集和传播执行信息,包括状况报告、进度报告和预测。项目或项目阶段在达到目标或因故终止后,需要进行收尾。管理收尾文档的形成,包括项目记录收集、对符合最终规范的保证、对项目的效果(成功或教训)进行的分析,以及这些信息的存档。

2）灵活运用各种沟通形式

沟通形式是多种多样的,通常分为书面和口头两种形式。书面沟通一般在以下情况使用:项目团队中使用的内部备忘录,或者对客户和非公司成员使用报告的方式,如正式的项目报告、年报、非正式的个人记录、报事单。书面沟通大多用来进行通知、确认和要求等活动,在描述清楚事情的前提下书面尽可能简洁,以免增加负担而流于形式。

口头沟通包括会议、评审、私人接触、自由讨论等。这一方式简单有效,更容易被大多数人接受,但是没有书面形式那样留下记录,因此不适用于类似确认这样的沟通。口头沟通过程中应该坦白、明确,避免由于文化背景、民族差异、用词表达等因素造成理解上的差异。沟通的双方一定不能带有想当然或含糊的心态,不理解的内容一定要提示出来,以求对方的进一步解释,直到达成共识。

除了上述两种方式,还有一种作为补充的方式,即形体语言沟通,如手势、图形演示、视频会议。它的优点是摆脱了口头表达的枯燥,在视觉上把信息传递给接受者,使接受者更容易理解。

3)沟通的原则

（1）尽早和主动沟通

要达到有效的沟通要掌握沟通的原则,其中尽早沟通、主动沟通是最主要的两个原则。尽早沟通,要求管理者要有前瞻性,定期与管理对象进行沟通,不仅容易发现当前存在的问题,很多潜在问题也能暴露出来。沟通得越晚,问题发现得越迟,带来的损失越大。在管理中应提倡主动沟通,尤其是当已经到了必须要去沟通的时候。当沟通是管理者面对用户或上级、团队成员面对团队领导时,主动沟通不仅能建立紧密的联系,更能表明你对工作任务的重视和参与,会使沟通的另一方满意度大大提高,有利于项目的顺利进行。

（2）保持畅通的沟通渠道

沟通有复杂性的一面,表现在很多方面,如人数增加时沟通渠道急剧增加,信息过滤即丢失。产生信息过滤的原因很多,如语言、文化、语义、知识、信息内容、道德规范、名誉、权利、组织状态等;还出现由于工作背景不同而在沟通过程中对某一问题的理解产生差异。要保障沟通顺畅,信息在媒介中传播时应避免各种各样的干扰,使得信息在传递中保持原始状态。信息发送出去并接收到之后,双方必须对理解情况做检查和反馈,确保沟通的正确性。

4)建立高效的沟通技巧

沟通研究专家勒德洛提到:高级管理人员往往花费 80% 的时间以不同的形式进行沟通,普通管理者约花 50% 的时间用于传播信息。可见,沟通的效率直接影响管理者的工作效率。

①明确沟通目的。沟通前,管理者要弄清楚沟通的目的和对方的要求。缺乏目的的沟通通常是无效的沟通。确定沟通目标的前提下,沟通的内容要围绕沟通要达到的目标组织规划,并根据不同的目的选择不同的沟通形式。

②善于聆听。沟通不但要听懂话语本身的意思,而且能领悟说话者的言外之意。只有集中精力去听,并积极投入判断、思考,才能领会讲话者的意图,达到有效的沟通。

③避免无休止的争论。沟通过程中不可避免地存在争论,如技术、方法方面的争论,但要避免那种喋喋不休的争论。无休止的争论不但形不成结论,而且浪费时间。争论双方都认为自己和对方在所争论问题上地位是对等的,且关系对称,但从系统论的角度讲,争论双方形成的对称系统是最不稳定的。解决无休止的争论的最好方法在于变这种对称关系为互补关系,即必须有一方放弃自己的观点或第三

方介入。管理者遇到这种争议时,一定要发挥自己的权威性,充分利用自己的决策权。

④努力寻求搭建沟通平台。沟通的平台主要有 3 个:现实利益、科学理性和价值判断。以现实利益搭建沟通平台,即根据沟通对象强调利益价值观和实用主义态度或说是行事遵循经济理性行为模式,在沟通上以其实际可得到的利益为谈判话题或目标进行的沟通。如物业公司与普通清洁工就工资问题的沟通,大多属于在这一平台上的沟通。以科学理性搭建沟通平台,即根据沟通对象强调科学知识的价值,遵循科学主义的态度,在沟通上以科学知识和道理来作为沟通方法或逻辑进行的沟通。如物业公司与新来的大学生针对工作岗位安排的沟通就属于此类。以价值判断搭建沟通平台,即根据沟通对象比较有理想主义色彩,或以价值观作为行为准则,此时主要以理想、信念、使命、理念、文化等内容为沟通话题展开沟通。如公司与经验阅历丰富、水平层次高的高端人才的沟通就属于此类。

⑤注意沟通的细节。在与客户沟通中,需要注意以下几点:良好的沟通环境可使双方在轻松愉悦的环境中进行沟通和交流;物业管理人员在与客户沟通交流时,应态度诚恳、精神专注,没有特殊情况不去做其他与沟通交流无关的事;沟通中物业管理人员要与客户保持适度距离,不应有多余的肢体动作或不恰当行为;在与业主正式沟通中,可以寒暄、问寒问暖等方式为开场白;物业管理服务的沟通应根据沟通对象、目的、内容和地点的不同采取相应的沟通方法;与客户沟通的事由、过程、结果应记录归档。

4.7.2 沟通方法在物业管理投诉处理中的应用

在物业管理服务活动中,沟通是一种常见的管理服务行为,也是物业客户管理的一个重要组成部分,特别是在物业管理投诉处理中的应用尤为广泛。

在物业管理与服务运行的过程中,容易产生物业管理投诉的领域很多,但概括起来主要有以下几处:物业服务标准和质量、物业服务收费、社区文化活动组织、突发事件处理和毗邻关系处理等。按投诉的内容可分为:对设备的投诉;对服务态度的投诉;对服务质量的投诉;对突发性事件处理的投诉。物业管理人在接到投诉过程时,应当首先使业主从戒备、焦虑的心理状态中解脱出来,采用良好的沟通方式化解业主的对立情绪。在处理投诉的过程中,不要纠缠于谁对谁错,而是应当注重问题的有效处理和解决。

认清物业管理服务问题的性质,是做好物业管理沟通服务工作的前提。物业管理服务中的问题,不少是物业公司的服务过程质量和业主的评价质量的差异性,核心是物业管理服务信息不对称。通过服务展示和沟通来解决 3 个层面的问题:

一是物业管理中的利益问题,就是要依合同约定提供服务和收费,做到服务等级水平与收费相当,让业主感知服务质量,取得业主的理解。

二是解决服务技术手段利用的问题,物业管理服务资源的闲置会使业主认为物业管理服务的技术含量低,不应该收取"高"的费用,从而拒缴物业管理费。因此必须提高物业设备设施的利用率,增加服务的技术质量成分。

三是解决物业管理意识问题,特别是对物业委托代理条件下,代理人酬金的正确认识。使业主接受专业的物业管理是要付出相当的代理酬金这一现实,从而降低业主对服务质量的心理预期,提高物业管理服务的预期质量,从而化解心中的不满,促进问题的解决。

4.8 心理学方法

4.8.1 心理学理论及方法

对人的管理是企业管理的主要内容。人的行为是受心理活动支配的,因此在企业管理中掌握人的心理活动规律,采用能够得人心、取人和的管理方法,会收到事半功倍的效果。

1) 心理学理论的基本概念

(1) 需要和动机

需要是指当缺乏或期待某种结果而产生的心理状态,包括对事物、水、空气等物质需要及对归属、爱等的社会需要。动机是指人们从事某种活动,为某一目标付出努力的意愿,这种意愿取决于能否以及在多大程度上满足人的需要。

(2) 激励和激励机制

激励是指人类活动的一种心理状态,它具有加强和激发动机,推动并引导行为使之朝向预订目标的方向。通常而言,一切内心要争取的条件,如欲望、需求、希望、动力等都构成人的激励。激励机制,是指组织系统中,激励主体通过激励因素或激励手段与激励客体之间相互作用的关系的总和,也就是指企业激励内在关系结构、运行方式和发展演变规律的总和。

2) 现代激励理论的要点

① 需要理论。需要理论指出,激励因素是一种助推器,它促使人们尽力满足其某些固有的生理和心理的需要。没有满足的愿望产生激励,而已经得到满足的需要不会产生激励。主要的需要理论包括马斯洛的需要层次理论,赫茨伯格的需要双因素理论,麦克莱兰的需要分类法和 ERG 理论。

② 强化理论。强化理论也称之为刺激理论或诱导条件理论,它所体现的是一种工作绩效与奖励之间的客观联系,得到奖励的行为倾向于重复,得不到奖励的行

为不予重复。

③期望理论。期望理论强调,个人的期望可以激发出个人向上的力量。期望理论认为一个人的决策是三个普通观念的产物,即价值、绩效获奖估计与期望。

④公平理论。公平理论指出,员工倾向于将自己的投入-产出的比率与他人投入-产出的比率相比较,来进行公平判断。

⑤目标设置理论。目标设置理论指出,外来的刺激(奖励、沟通、监督的压力等)都是通过目标来影响动机的,并且目标越明确,目标难度越大,取得的成绩就越大。

3)运用心理学的具体方法

（1）目标激励

用合理的目标形成凝聚力,激发热情和奉献精神。第一,要使目标建立在科学的基础上。第二,目标明确具体,尽量采用分明和量化的形式。第三,要实事求是,既要防止保守、又要防止过高。

（2）行为强化

主要靠恰当的奖惩措施来实施。应注意以下几点:第一,要坚持正强化与负强化相结合,以正强化为主。在任何情况下,员工的大多数都是要求上进的,积极因素总是占主导方面的,就是某些缺点较多的员工也是这样。因此,发掘和宣传员工身上的"闪光点"就显得非常重要。必要时可采用负强化,如对违规违纪较多且屡教不改员工进行一些惩戒促其收敛直到改正。第二,坚持精神鼓励与物质鼓励相结合。第三,要掌握好强化的技巧。运用奖励和表扬等正强化,要实事求是,公正合理,方法灵活,有针对性,及时适当,把握分寸。运用批评、处罚等负强化手段,要目的明确,掌握火候,注意场合,因人而异。

（3）心理换位

心理换位即把自己置于对方的心理位置,去认识、体验、分析和思考问题。对此,第一要深入员工。尽最大的可能与他们交往、接触,身临其境,获得切身体会,以准确地掌握员工的心理脉搏。第二,要进行经验反思。通过追忆过去自己处于员工位置上的一些感受和体验,获得一种现实的感受。在有自己亲身感受因素参与下的决定或措施,可能更符合客观实际情况,更能恰当地处理问题。第三,诱导员工心理换位。即让员工从领导的位置上设身处地想一想,体谅领导的难处,支持领导的工作。

（4）情感感化

第一,关怀、体谅员工,时时把他们放在心上。做到:政治上帮助,思想上疏导,工作上支持,生活上关心。第二,以身作则,言传身教,让员工感到信任、尊敬、亲切。第三,在具体管理中,坚持表扬先进时,讲明好之所在;批评不足时,说清不对的情由。总之要使人心服口服,相互理解。

（5）心理平衡

调节心理平衡,就是做好从不平衡到平衡的过渡和维护工作。第一,要一视同仁,公平相待,秉公办理,决不厚此薄彼。第二,要尽可能满足员工的合理要求。要让集体的所有成员的才能都能充分发挥,并使其坚信自己的积极行为和出色成绩会得到肯定和赞扬,进而更加努力工作。第三,要实行民主管理。发动员工参与本企业管理,人人都当管理者,以民主管理激发和提高员工的积极性。

4.8.2 心理学方法在物业管理服务中的应用

物业管理是通过对物业的管理和为业主提供服务,来最大限度满足其不同需求。业主对物业管理服务的满意度,除了取决于物业服务企业是否履行合同外,往往还受到业主心理需求、心理感受的影响。这就需要物业服务企业从心理管理入手,在为业主提供服务的过程中,使用其心理效应,通过心理学方法达到业主对服务的满意效果。

1）在居住环境管理中运用心理学

（1）心理学在改善居住环境方面作用

①保持和提高物业品质。管理好物业,包括日常的维修保养,以保证物业正常使用,防止因保养不善而残损而降低功能性、安全性和美观度,乃至使用寿命缩短。良好的物业管理可以使房屋使用年限延长,保持物业的功能,维持物业使用的安全性、舒适性,增加物业的使用价值和经济价值。

②创设优美外部环境。如今,人们对居住环境的质量要求已经不再局限于其所拥有的专有部分,而将视野转向更大范围,追求安全、便捷、舒适、健康、绿色的生活环境。另外,风水作为环境因素,越来越引起人们的重视,对人们的心理乃至工作和生活都产生一定的影响,也是物业管理中需要重视的新领域。

（2）物业管理与居住心理效应

物业管理追求的是业主需求满意度的最大化,这属于主观感受的心理状态。作为物业服务企业,可将业主可能出现的心理效应巧妙地应用到管理中,真正实现人性化管理。

①首因效应。即先入为主的第一印象,是指当人们第一次与他人、他物、他事接触时会留下深刻印象,将在较长时间内影响人们的心理和行为。第一印象良好,容易使人抱有好感和较高的信赖度。鉴于业主普遍具有的"首因效应"心理,物业服务企业应尽可能在第一回合的接触中就把握居民的兴趣,可以通过营造优美的硬件、软件环境,即可视的建筑设施、绿化、卫生等状况和小区的和谐氛围来实现。业主多半是通过视觉感受获得第一印象的,而这一过程恰恰也是业主对物业服务

企业认知的过程,因此显得十分重要。

②近因效应。它是区别于首因效应的另一种认知偏差心理现象。对于心理感受者而言,初次的印象固然深刻,但最近获得的信息会覆盖和冲淡过去所烙下的相关印象,成为采取相应行动的心理依据。近因效应实质是首因效应在时间延续上的另一种表现方式,两者的本质极其相似。物业服务企业可以将这两种属于无意偏见的心理效应结合起来考虑。即便物业服务企业未赢得业主的初次认可,仍可通过改善服务质量逐步使业主获得有利于公司声誉的良好信息,淡化首因效应的负面影响,直至使业主对其"重新认识"或"刮目相看"。另一方面,如果物业服务企业一向声名较好,那最重要的便是"保持"这种一贯的信誉。

③晕轮效应。晕轮效应又称"光环效应"、"成见效应",指在人际相互作用过程形成的一种夸大的社会印象,正如日、月的光辉,在云雾的作用下扩大到四周,形成一种光环作用。常表现在一个人对另一个人(或事物)的最初印象决定了他的总体看法,而看不准对方的真实品质,形成一种好的或坏的"成见"。所以光环效应也可以称为"以点概面效应"。在物业管理服务过程中,业主得到一定程度的生理和心理的服务,所以他们对服务的评价多带有感性成分,往往不会在全面理性的斟酌后再谈感受。为此,物业服务企业应该抓住业主的晕轮效应心理,发挥优势特长,提高组织知名度,创造上乘的组织形象。

④情感效应。情感效应即移情效应,是说人们将对某一事物的情绪状态转移到其他事物评价上的心理倾向。在物业管理中,业主的情感体验会对物业管理的运行系统产生重要影响。这要求物业管理专业人员具备高素质的服务品质、热情的态度、高度的责任感、良好的职业道德及专业技术素质,业主由此产生的信任和愉悦心情有助于双方建立和谐的心理气氛及融洽的情感沟通关系,最终保证物业管理有效运营和良性发展。

2) 在为业主服务的过程中运用心理学

(1)专业物业管理的核心——服务

以企业委托式开展的专业物业管理的核心就是服务。服务中的心理策略主要包括情感化服务、个性化服务。

①情感化服务。一是功能服务。功能服务是指具有一定客观标准的部分,为业主解决实际问题是"硬件",满足业主期待着的"实用性"与"享受性"的需求,要落实到具体实际问题上去。要通过员工的服务,使业主或非业主使用人产生方便感、舒适感。如物业管理服务智能化、信息化、程序化、公开透明化最能体现服务功能价值。二是心理服务。心理服务是"软件",是通过人际交往而产生的,因而态度在人际交往中的作用至关重要。态度是个体自身对社会存在所持有的一种具有一定结构和比较稳定的内在心理状态。首先,服务人员的言语很重要。服务语言

影响业主的心理和行为,也影响业主对物业管理工作的评价。其次,要扩大物业管理服务中的心理成分,就是要求员工善于表现人情味,一方面,员工必须懂得业主的心理需求,在与业主的交往中能体察到业主情绪上的微妙变化,并做出恰当而有效的服务反应;另一方面,员工自己必须以亲切的态度去对待业主,注意保护业主的自尊心,增加业主的自豪感。此外,要重视微笑服务,微笑具有感染力和扩散的特性,能相互感染。还有,就是要重视幽默感的作用。

②个性化服务。一是特约服务。业主可以因其特殊需要,与物业服务企业预约,物业服务企业在不违背原则的前提下,应安排服务人员上门为业主提供相应的有偿服务。二是主动服务。虽然业主本人并没有提出特殊要求,但他却有这方面的需求,这就需要我们员工用心去找去发现,然后提供针对性的服务。

(2)对业主投诉处理

业主投诉是他们主观上认为由于物业管理中存在的差错而引起的麻烦和烦恼,或者损害了他们的利益等情况向服务人员提出或向有关部门反映行为。

①业主投诉的心理。业主投诉的心理起因一般是渴求受人尊重。业主采取投诉行动之后,都希望有关部门重视他们的意见,向他们表示歉意并立即采取相应的行动。也有求发泄的心理。业主碰到令他们烦恼的事情之后,或者被讽刺挖苦甚至辱骂之后,心中充满怨气、怒火,要利用投诉的机会发泄出来,以维持他们的心理平衡,求补偿心理。业主在受到一定损失时而向有关部门投诉时,希望能补偿他们的损失,这是一种普遍的心理。如:家中损坏的物品希望尽快修理好,尽快能将施工环境整理干净等。

②对业主投诉的处理:

一是要端正服务态度,真诚地对待业主投诉。"物业无大事,物业也无小事"。物业服务企业员工在处理业主投诉的时候,要正确认识投诉的地位和作用,端正服务态度,怀着一颗真诚的心,认真对待投诉,妥善处理。

二是做好投诉的分类。根据投诉的受理性质不同投诉分为有效投诉和无效投诉。有效投诉是指投诉内容属于物业委托管理合同规定的物业公司服务范围或法律法规规定的物业公司必须负责的服务范围内的投诉。根据投诉方式的不同,投诉分为来人投诉、来函投诉、来电投诉和其他投诉4种。根据投诉的性质不同,投诉分为咨询性投诉、普通投诉、紧急投诉。根据投诉主体不同,投诉分为公司内部员工投诉和公司外部业主投诉。做好投诉分类的目的,就是要针对不同的投诉,采取最有效的方法,争取在尽可能短的时间内,及时、高效、妥善地处理好投诉问题,让顾客满意。

三是认真聆听与记录。耐心的聆听,让倾诉者自尊心得到满足,让他感受到了重视,有助于解决问题。在聆听的同时应认真记录倾诉者的言谈要点,为投诉处理做好准备。

四是及时判定投诉的性质。当服务人员接到投诉时,首先要判断该投诉是否有效,如果是无效投诉,接着就要分清是属于咨询性投诉、普通投诉还是紧急投诉。单项投诉处理完毕,不意味着投诉处理已经完全结束。每过一段时间,管理处要对单项投诉处理的情况进行统计分析,看是否存在同类投诉多次发生的现象。如果存在,就要深入研究,寻找其真正的根源,制订相应的纠正预防措施,彻底解决它。

五是注意投诉处理的技巧。要充分熟悉本物业服务企业的主要工作内容;在处理投诉时,一定要注意把握好时间和尺度,并给予办理人员处理投诉的权力;在处理投诉时应沉着冷静,可用以迂为直的方法来处理;在处理投诉时,要立足于解决问题,尽可能"大事化小,小事化了",不要制造出新的矛盾。

〖简要回顾〗

本章主要介绍了有关物业管理、物业管理服务的几种方法,包括一些基本概念、相关理论,以及这些方法在物业管理中的应用。

首先对企业战略管理方法、团队管理方法、虚拟管理方法、质量管理方法、项目管理方法、客户关系管理方法、沟通方法和心理学方法的基本含义和相关内容做了介绍。在理解这些基本方法的基础上,本章介绍了如何将这些方法运用到物业管理中去,为读者提供了在物业管理实践中应用的实际操作思路、方法和注意的问题。

〖案例碰撞〗

粤华物业的"用心、精心、贴心"服务

广州粤华物业有限公司始终秉承着"服务永不言完善,追求永不言止境"的服务宗旨,力求通过用心、精心、贴心的服务,让满意时时伴随着业主;通过推行差异化的个性服务,使业主获得超期望值的惊喜。公司的物业服务品牌也由此得到了升华,多年以来,业主满意率始终保持在98%以上。

镜头1:用心了解业主,从细节入手

人们喝茶的习惯各有不同,有的只喝开水不喝茶水,有的只喝某一种类的茶水,有的喜欢淡的,有的喜欢浓的。在××区机关办公大楼服务中心,机关各级领导的喝茶习惯不仅被服务中心每一个会务人员牢牢记住,而且还将这些个性化的需求输入电脑,作为应知应会纳入新员工培训计划。有一次,一位已经调离××区某局的领导回来参加会议,事隔多年,会务员还记得他喝凉开水的喜好,专门为其递上一杯凉开水。该领导被会务员的用心、精心、贴心的服务折服了。

镜头2:精心服务业主,从认真开始

广东省××办公大楼是广州粤华物业有限公司在管物业之一,该办公楼具有会议数量多、时间紧、规格高且接待形式多样化等特点。每一次会议召开前,都可能

由于种种因素调整座位数量和麦克风数量等。如果只是简单地将多余或需增加的桌椅数量搬进或搬出,整个会场就会因为失去中心点而显得不协调,失去原有的美观感。为了确保会议桌椅的整齐,会务人员以会场的中央为中心点,用细绳将会场打成"十字格",每排座位前后左右用80~100厘米不等的竹竿测量,以确保桌椅的整齐度,每一个细节都体现出粤华人的精心服务。

镜头3:贴心服务业主,从忠诚出发

"医闹"的介入,是医院的物业服务的特点之一。粤华物业公司在管物业某医院一病人经抢救无效死亡,死者家属在专业"医闹"的怂恿下,纠集了50多人,强烈要求医院公开道歉和赔偿,并当众烧香、撒纸钱、哭闹,严重影响医院的正常工作秩序。为了防止事态扩大,现场服务中心动员了综合资源,迅速做出部署:现场由保安主管带领便衣保安暗中控制;大门设双岗位,密切加强对来往的人员监控询问,发现可疑情况及时汇报;后备小组由工程主管带领随时候命;巡查小组对大楼各楼层进行仔细巡视,及时排查其他楼层的可疑情况;安排一名保安领班负责在大门口接待公司增援队员。

与此同时,服务中心代表医院联合属地派出所、街道、司法所等各方力量,经过2天的艰苦谈判,达成一致意见,完满地平息了纠纷。事后,医院领导由衷地说:"选择粤华是对的",并赠送了"情同一家"的牌匾。

粤华物业公司的"用心、精心、贴心"服务和有针对性的差异化服务,构成了铸造粤华物业公司优质服务品牌的理念基础。(摘编自广州粤华物业有限公司内部资料)

互动话题:

1.如何看待粤华物业公司的"用心、精心、贴心"服务?

2.从这个案例中受到什么启发?

第 5 章
物业管理环境

CHAPTER

【重点关注】

物业管理环境　特点及内容　分析方法　环境改造

5.1　物业管理环境特点及内容

5.1.1　物业管理环境及特点

　　环境是指围绕特定中心主体且能对该主体的存在、运行状况起一定影响作用的诸事物综合体。在以人类为中心主体情形下,广义的环境可分为自然生态环境和人文生态环境两大类;狭义的环境仅指自然生态环境和人工改造自然生态环境的物质性结果形成的环境。这里讲的物业管理环境是广义的环境,包括宏观、中观和微观物业管理环境,是影响物业管理和物业管理服务的自然生态环境和人文生态环境因素的综合体,是一个多因素、多层次而且不断变化的综合体。其特点主要表现为:

　　①制约性。由于房地产行业是在特定的社会经济和其他外界环境条件下生存、发展的,而物业管理与房地产业关系甚为紧密,必须面对这样或那样的环境条件,并受到各种各样环境因素的影响和制约。因此,物业服务企业必须清醒地认识到这一点,要及早做好充分的思想准备,随时应付企业面临的各种环境的挑战。

　　②地域性。由于房地产最重要的一个特性是区域性,区位对房地产投资和经营具有十分重要的意义,使得物业管理也呈现出地域性的特点。不同区域的环境对物业管理影响差异很大。

　　③差异性。物业环境的差异性不仅表现在不同的物业受不同环境的影响,而且同样一种环境因素的变化对不同物业的影响也不相同。例如,不同的国家、民

族、地区之间在人口、经济、社会文化、政治、法律、自然地理等各方面存在着广泛的差异性。这些差异性对物业管理和服务的影响显然是很不相同的。

④相关性。物业管理服务是一个系统,在这个系统中,各个影响因素是相互依存、相互作用和相互制约的。这是由于社会经济现象的出现,往往不是由某个单一的因素所能决定的,而是受到一系列相关因素影响的结果。例如,物业服务企业在开展服务业务时,要受到经济发展水平、市场供求关系、社会文化因素、科技进步及相关政策法规等因素的影响和制约,而这些因素之间又是相互影响的。因此,物业服务企业要充分注意各种因素之间的相互作用。

⑤动态性。物业管理环境总是处在一个不断变化的过程中,随着时间的推移,物业管理环境将会发生巨大的变化。当然,物业管理环境各种因素的变化是不一致的。有些环境因素的变化相对较快且跳跃性大,而有些则相对变化较慢较小,这些因素对物业服务模式的稳定性有不同影响。

⑥不可控性。物业管理环境的影响因素往往是企业不可控制的。一个国家的政治法律制度、人口增长及一些社会文化习俗等,企业不可能随意改变;而且,这种不可控性对不同企业和不同物业表现不一,有的因素对某些企业某些楼盘来说是可控的,而对另一些企业另一些楼盘可能是不可控的;有些因素在今天是可控的,而到了明天可能变为不可控因素。因此在认识和尊重这些不可控环境因素的基础上,促进不可控因素向可控因素转化,也是物业服务工作的重要内容之一。

5.1.2 物业管理环境内容

1)宏观环境

我国物业管理活动所面对的宏观环境是大体相同的,比较稳定,但也要注重它的动态性。

(1)政治、政府与法律法规

一是房地产开发、物业管理经营的法规;二是金融政策;三是土地政策;四是税收政策。目前房地产涉及的税种多达十余种。针对不断变化的形势需要,国家会不断改革税收制度。

(2)经济环境

项目所在城市、地区的经济发展规模、速度、结构以及产业结构,居民的收入水平以及城市化进程等,都会对物业管理产生影响。特别是房地产行业景气情况和国家整体经济形势经济周期对物业管理服务的影响是长期而深远的。居民的收入水平和消费行为倾向的影响是直接的。

(3)技术环境

物业管理与服务的技术发展迅速。物业管理智能化、信息化、集成化,新材料、新技术加速使用,节能环保措施不断强化,绿色能源和绿色建材开始流行,国家有关部门对房地产产品的规格要求越来越细致,将推行住宅建设规范化和标准化,对物业管理服务的标准也越来越严格。

（4）社会文化

根据经济收入来划分,社会不同阶层的人的消费需求和消费行为存在明显差异。随着社会的进步和健康意识的增强,绿色、环保、智能化、适合人居等崭新理念越来越为房地产开发商和物业服务企业所重视。此外,受教育程度、宗教信仰、价值观念、消费习俗以及审美观念等对物业管理发展也有重要影响。

（5）人口环境

人是市场的主体,区域人口规模与增长率、人口的年龄结构、教育程度、家庭的规模与结构等对物业管理有明显的影响,特别是老龄化、空巢、丁克（Double Income No Kidds 首字母 D、I、N、K 的组合——DINK 的谐音,意思是：“双收入,没有孩子”）家庭等问题的出现对物业管理服务提出了新挑战。

（6）自然环境

自然环境要素是指物业项目所在地域的自然条件和风景地理特征,包括地理位置、地质地貌、自然风光及气温气候等。自然环境具有相对不变和长久稳定的特点,在物业管理服务中应十分重视对自然环境要素的研究。环境污染问题,特别是空气污染、水体污染、光污染、噪音污染等问题越来越引起人们的注意。

（7）国际环境

中国物业服务市场已是国际市场,目前世界五大顾问公司——世邦魏理仕、高力国际、仲量联行、第一太平戴维斯、戴德梁行相继进入,对我国物业管理行业形成一定的冲击,同时也存在着机遇：一方面可以带来新理念、新方法、新方案、新气象,特别是在管理高档住宅和高档写字楼的物业方面有许多成熟的管理模式与方案,也刺激了物业管理服务需求市场向高端发展；另一方面也加剧了国内物业服务市场的竞争,难免要淘汰一批规模小、质量差的企业,使行业向规范和成熟的方向发展。

2）微观环境

物业管理的微观环境指在特定物业用地范围内存在的影响业主和使用人生存、发展、享受利益的诸种人文社会因素和物质性因素之综合体。物业管理的微观环境因素很多,这里主要分析几种影响物业管理服务活动开展的环境要素。

（1）企业内部环境

在内部各环境要素中,人员是物业服务企业最重要的资源。同时还包括公司声誉、长短期目标和计划、强有力的管理队伍、公共关系、财务状况、经营经验、品牌管理、成本控制、资源整合能力、核心竞争能力,等等。此外,企业文化和企业组织结构也是两个需要格外注意的内部环境要素。

（2）竞争者

物业管理市场中,竞争者主要包括现有的竞争对手和潜在竞争对手两类。现有竞争者是指与物业服务企业在同一地区提供类似服务的其他物业服务企业;潜在竞争者是指可能进入同一地区提供类似或可替代服务的其他物业服务企业。

（3）公众

公众是指对企业实现其目标的能力感兴趣或发生影响的任何团体或个人。物业服务企业经常面对的重要社会群体主要有:社区公众、媒介公众、政府公众、公民行动公众、地方公众、一般公众、内部公众等。

（4）关联企业

物业服务企业的关联企业包括上、下游企业。上游企业主要包括房地产开发商、建筑商、房地产中介、金融机构等;下游企业如绿化公司、保安公司、清洁公司等专业公司和一般物业用品供应商等。

5.2 物业管理环境的因素分析

5.2.1 物业管理环境分析方法

物业管理环境的变化所产生的影响可以从两个方面进行分析:一是对物业管理和服务有利的因素,即它对企业带来的市场机会;二是对物业管理和服务不利的因素,即它对企业带来的环境威胁。对于机会和威胁,物业服务企业必须采取适当的措施,才能在环境变化中生存和发展。

我们对物业管理环境分析常采用的方法是 SWOT 法,它是英文 Strengths（优势）、Weak nesses（劣势）、Opportunities（机会）、Threats（威胁）的意思。其中,机会和威胁是影响企业的外部因素,优势和劣势是影响企业的内部因素。

1）外部因素评价矩阵

（1）EFE 矩阵建立步骤

外部因素评价矩阵（External Factors Evaluation Matrix,简称 EFE）的建立主要是有助于归纳和评价经济、社会文化、政治法律、人口、环境、政府、技术及竞争等方面的信息,将宏观环境分析和区域环境分析中的有效信息进行分析和汇总。

建立 EFE 矩阵的步骤如下:

①列出在外部分析过程中确认的外部因素。因素总数有 10~20 个,包括公司和其所在行业面临的重要的机会与威胁。

②赋予每个因素以权重,其数值由 0（不重要）到 1（最重要）。确定权重的依

据是该因素对公司当前战略位置的可能影响,权重越高,该因素就越重要。确定恰当权重的方法包括对成功的竞争者和不成功的竞争者进行比较,通过集体讨论而达成共识。所有因素的权重总和应等于 1。

③按照企业现行战略对各关键因素的有效反应为各关键因素进行评分。机会与威胁均为 1~4 分,"4"代表反应很好,"3"代表反应超过平均水平,"2"代表反应为平均水平,而"1"则代表反应很差。评分反映企业战略的有效性,所有的评分以分值大为好。

④用每个因素的权重乘以它的评分,即得到每个因素的加权分数;将所有因素的加权分数相加,得到企业的该项因素的分数。

（2）EFE 矩阵的实际应用

①根据关键外部因素对物业服务企业的现行战略的有效反应程度进行评分。如:市场的巨大需求及发展潜力是物业服务企业发展的关键因素。只有具有市场需求,企业才会有所发展,因此这个关键的外部因素的权重最高一般为 0.1;同时,人们的观念在不断更新,对物业管理从接受到支持,对物业服务企业有着非常大的影响,故其权重最高,为 0.15(见表 5.1)。为防止评分偏差,尤其是防止先入为主,至少应 3 人以上评分,人数越多准确度越高。

表 5.1　物业服务企业 EFE 矩阵分析模型[1]

名称	关键外部因素	权重	评分	加权分数
机会	政局稳定,经济大环境好	0.1	3	0.3
	国家政府部门逐渐重视物业管理行业的发展	0.15	3	0.45
	物业管理法规日益完善	0.08	4	0.32
	物业服务市场潜力大	0.15	4	0.6
	人们消费观念改变	0.15	4	0.6
	合计	0.63	18	2.27
威胁	物业市场不规范,缺乏良好竞争机制	0.08	3	0.24
	境外物业服务企业的进入	0.06	3	0.18
	业主对物业管理服务的技术水平要求提高	0.05	3	0.15
	物业管理行业竞争激烈	0.08	4	0.32
	开发商遗留问题造成物业服务企业的负担增加	0.1	4	0.4
	合计	0.37	17	1.29

----

[1]刁爱华.试论 EFE 矩阵在物业管理企业外部环境分析中的应用[J].当代经济,2007(7 上):72-73.

②取所有人的分值平均分作为最后得分,从而可以获得企业在该关键外部因素的加权分数。该加权分数被用以分析企业对该关键外部因素在机会利用、威胁回避、对现行战略的贡献等方面的情况。

③通过建立物业服务企业的 EFE 矩阵分析模型(见表 5.1),可以看出被分析企业对现行战略对机会的把握或威胁的规避,并可以看出其行业的战略地位。

④从表 5.1 中分析可以看出,物业公司目前的机会与挑战并存,从数字的对比上看机会略大于威胁。虽然物业市场不规范,加入 WTO 后的行业竞争更加激烈,但物业服务企业具有巨大的市场潜力、广阔的市场前景,说明企业可以较好地抓住机遇规避威胁。

2)物业服务企业内部环境分析(优势/劣势分析)

物业服务企业在分析、获取和发展自身优势的同时,应抓住认识能力、决策能力、协调能力以及应变能力 4 个重点。

①认识能力。物业服务企业必须对所处的内、外部环境有清醒的认识,要正确评价自身所处的内、外部环境,正确评价自身所处的市场地位。

②决策能力。在较为真实、完备的信息的基础上,制定企业发展战略,确定战略重点,并围绕该重点展开一系列策略研究,最终细化为执行计划。

③协调能力。在物业管理服务过程中,需要对企业的物质资源、人力资源等进行调动和协调。因此,在计划合理、可行的情况下,人员的综合素质在这一过程中显得尤为重要。

④应变能力。随着自身经营行为的进行,竞争对手必然会做出反应;面对客户,会时时发生不可预测的突发情况,这就要求企业能够应对内、外环境的变化,做出相应的调整。

3)建立 SWOT 矩阵

通过前面得到的外部因素评价矩阵和内部环境分析,可以确定对企业外部环境的机会和威胁起重要影响的因素,以及对企业内部优势和劣势起重要影响作用的因素,接下来要建造 SWOT 矩阵,目的是帮助管理者制定如下 4 类战略:SO 战略、WO 战略、ST 战略、WT 战略。需要指出的是,SWOT 矩阵分析并不是要企业去选择 4 种战略中的哪一种战略,而是为企业制订合理的战略目标提供考虑周到的综合性的依据。

经过系统的战略环境分析,物业服务企业所面对的机遇和威胁以及自身的优势和劣势就显而易见了,这为接下来的战略方针和目标的制订和实施创造了良好的基础。

5.2.2　物业管理环境分析

（1）目前我国物业管理环境向着良性循环的方向发展

①政局稳定，经济大环境好。目前，国内政局稳定，国家大力发展国民经济，着力提高人民生活水平，为物业服务企业提供了良好的发展环境。从短期来看，国际金融风暴对物业管理行业影响不大，挑战与机遇并存。

②政府部门加强监督，改善了物业管理环境。由于物业服务企业为社会带来了一定的经济效益，减轻了政府在社区行政管理方面的负担，为改善人们的生活水平做出了贡献，国家政府部门开始重视物业管理的发展，加强监管力度，如进行资质年检，对住房专项维修资金进行清理等，极大地促进了物业管理从初级市场向规范方向的发展。如上海市自 2008 年 7 月 16 日起，取消 320 家资质证书过期的物业服务企业经营资质，使其不得再从事物业管理服务经营活动。另外，一些地区和城市为扶持物业管理行业的发展，提供了倾斜性保护政策，对改善物业服务企业的管理环境起到了较好的作用。

③政策法规环境逐步走向规范化。从目前看，我国物业管理的政策法规体系建设已粗具雏形，从建设部 1994 年下发的《城市新建住宅小区管理办法》到 2003 年 9 月国务院颁布的《条例》的正式实施，到 2007 年 10 月 1 日起施行的《中华人民共和国物业权法》和同时配套修改后的新《条例》。加之各地方政府先后陆续推出了一系列相关举措，并颁布了许多规范性文件；尤其是《条例》颁布后，各地政府纷纷出台了许多新的物业管理实施办法及政策，最高人民法院也出台了涉及《物权法》具体法律适用的两个司法解释：《关于审理建筑物区分所有权纠纷案件具体应用法律若干问题的解释》、《关于审理物业服务纠纷案件具体应用法律若干问题的解释》，并于 2009 年 10 月 1 日起实施的。这些法律、法规和司法解释与《条例》一起共同构建了一个新的物业政策法规体系，使物业管理从进入市场到退出市场，从物业战略管理到各专项管理，基本有了法规依据，使物业服务市场走向有序，有利于物业管理水平提高。

④物业管理市场潜力大。目前，我国物业管理的整体覆盖面还非常小，估计占物业总量的近 40%，意味着还有 60% 的未开发市场。另外，由于我国城镇居民自有住房率较高（有资料反映截止 2006 年底达 83%）。广义房地产业已进入由房地产开发时代向物业管理时代转变时期，物业管理市场的空间越来越大。

⑤人们消费观念的改变。由于物业管理具有保值、增值的作用，随着人们生活水平的提高，人们对物业管理的需求呈上升态势。更多的人已认识到了物业管理这种服务性产品的商品属性，认可享受物业管理服务就需缴费这个有偿使用原则。

（2）目前仍然存在着大量制约物业行业发展的不利环境因素，急需改善

物业服务企业的市场环境有了很大改善，总的来讲是向着良性循环的方向发

展,但在具体问题上,仍然存在着不足不利于行业发展的因素:

①业主物业管理意识有所提高,但缺乏等价交换的市场意识。目前,越来越多的人认识到物业管理这种服务性产品的商品属性,认可享受物业管理服务就需缴费这个有偿使用原则,但是,当真正缴费时,由于消费习惯和自私等原因,商品经济的等价交换原则在收费中却又得不到很好体现。

②物业服务定价标准违背等价交换原则。在价格上,物业管理始终未实现真正的市场化,由过去的政府统一定价到后来的政府指导价,尤其是 2004 年 1 月 1 日起实施的《物业服务收费管理办法》,一定程度上达到了规范市场的目的,起到了防止物业公司乱收费的作用。但是,由于过去计划经济下的福利分房制度,造成了一些业主把物业看作福利行为,受一系列非市场化因素的影响,价格机制未起到应有作用,没有体现等价交换原则,收费标准仍然偏低。即使在物业管理发达的城市如广州、深圳也是如此。

③缺乏良好的竞争机制,造成竞争缺乏或不正常竞争。大量具有计划经济痕迹的物业服务企业,以及建管不分、父子连体的物业服务企业游离于竞争之外,没有经营风险。有些物业服务企业在招投标中为了中标,常进行低价位非正常竞争。

④相关企业的非市场化行为加大了物业服务企业的管理成本和管理难度。尽管物业服务企业要"有所为,有所不为",但相关公用事业学位(主要以供水、供电、供气、供热、有线电视为代表)仍然沿用计划经济时代管理方式,如摊派行为,忽视了他们同物业企业的平等关系,导致了物业服务企业在做自己不该做的事情。长期以来,物业服务企业替他们承担了某些经济责任和社会义务,如向最终用户收取有关费用,加大了物业管理成本,产生了一些不该有的矛盾,影响了企业的发展。

总之,物业服务企业的发展,需要规范的市场环境,才能使物业行业健康发展。物业管理行业的发展需要良好的、规范的外部环境,同时也需物业服务企业提升内功,规范自我行为,打造优秀的物业品牌,使企业实现长期的可持续发展。

5.2.3 物业管理中的利益相关者

1)利益相关者的含义

利益相关者就是任何能影响企业目标的实现或被企业目标的实现所影响的群体或个人。根据相关群体在企业经营活动中承担风险方式的差异,将利益相关者区分为主动的利益相关者和被动的利益相关者。前者是"那些向企业投入了专用性人力资本或非人力资本从而承担了企业某种形式风险的人或群体";后者是"由于企业的行为而使之处于风险之中的人或群体"。具体包括:出资者、经营者、债权人、政府、员工、供应商与客户。

①出资者。出资者是指向企业提供永久性资本或权益资本的组织或个人,在

股份有限公司和有限责任公司就是"股东"。他们与企业及其经营者的关系从根本上说是出资与投资,并运用资本的关系,这是一种财务关系。

②经营者。国内外学者的看法主要有两种:一是将经营者定义为董事会,经理只是管理者;二是认为董事会与经理班子都是经营者。两种看法中,作者更倾向于第二种看法,即经营者的角色由董事会与经理共同分享。他们是企业的核心和企业兴衰成败的关键,因此也是利益相关者的财务利益得以实现的关键。

③债权人。债权人指向企业提供债务资本的组织或个人,包括短期债权人和长期债权人。在我国,企业的资本结构中负债通常占有较大的份额,而企业负债的主要来源又是银行,它往往是企业的主要资金供给者,因此,银行通常是企业最大的债权人。

④政府。由于政府的税收主要来自于企业,且政府是社会的公共管理者,为了维护社会的公共利益,其制定的公共政策对企业的经营和理财会产生直接的影响,因此,政府也是企业重要的利益相关者之一。

⑤员工。作为企业的内部人,员工对企业经营情况和财务状况的信息比较了解,在内部信息上具有明显的优势。员工在企业风险承担、利益享受和信息占有上的特殊性,决定了其在企业治理结构中的特殊地位。

⑥供应商与客户。首先,企业的生存和发展依赖于市场的稳定和扩张,因此也依赖于稳定并发展的供应商和客户网络。其次,在企业资产和负债中,供应商的债务和客户的债权总是占有相当的份额。由此可以看出,他们作为利益相关者的重要性。

2) 物业管理中利益相关者分析

所谓的物业管理中的利益相关者就是指参与物业管理活动并对其产生影响的群体或个人。他们是物业管理活动中除当事人——物业服务企业和业主之外的各种利益主体。它是物业管理环境因素的作用载体,以其特殊的方式直接传递来自物业管理中的各种利益关系等,影响物业管理与物业管理服务活动。从某种意义上讲,这些利益相关者构成物业管理环境关键因素:人(法人与自然人)与利益。物业管理中利益相关者主要有:

(1)政府

政府在房地产市场和宏观、中观物业行政管理与调控活动中扮演着重要的角色。根据国务院《条例》的规定,国务院、省(自治区、直辖市)人民政府和市、县人民政府房地产行政管理部门是物业行政管理主体,特定事项上街道办事处、乡镇人民政府也是物业行政管理主体。这就使得政府成为物业服务市场调控的主体,也自然成为了物业管理活动中的相关利益者。政府通过产业政策、财政政策、投资政策和法律、行政手段对物业管理行业进行宏观调控,构成对物业管理活动直接关联影响。

（2）投资者

投资在经济学中被定义为"将现在的消费,通过某种媒介转移为将来的消费的行为,是为获取利润而进行的资本投入"。物业投资是指投资者将资本投入到物业服务行业,以期在将来获得不确定的收益。而这一部分不确定的收益与物业管理水平和物业服务质量有着十分紧密的联系。

（3）开发商

开发商是房地产市场中的产品提供者,也是该市场中利益的追求者。他们投资房地产目的是为了能够获得利润。在房地产开发过程中,为了促销房地产商品,开发商往往控制其下属的物业服务企业为其服务,从而直接或间接获利。与此同时,开发商又有可能涉及物业质量、物业设施配套承诺不兑现、改变原有规划、公共部位产权不清等问题,而影响其利润目标的实现。

（4）专项业务外包商或物料供应商

这一群体的数量也是比较大的,前者如绿化行业、环卫清洁行业、保安行业。后者如装饰行业、房屋成套设备供应商等。这些群体在物业管理过程中从专项外包或批量采购中而获得收益。

（5）其他利益相关者

其他利益相关者主要有公安派出所、环卫绿化部门、公用事业单位、街道、居委会等有成本或收益上的关联性机构。公安派出所由于物业管理服务中的保安工作降低了其社会治安成本。物业小区的绿化环卫工作做得好,减轻了环卫绿化部门的压力和成本支出。物业管理服务中往往帮助公用事业单位代收水电费等,从而降低了公用事业单位的运营成本。街道、居委会等将一些公共管理、公共服务、公益活动摊派给物业服务企业从而减少其行政管理成本。

3）物业服务企业利益相关者应对策略

物业管理行业所牵扯的企业很广,从上游的房地产企业到下游的配套服务企业,再到与之合作的企业,方方面面,但主要的利益相关者是房地产开发企业、物业管理服务专项业务供应商、公共事业单位（企业）和行政部门基层组织。应在追求合作共赢的方针下,理顺关系,寻求建立各方的利益均衡共享机制。

①以建立多方共赢机制作为处理与利益相关者之间关系的理念和方针。在市场条件下,物业服务企业作为独立的法人组织,有自身利益,也有自己使命和社会价值,其他单位的发展不应以牺牲物业管理行业的发展为代价。在物业区域内各种利益主体交融共生,矛盾错综复杂,但唯有和谐共处,共存共荣,共享发展,多方共赢才是唯一出路。

②理顺多方主体的关系,按各自游戏规则行事,才能确保企业正常运营。首先

要处理好与房地产开发企业的关系,按《条例》提倡的分业经营的模式运作,使物业管理行业成为独立于房地产开发之外的服务行业,并按物业管理行业自身的规律运行。其次要处理好与政府基层部门的关系,按责权界限处理利益关系。第三是要处理好与公用事业单位的关系,打破过去垄断行业的专断经营,按市场化方式操作,按合约办事。第四是处理好与专项业务外包企业的关系,特别是发挥好对外包业务的产品和服务质量第三方的监督作用。

③通过与其他利益相关者的合作进行组织创新、服务业务创新、服务模式与机制创新,寻找合作机会,实现紧密联系,建立起一种新型的市场合作伙伴关系。相互之间互为依托,互相扶持,共创物业区域服务品牌,共同成长发展。

5.3　我国物业管理环境的优化

5.3.1　我国物业管理行业经营环境不断改善

①物业管理行业在和谐社会建设中的地位和作用日益突出,宏观环境大为改善。随着住房制度改革的深入和住房商品化的推进,以及城市化进程的加快,近几年,我国物业管理呈现前所未有的发展速度,取得了一系列可喜的成绩,为全面建设小康社会和构建社会主义和谐社会作出了积极贡献。近30年来物业管理行业规模不断壮大,管理领域继续拓展,服务质量逐步提升,竞争机制逐渐形成,法治环境得到优化,行业作用日益显现,职业队伍正在形成,物业管理渐入人心。

②物业管理行业由小到大,自身实力不断发展,物业管理服务渗透到社会的每一个角落。据不完全统计,截至2006年底,全国实行物业管理的房屋面积超过108亿平方米,物业管理覆盖率达50%,北京覆盖率达70%,深圳已达95%、上海已达97%。从外销商品房到内销商品房,从普通商品房到房改房和老旧小区;从住宅物业到办公、工业、医院、大学和商业物业;从小型配套到大型公建,从单一类型物业到综合性物业;从计划经济条件下的机关、企事业单位后勤管理到社会化的机关、企事业单位物业管理服务。如今,物业管理已经拓展到不动产管理的所有领域。物业管理行业正经历从粗放型向集约型服务模式的转变。

③物业管理意识在增强,维权活动活跃,社会关注度高,对物业管理行业既是挑战也是机遇。近些年,报纸、杂志、电台、电视台、网络媒体,乃至“春晚”都在关注物业管理,业主维权活动非常活跃,业主NGO组织已走到物业管理前台,等等。表面看来这些新生事物是对物业管理行业的挑战,但实际上表明全社会对物业管理和物业服务的关注度在增加,物业管理意识在增强,是物业管理与服务走向理性的标志。随着物业管理问题开始大量曝光,各种利益主体之间在博弈,在较量,物业服务企业也开始走上品牌化战略道路,走向理性,物业管理关系走向和谐,物业

管理行业日益走向成熟。特别是物权法等一列法律、法规、政策的出台,促使国家在物业管理领域走向依法治理,科学治理的道路,物业管理行业迎来了全面发展的机遇。如今,在经济发达的大城市,越来越多的业主对物业管理服务从被动接受转化为主动参与,已经有建设单位认识到自身在前期物业管理中的特定身份和责任义务,积极设法为物业管理创造良好的外部条件。

④物业市场体系逐步建立,通过招标投标来实现交易的项目越来越多。自从2003年国务院《条例》实施以来,物业管理招投标项目的数量显著增加,并从以居住物业为主,推广到其他各类物业;招标主体从建设单位扩大到业主大会、国家机关和企事业单位;许多中小城市也开始了物业管理招投标的尝试,物业管理项目招标投标在一些发达地区的政府物业交易市场得到了较快发展。随着"谁开发、谁管理"垄断模式的打破和分业经营的推行,公平、公开、公正的市场竞争机制正在逐步形成。

5.3.2　物业管理环境问题及优化

1)我国物业管理环境问题

物业管理环境总体是不断改善,但也存在诸多问题和矛盾。这些问题归结为6个方面:行业公信受到质疑;相关主体矛盾频发;有关制度尚待落实;市场机制有待完善;执法困境没有解决;行业风险日益加剧。

《条例》的颁发已经多年,但部分省、市物业管理政策法规的立、改、废工作仍显滞后,目前沿用的法规有不少与《条例》精神相左,给物业管理事业的推进带来困难。一些企业没有认真学习和贯彻《条例》确立的各项制度,有的经理对《条例》的有关精神吃得不透,理解有偏差,至今仍然固守多年的习惯做法,运作中越位和错位的问题比较普遍。虽然目前全国的大中城市已普遍推行前期物业管理招投标制度,但绝大部分是邀请招标,部分项目还存在陪标现象,市场竞争尚不充分。此外,由于部分物业服务企业尚不具有独立的缔约和竞价地位,物业管理资源配置的市场程度相对较低,公平竞争流于形式的现象依然存在。在《条例》及其配套政策的执行过程中,遇到许多困扰和阻力。部分垄断行业的强势地位,以及有关的协调工作力度不够,使得一些地方供电、供水等部门至今没有按照《条例》规定向最终用户收取有关费用,转嫁收费风险给物业服务企业的状况在很多城市依旧无法得到彻底改变。另外,建设单位的前期开发遗留问题不仅使物业服务企业承担了许多开发的滞后成本,而且加大了管理和收费的难度。加之近几年物业服务收入增长的客观限制和物业服务成本的刚性增长,使物业管理行业的平均利润率不断下降,一些企业处于亏损状态。

2)物业管理行业环境问题产生的原因

现阶段物业管理行业之所以问题和矛盾频繁出现,客观上看,行业的快速发展,使得物业管理面对的群体越来越大,矛盾自然随之增多。主观上分析,行业服务品质的提高和行业自律的力度还亟须加强。此外,应该看到这些问题的背后,反映出的物业管理行业和物业服务市场化过程中存在的深层次的社会矛盾。这些矛盾的形成主要有以下原因:

①观念差距依然明显。与市场经济和物业管理发展更为成熟的国家和地区相比,我们的物业管理观念依然存在较大差距。

②制度设计存在局限。如业主大会和业主委员会的法律地位设计上存在的局限性,物业服务企业运作不规范,业主自律的机制也不够完善。

③责任边界需要界定。据统计分析,行风测评中反映的问题有一半以上本不属物业管理,但由于责任边界不清和宣传解释乏力,使得物业管理代人受过现象时有发生。

④服务理念亟待加强。相当一部分物业服务企业至今仍然以管理者自居,没有准确把握服务业主的自身定位,使得物业管理的服务特征被淡化。

⑤人力资源供给不足。物业管理是新兴的行业,人才储备基础薄弱,从业人员队伍建设远远滞后于行业的发展,尤其突出地表现在称职的职业经理人匮乏,现有部分管理人员与承担的任务不相适应,员工队伍的专业技能培训也跟不上行业发展。

⑥行业自律有待提高。目前的物业管理行业仍过分依赖于行政监管,行业自律机制仍未完全建立起来,行业自律的社会化和专业化程度依然较低。

⑦市场体系与机制运行不健康。目前物业管理并没有真正从房地产开发环节脱离,而且有更加紧密的趋势,因而市场主体结构单一,不能真正形成市场竞争的态势,物业管理行业发展的梯次推进和行业竞争能力的扩张受到很大程度的制约。从市场形态方面看,目前房地产营销有各类中介服务机构,有专门交易市场,而物业管理没有这种有形市场,不少优秀物业公司难以承接到物业管理项目;而另一方面是业主找不到满意的物业服务公司,致使纠纷不断。缺乏市场纽带作用,资源不能达到最佳配置,物业管理行业的发展受到了很大阻碍。

⑧对物业自然环境的认识比较传统,仅限于清扫保洁、除"四害"活动,绿化管理也仅限于在空裸场地种些树木花草,点缀环境和禁止人们破坏绿化行为。这种环境管理思路,缺少环境文明整体建设规划;缺乏自觉建设人文生态环境意识,难以提高环境价值,也不利于创造宜人的文化艺术氛围;忽视环境科学和环境管理先进技术的学习和应用。

3)物业管理环境优化的途径

①加强物业管理理论研究与宣传,提高物业管理认识水平,实现社会意识环境优化。物业管理行业作为新的第三产业,出现在中国时间不长,人们对物业管理及物业管理服务的认识并不深入,甚至于大部分人的认识还很肤浅;物业管理与物业管理服务的理论研究、专业教育也滞后于物业管理活动及物业管理行业的实践,以至于在出现物业纠纷、物业事件时才急忙去查找资料,以求解答。由于我国物业管理理论研究滞后,现有的大量是房地产经济管理、国外物业知识引进介绍、国内物业管理服务和物业纠纷案件处理的经验材料,而系统化物业管理理论研究成果非常缺少,因此大家都以自己所据有的知识与经验进行"口水战"。业主只知道维权,但不知权力在哪里,如何维权?因此物业管理服务的发展需要和谐的物业管理环境,需要对物业知识、理论、逻辑、责任、权力等重要范畴有一个学习、适应的过程。这就要做大量的理论研究和宣传、普及、沟通工作,来优化人们的思想观念,建立良好的社会意识环境。首先,理论要系统,逻辑要通顺,思想认识要提高。其次,各种媒体要引导人们正确看待物业管理服务,改变过去行政福利分房、无偿消费物业管理服务的陈旧观念。在有偿服务实践中体验、思考,并接受新型的有偿物业服务模式,形成新物业服务消费观念。物业管理服务人员以优良的专业知识、技能、素养提供高质量的服务,以及舆论宣传的正确引导,在正确物业管理意识的形成中起到重要的沟通宣传作用。

②完善物业管理法规,优化政治法律环境。物业管理服务的实践表明:健全的法律法规是物业管理健康发展的基本保证。《物业权法》和新的《条例》已实施,应对现有的法规政策进行全面完善和细化,特别是制定适宜各地不同物业环境的地方物业管理法规政策和措施,保证物业管理与物业服务有法可依,有法必依。

③完善物业服务市场体系,加强市场监管,优化物业服务市场环境。优化物业服务市场环境是物业管理行业健康发展的基本要求。因此,首先按《条例》要求提倡房地产开发与物业管理分业经营,实现市场主体独立性、竞争性,规范市场主体行为。创立符合市场经济运作规律的物业管理体制,提高其产业集中度,从市场运行的机制上控制物业服务企业过多过滥问题,建立"留优汰劣"机制,加快物业管理迈入市场化的步伐,让业主享受品牌物业服务。通过建立物业管理有形市场,将供需双方联结起来,引入公开招标、优胜劣汰的竞争机制,实行公开、公正、公平的原则,为物业管理行业的健康发展创造条件。

④加强行业自律管理,优化物业管理行业内部环境。行业自律是物业管理行业发展的重要前提,首先要准确把握行业定位。在物业管理活动中,物业服务企业既不是建设单位的隶属和依附,也不是业主的"仆人"或"保姆";既不是凌驾于业主之上的"管制者",也不是逆来顺受的"受气包";既不能不负责任地推诿敷衍,也

不能毫无原则地大包大揽。其次要理性认识行业特征。物业管理从业人员只有把握行业特征，才能时刻放平心态，多从业主的角度看待和解决问题，通过亲情、友善、专业的服务，让客户感到受欢迎、受尊重、受呵护、受照顾，由此建立良好的客户关系。第三要切实端正服务思想。要摆正服务业主的位置，切实转变"管理者"的角色，强化服务意识，尊重、关爱、善待业主。第四要全面提高队伍素质，借物业管理师制度的推行，提升物业经理人素质，加强物业管理专业人才培养和员工培训，提高全员素质。

⑤重视物业自然环境的改造与优化，让人们在优美、洁净、安全的环境中享受生活。由于物业环境问题的存在，也引发了许多物业管理中的环境纠纷和环境不佳的抱怨，使物业自然环境问题日益成为影响物业管理服务活动的重要客观因素。因此，物业自然环境的改善与优化，必须考虑环境管理的整合性、环境问题的预防性、环境文明的品位性，克服了传统环境卫生、绿化管理不可避免的弊端，重视对环境文明的整体建设规划；重视环境科学和环境管理先进技术的学习和应用，将物业管理辖区的环境文明建设同物业所在社区和城市的环境文明发展有机结合起来，形成具有本地文化艺术特色的物业环境景观，提高环境价值，创造环境的宜人文化艺术氛围，增强自觉建设人文生态环境意识。中国已有不少物业服务企业主动采用 ISO 14000 环境管理体系标准来改进和加强辖区内的环境管理服务工作，取得了明显成效，也证实了环境管理的科学化、标准化、持续改进化是中国物业管理现代化必不可少的内容。

〖简要回顾〗

本章主要介绍了有关物业管理、物业服务环境及其相关内容，包括宏观环境和微观环境。

首先认识物业管理环境的特点及内容，介绍了物业管理环境 SWOT 分析方法，分析了物业管理中的利益相关者。然后在了解我国物业管理环境现状有基础上、探讨了环境问题优化环境的对策思路。

〖案例碰撞〗

"和谐物管"为"住在南岸"提升品质

近年来，重庆市南岸区物业行政主管部门跟随重庆市"住在南岸"理念的提出，在物业管理工作上按照创新方法、规范管理、提高水平、保持领先的工作思路，不断增强服务意识、强化监督管理，积极构建"和谐物管"，使该区物业管理水平不断提高，生活品质持续提升。现住南岸某社区的林女士说"这些年我在长沙、深圳都住过，但还是重庆南岸区的物业管理水平最让我满意。"

规范管理是铸就品牌的前提。该区房管部门从提升物管行业的水平入手，从和谐、健康人居的角度,为"住在南岸"提升品质。2005年,南岸区在重庆市率先成立南岸区物业管理学会,并制定了学会章程及规章制度。完善工作机构,吸收会员68名,为促进行业发展提供了交流平台。物管水平的高低,关键要看物业服务公司的水平的高低。为此,近年来南岸区加强了对物管企业资质管理,严把入口关,从严控制物业服务企业的总数量,不断提高各物管企业的标准,达到上档次求规模的要求,从而建设"品牌物管"。截至2006年,南岸区符合企业资质管理条件的有71家,有的成为该区乃至全市物管行业的知名品牌。

以创建"优秀物管小区"和"诚信物管企业"为契机,促进物管公司服务水平的提升,是南岸区物管行业发展的一大特色。2001年以来,南岸区共累计成功创建国家级示范小区4个、占全市的18%,创建市级优秀示范小区14个,占全市13%,区级优秀小区27个。获得"重庆市信得过物业服务企业"6家。不断提升的小区物管水平,为"住在南岸"提供了有力支撑。持续开展的创建工作使南岸区物管行业中的创新不断涌现。自去年以来,该区物管行业有三项改革在走在了全市前列:一是南岸区房管局首次与党校联合开办了物业管理培训本科班,培养高素质的物业管理工作人员;二是发挥街镇合力,组织全区各街镇分管领导及社区居委会主任进行物管法规培训,提升共管能力;三是率先在全市形成《南岸区物业管理先进业主委员会标准及评分细则》。

目前,南岸区的物业管理工作已由过去"打好基础、重点突破、逐步入轨、规范管理"的初始阶段,发展到了如今的"稳步发展、齐抓共管、健全法规、创建品牌"阶段,实现了由量变到质变的飞跃。(摘编自重庆日报2006年12月21日第007版)

互动话题:

1. 南岸区物业管理部门是如何进行行业自律的?

2. 南岸区是如何适应物业管理环境变化优化物业管理环境的?

3. 如何评价南岸区的做法?

【重点关注】

物业管理关系　房地产开发　政府行政行为

公用事业　业主自治　居民自治

6.1　房地产开发与物业管理

6.1.1　物业管理在房地产开发中的地位与作用

物业管理行业的产生与房地产经济的发展有着密切的关系。随着城市房地产业的发展,物业管理行业因大量建成投入使用的房地产物业服务需求而逐步发展壮大起来;而良好的物业服务又能提升房地产商品的品质,促进房地产商品的售后服务,从而促进房地产经济的发展。党的十七大提出"住有所居"的小康目标,将进一步促进城市房地产业的发展,物业服务也必将迎来大发展的良好机遇,并成为对房地产经济发展有着积极促进作用的一个重要服务产业。

物业管理在房地产业中的作用主要有:

①对延长房屋寿命,提高居住水平的作用,有利于物业保值升值,促进房地产经济发展。专业的物业管理服务活动参与房地产开发过程,从前期介入到正常管理服务活动开展,如参与物业的设计、规划、装修、设备安装、维护、养护等活动,使得房地产开发与物业使用得到系统考虑,开发商、物业服务企业和未来业主的利益都得到协调与保证。这不但可以延长物业的寿命,保证物业的质量、功能、安全和经济效用,达到保值增值的目的,保证了业主的利益,有利于提高业主的居住水平和生活质量,保证业主的资产性收入不断增加,而且有利于开发商节约成本,促进销售,获得更多利润。同时物业服务企业赢得了口碑,和谐了业主、开发商和物业服务企业三方的关系,创造了三方利益共赢的局面。

②对房地产开发的前期介入的作用。优质的物业管理服务对房地产开发及其销售起到重要的支持作用。一般来说，住宅开发建设大约需要 3 年左右的时间，而建成投入使用的物业服务则是几十年、乃至百年的时间。有关调查表明，在目前房地产经济发展中，人们在关注房价、位置，居住环境之后，最关心的问题就是物业管理服务。物业服务企业可以为房地产开发建设提供资讯服务，如基于对业主需求的了解，对环境的规划提出有利于业主日后生活的建议，使物业项目更符合未来业主的需求，也促进了房地产品的销售，实现物业管理的前期介入的作用。

③物业服务品牌对房地产开发的长期效应。良好的物业服务品牌不但促进了房地产的营销，也进一步开拓了企业在市场中的份额。品牌是一种无形资产，优秀的品牌则代表着某种商品或服务具有较高的质量、性能和效用，使得其在市场中能够占有较大的份额，具有较强的竞争力。

④有利于房地产市场的发展完善。物业管理服务作为房地产经营管理活动的关联经济活动，在经营链上会与房地产开发及物业业主发生必然的经济联系，这种联系目前很多情况下是一种以质量或服务的纠纷问题引出。但是这种"剪不断理还乱"的多方关系最终将会在社会主义市场经济体制和法治环境下解决。房地产开发、经营、物业管理服务将会逐步关系顺畅，房地产市场将日益繁荣和完善。

⑤有利于推动外向型房地产经济的发展。推行优质的物业管理服务是加快我国房地产行业发展同国际接轨的必由之路，是改善投资条件和投资环境的必要措施，具有推动外向型房地产和涉外经济发展的作用。

6.1.2　物业管理与房地产开发的关系

1)物业管理与房地产开发的区别

物业服务公司与房地产开发公司都作为企业，在企业性质上是相同的，但又有诸多不同的地方。首先表现在提供的产品不同，房地产开发公司提供的是房地产产品；而物业服务公司提供的是物业服务产品。其次是经营管理活动范围不同，房地产开发公司经营活动范围涵盖了房地产生产、流通、消费所有经济环节；而物业公司的活动范围主要是在消费环节。第三是交易产品的性质不同，房地产开发公司在消费阶段有针对房屋质量问题的售后服务活动，但这是房地产开发生产活动的延续，物业服务公司开展的是针对业主的物业服务需求的各类物业服务活动，前者是房地产开发经济活动的重要组成部分，后者是物业服务产品交易活动。第四是经营管理活动方式也不同，房地产开发公司是主要从事房地产投资开发经济活动，是将房地产产品作为直接收回投资并获取利润的手段，是典型的投资经营行为；而物业公司只是为进入消费的物业及业主提供管理服务，是一种通过管理服务获得收益的经营行为。最后是交易的方式不同，房地产开发公司与业主交易的是物业的所有权,并通过一次性交易实现经营目标;物业公司与业主之间交易的是与管理权委托中有关的管理服务产品,这种交易不是一次性交易,是在委托合同约定期限内连续不断的交易行为。

2)物业服务企业与房地产开发公司的联系

从物业服务企业与房地产开发企业之间是否有隶属关系来看,有两种联系情形:

(1)房地产开发企业附设物业服务企业

房地产开发企业为了满足房地产营销和售房服务的需要,常设置分公司或投资设立物业服务公司实施物业管理。该类物业服务企业与房地产开发企业是从属关系,物业服务企业作为房地产营销和售后服务的主要载体,往往是房地产开发过程的延续和发展。目前国内这种形式占很大比例。

(2)委托专业物业服务公司实施物业管理服务

一般来说,业主委员会成立之前,第一次选聘物业服务企业的工作由原房地产开发企业通过公开招投标的方式选聘专门从事物业服务的企业实施物业管理,此时,物业服务企业与房地产开发企业构成了聘用的合同关系,双方依照合同规定行使各自的权利并履行各自的义务。当业主委员会成立后,选聘物业服务企业则由业主大会决定,业主委员会负责具体选聘工作。

3)正确处理房地产开发与物业管理的关系

(1)房地产开发与物业管理关系上存在的问题分析

如何处理好房地产开发与物业管理的关系是房地产开发行业与物业管理行业、房地产开发企业与物业服务企业关系必须回答的一个基本逻辑问题,关系处理的好坏直接影响房地产市场的正常发展。由于相对房地产开发行业的实力来看,物业管理行业是新兴产业、实力较弱,因此两者关系正常与否对物业管理行业发展的影响更大。

①房地产开发与物业管理关系上存在的"混业经营"问题及实质。房地产开发与物业管理关系上存在的问题,主要出现在房地产开发企业与其下属物业服务企业关系上问题,实质是"混业经营"问题。由于两者目前的关系有点像父母与子女的关系,儿女大了要独立,虽然父母舍不得,但家业大了,即广义的房地产市场做大了,终归是共赢的好事。

房地产开发与物业管理的关系是内部关系(即行业内部指导与被指导关系,或企业内部行政管理关系)还是外部关系(即行业间的协作关系,或企业间独立法人之间的经济关系),从实质上看,是决定物业管理行业是否具有独立的行业地位,或物业服务企业是否具有独立的法人地位的关键问题。

②"混业经营"问题产生的背景。客观地讲,房地产开发与物业管理混业经营在物业管理行业发展的初期起到了孕育培养的作用,物业管理服务有今天的发展面貌,房地产开发企业功不可没。绝大部分物业服务企业是房地产开发企业投资或组建的。但问题是客观上存在两个行业的不同运作规律,需要分别按不同逻辑来运营,特别是物业管理行业有自身的规律,必须按自身的规律运行。

不过房地产开发企业自建自管,也有其苦衷。由于物业管理行业是微利行业,物业服务公司的主要收入来源是物业管理费。管理费高了,业主不干,管理费低了,物业服务公司又无利可图。因此起初的自建自管是房地产开发企业一种无奈的选择,也是政府的要求。当然房地产开发企业采取自管也有其利益所在,如在物业管理服务中再赚取一道利润,利用物业服务公司为其承担一些责任或化解一些纠纷,通过物业服务公司兑现以前的承诺,延续和巩固项目品牌和企业形象,作为房地产商品售后服务机构,等等。这样一来,又产生另外一个问题:物业服务企业若成为开发商的一个部门或一个子公司,在日常工作中因执行上级单位的指令或意图,将会违背物业服务公司运作规律,侵害其作为一个经济实体应有的自主权。容易使业主、开发商、物业服务公司之间的关系混乱,使三者之间责、权、利不清,直接影响到物业服务的质量和品质。业主由此产生不满而拒交管理费,将会导致物业服务公司无法维持和开展正常的经营活动。

③"混业经营"的危害。随着房地产开发企业自建自管"混业经营"的问题逐渐暴露出来,引发许多矛盾和纠纷,对房地产开发和物业管理服务都带来不利影响。目前有70%的物业公司是开发商创立的,物业管理与房地产开发仍然是"混业经营"。不少物业公司还要依靠房地产开发建设单位的支持才能经营下去,所以往往站在开发商的利益上说话,很难发挥好早期介入和监督管理的作用,房屋质量问题很难得到解决,开发商在卖房时的承诺不兑现物业公司又很难有所作为。另外,由于物业服务企业依靠开发商财大气粗,往往对业主的服务态度恶劣,管制多于服务,很难做到依据合同认真提供合格的物业服务,导致业主与物业服务企业的关系不顺,使物业公司难以维护业主利益,进一步导致业主与物业公司之间出现信任危机,物业管理关系难以存续。当前各地出现一些物业公司被业主炒鱿鱼的现象就是最好的例证。这些问题产生的直接导火索在物业服务企业的选聘、管理费收取标准、服务承诺兑现等方面缺乏透明性、合理性、公正性,而这些问题的产生的重要根源之一就是房地产开发与物业管理的关系不顺,即"混业经营"。

（2）房地产开发与物业管理的分业经营的推进

实施房地产开发与物业管理的分业经营,一直是物业管理发展过程中一个十分重要的问题。2001年3月15日,第九届全国人大第四次会议审议批准的《中华人民共和国国民经济和社会发展第十个五年计划发展纲要》中提出要"规范发展物业管理业","鼓励房地产开发、房地产销售与房地产管理分业经营"。"分业经营"再次引起了人们的广泛关注,它是一个值得期待的解决地产房开发与物业管理关系问题新思路。

但随后的提法有变化,2003 年国务院《条例》第 24 条规定"国家提倡建设单位按照房地产开发与物业管理相分离的原则,通过招投标的方式选聘具有相应资质的物业服务企业。"这里采用了"建管分离"的说法。《物权法》第 81 条规定"业主可以自行管理建筑物及其附属设施,也可以委托物业服务企业或者其他管理人管理。对建设单位聘请的物业服务企业或者其他管理人,业主有权依法更换。"第 82 条规定"物业服务企业或者其他管理人根据业主的委托管理建筑区划内的建筑物及其附属设施,并接受业主的监督。"这里也只规定了物业服务企业在物业管理服务中的委托代理权取得与否,不是由开发商决定而是由业主决定,并没有涉及分业经营问题。但是"建管分离"的"分离"一词主要是"分开"、"离开"的意思,这一表述很容易使人曲解,误以为物业服务企业要离房地产开发而去。那么房地产开发商投入的资本、培养的人才、经营起来的品牌和企业文化积淀成果都要失去了,谁来为它销房子,为它提升品牌。特别是在国有房地产开发企业下属承包制下的物业服务企业很容易从资产上分离,而改变行政隶属关系,从而彻底"分离"。因此,"建管分离"很易造成误解,或造成对一些房地产开发企业实际的经济损害。这会使一些房地产开发企业不愿意失去物业管理这个"金凤凰",更不愿让它脱离自己的控制而"飞去"为别的开发商服务,从而更严格地去控制下属的物业服务企业。2003 年《条例》颁布以后,一些房地产开发建设企业通过人事更换、组织变革、业务重组等形式更加严格控制下属物业服务企业的行为时有出现,证实了这一担心。

与"建管分离"的提法有本质不同的"分业经营",是一种科学成熟的经营管理方式,它强调物业管理行业的特点,按不同行业的规律来运营,只是一种经营上的方式改变,并不改变原有产权关系;目的是通过明晰产权、理顺关系、改变机制、科学治理、提高资产的运营效益和物业管理服务质量,促进房地产产品销售和业主满意度提高,达到多方共赢的目的。分业经营的提法与建管分离相比,其内涵更深,外延更广,对行业发展的推动作用也更强。从建管分离到分业经营,物业管理走过的不仅仅是一个从稚嫩到成熟的发展时期,也是一个从自发到自觉、从感性到理性的发展阶段。

"分业经营"是处理房地产开发与物业管理服务关系的正确选择。推行房地产开发与物业管理分业经营关键是双方要从认识提高开始,并要看到分业经营的价值所在。

首先,房地产开发企业要认识混业经营的过渡性和对房地产经济发展的阻碍。我国的物业管理在发展的最初期,是以房地产开发自建自管的模式出现的,房地产开发商在开发企业内单独设置一个部门或是成立下属的物业服务公司来管理自己所开发的物业,在当时是一种普遍的做法。这种做法在物业管理的产生与发展过程中虽然起到了一定的促进作用,但正如前所述,它对物业管理市场化乃至整个房地产市场发展带来的阻碍与弊端也十分明显。

其次,物业服务企业要看到混业经营对行业发展的致命性是产业形态和行业地位不独立。物业管理服务对房地产开发的先天依附关系不能打破,物业管理在行业定位上被狭隘化、扭曲化,以致不能按自身的运营规律运营,企业及企业家的价值不能通过经营业绩得到体现,社会对物业管理行业和企业不能正确理解和评价。混业经营对房地产开发行业企业和物业管理行业企业双方都是有害的。

第三,逐步理顺两者之间的财产关系及管理关系。对于现有下属物业服务企业,房地产开发企业可以以参股、控股的出资方式,以股东的身份参与物业服务企业的内部治理,更能体现市场化的运营规则,而不以承包制下的行政管理者的身份出现。这样物业服务企业可以独立经营,房地产开发企业也可以合法参与管理并获得正常投资回报。考虑到在我国,物业服务企业有改制的实际困难,如原先的独资企业改制问题,这种关系理顺的过程需要整体设计和一定的过渡时间。

第四,政府应在立法和市场体系、机制建立上担当责任,在分业经营上有所作为。分业经营的实施一方面必须通过相关立法去推动,另一方面要靠市场机制去调节。如在立法上逐步将分业经营明晰化,物权法的有关条文实际上是一个进步;政府在物业服务市场体系的建立上,特别在推行招标投标制度、物业服务企业资质管理、成立业主委员会、社区服务与社区和谐建设等这些关键性指标性问题上要发挥应有的作用。这两方面的共同作用可以带动许多与物业管理市场化相关问题的共同解决,促使市场要素的成熟和市场运作机制的规范与完善,分业经营也就水到渠成。

第五,通过物业服务企业成熟的市场化运作,培育全社会的物业管理意识与消费习惯,打造本土优质物业管理服务品牌,提升核心竞争力。如通过与国外品牌企业的合作与竞争,吸收国外的先进管理理念和科学方法,壮大自身力量。通过提高员工素质和优质服务赢得业主的尊重,培育业主的物业管理意识和选择优质物业管理服务品牌来服务的共识和能力,使物业管理行业有独立生存发展的环境和空间。

6.2 政府行政行为与物业管理

6.2.1 物业管理中的行政管理关系

物业行政管理是国家行政机关依据有关的法律、法规,对物业管理活动实施行政管理。行政管理部门与物业管理服务行业的关系是管理与被管理、指导与被指导的行政管理关系,其实质是国家通过法律手段、经济手段、行政手段及信息发布与劝导等手段,规范物业管理活动,建立物业管理市场正常秩序,改善人民群众的居住和工作环境。

与物业管理有关的行政管理部门包括:国家级的物业管理主管机构;省市级的物业管理主管机构;基层物业管理主管机构;基层政府及其派生机构;规划、城管、环卫、公安等有关行政管理部门;工商行政管理部门;物价行政管理部门及税务行政管理部门等。这些行政管理部门,在各自的专业管理范围内,对住宅区物业管理进行专项监督和指导。

6.2.2 物业管理活动中的政府行政管理行为

1)房地产行政管理部门为物业管理的行政主体

政府各级管理部门负责物业服务企业的资质审查和行业管理,通过行政管理法规、规章的制定,规范物业管理活动并指导监督物业管理的运作,而不直接参与物业的具体经营和管理。主要工作包括:对业主委员会实行资格认定,对物业服务公司进行行业管理、业务指导和监督检查;对物业服务市场进行行政管理;对物业管理专业人员进行执业资格认定和业务工作指导;对专业培训工作进行行政管理。房地产行政管理部门对物业管理行业所实行的行政管理行为是宏观调控、市场引导、执法管理,超脱于具体的物业管理行为,不直接干涉业主委员会、物业服务企业的决策和经营管理活动,以便创造良好的物业管理环境。

(1)审批物业服务企业的经营资质

国家对从事物业管理活动的企业实行资质管理制度。房地产行政主管部门为了加强对物业服务企业的管理,规范物业服务企业的行为,对物业服务企业的资质管理实行分级审批和动态管理制度。一般委托给行业协会具体开展此项管理工作。

(2)对物业管理招投标活动实施监督管理

房地产行政主管部门应当建立评标专家名册。省、自治区、直辖市人民政府房地产行政主管部门可以将专家数量少的城市的专家名册予以合并或者实行专家名册计算机联网;对进入专家名册的专家进行有关法律和业务培训,对其评标能力、廉洁公正等进行综合考评,及时取消不称职或者违法违规人员的评标专家资格。

(3)对日常物业管理活动实施监督管理

国务院建设行政主管部门负责全国物业管理活动的监督管理工作,县级以上地方人民政府房地产行政主管部门负责本行政区域内物业管理活动的监督管理工作,对违反《条例》规定的各种行为进行行政处罚或行政处分。物业所在地的区、县人民政府房地产行政主管部门或者街道办事处、乡镇人民政府有指导同一个物业管理区域内的业主成立业主大会,并选举产生业主委员会的职责。业主委员会应当自选举产生之日起 30 日内,向物业所在地的区、县人民政府房地产行政主管部门和街道办事处、乡镇人民政府备案。业主大会、业主委员会作出的决定违反法律、法规的,物业所在地的区、县人民政府房地产行政主管部门或者街道办事处、乡镇人民政府,应当责令限期改正或者撤销其决定,并通告全体业主。

(4)组织物业服务企业参加考评和评比

如各省、自治区、直辖市人民政府房地产行政主管部门负责组织辖区内的物业服务企业参加考评和评比,并通过实地考查、听取汇报、查阅资料、综合评定等方法,对申报达标的物业管理区域进行考评。通过考评和评比,促进物业服务水平的提高。

2)行业协会对物业服务市场的管理

物业管理行业协会是由从事物业管理的实际工作者和理论研究的专家、物业管理服务交易的直接参与者以及政府宏观物业管理机构等组成的主要以法人单位为会员的民间行业组织。目前,我国物业管理相对普及的地区,物业服务企业也呈一定的规模。中国物业管理协会于 2000 年 10 月成立,随后各地也相继成立物业管理协会,以加强行业自律管理,从而形成了我国物业服务市场的四级(国家住房和城乡建设部、省自治区、直辖市房地产行政管理部门、市县房地产行政管理部门、乡镇人民政府)管理体系。物业管理行业协会对物业服务市场进行管理可以通过以下几个方面进行。

①强化职业道德规范,保护业主利益。物业管理是一项服务性很强的工作,应要求物业管理的从业人员必须有较高的职业道德素养,为保护广大业主的利益,物业管理行业协会应规定严格的职业道德规范,并强调协会会员必须严格遵守。

②依据国家法律法规,按社团法人的职责,为企业服务,为会员单位服务。为会员单位提供咨询服务;维护市场秩序,维护企业合法权益,协调会员关系;为会员单位的管理和发展提供咨询服务,开展人才培训和技术推广,通过行业组织传递信息,开展国内、国际交流与合作;指导企业建立走向市场的管理体制,促进企业提高市场竞争能力,帮助企业在市场竞争中获益。

监督已登记注册会员的经营、管理、服务情况。物业管理行业协会的监管内容比较广泛,凡是与物业管理有关的业务活动情况均列在其监督之列,包括财务状况、服务质量、服务态度等各项内容的监管。

代表和维护会员单位的合法权益,向政府反映会员单位的合理要求。

③物业管理知识的普及、经验的介绍、相关法律的宣传。在政府行业行政主管部门的领导下,宣传物业管理法律、法规、政策、条例,教育会员依法实施物业管理;严格行业道德规范、自律准则和管理标准,教育会员自觉约束自己的行为;组织开展多种形式的物业管理人才培训工作,推动会员之间加强交流;鼓励物业服务企业

创建物业规范管理的典型,做好文明管理典型的推荐。

④充当政府贯彻落实政策法规、规范企业行为和市场行为的助手。协助政府进行物业行业调查统计,收集、分析物业管理行业信息,向政府反映行业发展的情况及趋势,为政府制定行业改革方案、发展规划、产业政策、政策法规等提供预案和建议。接受政府的委托组织专家学者参与政府决策的前期调研,为政府决策提供建议和意见,也向政府反映物业管理行业的情况、存在的问题及发展趋势。

协助政府行业行政主管部门制定和实施物业管理行业发展规划,贯彻落实国家的有关政策法规,推进行业精神文明建设,推动物业管理行业健康发展,提高物业管理行业整体素质和社会、经济、环境效益。

接受政府的委托,开展对物业服务企业的资质管理,实施物业管理优秀示范小区、大厦的达标考评、管理人员持证上岗培训等工作;协助政府进行物业管理服务质量和收费的监督管理工作;协助政府组织、指导物业管理科研成果的转化和新技术、新产品的推广应用工作,促进行业技术进步。

3)其他行政管理部门行为

(1)工商行政主管部门对物业服务企业的监督与指导

物业服务企业在开业之前,须向工商行政主管部门申请注册登记,经工商行政主管部门审核批准后,依法获得企业法人营业执照,然后方可正式开业。

工商行政主管部门每年度对物业服务企业依法进行年检、年审,对违法经营者有权依法进行批评、教育、处罚,直至吊销企业营业执照,对合法经营者给予保护和支持。

(2)税务行政主管部门对物业服务企业的监督指导

物业服务企业要依法将应交税金按时交到税务行政主管部门。税务主管部门有权依法对物业服务企业进行定期与不定期的税务检查与指导,有权处罚违反税务规定的行为。

(3)物价行政主管部门对物业服务企业的监督指导

物业服务企业要按照物价部门的定价形式确定物业服务收费。实行政府指导价的,物业服务企业要按照当地物价部门制定的基准价及其浮动范围在物业服务合同中约定具体收费标准。物业服务企业应当按照政府价格主管部门的规定实行明码标价,在物业管理区域内的显著位置,将服务内容、服务标准以及收费项目、收费标准等有关情况进行公示。物业服务企业要接受物价部门对其违反价格法律法规的处罚。

(4)安全管理部门对物业服务企业的监督和指导

治安管理和消防管理是物业管理的主要工作之一,物业服务企业应认真贯彻"预防为主,人防、物防、技防三者互相结合"的原则,自觉地接受当地公安机关或派出所及消防部门的监督和指导。此外,环卫部门和园林部门对物业服务企业也有相关业务的监督和指导。

6.2.3 物业管理行业管理基本制度建设

政府对物业管理市场管理的重要前提是建立物业管理基本制度体系,通过制度来规范物业管理关系和物业管理形为。制度建设的重要任务就是制定和适用物业管理法律法规及政策。物业管理法律、法规及政策应明确政府管理机构的设置、政府管理的权限与范围;明确业主管理委员会、物业服务公司和政府管理机构的权力与义务;此外还应建立配套的地方性法规及实施办法。在立法的同时还要加强执法,真正使法律、政策精神落到实处。

1)我国物业管理法规颁布历程

我国物业管理法律法规的制定、颁布是与物业管理实践及物业管理行业的发展的需要相适应的立法活动。大量的立法活动促进了我国物业管理基本制度的形成,规范了物业管理行业的发展。

1981 年,深圳市第一家涉外商品房管理的专业公司——深圳市物业管理公司成立。此后,从深圳到广州,从南方到北方,物业管理公司在众多城市大量出现。与此相适应,1993 年深圳市人大颁布全国第一部物业管理地方法规——《深圳经济特区住宅小区物业管理条例》,以地方立法的方式对物业管理进行制度规范,为我国物业管理基本制度的建立提供了基本范式和实践材料。

1994 年 3 月,在总结沿海开放城市物业管理试点经验的基础上,建设部下达了33 号令,颁发了《城市新建住宅小区管理办法》,明确指出:住宅小区应当推行社会化、专业化的管理模式。从而正式确立了我国物业管理的新体制,为房屋管理体制的改革指明了方向,并提供了法规依据。

1996 年 2 月,为了规范居住小区物业管理服务收费行为,维护正常收费秩序,促进物业管理事业健康发展,国家计委、建设部联合颁布了《城市住宅小区物业管理服务收费暂行办法》。为了贯彻该"办法"各地根据自己的具体情况先后制定了《实施细则》和具体的收费标准。

1998 年 8 月,为了规范物业管理服务的收费行为,维护国家利益和物业管理单位及物业产权人、使用人的合法权益,建设部、国家工商行政管理总局制订了《物业管理委托合同文本》,建设部制订了《业主公约示范文本》,1999 年 10 月制订了《前期物业管理服务协议》。这些示范文本现在已经成为物业管理中规范物业管理行为、保护当事人的合法权益的规范性文件。

1999 年 10 月,为了规范物业服务的秩序,推动物业管理市场竞争,提高物业管理水平,建设部制定了《物业管理企业资质管理试行办法》,这是推动我国物业管理行业向市场化改革的重要标志。

2003 年 6 月 8 日,国务院令第 379 号颁布《物业管理条例》,9 月 1 日起施行。条例全面系统地对物业管理活动进行规范,标志着我国物业管理基本制度的初步建立。

2007 年 3 月 16 日,第十届全国人民代表大会第五次会议通过《中华人民共和国物权法》,标志着物业管理制度从法律上第一次确立。

随后,根据《物权法》的精神,2007 年 8 月 26 日国务院对原《条例》进行了修订,并于 2007 年 10 月 1 日起开始施行新条例,使《条例》更加完善,更具权威性。2009 年 3 月 23 日和 4 月 20 日,最高人民法院审判委员会两次会议分别于通过了《关于审理建筑物区分所有权纠纷案件具体应用法律若干问题的解释》和《关于审理物业服务纠纷案件具体应用法律若干问题的解释》,并于 2009 年 10 月 1 日起施行。这两部司法解释使物业管理纠纷案的处理有了更加清晰的法律依据,提高处理的效率和公平性,有利于物业管理与服务过程的经济纠纷的妥善处理。

与此同时,其他相关的配套法律法规陆续出台,已颁布实施的法规也做了相应修改,从而构成以《物权法》为依据,以《条例》为中心,以相关法律法规和地方性法规为配套的物业管理法律法规体系,并由此形成我国物业管理基本制度体系。

2)《物业管理条例》确立的物业管理基本制度

《条例》的颁布实施,在我国确立了物业管理基本制度,维护物业管理当事人的合法权益等方面取到重要作用。其中主要的 7 项物业管理基本制度为[1]:

(1)业主大会制度

各地在物业管理实践中,大多采用业主委员会制度,即由业主召开会议,选举产生业主委员会,代表全体业主行使有关物业管理的权利。从实践效果来看,业主委员会制度对物业管理行业的发展起到一定的促进作用。但由于该制度集决策和执行于一体,缺乏有效的监督机制,难以体现全体业主的意愿,有违权责一致的原则。《条例》确立了业主大会和业主委员会并存,业主大会决策、业主委员会执行的制度。规定物业管理区域内全体业主组成业主大会,业主大会代表和维护物业管理区域内全体业主的合法权益。同时,明确了业主大会的成立方式、职责、会议形式、表决原则以及议事规则等主要事项,规定了业主委员会的产生方式、委员条件、职责、备案等。业主委员会作为业主大会的执行机构,可以在业主大会的授权范围内就某些物业管理事项做出决定,但重大的物业管理事项的决定只能由业主大会做出。这一制度有利于维护大多数业主的合法权益,保障物业管理活动的顺利进行。为了规范业主大会、业主委员会的运作,加强监督管理,《条例》规定业主

---

[1]谢家瑾同志对《物业管理条例》有关情况的说明,2003 年 7 月 14 日.

大会和业主委员会应当依法履行职责,不得做出与物业管理无关的决定,不得从事与物业管理无关的活动。

(2)管理规约制度

物业管理往往涉及多个业主,业主之间既有个体利益,也有共同利益。在单个业主的个体利益与业主之间的共同利益发生冲突时,个体利益应当服从整体利益,单个业主应当遵守物业管理区域内涉及公共秩序和公共利益的有关规定。鉴于业主之间在物业管理过程中发生的关系属于民事关系,不宜采取行政手段进行管理,《条例》对各地实施物业管理中已具有一定实践基础的管理规约制度进行了确认,规定管理规约对全体业主具有约束力。规定建设单位应当在销售物业之前,制定临时管理规约,对有关物业的使用、维护、管理,业主的公共利益,业主应当履行的义务,违反管理规约应当承担的责任等依法做出约定。建设单位制定的临时管理规约,不得侵害物业买受人的合法权益。业主大会有权起草、讨论和修订管理规约,业主大会制定的管理规约生效时临时管理规约终止。管理规约是多个业主之间形成的共同意志,是业主共同订立并遵守的行为准则。实行管理规约制度,有利于提高业主的自律意识,预防和减少物业管理纠纷。

(3)物业管理招投标制度

物业管理是市场经济的产物,竞争是市场经济的基本特征。为了扭转房地产开发企业自建自管、因建管不分而引发物业管理纠纷增多的被动局面,保障业主自主选择物业服务企业的权利,同时也为物业服务企业参与平等竞争创造机会,《条例》突出了推行招投标对于促进物业管理健康发展的重要作用,提倡业主通过公平、公开、公正的市场竞争机制选择物业服务企业。鼓励建设单位按照房地产开发与物业管理相分离的原则,通过招投标的方式选聘具有相应资质的物业服务企业做了明确规定。

(4)物业承接验收制度

物业承接验收是物业管理的基础工作。在物业管理过程中,老百姓反映强烈的质量缺陷、配套设施不完善等热点问题,多数是在开发建设阶段遗留下来的。由于建管不分,依附于房地产开发企业的物业服务企业往往无法进行严格的物业承接验收。还有一些物业服务企业一味偏重市场份额的扩大,在物业承接验收时敷衍了事。对业主的投诉,房地产开发企业和物业服务企业相互推诿。为了明确开发建设单位、业主、物业服务企业的责、权、利,减少物业管理矛盾和纠纷,并促使开发建设单位提高建设质量,加强物业建设与管理的衔接,《条例》规定物业服务企业承接物业时,应当对物业共用部位、共用设施设备进行查验,应当与建设单位或业主委员会办理物业承接验收手续,同时规定建设单位、业主委员会应当向物业服务企业移交有关资料。

(5)物业服务企业资质管理制度

物业管理具有一定的特殊性。物业管理服务实质上是对业主共同事务进行管理的一种活动,带有公共产品的性质。在物业管理区域内,物业服务企业要依照全体业主的授权,约束个别业主的不当行为,如制止违章搭建及违章装修、制止扰乱公共秩序及危害环境卫生等,以维护全体业主的利益和社会公共利益。物业服务企业还有与业主长时间保持密切联系的特点,企业的素质及其管理水平的高低,直接影响到业主的生活环境和工作质量。物业管理具有一定的专业性,随着经济的发展和科技的进步,新技术、新产品在房地产开发建设中被广泛采用,物业的智能化程度越来越高,这也要求物业服务企业具有一定数量的高素质管理和技术人员,具有先进的工具及设备,建立科学、规范的工作程序,对价值量巨大的物业资产实施良好的管理与维护。基于以上认识,为了有利于整顿和规范物业管理市场,《条例》规定:国家对从事物业管理活动的企业实行资质管理制度。在现阶段对物业管理行业实行市场准入制度,严格审查物业服务企业的资质,是加强行政监管、规范企业行为、有效解决群众投诉、改善物业管理市场环境的必要手段。

(6)物业管理专业人员职业资格制度

物业管理活动的特殊性、经营管理的专业性以及涉及学科多、管理复杂等特点,决定了应对物业管理专业人员实行职业资格制度。物业管理专业人员如物业管理处主任(项目经理)等,作为物业管理活动的直接组织者,其业务能力和素质高低,直接关系物业的承接验收、维修养护以及物业管理服务水平,直接影响物业的保值增值,关系到业主共同利益和社会公共利益。物业管理专业人员只有在掌握和了解经济、管理、法律、工程、环保、消防以及公共关系、心理等多方面学科和知识,并经过相关专业岗位实践锻炼的基础上,才能有效地做好管理服务工作。不少发达国家以及香港、台湾地区等都通过对物业管理专业人员进行职业资格的认证以及继续教育制度,来实现对物业管理行业的规范和管理。现阶段,我国已建立的物业管理专业人员队伍、高等院校及科研机构提供的教育支撑和人才储备以及日臻完善的法规体系等,为建立物业管理专业人员职业资格制度创造了有利条件。因此,《条例》规定:从事物业管理的人员应当按照国家有关规定,取得职业资格证书。

(7)住房专项维修资金制度

随着我国城镇住房制度改革的不断深化,居民个人拥有住房产权的比例越来越高,旧住房体制下由国家或单位单一承担住房维修的状况相应发生了根本性改变。为了解决在住房产权结构多元化情形下,住房共用部位、共用设施设备发生大修、中修及更新、改造时,如何在多个业主之间及时筹集所需费用的问题,《条例》规定:住宅物业、住宅小区内的非住宅物业或者与单幢住宅楼结构相连的非住宅物业的业主,应当按照国家有关规定交纳专项维修资金。同时规定:专项维修资金属业主所有,用于物业保修期满后物业共用部位、共用设施设备的维修和更新、改造,不得挪作他用。

3)新《物业管理条例》修改内容及意义

（1）由"管理"到"服务"

根据《物权法》的有关规定,将"物业管理企业"修改为"物业服务企业",将"业主公约"修改为"管理规约",将"业主临时公约"修改为"临时管理规约"。称呼上的改变,意味着新的《条例》更强调业主自治管理和物业服务。

（2）增加业主委员会成立的指导部门

新《条例》增加"街道办事处、乡镇人民政府"为成立业主大会、选举产生业主委员会的指导部门。此次修改,增加了街道办事处、乡镇人民政府的职能,适应了房地产业和物业服务业的发展的需要,突出了基层管理,对业主、物业服务公司的指导更直接,实际操作性更强。

（3）通过起诉可撤销业主委员会的决定

新《条例》规定:业主大会或者业主委员会的决定,对业主具有约束力。同时,业主大会或者业主委员会做出的决定有侵害业主合法权益的,受侵害的业主可以以个人名义对业主委员会的决定进行起诉,请求人民法院予以撤销,改变了以往一旦具体决定通过业主委员会或者业主大会,业主就没有权利改变。这样做,更有利于保护业主个体的权益。

（4）严格专项维修资金使用条件

《物权法》明确规定:对业主在业主大会上的投票权是依据"面积"加上"人数",强调投票权中公民的因素,减少资产因素,是对资产相对较少的业主的权益的保护。修改后,业主大会对"筹集和使用专项维修资金"和"改建、重建建筑物及其附属设施"这两项事项做决定时,应当经专有部分占建筑物总面积 2/3 以上的业主,且占总人数 2/3 以上的业主同意,规定得更加严格,有利于保护普通业主的利益。

6.2.4 当前物业行政管理上存在的问题及对策

自从 2003 年国务院颁布实施《条例》以来,物业行政管理工作取得了巨大的成效,行业得到很快发展,但也存在一些与政府行政管理直接或间接相关的一些问题。据中国物业管理协会 2007 年全国物业管理行业生存状况调查资料[1]反映主要有 10 大问题,应该逐步得到解决。

---

[1]中国物业管理协会秘书处.物业管理行业生存状况调查报告[R].中国物业管理协会网,2008 年 6 月 12 日.

①地方立法跟不上,相关政策不配套,一些地方政府以及有关部门对物业管理不重视,对物业管理行业发展不关心。《条例》以及企业资质、维修资金、服务收费等管理办法,国务院和中央部委都已制定公布多年,但许多地方至今尚未制定具体实施的配套细则、办法。根据调查,认为地方立法跟不上的企业有2 582家,占被调查企业总数的56.13%。认为相关政策不配套的企业有3 341家,占被调查企业总数的72.63%。因此,完善部门规章和地方性立法,加紧制定实施性法规政策,建立物业管理法规配套体系仍然任重道远。

②政府协调和执法不力,与相关专业部门关系不顺。调查显示,认为政府协调工作不及时、不到位的企业占被调查企业的52.17%,认为政府缺位和执法不力的企业占被调查企业的46.46%。还有相当一部分企业认为与当地各专业部门关系不顺,其中与供水方面不顺的占19.52%,与供电方面不顺的占17.24%,也有少数企业反映与供气、供暖部门关系不顺。认为对企业干预过多的企业占被调查企业的46.02%。一些部门把物业服务企业当作原来的"房管所"、"基建队",行政上指手画脚,横加指责;经费上乱摊派、乱开列赞助项目。关系不顺已成为制约我国物业管理行业发展的主要原因之一。因此,需要政府牵头,以行业协会为纽带,其他部门为辅助,从物业管理行业内部、物业管理行业与房地产开发、物业服务企业与相关行政部门、物业服务企业与社区各种利益主体之间的关系治理入手,综合治理,全面构建和谐物业管理关系,建立物业管理协调、有效、共赢的运行机制。

③物价部门干预过度,政府定价(指导价)适用过宽。国家发改委、建设部对物业服务收费定价的范围、对象、方法、标准都有明确规定。但各地方执行时却是五花八门。物价部门没有严把物业收费审批关,任意扩大政府定价和政府指导价范围。有的地方住宅小区物业服务费定为0.20元/(m²·月),一定10年不变;有的地方高档别墅物业服务费定为0.30~0.50元/(m²·月),企业怨声载道。反映政府对物业服务收费控制过死的企业占被调查企业的36.43%,反映任意扩大政府定价范围的企业占被调查企业的8.59%。因此,处理好物业服务定价问题的关键是根据市场机制和政策法规,依法办事,落实已有政策法规的规定和精神。

④现行税赋政策不合理,企业经济负担太大。相当一部分企业反映各地政府对物业管理行业缺乏扶持和税收优惠政策,加上《劳动合同法》的执行,社会最低工资标准的提高,使企业的负担明显加重。反映这类问题的企业占被调查企业总数的35.39%。税收政策要考虑社会文明建设和社区公共产品提供的实际情况,尽可能减轻物业服务企业的不合理负担。

⑤物业管理行业社会地位不高。社会普遍认为物业管理服务属于简单的劳务服务,劳动强度大、行业技术含量低、从业人员待遇差。调查中,反映行业社会地位不高的企业就有3 521家,占被调查企业总数的76.54%。政府应深入了解物业管理行业收入支出情况,研究物业服务费与房价指数、CPI、最低工资标准的关系,建

立联运机制;真实客观反映物业服务费变动情况,让业主明明白白消费,让企业健康规范经营;在人才培养、人才流动政策和就业政策上做适当的倾斜,支持新行业新产业的发展。

⑥对物业管理行业偏见普遍存在。社会上有一部分群众把业主与物业服务企业的关系看作是"雇佣关系"或"主仆"关系,动不动就故意找茬、小题大做,甚至不择手段恶意贬低。反映人们对行业存在一定偏见的企业 2 819 家,占被调查企业总数的 61.28%。社会上还有部分群体对物业管理行业缺乏信任感,认为行业公信力不强的企业占被调查企业总数的 25.02%。因此,政府应在协调社会各利益主体方面有所作为,特别在处理物业管理纠纷时应本着公平、公正、合理的原则处理各方关系,协调各方利益,形成和谐局面。特别是通过信用评价体系建立和资质管理,扶持优质服务企业,淘汰劣质服务企业,形成知名品牌,改变社会上一些人对物业管理服务的偏见。

⑦舆论导向存在偏差。这些年来,各种舆论媒体对于物业管理行业的正面报道很少,少数媒体片面追求眼球效应,不做深入调查,误导群众,给行业造成很大负面影响。认为社会舆论有偏差的企业占被调查企业的 42.78%。媒体对物业管理服务的监督应以社会和谐为己任,多从客观、理性的角度做好舆论导向。行业协会也要联合企业主动与媒体建立良好关系,搭建正常沟通平台,提供正确、客观的素材,围绕自身的亮点引导舆论宣传优质服务成果,从而改变行业在媒体中的刻板印象。

⑧物业服务消费观念不强。人们对物业管理行业提供管理服务的社会性、公共性、有偿性认识不足,对物业服务企业的服务活动不积极支持、不主动配合。认为行业生存与发展环境不宽松的企业占被调查企业的 38.39%;认为人们对物业管理服务常常任意压价的企业占被调查企业的 29.37%。物业管理服务作为享受型服务消费,需要行业协会促使政府在收入政策、财政转移支付、公共物业项目经费预算等方面做示范作用,引导物业消费向健康方向发展。

⑨业主大会制度落实不力,运作程序可操作性不强。《条例》设立的业主大会制度、《业主大会规程》规定了业主大会的运作程序,各地在具体执行中感到可操作性不强。虽然《条例》已经颁布多年,但真正落实业主大会制度的地区和范围却很有限。被调查企业反映业主大会制度建立难、成立业主大会后又难运作的分别占了企业总数的 13.17% 和 19.28%。业主大会制度的落实,基层政府组织部门的指导是关键因素。要支持业主、行业协会等非政府组织的健康发展与运行,发展其沟通作用,缓解物业服务企业与业主之间,业主和业主委员会之间的矛盾。

⑩服务市场不成熟、行业竞争不规范。由于社会、政府、开发建设单位、业主和物业服务企业等多方面的原因,物业服务市场目前还尚未达到"公开、公平、公正"、诚实守信和健康有序的良好状态。被调查企业认为企业信用意识差的占被调

查企业总数的3.04%,同行之间相互压价竞争的占7.00%,不择手段恶性竞争的占5.78%。因此,要加大市场体系建立,完善运行机制,加强市场监督和管理。重点抓好招标投标制度、物业服务企业资质管理、物业服务质量监督、业主委员运作等重点工作。另外,要发挥行业协会的自律作用,加强理论研究和调查研究,为政府提供决策依据;帮助企业提高综合素质和管理服务水平,增强竞争能力和活力,适应开放的物业服务市场竞争的需要。

6.3 公用事业经营与物业管理

6.3.1 公用事业经营与物业管理关系

1)物业服务企业与公用事业单位(企业)的关系

"公用事业单位"即公用事业经营企业,是指在物业管理区域内,向业主或居民提供供水、供电、供气、环卫、通讯、有线电视等公用服务产品的法人企业。在物业小区管理与服务的社会化、专业化分工的条件下,物业服务企业与这些单位的关系是相互独立、分工明确而又需要相互协作、相互配合的平等交易关系。

(1)物业服务企业与公用事业单位分工明确

供水、供电、供气、供热、通信、有线电视等单位都是取得特定营业资格的供应企业,他们分别为业主、物业使用人提供水、电、气、热、通信和有线电视等商品的服务,业主、物业使用人应当支付相应的费用。《条例》规定,供水、供电、供气、供热、通信、有线电视等单位,应当依法承担物业管理区域相关管线和设施设备维修、养护的责任;还规定:物业管理区域内,供水、供电、供气、供热、通信、有线电视等公用事业单位应当向最终用户收取有关费用。物业服务企业可以接受上述各单位的有偿委托,代收有关费用,但是,不得向业主收取手续费等额外费用。

(2)物业服务企业应与公用事业单位密切配合

为了搞好物业管理,物业服务企业必须加强与各单位的联系,在日常工作中及时发现问题,凡属于供水、供电、供气、供热、通信、有线电视等单位维修、养护责任范围内的问题,要及时向有关单位通报,督促其及时解决问题,保证业主和物业使用人的正常生活和工作。当供水、供电、供气、供热、通信、有线电视等单位因维修、养护等需要临时占用、挖掘道路、场地的,应当事先通报物业服务企业,以便于物业服务企业通知业主和使用人做好自己的生活和工作安排,有关单位应在合理的时间内尽快完成维修、养护任务,并将道路、场地恢复原状。

2)我国公用事业与物业管理矛盾的现状及原因

在我国,公用事业与物业管理的关系主要是由于城市公用事业单位提供公用事业服务时,要深入小区面向千家万户居民最终用户,其中在公用设施设备要与物业设施设备连通才能提供满足居民公用服务需求的产品,还有管网维护维修、收费等这些事宜,与物业管理又紧密相联。在同一个小区中,许多公用事业项目要通过物业管理共同管理、实施。因此,处理好公用事业单位与物业服务企业之间的关系是社区管理与社区服务的重要工作。

过去在很长的一段时间里,管理物业的房管部门与公用事业基本上属于同类行业,即房产属于国家,公用事业、房管所行使政府职能,谁管都一样。现在房产属于业主,物业服务企业是接受业主委托,以与业主签订的物业服务合同为依据提供服务。此时物业服务企业如果没有另外与公用事业单位签订相关的(如收费)委托合同接受委托,就没有义务为公用事业单位提供免费服务。公用事业单位提供的是面向居民的服务,只与居民有经济关系,不应向物业服务企业摊派相关工作。目前虽然公用事业管理体制发生了改变,但是过去长期形成的公用事业垄断经营模式,在经营管理理念、方式、方法上还存在过去的遗毒。

①公用事业单位凭借垄断经营权,以权利和义务不相等的"格式合同"侵害物业服务企业或业主的利益。供水、供电、供气、环卫、通讯等公用事业与物业管理并没有直接关系,但由于历史原因,物业管理要无偿承担代收、代付、代抄表,以及相关管线、设施的管理职能。近年来,一些发达地区城市在与此相关的体制上做了一些改革,不少公用事业单位自派业务员上门抄表,银行专户结算,关系较顺。但事实上,仍然存在凭借垄断经营权,以权利和义务不相等的"格式合同"侵害物业服务企业或业主的利益的问题。如签订条件苛刻、有责无权、有责无收益的"霸王条款",当然也有物业服务企业,为赚取"差价"的好处主动要求代收费,甚至合伙侵害业主利益。同时也有不少业主也认为,承担"公用事业责任"是物业管理的分内事,一旦业主与公用事业发生纠纷,业主(包括社会舆论)就会责怪物业服务公司的"不作为",似乎与公用事业单位没有多大的关系。

②业主超出服务合同约定要求物业服务企业提供应由公用事业单位提供的服务。由于存在过去计划经济时代的习惯性做法,有事找"房管"或"总务",变成现在有事找"物业";另外业主对物业服务有依赖心理和图方便的想法,甚至觉得开发商、物业服务企业、公用事业单位是一家的找谁都一样,使物业服务企业承担较多"额外"的责任。当然物业服务企业为搞好与业主的关系,表现出乐意帮助之言也助长了业主这种不合理的心理和要求。

③公用事业单位在与物业服务企业发生矛盾时,往往凭借公用事业服务产品的垄断性、上游性及拥有的行政关系资源居高临下,不做商量,擅自做出决定。如在格式合同中有关"违约责任"的条款,公用事业都是要求对方承担,找不到他们自己承担的部分,在实际操作中也是如此。当公用事业与物业公司发生矛盾时,往往公用事业说了算。在许多人眼里,公用事业单位代表政府,而物业公司只是企业

行为。同时由于物业管理行业竞争非常激烈,而公用事业却属于独家垄断经营,双方信息不对称、地位悬殊。在许多人眼里,包括业主与物业服务业人员也认为公用事业行业所制定的行规就是"法",所以在矛盾中,物业管理行业属于绝对"弱势"。

④政府部门对公用事业服务市场的监督机制存在缺陷。我国现有对公用事业行业的监督机制不健全,也是造成"矛盾"居高不下的重要原因。特别是监督信息的不对称、不完全,使政府的监督往往没有落到实处。长期以来,我国法律很少规定公用事业单位有公开其文件、权力内容的义务和责任,逐渐形成了内部行政的习惯做法,客观上为"霸王条例"提供了"天然屏障"。因此,社会呼吁取消"霸王条款",建立公用事业单位公开、透明运作的新规范。目前,国家和不少地方消费者协会等相关部门,正相继出台反"霸王条款"的规定。

6.3.2 公用事业经营与物业管理利益协调

1)努力构筑公用事业与物业管理的新型关系

(1)《条例》的实施将使公用事业与物业管理的关系形成新格局

《条例》第四十五条规定:物业管理区域内,供水、供电、供气、供热、通讯、有线电视等单位应当向最终用户收取有关费用。第五十二条规定"供水、供电、供气、供热、通讯、有线电视等单位,应当依法承担物业管理区域内相关管线和设施设备维修、养护的责任。"这为解决"矛盾",构筑物业管理和公用事业的新型关系提供了法律依据及操作思路。

上述规定主要包含了以下几层意义:第一,确立了公用事业与业主的关系,即供求关系或买卖关系;第二,制定了物业管理区域内对相关管线、设施管理的基本框架。值得一提的是,在这些关系中,并无涉及物业管理的职能。所以物业服务企业无需承担代收、代付及管理等职能,更不用承担难以承担的责任。换一句话说,物业服务企业应将这些原本不属于自己的职能还给相关的公用事业单位。这样一来,物业管理区域的各种关系将发生新的变化。

首先,由于物业服务企业不再承担"公用事业"的责任,根据权利和义务对等的原则,物业服务企业也不应具有相应的权利,包括由此而产生的收入。所以物业服务企业原有的相关收入应从物业服务费中剔除。业主在这一变化中,并没有失去什么,所剔除的公用事业经营收入应归公用事业单位所有。但如果物业服务企业受公用事业单位委托,承担相应的责任,则应向委托方——相关公用事业单位收取费用。

其次,公用事业单位对相关管线、设施承担维护的职能,应直接向最终用户收取费用,无需通过物业服务企业代收代付。但由于物业服务企业不再承担此类"责任",势必造成公用事业单位成本增加。根据市场经济原则,解决的途径应有以下几条。一是公用事业单位通过涨价来弥补;二是委托同一区域内的物业服务企业或其他专业公司来实施管理职能,被委托方向委托方收取费用;三是通过提高自身经营水平和优化公用事业资源配置降低成本,增加收益来解决。

再次,物业管理区域内相关管线、设施的管理费用应由受益者——业主承担。同时,当发生纠纷时,业主应直接与相关公用事业单位交涉。

(2)新型关系的确立

①公用事业与业主的关系。由于公用事业单位为业主提供有偿服务,公用事业单位的所作所为也仅仅是企业行为。双方是买卖关系,是合同的关系,不再是管理者和被管理者的关系。应该在相关法规的框架下,签订建立在互惠互利、风险共担基础上的合同,而不是现在的格式合同、霸王条款。这样的关系符合双方的共同利益,有利于公用事业单位服务质量的提高,也有助于业主居住水平的提高。

②公用事业与物业管理的关系。公用事业与物业管理的关系并没有直接的关系,但按照传统习惯及有利于小区统一管理的"物业管理情结",物业管理与公用事业的关系依旧难以割断。如果公用事业单位委托物业服务企业承担相应的责任,那么,他们之间的关系应该是委托和被委托的关系。应该强调的是,由于双方历来权责不对等,所以在签订合同时,应避免"以强凌弱"的现象再度出现。

2)构建新型关系的困难及解决思路

(1)困难及原因

在解决公益事业与物业服务企业的矛盾、构筑公用事业与物业管理的新型关系的过程中会遇到很多困难,其主要原因:一是公用事业服务责任不清,权利义务不对等的思维模式的影响;二是历史形成的物业管理职能的扩大化的不合理状况;三是公用事业单位的经营垄断权作怪;四是业主对物业管理所形成的依赖性以及传统看法的影响依然存在;五是政府及社会的监督机制不健全所带来的负面效应。

(2)解决思路

在认真贯彻《条例》的基础上,对《条例》的相关规定进一步细化,明确各自责任。建议政府在广泛听取各方意见的前提下,出台相关政策,以解决物业管理与公用事业的矛盾以及传统意识的影响。在中央提出构建和谐社区和系统构建社区管理平台的新要求下,公用事业单位与物业服务企业、业主应本着互利互惠、共存共赢、和谐发展的原则,处理好三方关系。

首先,公用事业单位应从转换观念、创新服务机制、切实提高服务质量等三个方面下功夫,改变行业经营管理作风,通过优质的服务,化解各种矛盾,树立新形象。

其次,物业管理应创新服务形式,积极与公用事业单位合作,建立新型市场化委托交易关系,弥补公用事业单位的自身缺陷。由于公用事业单位,在物业管理区域难以做到 24 小时服务,此时,物业管理可通过自身的优势,如利用小区的管理处报修,运用信息服务平台报修等,为业主服务,为公用事业单位排难,自身也获得应有回报。

再次,业主应增强法制观念,提高维权能力,合理合法地维护自己的权益。在解决物业管理区域的公用事业和物业管理矛盾的过程中,要以市场化的方式签订相关合同,用经济的手段约束各自的行为,建立多方位的监督机制;在解决矛盾的过程中,如出现各方的立场不同,观点各一,难以达到统一,可请求政府机构出面调解或通过诉讼途径解决。

6.4 业主自治与物业管理

6.4.1 业主自治及实现形式

社会自治组织,亦有学者称之为非营利组织(NPO,non-profit organization)、非政府组织(NGO,non-government organization)、草根组织(GRO,grass roots organization)等。它具有以下特征:组织性、志愿性、非营利性、民间性、非政治性、自治性。城市社区自治组织属于社会自治组织的一种,也具有上述特征。实现社区民主自治是社区建设的基本目标和任务,它有利于将政府包揽的事务交给社区,减轻政府负担,营造"小政府、大社会"的良好氛围。因此,社区建设又是城市政治体制改革和政府行政管理改革的助推器,政府应当鼓励、帮助、扶持各社区成立各类社区自治组织来实现新时期的社区建设,构建和谐社会。业主委员会是社区自治组织中比较重要的组织之一,除此之外,还有居民委员会、物业管理委员会等。

1)物业业主和非业主使用人的界定

(1)业主

在物业管理中,所谓"业主",顾名思义就是指"物业的主人",根据《条例》的规定,就是指房屋的所有权人。业主是物业管理法律关系中最重要、最基础的主体。按照不同的标准,可以把业主划分为不同的类型。按是否为自然人,业主可分为自然人业主与非自然人业主;按是否为中国公民,业主可分为中国业主与外国业主;按拥有所有权的状况,业主可分为区分所有权人业主和独立所有权人业主。区分所有权人是指区分一块土地上同一建筑物而各有其专有部分,并就其公用部分按其应有部分持有所有权者,多见于居住物业。独立所有权人是指某土地上的建筑物属于某一业主,一般是一个团体或组织,多见于非居住物业,如用于出租的办公楼或独立的花园别墅。

（2）非业主使用人

非业主使用人是指不拥有物业的所有权，但通过某种形式（如签订租赁合同、投靠亲属等）而获得物业的占有、使用权，并实际使用物业的人。非业主使用人的权利是由业主所有权派生而来的。由于非业主使用人首先与业主发生经济关系（如租赁关系），非业主使用人的基本权利、义务就受到租赁合同的限制，即在租赁合同中，要明确阐明业主赋予非业主使用人哪些权利和承担哪些义务。同时，非业主使用人作为物业的实际使用人，也就构成了物业管理的对象，也应当保证遵守管理规约，接受物业服务企业的管理和业主委员会的监督。

2）业主自治、业主大会（业主代表大会）、业主委员会

业主自治是指特定区域内的全体业主，依照法律规定和共同约定，自我管理本区域内的物业管理事务的一种自治自律管理模式。业主自主治理包含两个方面：首先，业主是物业的所有人，可以根据个体利益和自主意志对自己物业专有权属部分进行自主管理和支配，在此基础上业主享有对共有权和成员权属部分的共同管理权，如选聘、监督物业服务公司的权力和对重大物业管理问题的决策权力等。其次，业主必须承担对物业进行必要的管理、维护的义务。即对涉及共同利益的公共事务实行公益性民主化管理，这就要求单个业主从维护全体业主共同利益的原则出发，调整、约束自己的行为。在物业管理中，私权自治体现的业主自治意味着业主可以依法自行成立自己的组织和机构，行使自己的物权，不受其他机关的干涉。

业主自治通过业主大会进行，常设机构为业主委员会。业主大会是由物业管理区域内全体业主组成的，或者业主人数较多时由一定的业主代表组成的，维护物业区域内全体业主的公共利益，行使业主对物业管理的自治权的业主自治机构。《条例》第11条规定，业主大会应该履行下列职责：①制定和修改业主大会议事规则；②制定和修改管理规约；③选举业主委员会或者更换业主委员会成员；④选聘或解聘物业服务企业；⑤筹集和使用专项维修资金；⑥改建、重建建筑物及其附属设施；⑦有关共有和共同管理权利的其他重大事项。当业主人数较多时，可以按比例推选业主代表组成业主代表大会。

所谓业主委员会，是指通过业主大会选举产生，由物业管理区域内业主代表组成，代表业主的利益，向社会各方反映业主意愿和要求，并监督物业服务公司管理运作的民间性组织。《条例》第15条规定，业主委员会执行业主大会的决定事项，履行下列职责：①召集业主大会会议，报告物业管理的实施情况；②代表业主与业主大会选聘的物业服务企业签订物业服务合同；③及时了解业主、物业使用人的意见和建议，监督和协助物业服务企业履行物业服务合同；④监督管理规约的实施；⑤业主大会赋予的其他职责。业主委员会的权力基础是全体业主的物业所有权，但实际权力则是来源于业主大会的委托，依法行使职权，维护业主的合法权益。

3）实现形式

业主因为购买一建筑物或居住小区的一个单位而聚集在一起。每一业主的物业与其他业主的物业在建筑物的结构和功能上连接在一起，不可分离；同时每一业主对共用部分的利用也都互相联系，不可分离，这种连接称之为自然连接。这种连接具有自然上的强制性，不以业主的意志而转移。另一方面，每一业主在购买物业时或业主大会成立后，都会受到公共契约的约束，如临时管理规约或管理规约，规范了业主对共有和共用部门的权利义务，这是法律上联接。正是因为业主间自然连接和法律连接构成一个业主团体——业主自治机构，通过业主大会形成全体业主的意志——业主大会决议，并选举出业主委员会，实施业主大会决议，实现自治。

关于业主委员会的法律地位问题，各个国家和地区的立法实践和学说主要存在法人实体说、执行机构说和无民事权利能力的社团组织说3种模式：

①法人实体说。该说认为，具有法人资格的实体，业主委员会能以自己的名义实施民事法律行为，如能以自己的名义参加民事诉讼活动，有自己的章程（如《管理规约》等）作为行为准则，有如物业服务用房、公共设施专用基金、物业维修基金等作为自己的独立财产。同时，还有对内协调和处理业主、物业使用人之间的关系，对外代表全体业主选聘或者解聘物业服务企业，签订物业服务合同并监督物业服务企业的运作等权能，等等。所以业主委员会是具有法人资格的实体。

②执行机构说。执行机构说来自于我国的立法。国务院2003年9月1日施行的《条例》第15条第1款规定："业主委员会是业主大会的执行机构"。基于这一规定，业主委员会"执行机构说"成为我国司法实践中的通说。

③无民事权利能力的社团组织说。该说认为，业主委员会不具备法人资格，但却是一个无民事权利能力的社团组织。

目前，学者对业主委员会是否具有法人资格存在争议。有人认为业主委员会是非法人组织。原因有二：其一，我国采取法人登记主义，法人必须依法登记，才能成为法人，开展活动。业主委员会仅在县以上房地产行政部门备案，所以它是未经法定机关登记的，不能成为法人。其二，业主委员会虽经业主大会选举依法成立，但没有"必要的财产或者经费"。业主们的物业不可能成为业主委员会的财产，业主们交纳的物业管理费主要用来支付物业企业服务费用，维修基金是用来修缮房屋的，所以业主委员会并没有自己的资金，不能成为《民法通则》上的法人。虽然业主委员会是非法人组织，但并不妨碍它成为业主的自治团体。[1]

但也有人认为要重新认识和设计定位业主委员会的法律地位，应根据《物权法》规定对业主委员会法律地位进行重新设计。2007年10月1日起施行的《物权

---

[1]涂振.业主自治是物业管理的基础[J].合肥工业大学学报(社会科学版),2004(8):82-86.

法》第六章规定了"业主的建筑物区分所有权",其中,涉及业主大会和业主委员会这类业主自治机构的条款共计3条,即第75条、第78条和第83条。显形上看,《物权法》的上述规定,并没有明确界定业主大会和业主委员会这类业主自治机构的法律地位。现行《物权法》连备案制度也取消了,在第75条第2款中仅规定:"地方人民政府有关部门应当对设立业主大会和选举业主委员会给予指导和协助。"这样一来,实质上采纳了业主委员会是"不具有民事权利能力的社团组织"说的观点。

司法实践上,在全国各地法院受理的为数不少的业主委员会作为诉讼主体的民事案件或者行政案件中,有的认可其诉讼主体资格,有的不认可其诉讼主体资格,有的是附条件地认可其诉讼主体资格。但是司法实践的做法以及地方法规的规定,一般都赋予业主委员会以诉讼主体资格。最高人民法院2005年8月15日在给安徽省各级人民法院《关于春雨花园业主委员会是否具有民事诉讼主体资格的复函》中认为:"根据《物业管理条例》规定,业主委员会是业主大会的执行机构,根据业主大会的授权对外代表业主进行民事活动,所产生的法律后果由全体业主承担。业主委员会与他人发生民事争议的,可以作为被告参加诉讼。"上海市高级人民法院关于业主委员会行政诉讼主体资格问题的解答中认为,根据《条例》和《上海市住宅物业管理规定》中的相关规定,业主委员会从其职责范围看,有权代表业主与业主大会选聘的物业服务企业签订物业服务合同,有权履行业主大会赋予的其他职责,因此,经业主大会授权,业主委员会可以作为原告提起行政诉讼。不过《物权法》83条第2款第1项其实已经规定了业主委员会的诉讼主体资格。根据该项的规定,对业主具有"任意弃置垃圾、排放污染物或者噪声、违反规定饲养动物、违章搭建、侵占通道、拒付物业费等损害他人合法权益的行为"的,业主大会和业主委员会有权"要求行为人停止侵害、消除危险、排除妨害、赔偿损失"。从法律上讲,假如业主委员会要求业主"停止侵害、消除危险、排除妨害、赔偿损失"而业主置若罔闻的,业主委员会势必只有依法起诉才可以借助法律权威责令业主"停止侵害、消除危险、排除妨害、赔偿损失",这当然包含了业主委员会的诉讼的权利。这样一来《物权法》自然赋予了业主委员会以诉讼主体资格。[1]

6.4.2 物业管理中的业主自治问题及解决途径

1)业主自治中的主要问题

（1）业主委员会成立艰难

业主自治的主要组织前提是成立业主委员会,但由于房地产开发商和物业服

---

[1]谭玲.论业主委员会的法律地位——《物权法》关于业主自治机构法律地位之解读[J].暨南学报（哲学社会科学版）,2008（2）:25-28.

务企业的强势阻挠,业主公民公共精神匮乏,致使业主委员会成立情况非常不乐观。据北京市政协2006年07月12日发布的《关于北京市居住小区物业管理问题的调研报告》显示,全市3 077个居民小区物业管理项目中,成立业主委员会的只有360个,仅占11.7%。[1]来自民进广东省委对广东几个主要城市的调研结论一样:物业管理最发达的深圳市成立比例最高也只占30%;至2007年初,广州市业主委员会组建率不足15%;其他地区业主委员会成立的比例更低。[2]物业业主自治主体法律地位不明,事实上的弱化与缺失,政府支持不作为,开发商及物业服务企业的不配合是主要原因,当然也有业主自治意识和能力的问题。业主自治主体弱化或缺失导致物业管理主权旁落,是当前物业管理众多问题的根源。

(2)业主自治意识淡漠与信息障碍

中国长期以来实行的福利分房机制,使业主们对自身利益以及共享部位和公用设施设备的维护、使用与管理缺乏一种主人翁意识,再加上管理小区既劳心劳力又没有报酬,业主们对小区的公共事务的参与意识淡漠就不足为怪。具备召开首次业主大会的条件,但却无人牵头;即使有人牵头开会,业主们也不参加;就是把选票送到业主手里,业主们也不会认真阅读材料,填写意见,这些现象在物业管理中十分普遍。正是因为业主们的参与意识淡漠才使得不良开发商和物业公司有机可乘、操纵选举。同时,业主行使自治权具有被动性,一个单元的业主互不认识,无人牵头召集,缺乏一种有效的信息沟通方式,大部分业主的信息障碍是制约业主不能充分行使自治权的一个重要原因。

(3)居委会的特点及其与开发商的微妙关系导致业主委员会工作障碍重重

理论上,居委会和业主委员会均属于公民基层自治组织,但事实上居委会承担着政府部门下沉和扩张的行政事务。居委会的工作人员并非本社区中的居民,而是街道办指派的,这样的居委会是否能够真正代表社区居民,令人怀疑。居委会"不作为"的工作方式,几乎成为了业主委员会工作中最大的障碍之一。比如建设部制定的《业主大会规程》规定,要成立业主委员会,首先要成立业主大会筹备组。而筹备组的成立,则要在物业所在地的区、县人民政府房地产行政主管部门和街道办事处、乡镇人民政府的指导下进行,而这个"指导"权在现实中,演变成由街道办事处交给了居委会行使,如果居委会不牵头,业主大会筹备组就成立不起来,业主委员会的成立就更无从说起。业主委员会决定的重大事宜几乎都需要到有关部门备案,而这些备案工作,都需要得到居委会的"支持"。但是,由于很多新建社区居委会办公硬件条件不足,不得已需要借助开发商和物业公司的"帮助"。正所谓"拿人手短,吃人嘴短",当业主和开发商或物业公司发生矛盾时,居委会的立场可

[1]马北.京3 000多小区仅1成有业主委员会[N].中国青年报,2006-07-13.
[2]刘中元,等.业委会成立不畅 政府要负责[N].南方日报,2008-01-21.

想而知。这些因素导致了居委会和业主委员会关系不融洽。

（4）政策法规的不完善使得业主委员会维权艰难

虽然我国颁布了《条例》，各地也相应出台了实施细则及相关法规，但业主委员会的性质、地位、活动机制等细节性规定一直还是法律空白，导致大部分业主委员会无法正常工作。业主委员会目前不具备法人资格，若对《物业服务合同》不满，业主委员会只能以个人身份起诉，操作起来非常难。

2）解决业主自治问题的主要途径

（1）培育公众的社区意识是业主自治的根本措施

业主委员会成立难，发展难，开展活动难，与中国老百姓缺乏社区意识关系很大。中国公众习惯于借助于某种关系来形成共同体，比如，同一单位、亲属、朋友、同学等。但是伴随城市化而建立的新型社区，不同于家庭、单位和农村的村民委员会，缺乏血缘联系和感情纽带以及直接的利益相关性。业主彼此之间除了居住位置较近外，没有任何关系。再加上几千年来"各扫自家门前雪，休管他人瓦上霜"的传统意识的影响，使得公众缺乏公共精神，但对公共利益搭便车心理又很强。如何使居民参与到社区事务中来？主要靠文化认同，在价值观、思想方法和生活方式上找到共识，才会参与共同管理。需要通过加大舆论宣传，增强业主维权意识，丰富社区文化，增强居民的社区归属感，使居民明确社区是一个守望相助的共同体，社区建设需要社区成员的充分参与，以此增强居民对社区的认同感。所以，业主委员会如果想良性发展的话，培育公众的社区意识是根本措施。

（2）制定并完善相关政策法规

当前首要的应该是有关业主委员会方面的立法，如通过出台《业主委员会组织法》来明确业主委员会法律地位。业主委员会处理诉讼问题有方便快捷的优势，重庆、上海等地已经明确了业主委员会有权利提起诉讼，这都与这些地区有相应的配套规范、物业管理比较成熟有关。一些发达地区，如广东也在争取相关立法。一份由北京房地产知名律师秦兵及京城诸多维权人士共同提出的《〈中华人民共和国业主委员会组织法〉立法建议案》引起了全国人大代表的关注。据此，在2006年的全国"两会"上，32名人大代表呼吁制定业主委员会组织法，明确业主委员会的法人地位，实现其成员专职化、薪酬化。如果能通过立法，业主委员会的运作也将有法可依，相信也会有助于减少业主和物业服务企业之间的矛盾。

（3）理顺业主委员会与居委会关系，实现居民自治和业主自治的良性互动

业主委员会代表全体业主，居委会代表全体居民。业主是指物业的所有权人，居民是指居住在社区中的公民。一户居民一般只有一个业主（也有多人共有物业的共同业主），所以，居委会代表的范围远远大于业主委员会代表的范围。正如北京和谐社区发展中心理事长蔡若焱所说："业主行使的是物权，居民行使的是人权。

业主可以是居民,但居民不一定是业主,他们的身份可以合一,但是权利不能合一。""居民的事务交给居民,交给居民委员会。与物权相关的事情,则由业主和业主委员会负责。"业主委员会和居委会都是社区自治组织,他们有管理上的交叉,所以政府应当协调其关系,让居民或业主依法实现自我管理、自我服务。

(4)制定对业主委员会的监督机制

业主委员会作为业主大会的执行机构拥有很大的权力,比如:聘请物业服务企业的决定权、物业服务费的收支监督管理权以及社区公共资源收益的支配权等。如果此时业主委员会出现腐败,同样会使业主的利益受到侵害,这样的例子已经很多了。究其原因,最主要的是监督机制不完善。业主委员会的权利过大,难以抵制强大的利益诱惑,仅依靠业主委员会委员们的道德自律,这显然是不够的。所以有关部门必须制定对业主委员会的监管制度并形成监督机制,从根本上来解决这个问题,使业主委员会真正成为公益的、非营利的、志愿的自治组织。

(5)加强业主委员会的专业化程度

由于业主委员会的工作均在业余时间进行,而社区中的很多业主都是有职业的,所以大多数社区业主委员会的业委们都是由离退休人员或待业人员组成的。另外,绝大多数业主委员会委员不懂物业管理知识以及相关的法律知识,这些因素均给管理带来了一定的负面影响。所以,需由业主委员会协会或者上级政府主管部门对每一个新成立的业主委员会进行专门的培训,使之能更专业有效地进行管理和服务工作。总之,业主委员会作为来自草根的社区自治组织,如何能够实现更好地为业主服务、支持物业服务公司的依合同开展管理与服务工作、更加规范有序地推进社区民主建设、帮助业主从"他治"转变为"自治"。这是一个长期的过程,需要政府、社会、业主共同努力。

6.5 居民自治与物业管理

6.5.1 居民自治与业主自治的关系

1)社区居委会与业主委员会

社区居民委员会与业主委员会都是存在于小区的社会自治组织,虽然从其权力的基础来看存在差别,业主委员会的自治基础在于众多业主的私人产权,居民委员会则应该是一种以社会互助为基础的自治组织。但是双方在职责关系上多有交叉,实际管理范围确定起来比较困难,使得双方在职责作用边界上的冲突也时有发生。

居民委员会是建国后根据《宪法》和《中华人民共和国城市居民委员会组织

法》规定而建立起来的基层群众性自治组织,由于长期的计划经济体制,在实际运行中逐步被区级政府的派出机构街道办事处所控制,基本上走上了行政化的轨道,变成了街道办的"第二办事处",与居民的实际需要相脱离,由此而导致自治管理名不符实或名存实亡。

社区居委会与业主委员会的相同点在于:

①从组织性质方面,社区居委会和业主委员会两者都是群众性自治组织,都具有代表和维护其成员(居民或业主)权益的性质。

②从管理范围方面,两者在管理和服务的地域范围相重叠,即管理范围为整个物业区域。

③从服务对象方面,两者服务的对象具有交叉性,社区居委会服务的对象为全体居民,包含居民中的具有业主身份的居民。

④从工作内容方面,两者都有改善物业区域环境,维护物业区域卫生和治安秩序,提高居民(业主)生活质量的职责。

⑤从工作目标方面,两者都有创建文明和谐社区的相同目标。

但是,社区居委会与业主委员会是两种性质不同的自治组织,有着明显的区别:

①法律基础方面。社区居委会是依据《城市居民委员会组织法》而建立的以居民的居住权为基础的居民自治组织;业主委员会是依据《物权法》、《条例》和《业主大会规程》(建住房[2003]131号),是以业主对物业的所有权为基础的业主自治组织。

②权利的行使方面。社区居委会行使的权利,是政治管理权,属于政治权利,是社区中每一个居民都拥有的按人人平等原则行使的权利;业主委员会,是一种所有权人组织,是民法上的组织,业主委员会行使的权利是民法意义上的所有权,只有业主才享有这样的权利。居民并不都是业主,比如承租人是居民,但不是业主,不能行使业主的权利、承担业主的义务。另外,业主行使的权利与承担义务,主要根据他们在建筑物整体的财产份额来确定,在此情形下并不是人人平等的。

③人事权方面。虽然社区居委会由居民会议或居民代表大会选举产生,居民会议有权撤换和补选居民委员会成员。但在实践中,社区居委会干部选择余地小,基层政府及其办事处对干部选择影响大,反映居民对居委会干部任用的决定性作用有限;业主委员会成员则完全由业主大会或业主代表大会选出,选举结果基本上能够反映大多数代表的意愿,当选的业主委员会委员有相当的群众基础。

④经费来源方面。根据有关法律规定,居民委员会的工作经费和来源,居民委员会成员的生活补贴费的范围、标准和来源,由不设区的市、市辖区的人民政府或者上级人民政府规定并拨付;经居民会议同意,可以从居民委员会的经济收入中给予适当补助。居民委员会的办公用房,由当地人民政府统筹解决。业主委员会的

活动经费,不由政府提供,而是由全体业主承担,经费的筹集、管理、使用具体由业主大会议事规则规定。有的地方规定业主委员会的活动经费,可以由业主支付,也可以在物业管理服务用房的收益、其他收益或者物业维修基金的利息中列支。

2)社区居委会与业主委员会的关系

正确处理社区居委会与业主委员会两者的关系,关键是要贯彻《城市居民委员组织法》和《条例》的有关规定。

(1)两者是分工协作的关系

由于两者在组织性质、管理范围、服务对象、工作内容和工作目标上具有密切的联系,两者之间需要相互配合,建立一种团结协作的关系。

(2)两者是指导、监督与配合的关系

根据《条例》的规定"在物业管理区域内,业主大会、业主委员会应当积极配合相关居民委员会依法履行自治管理职责,支持居民委员会工作,并接受其指导和监督。"因此,社区居委会与业主委员会之间是一种指导与被指导、监督与被监督的关系,帮助与配合的关系。理解这一精神,关键是这种指导和监督的权力来源和使用应是合法的,法律效力是有边界的。具体来说,居委会基于居民权的自主治理权的实现中与业主自主治理权有重叠部分或相抵触时,需要业主委员会的依法配合与平等协商;另外,居民委员会在行使基层政府委托的行政管理权(如监督权)时,业主委员会应当依法接受监督。

社区居委会要加强对业主委员会的指导和监督,业主委员会要自觉接受社区居委会的监督和帮助。一些地方尝试将业主委员会纳入社区居委会的管理体系,探索社区党建、居委会、业主委员会、物业服务企业共建和谐社区的新模式。不过这种模式不应否定居委会和业委会的独立性。如果混淆了业主自治与居民自治的性质,破坏了两个自治组织运作的独立性,会造成社区治理关系混乱,则不宜提倡,同时这种做法目前并无法律依据。在处理社区居委会与业主委员会的关系上,要注意避免以社区居委会取代业主委员会,或者重视业主委员会而轻视居委会的两种极端。也就是说,在尊重业主委员会自治管理的同时,要充分发挥社区居委会的监督协调作用。这种监督协调作用应贯穿于业主委员会的产生、变更、日常工作、注销等各个环节,具体内容如下:在业主委员会的筹建过程中,第一次业主大会或业主代表大会筹备组,应当有居委会的成员参加;召开业主大会或者业主代表大会,应当邀请居民委员会的人员列席;业主大会在决定有关小区的重大事项时(如选聘物业公司、筹集物业公共维修基金等),应当听取居民委员会的意见;业主委员会换届选举时,换届选举筹备组应当吸收居委会的成员参加;居委会有权监督业主委员会的日常工作;定期召开由业主委员会、居民委员会参加的联席会议,交流通报情况,研究解决问题。通过以上措施,充分发挥居民委员会的协调、监督作用,以提高业主委员会的自治管理能力。

6.5.2 物业管理中居民自治功能及发挥

1)居民自治的功能

我国的城市社区居民自治的作用主要体现在它的自治组织功能上。概括来说,主要有以下几个方面:

(1)协助功能

社区居民自治组织,即社区居委会,是基层群众性的自治组织。居委会的协助功能主要体现在协助政府宣传宪法、法律、法规和国家的政策,维护居民的合法权益,教育居民履行依法应尽的义务,爱护公共财产,开展多种形式的社会主义精神文明建设活动;协助人民政府或者它的派出机关做好与居民利益有关的公共卫生、贫困救助等工作。

(2)自治功能

从根本意义上讲,我国城市社区居民自治不是从社会直接发展起来的,而是国家政权建设和制度设计的产物。所以,这个群众性的自治组织,一开始就是作为与国家政权体系有深刻内在联系的组织而存在的,其性质、组织样式和制度形态都是由国家设计和确定的,从而决定了其功能,即其所具有的协助功能是其存在和发展的前提。但是,依据宪法和法律规定,居委会是自治性的组织,自治是该组织的本质属性,具体体现为居委会所具有的自治性和自治功能。这也就意味着居委会所承担的协助功能应以居委会的自治性和自治功能的发挥为基础。依据组织法,居委会的自治功能体现为自我管理、自我教育和自我服务上,而这些功能的自治性是以居委会由居民选举产生、其工作由居民承担,以及接受居民监督为前提的。

(3)协调功能

实际上,协调功能既是政治功能的一部分,同时也是自治功能的一部分。我们之所以将其独立出来强调,是因为居委会的这方面功能对中国社会具有特殊的意义。长期的计划经济和政府主导型的发展模式,使中国的国家与社会关系形成"强国家,弱社会"的格局,社会中具有自主地位的权威性组织发展有限,于是居委会就成为基层社会最重要的权威性组织,自然而然地承担起协调各种关系和矛盾的使命。居委会协调的主要关系有:居民与政府的关系、居民与单位之间的关系、居民之间的关系、家庭内部的关系。其中在调解民间纠纷方面,居委会中的"人民调解委员会"起了十分重要的作用。

(4)治保功能

居民委员会组织法明确规定在居委会下设治安保卫委员会,其任务是协助维护社会治安。早在1952年,由当时的政务院批准,公安部颁布了《治安保卫委员会暂行组织条例》,1980 年又重新公布了这一条例。条例规定,治安保卫委员会是群众性的治安保卫组织,在基层政府和公安保卫机关的领导下进行工作。这个功能使居委会成为保障社区安全的重要的组织力量。

2)物业管理中居民自治的作用发挥

①居民自治在物业管理中起着举足轻重的重要作用。这种作用不仅表现在社区自治组织对业主委员会的筹建和换届的领导上,还表现在对住宅物业管理中重大事项的决策影响上,如选聘、解聘物业服务企业等。《条例》明确规定,在物业管理区域内,业主大会、业主委员会应当积极配合居民委员会依法履行自治管理职责,支持居民委员会开展工作,并接受其指导和监督。

②社区居委会参与物业管理工作。如有的社区有由社区居委会牵头,业主委员会、物业服务企业、片警等部门参加组成的联席会议制度,针对涉及物业管理服务与社区管理的共同问题,及时进行沟通、协商,促进有关问题有效解决,形成社区和谐局面。

③作为社区居委会的主要职责之一,就是做好物业服务企业与业主委员会之间的协调工作,化解矛盾。

6.6 物业服务企业与物业管理

6.6.1 物业管理权及其实现

1)物业管理权含义及特性

(1)物业管理权的含义

物业管理权可以从狭义、广义和泛义 3 种范围进行界定。狭义的物业管理权是指物业服务企业通过公开、公平、公正的市场竞争机制接受业主的选聘和委托,依据物业管理法规的规定和物业服务合同约定行使的专业物业管理权,即物业公共事务管理权;广义的物业管理权除上述物业服务企业受托进行的专业化管理的公共事务管理权外,还包括业主直接对专有部分物业进行的自主管理的专有部分管理权;泛义的物业管理权则是在广义基础上还包括国家对物业管理的指导和监督的宏观物业行政管理权。我国 2007 年修改后的《条例》第 2 条规定"本条例所称物业管理,是指业主通过选聘物业服务企业,由业主和物业服务企业按照物业服务合同约定,对房屋及配套的设施设备和相关场地进行维修、养护、管理,维护物业管理区域内的环境卫生和相关秩序的活动。"可见,《条例》对物业管理权的解释为狭义理解,实际上是将物业管理权界定为专业物业管理权属范畴。而我国的《物权法》第70条规定："业主对建筑物内的住宅、经营性用房等专有部分享有所有权,对专有部分以外的共有部分享有共有和共同管理的权利。"第72条规定"业主对建筑物专有部分以外的共有部分,享有权利,承担义务;不得以放弃权利不履行义务。业主转让建筑物内的住宅、经营性用房,其对共有部分享有的共有和共同管理的权利一并转让。"可见《物权法》是从广义的层面解释物业管理权。

(2)物业管理权的特性

①物业管理权的及物性。一般认为,物业管理权既是及物的,又是及人的,既管物又管人。但管人起因于管物,对人的管理是由物业产权引起,即共同管理权是因专有所有权而产生的从属性权利。如《条例》第42条规定,已竣工但尚未出售或者尚未交给物业买受人的物业,物业服务费用由建设单位缴纳。因为建设单位是产权主体,如果不缴纳空置房物业服务费将使小区的物业管理费不足,从而导致小区整体环境及业主生活质量的下降,最后侵害业主利益,即影响了共有所有权的利益的实现。业主们要以共同管理权来制约建设单位。从这个规定可看出,为什么在没有相对人的情况下,亦可以要求建设单位缴纳管理费,这便体现了管理权的及物性:只要物存在,便存在管理和维护。所以在这里,不是交不交管理费的问题,而是由谁交的问题。从及物性角度,当业主转让自己的房产时,这些区分所有人的受让人应继承让与人积欠的管理费。如果物业管理权是及物的,是对"物"管理产生的费用,那么积欠的管理费可以追至"物"之所在,具有担保物权的性质;如果物业管理权是债权,是及"人"的,那么,积欠的管理费只能追及至"人"。

②物业管理权中的及人性。物业管理权并不泛指管人,物业管理对人的管理是出于对物的管理的需要。物业管理权的客体只能是物,管理人是出于管理物才涉及管人的。物业管理人行使物业管理权的目的和结果都是实现对物的管理。比如,只是暂时性居住的承租人并非物业所有权人,但对其亦需要进行管理,目的在于维护小区的秩序,加强管理,维护业主的整体利益,不是为了管理承租人而管理承租人。此外,若承租人生活态度积极,欲参与小区物业管理事宜,其是否能享受业主的权利? 而业主由于不居住于物业区域对物业管理也不甚关心,常常怠于行使业主权利,不履行合同义务,是不是可以视而不见? 答案应该都是否定的。《条例》第46条规定:"对物业管理区域内违反有关治安、环保,物业装饰装修和使用等方面法律、法规规定的,物业服务企业应当制止,并及时向有关行政管理部门报告。"如果物业服务企业没有尽职尽责,造成业主生命财产安全受到损害的,应负有相应的责任。

很显然物业管理与物业服务活动中会有大量的管理与服务行为,是在人与人之间发生的,是共同管理权的实现的行为;反过来是要从根本上确保物业产权人的物业管理权的实现。因此物业管理权的及物业性是根本特性,及人性是从属特性,两者是物业管理权特性不可分割的两个方面。

2) 物业公共事务管理权

在一定程度上说,物业公共事务管理制度是区分所有权的一个必要组成部分或必然结果。建筑物区分所有权的行使和保障已经具有相当的公共性质,需要有共同管理人通过一种公共性的治理途径实现。这在一方面促使了物业公共事务管理的出现,从而使物业管理权分解为专有部分管理权和共同部分管理权(或称公共事务管理权),另一方面,也使基于建筑物区分所有权的物业公共事务管理权有别于传统的未分解的物业管理权。物业公共事务管理权具有物权性,与传统的物业管理权相比有其共同性又有其特殊性。具体表现为:

第一,物业公共事务管理权具有可委托性。物业管理权在分解的情况下,业主可以自己行使公共事务管理权,也可以委托物业服务企业或其他管理人行使。

第二,物业公共事务管理权具有绝对性。物业公共事务管理权是区分所有权人所享有的权利,必然的具有绝对性,排除他人的干涉。

第三,物业公共事务管理权具有从属性。物业公共事务管理权衍生于建筑物的区分所有权,从属于区分所有权,随其转移而转移,随其消灭而消灭。

第四,物业公共事务管理权具有社会公益性。物业管理的对象是物业整体,即整个物业管理区域。针对的也不只是某一位区分所有权人,而要涉及各建筑物区分所有权人之间的关系,物业管理区域内部与外部的关系,更具公益性。

第五,物业公共事务管理权具有让渡性。基于物业公共事务管理的特性,物业管理权中的共同管理权即物业公共事务管理权,一般要由具有专门物业管理知识和技能的个人、组织行使,如委托专业公司行使。专有部分管理权仍留给业主。说明物业公共事务管理权具有可让渡性。

3) 物业公共事务管理权的实现

物业公共事务管理权是由物业管理权分解而来。专业对口物业管理与这种物业管理的分解同时出现。经过这种一分解,物业管理权演变成专有部分管理权和共有部分管理权(或共同管理权)。共有部分管理权可以全部或部分由业主自治组织自行行使,也可以全部或部分委托给物业服务企业或其他管理人行使。当业主将物业公共事务管理权委托给物业服务企业行使时,才出现物业服务企业行使的业主公共事务管理权的情形。物业服务企业行使的物业管理权主要内容是物业公共事务管理权和由此带来的物业区域公共资源垄断经营权。业主的公共事务管理权在此情况下,主要是通过合同确定双方的权利和义务并履行合同来实现的。

为保证物业公共事务管理的有效实现,物业服务企业和业主双方当事人依法享有自愿订立合同的权利,任何单位和个人不得非法干预。在物业服务合同签订的过程中,当事人应当在最大程度地考虑目标物业管理服务区域物业特征的基础上,细致、详尽地约定合同条款,其中包括合同当事人的权利、义务和违约责任。特别要注意的是,由于业主与物业服务企业、业主与开发商的信息不对称,在经济实力方面业主大都处于弱者地位,因此在物业服务合同的缔结过程中,业主更应该注意保护自身的合法权益,注意规范物业服务合同的条款。

6.6.2　物业服务合同及质量评估

1)物业服务合同订立的法律依据

我国《合同法》第 124 条规定:"本法分则或者其他法律没有明文规定的合同,适用本法总则的规定,并可以参照本法分则或者其他法律最相类似的规定。"据此,物业服务合同尽管不是《合同法》明文规定的合同,但《合同法》总则中的有关规定应当成为物业服务合同签订的法律依据。依据我国法律渊源的理论,有关行政法规和地方性法规也是签订物业服务合同的法律依据。如 1994 年 4 月 1 日起实施的原建设部《城市新建住宅小区管理办法》第 5 条规定:"房地产开发企业在出售住宅小区房屋前,应选聘物业管理公司承担住宅小区的管理,并与其签订物业服务合同。"1998 年 7 月 20 日国务院发布的《城市房地产开发经营管理条例》第 28 条规定:"商品房销售时,当事人双方应当签订书面合同,合同应当载明物业管理方式以及双方的违约责任。"国务院《条例》第 21 条规定:"在业主、业主大会选聘物业服务企业之前,建设单位选聘物业服务企业的,应当签订书面的前期物业服务合同。"第 35 条规定:"业主委员会应当与业主大会选聘的物业服务企业订立书面的物业服务合同。物业服务合同应当对物业管理事项、服务质量、服务费用、双方的权利义务、专项维修资金的管理与使用、物业管理用房、合同期限、违约责任等内容进行约定。"

1997 年 8 月 15 日原建设部、国家工商行政管理局印发了《物业管理委托合同示范文本》,规范了双方合同基本条款,载明了双方在物业服务中的主要权利与义务。为了贯彻《条例》,规范前期物业管理活动,引导前期物业管理活动当事人通过合同明确各自的权利与义务,减少物业管理纠纷,2004 年 9 月 6 日,原建设部关于印发《前期物业服务合同(示范文本)》,供建设单位与物业服务企业签约参考使用。各地也制定了有关物业管理的规范性文件,对物业管理条款及物业服务合同也做了更具体的规定。

物业服务合同是指业主或业主委员会与物业服务企业签订的约定由物业服务企业对物业进行有偿管理服务的书面协议,是我们通常所说的物业服务合同,它是物业管理服务的基本合同。合同的一方是代表全体业主的业主委员会,另一方是物业服务企业。业主委员会是委托方,物业服务企业是受托方。合同的委托服务期限由双方协议商定,以年为单位,一般为3年。物业服务合同签订后,前期物业服务合同与物业买卖合同中物业服务协议同时终止。每次委托期满前,业主委员会应根据广大业主的意见和物业服务企业的业绩,决定是续聘还是另行选聘其他的物业服务企业,并与之签订新的物业管理服务合同。

2)物业服务合同的内容及其法律效力

（1）物业服务合同的内容

物业服务合同的内容是指物业服务合同约定的相关当事人的权利、义务和法律责任。由于物业服务合同的客体是一致的,委托事项都是物业管理服务活动,因此,除合同的主体、签订合同的期限与方式等有差异外,各种类型的物业服务合同的基本内容没有实质的差异。《条例》第35条规定:"业主委员会应当与业主大会选聘的物业服务企业订立书面的物业服务合同。物业服务合同应当对物业管理事项、服务质量、服务费用、双方的权利义务、专项维修资金的管理与使用、物业管理用房、合同期限、违约责任等内容进行约定。"

一般而论,物业管理服务合同中当事人可以约定下列物业管理服务事项:a.物业共用部位的日常维护和管理;b.物业共用设备设施及其运行、使用的日常维护和管理;c.环境卫生、绿化管理服务;d.物业管理区域内交通秩序与车辆停放的管理服务;e.物业管理区域内治安、消防等协助管理事项的服务;f.物业装饰装修管理服务;g.物业资料的管理;h.物业管理服务的费用及其收缴方式;i.其他事项。

在物业服务合同签订的实践中,应当明确物业服务合同当事人的权利、义务和违约责任,约定的合同条款宜细不宜粗。比如,物业管理服务的项目应逐项写清,服务的内容应具体、详细,服务的质量标准应有明确约定等。在司法实践中发现,物业服务合同在内容上存在的突出问题是,违约责任约定得不够具体明确,在具体操作中难以贯彻实施,起不到应有的制约作用。因此,在签订物业管理服务合同时,应当认真研究有关法律法规,具体、明确约定合同当事人的违约责任。比如,业主不按时或拒绝交纳物业管理费用应当承担什么样的违约责任,以及物业服务企业没有尽到管理义务而给业主造成损失又应当承担什么样的法律责任等,在物业服务合同中就应当有具体而明确的约定,而不能笼统地说"应当承担法律责任"。

（2）物业服务合同的法律效力

由业主委员会与物业服务企业签订的以物业管理与服务为客体的书面协议,其效力主要应从主体和内容两个方面来审查。首先,应当确认合同当事人是否具有民事主体资格和相应的民事权利能力与民事行为能力。按照物业管理有关法规规定,物业服务企业应当具备独立的法人资格,并且具有相应的资质等级。其次,还应当审查物业服务合同的内容是否合法,即物业服务合同既不得损害国家利益、社会公共利益和他人合法权益,还应当符合有关物业管理的法律法规的规定;否则,应当确认其无效。可以说,有关法律法规对物业管理服务合同的主体和内容的规定要求是明确的。《条例》第21条规定:"在业主、业主大会选聘物业服务企业之前,建设单位选聘物业服务企业的,应当签订书面的前期物业服务合同。"第25条规定:"建设单位与物业买受人签订的买卖合同应当包含前期物业服务合同约定的内容。"因此,前期物业服务合同是由开发建设单位与物业服务企业签订,业主购房时以单独签字的方式,承认合同的有效性。开发建设单位在业主委员会成立以前,有选聘物业服务企业的权力。开发建设单位与物业服务企业签订的物业服务合同有效期至业主委员会成立并选聘新物业服务企业时止。业主委员会成立并获得选聘物业服务企业的权力。物业服务合同是物业服务和管理的依据,对物业服务企业和全体业主具有法律效力。

3) 物业服务合同约束下的质量评估

服务质量条款是对物业服务企业提供的服务在质量上的具体要求,是合同中非常重要的条款。在实践中,许多物业服务合同纠纷均因服务质量而产生。往往由于约定不明,业主常常以物业服务企业提供的服务质量没有达到要求而拒绝交纳物业服务费用,物业服务企业则认为自己是按照合同约定提供的物业服务而诉业主违约,双方就此产生纠纷。服务质量很难定量衡量,为了避免不必要的纠纷,物业服务合同当事人应当就物业服务质量做全面、具体的约定。在约定明确的前提下,当事人可以对合同标的有一个客观的评价标准,这将为合同的顺利履行奠定基础。

为了提高物业管理服务水平,督促物业服务企业提供质价相符的服务,引导业主正确评判物业服务企业服务质量,树立等价有偿的消费观念,促进物业管理规范发展,应当以国家发改委会同建设部印发的《物业服务收费管理办法》、2004年1月6日中国物业管理协会制定的《普通住宅小区物业管理服务等级标准》(试行,以下简称《标准》)作为与开发建设单位或业主大会签订物业服务合同,确定物业服务等级,约定物业服务项目、内容与标准,以及测算物业服务价格的参考依据。除物业服务收费实行市场调节价的高档商品住宅的物业服务以外,普通商品住房、经济适用住房、房改房、集资建房、廉租住房等普通住宅小区物业服务都适用该《标准》;《标准》根据普通住宅小区物业服务需求的不同情况,由高到低设定为一级、二级、三级3个服务等级,级别越高,表示物业服务标准越高;《标准》各等级服务分别由基本要求、房屋管理、共用设施设备维修养护、协助维护公共秩序、保洁服务、绿化养护管理等六大项主要内容组成。该《标准》以外的其他服务项目、内容及标准,由签订物业服务合同的双方协商约定;选用该《标准》时,应充分考虑住宅小区的建设标准、配套设施设备、服务功能及业主(使用人)的居住消费能力等因素,确定相应的服务等级。有了明确的标准后,发生争议就有了判断的依据。当物业服务合同约定的服务标准高于法定的标准时,应该按照约定的标准执行;而当物业服务合同对服务质量没有具体的约定时,法定标准应是物业服务企业履行义务的最低标准。

6.6.3　物业管理纠纷及处理

1)物业管理纠纷

物业管理纠纷是指物业服务企业、业主、非业主的使用人、物业管理行政主管部门,以及其他有关公民、法人或组织相互之间在物业管理的民事、经济、行政活动中,因对同一项与物业管理服务或行政行为有关的权利和义务有相矛盾的主张和请求,而发生的矛盾和争执。

物业管理在我国虽是一个新型的服务行业,发展的势头却很迅猛。物业服务企业在为业主和物业使用人提供各项服务过程中,由于物业管理方面的人才培养没能跟上发展的需要,专业人才少,管理不完善,服务质量欠佳;再加上业主自身的物业管理意识薄弱,拖欠、拒缴物业管理费的现象时有发生,因此,物业管理中产生纠纷是不可避免的。但是,物业管理关系到广大居民生活的安定,是建立良好社会秩序与构建和谐社会的重要组成部分,因此,应该妥善处理物业管理纠纷,避免矛盾激化、事态扩大,影响社会稳定。

2)物业管理纠纷来源

从目前的情况看,物业纠纷主要来自两个方面:一方面,因业主拖欠或拒缴物业费而被物业起诉的;另一方面,因物业服务的质量等问题,业主普遍存在对物业公司不满意的情况。2006 年中央电视台曾对北京的上百个小区共 5 000 位业主做过问卷调查,高达 73% 的业主对物业公司表示不满意。物业公司或保安与业主发生口角、冲突的例子更是屡见不鲜。[1]物业管理纠纷主要表现有:

(1)对物业服务质量不满

由于业主对物业管理知识的缺乏,对服务质量认识的偏差,因而对物业服务公司的物业服务提出超过物业服务合同约定的过高的要求,如业主对财产和人身安全是否得到切实保障的要求可能超过物业安全服务的标准;当然更多的是对物业服务是否达到了规范化、标准化,物业管理人员的态度是否热情和蔼,物业服务项目是否完善齐全等方面的不满意。

(2)围绕物业管理费的纠纷

物业收费是关系到各个业主自身利益的敏感话题,也是矛盾集中出现较多的

---

[1]陈士哲.物业管理体制存在的问题及其对策[J],厦门科技,2007(5):55.

地方。一方面很多小区存在物业服务企业严重的乱收费问题;另一方面也存在少数业主以不缴物业管理费来达到个别目的的问题。近些年来常常出现业主以不交物业管理费来抵制与自认为服务不好的物业公司的合作。欠费问题严重,影响物业管理活动正常进行。据资料反映,北京朝阳区法院 2004 年审结的 2 000 多件物业纠纷案中,涉及物业管理费诉讼的占 9 成以上。

(3)配套设施设备完好率、正常使用率低

用户使用物业支付物业管理费,总是希望物业能处于最佳使用状态,并感觉方便舒心。但物业在设计开发时,有时并不能按照这些要求来进行,物业管理服务粗放,不精细、不专业,导致服务过程质量无法保证。令业主不满意,主要表现为:一是用户对设备设施设计不合理或遗漏及质量感到不满。二是对设备运行质量不满意。一些公司为提高资质,搞质量认证,但获得资质后并不按质量文件要求办事。物业管理人员普遍缺少专业教育和培训,服务不规范。据 2005 年 8 月戴德梁行对北京 200 个楼盘的调查,写字楼物业的投诉意见比较一致,主要集中在工程设施检修维护、运行和停车场管理方面,投诉率均在 50% 左右;其次是安防控制、园艺绿化及环境卫生、客户服务态度 3 方面。投诉率是 35%~40%。住宅物业方面。对客户服务态度投诉率比写字楼高出 12%~13%,而对停车场管理投诉比率比写字楼低15%;在园艺绿化及环境卫生和财务管理方面的投诉率也比写字楼高,其他方面相差不大。对住宅物业的投诉主要集中在工程设施检修维护和运行、园艺绿化及环境卫生和客户服务态度这几个方面,投诉率均在 50% 左右。

(4)装修管理不到位,乱收费

当住户、租户进行装修时,几乎全部的物业管理机构都要收取一些费用。这些费用总体看来分为两种类型:一是可以退还的,二是不退还的。可以退还的部分,通常是装修押金,而不退还的费用部分,则往往被称为装修管理费或保证金(这些收费都是国家有关规定禁止的)。尽管如此,有些小区装修管理不到位,在装修时段安排、噪音控制、垃圾处理、改变房屋结构等方面,没有尽其职责,业主权益受到损害问题没有得到解决。

(5)物业公司对纠纷处理不当,物业纠纷日益增多

服务企业多以司法途径解决问题,反映了物业公司处理纠纷问题的依靠强制措施的倾向。但强制手段往往事与愿违,有资料反映,北京市朝阳区法院强制执行物业管理费案一个月后,对朝阳区被强制执行小区百名业主进行的问卷调查表明:对于强制执行后的影响,76.8% 的业主认为强制执行不会促使他们积极缴纳物业费;73.2% 的业主感到强制执行后,物业的服务并未得到改善;68.3% 的业主认为,强制执行后业主和物业的关系恶化了,物业服务企业很难持续服务下去。

3）物业管理纠纷的分类和特点

按纠纷所属法律部门不同的法律关系性质差异,可以将物业管理纠纷划分 4 大类:

（1）民事纠纷

物业管理纠纷大部分属于民事纠纷,主要表现为:服务合同纠纷（违约纠纷）、侵权纠纷、不动产相邻关系纠纷、无因管理纠纷等。民事纠纷的特点主要是一种财产责任,它主要是为了补偿受害人的损失,通常可以由双方当事人协商而定。承担民事责任的方式主要有:停止侵害、排除妨碍、消除危险、返还财产、恢复原状、修理、重作、更换、赔偿损失、支付违约金、消除影响,恢复名誉、赔礼道歉。

（2）行政纠纷

在物业管理中主要表现为业主在使用房屋过程中的擅自作为行为,如业主擅自改变房屋结构等。我国的行政处罚种类主要有:警告、罚款、没收违法所得等。

（3）刑事纠纷

物业管理纠纷首先表现为民事经济纠纷或行政纠纷,但由于未得到及时的解决或未得到公正、公平、合理的解决,就很容易使当事人矛盾冲突尖锐化、剧烈化,使纠纷扩大,演变成刑事纠纷,这样也就使物业管理纠纷的性质发生了质的变化。

物业管理纠纷具有易发性和涉众性的特点。物业管理纠纷酿成,有可能造成违法或违背社会公共利益行为,也可能造成违反业主团体自治规约的行为。

4）物业管理纠纷处理方式

物业管理纠纷的处理要严格执行法规和政策。我国《民法通则》第 6 条明确规定:"民事活动必须遵守法律,法律没有规定的,应当遵守国家政策。"从法律角度讲,当物业管理纠纷发生后,双方可以根据具体情况选择协商、调解、仲裁、诉讼这 4 条途径来解决。

（1）当事人协商

协商是由物业管理纠纷当事人双方或多方本着实事求是的精神,依据有关法规、管理规约和所订合同中规定,直接进行磋商,通过摆事实、讲道理的办法来查明事实、分清是非,在自愿互谅、明确责任的基础上,共同商量达成一致意见,按照各自过错的有无、大小和对方受损害的程度,承担相应的责任,以便及时自行解决物业管理纠纷的一种处理纠纷的方式。

（2）调解

调解是指当事人之间发生物业管理纠纷时,由国家规定的有管辖权的第三人来主持引导当事人进行协商活动,坚持自愿原则和合法原则,运用对当事人进行利害分析、说服教育的方法,促使当事人双方相互谅解、自愿达成协议、平息纠纷争端的一种方式。

（3）仲裁

仲裁指由物业管理纠纷当事人依据仲裁法，双方自愿达成协议选定仲裁机构并由其主持调解或对纠纷作出裁决的一种处理纠纷方式。

（4）诉讼

诉讼是法院在物业管理纠纷诉讼当事人和其他诉讼参加人的参加下，依法审理和解决物业管理纠纷案件的活动。诉讼是解决争议纠纷的最基本的方式，也是最后的方式。

在运用法律手段处理物业管理纠纷时，要注意以下问题：

第一，民事性质的物业管理纠纷的处理要着重调解。在合法的前提下要遵循当事人意思自治原则，尽量促成纠纷当事人和解，从而有利于及时解决纠纷，节省解决纠纷成本，有利于维持当事人之间的良好关系，便于执行。

第二，证据和举证责任是处理物业管理纠纷时必须高度重视的。以事实为依据、以法律为准绳是处理纠纷案件的一项基本法律原则，而事实须有证据加以证明才能认定。

但从管理学角度，处理物业管理纠纷时，应努力构建物业公司与业主之间的平等互利委托代理关系，本着共赢的原则妥善处理好物业管理纠纷问题。应该理性地找到纠纷产生的原因，要了解业主方面的原因、想法，化解认识偏差和利益冲突，缓和矛盾；同时物业服务公司更应正视自身的问题，通过沟通协调和改进服务质量化解矛盾，用强制手段是最后的无奈措施，一般不要使用，特别是对众多业主行使强制手段则意味着物业公司与业主的正常委托代理关系破裂的开始，从根本上损害物业公司的利益。

〖简要回顾〗

本章主要介绍了物业管理和物业服务涉及的各种关系，与房地产开发、政府行政行为、公用事业、业主自治、居民自治等之间的关系。

首先对物业管理与房地产开发之间的关系做了介绍，根据我国的实际情况指出了分业经营的必要性；其次分别疏理了政府行政行为、公用事业经营与物业管理之间的关系，并且提出了与这些行为协调发展的思路；再次介绍了目前业主自治和居民自治在物业管理中的现状、问题及解决的方法；最后还讨论了对物业管理权及其实现、物业合同的制定和监督以及物业管理中纠纷的处理等问题。从而在理顺物业管理关系的前提下，促进物业管理有序规范与和谐，实现各种与物业管理相关的利益主体的共赢。

〔**案例碰撞**〕

深圳市××花园的业主自治

深圳市××花园是20世纪80年代末建成的高档商品房住宅区。经过20多年的使用后,小区呈现两个显著特点:一是老,住宅区的公共设施、设备老化,而且业主也老龄化。二是杂,区内架空层作为商铺出租,小区里开设了多家美容理发店、杂货店、餐馆、维修店等。商户与商户之间,商户与居民之间,居民与管理处之间,不可避免地产生矛盾,业主的生活品质受到影响。直到2003年,因为小区居住环境差等不和谐因素的累积,有些业主才开始讨论"共同权益",诉求"共同意志",开始了业主自治意识的觉醒。经过几年来的业主自治实践和摸索,××花园的居民对"业主自治"总结出了自己的认识和体会,那就是"自主"和"民主":第一,业主自治就是要在物业管理活动中实现居民业主群体的自主地位,实现"我们的家园,我们当家作主";第二,业主自治就是在业主内部实现真正的民主,实现居民的集体意志。实现业主自治需要建立一套有效而可操作的民主程序和有效而可监督的执行机构。

××花园第一届业主委员会成立于2001年12月。虽然多数业主委员会委员都是热心公共事务的志愿者,为签订和监督执行物业服务合同,做出了自己的努力。但是由于第一届业主委员会是在主管部门和物业服务公司的组织下选举产生的,他们在业主心目中的公信力不够,加上小区内许多历史遗留问题没有得到解决,于是业主对小区物业服务的不满,首先就冲着第一届业主委员会爆发了。2003年,小区有300多名居民联名要求提前改选业主委员会,自主向主管部门提出申请,并成立改选筹备组,推荐候选人和组织投票。整个改选过程,由业主推选的代表作为主体,主管部门和物业公司只作为协助和监督人参与,提高了选举的公信力,消除了业主的疑虑。

为了实行业主自治,××花园制定了一系列规章制度。其中主要有《××花园业主大会规程》、《××花园业主公约》、《××花园业主委员会工作规则》等。××花园的这些规章制度,在国家和地方物业管理条例规定的框架内,根据本小区的实际情况,在保障业主民主权利的基础上,考虑了民主程序的可操作性和效率,具有较强的实用性。

2005年末,××花园物业服务合同到期。已经有了自治意识的业主,认为选聘物业服务公司是业主自治的主要权利和体现。为了实现业主大会自主选聘物业服务公司,××花园业主委员会按业主自治的理念和权益,开展了一系列的工作,参与招聘物业服务公司的全过程。最后,通过全体业主表决,决定自主选聘和委托原来的深圳市××物业管理股份有限公司继续承担该花园的物业服务工作,充分体现了业主自治。

除此之外,业主自治必然要体现在对共有物业和共有资金的自主管理权上。

业主通过一定的民主程序由业主委员会掌控和监督它的使用。根据合同规定，每年年初由物业服务公司制定和提交××花园年度财务收支预算，经业主委员会审议、修改和协商一致后，由物业管理处经理和业主委员会主任共同签署确定和执行。物业公司负责按季度向业主委员会提交收支报表和明细说明（约定支付的物管酬金除外），业主委员会委员审阅后可以要求物业公司作出进一步说明或修改，在业主委员会认可后由管理处将收支报表向全体业主进行公示。××花园是老小区，维修、养护的项目很多，业主委员会坚持要求物业服务采用"量入为出、略有节余"的理财方针，按照急重轻缓的次序安排支出，逐渐积累"房屋养老金"，初步解决了老小区专项维修基金不足的难题。（摘编自《中国房地产》2008(5):57-58 邓和）

互动话题：

1.深圳市××花园业主是怎样理解自治的？又做了哪些工作？

2.是否赞同该花园业主的做法？理由是什么？

第 7 章
物业管理体制

【重点关注】

物业管理体制　中国物业管理体制　国外物业管理体制

体制改革

7.1　物业管理体制概述

7.1.1　物业管理体制的含义、类型及模式

物业管理体制是指物业管理系统的结构和组成方式,即采用一定的组织形式并将这些组织形式结合成为一个合理的有机系统,通过一定的手段、方法来实现物业管理的任务和目的。

物业管理体制,从层次上讲,有宏观物业管理体制,即物业行政管理体制;中观物业管理体制,即行业管理体制;微观物业管理体制,即物业区域管理体制,主要包括物业服务企业经营管理体制、业主自主经营管理体制和物业小区综合服务管理体制。

从内容上讲,以物业服务企业经营管理体制为例,主要是规定物业服务企业的管理范围、权限职责、利益及其相互关系的准则。它的核心是管理机构的设置、各管理机构职权的分配以及各机构间相互关系协调。管理机构设置是否合理,关系是否协调直接决定或影响到物业管理服务的效率和效能,在物业服务企业经营管理中起着决定性作用。

目前物业服务企业经营管理体制主要有内部经营制和委托代理制两种模式。

内部经营制指物业服务企业是被当作房地产开发经营的一个环节的而建立的企业内部经营管理组织机构。此种制度下物业服务企业在经济核算上并不是真正的独立者,经营业绩要靠开发企业的业绩来体现,物业服务企业经营管理是房地产

经营管理的延续,是房地产开发经营管理的一个内部环节和营销管理的要素。特别是经济核算上,物业服务企业将管理费作为"收入"扣除运作支出后的剩余管理费即为利润,若管理费收不抵支,则由开发商负责补足。这种体制经过股份制改革,在法律形式上物业服务企业是独立的法人,但在实际运作上,由于物业服务企业与房地产开发企业在人事与资本的紧密联系和依附,并没有实质改变。

委托代理制是物业服务企业以市场法人主体的身份,通过市场化方式(如招标投标)获得物业管理权,并按委托代理合同明确与业主的权利义务关系,划清责任界限,开展物业管理与服务活动,获得经济效益的一种经营管理体制。这是一种物业服务企业作为市场经济活动的法人经营主体的市场化经营管理体制。实质是"分业经营"思想在经营管理体制上的具体体现。这是物业服务企业经营管理体制改革的方向。这种体制在操作上主要采用包干制和酬金制两种具体形式。包干制是指由业主向物业服务企业支付固定物业服务费用,盈余或者亏损均由物业服务企业享有或者承担。实行包干制的,物业服务费用的构成包括物业服务成本、法定税费和物业服务企业的利润。酬金制是指在预收的物业服务资金中,按约定比例或者约定数额,提取酬金支付给物业服务企业,其余全部用于物业服务合同约定的支出,结余或者不足均由业主享有或者承担。实行酬金制的,预收的物业服务资金包括物业服务支出和物业服务企业的酬金。

7.1.2 国外物业管理体制的借鉴

1)国外比较典型的物业管理体制

(1)荷兰:提前介入的物业管理

荷兰人注重生活质量,对住房的要求很高。荷兰每个社区,都有一个或几个物业管理机构。荷兰的法律明确规定,物业管理单位必须全方位投入居住区的开发建设工作的每一次议程的讨论,出席人员都必须签到,如有缺席,在某一环节的工程质量上出了问题,国家将区分情况追究法律责任。物业管理的提前介入,有利于督促开发商一项项落实配套设施,确保工程按期投入使用。有些缺陷在施工中还可以弥补,倘若等到工程完工后,木已成舟,则难以弥补。有了物管员的参与,可以起到监督和检查作用,可以严把工程质量关。一般小区都有一个物业管理小组,通常由3~5人组成,配备物业管理员、门卫和工程技术人员等,还有一个业主委员会。居民从小区的业主中选聘有文化、懂管理、办事公道的业主担任业主委员会成员,业主委员会产生后,一些相关的物业事务,小到费用的分摊,则可以由物业管理小组组织业主委员会成员召开会议讨论通过。

(2)美国:高度专业化的物业管理

在美国,物业管理已为社会充分认可,成为城市建设和管理的一个重要产业。

一些有着优秀管理经验的物业公司,服务范围几乎遍及社会的各个领域,而且专业化程度很高。专业化管理是美国物业管理最显著的特点,社会化分工十分明确,比如发展商开发楼盘后一般不管理自己开发的物业,他们买下土地后,由财务公司做策划,请项目建设公司建造,委托专业销售商售房,然后找一家管理公司或业主进行管理,至此他的使命就结束了。开发商是不愿意搞物业管理的,因为他们认为房产开发与管理不同,前者是生产领域,后者是管理服务领域,聘请专业的物业管理公司比自行管理费用反而少。另外,物业管理在美国已经十分专业化,物业管理公司一般只负责整个住宅小区的整体管理,具体业务则聘请专业的服务公司承担。物业公司接盘后将管理内容细化后再发包给清洁保安、设备维修等专业单位。对外招投标一般由投标公司自己出方案,主要看对方的价位和服务承诺,最后由业主进行挑选。对物业管理公司来说,每一个物业的管理单位或分公司都是一个完全独立的公司,是一个独立核算的盈利中心,不存在相互间盈亏互补的情况。但作为一个公司来讲,出于战略考虑,它的管理模式、管理制度、管理程序都是统一的,均实行标准化管理。

(3)德国:以主业为中心的物业管理

物业管理公司的运作严格按《房产管理法》进行,全国有物业管理公司联合会,各州有地区性的物业管理公司协会,有严格的行规以规范物业管理公司的运作,并对其进行业务培训,以保证物业管理的质量。德国很少有像我国城市普遍存在的那种封闭或半封闭形式的居民小区。德国小区物业公司的职责分为两大块,一是接洽房屋买卖和租赁业主,二是负责小区常规的检查和管理工作。如果受业主委托,物业公司还负责业主水电暖等设施的检查和维护工作。物业公司在一个小区通常只配备有两三名固定工作人员,负责定期检查防火、防盗设施和地下车库管理等。一旦出现故障,拨打物业公司 24 小时服务电话,物业公司可以迅速指派维修人员处理。物业公司除了管理房产的日常事务之外,每年都要组织一次所管辖的房产区的业主大会,公开过去一年有关房产账务情况,并向业主们提交一份当年的物业计划。物业公司的聘用期限只有 5 年,如果再次聘用需要再签合同。物业公司的报酬没有统一标准,根据其工作质量以及房产规模等多种因素综合考虑。

(4)俄罗斯:福利型的物业管理

在住宅物业领域,苏联解体后,俄罗斯对住宅实行无偿私有化,将现有住房无偿转归住户所有。住宅私有化了,但物业管理、房屋修缮仍由国家承担,全部免费,因此也就没有业主委员会和专门的物业管理公司。前苏联时期遗留下来的住宅和公用设施早已老化,不进行大规模维修已无法正常使用,而政府根本无力承担这一巨额开支。俄政府原计划对物业实行有偿管理,但遭到全社会的反对。为了缓解低收入群体对社会改革的不满情绪,俄政府将分阶段对福利制度进行改革,目前暂时保留在公共住房和物业管理方面的优惠政策。

（5）瑞士：与社区管理相结合的物业管理

瑞士的居民社区以地理位置划分,一个社区中往往有多家物业公司管理的房产。每栋居民楼都有一名与物业公司签有合同的物业管理员,负责楼内的清洁卫生,楼周围绿地的修整。管理员一家必须住在楼内,凡住户需要服务的,大小事情都可以找管理员,管理员则将住房诸如修门窗、换家具、粉刷房屋、修理更新电器等需要及时通知物业公司;住户也可以打电话给物业公司。物业公司则及时联系与其有业务关系的各类专业公司,有关专业公司很快便会给住户来电话约时间,登门服务。负责此事的物业公司技术服务部一般只有一两个人,一切服务都已社会化。社区内的公园不论大小一律免费,体育健身场所对本社区居民有优惠。瑞士物业管理的特点就是为物业所有者增值,为房主和住户提供方便的生活条件和优质的服务。物业小区的管理不搞大而全,而是按社区的安排将服务设施出租,以物业管理促进社区建设,以物业建设推动社区管理,使物业管理与社区管理相协调。

（6）法国：民主式物业管理

业主委员会代表所有业主的利益,定期或不定期与物业公司沟通,提出意见或建议。业主委员会成员的工作都是义务性质,不收取佣金;但他们在金额不高的项目上有决定权,物业公司通常须执行业主委员会的决定。业主们就存在的问题自由发表言论,从房屋结构出现问题到管理人员态度不好,业主们无所不谈。业主们可以对物业公司的管理失误提出尖锐批评,可以要求删减某项物业设施,也可以对今后的物业管理提出合理化建议,甚至可以要求更换物业负责人。正是法兰西人的"苛刻",造就了这种"一切为了业主利益"的物业管理模式。业主大会只是决定大楼在物业方面的大政方针,日常的物业管理则完全交由物业公司处理。法国业主更换物业公司是司空见惯的,条件有两个:一是更换物业公司的决定必须在一年一度的业主大会上做出,而且赞成票必须超过1/2;二是业主委员会必须事先与大部分业主联系,并提前选择好下一家物业公司。

（7）意大利：互助会式物业管理

意大利有一个房产物业的共同管理制度,即凡搬进新楼的住户,要在一起开个会,决定整座楼的管理办法。将大家的意见归纳后,提交会计师协会,会计师协会根据大家的意愿,委派一名受过专门教育或培训的管理员管理楼房的各种事务。如果业主同意了,便可签订合约,规定双方的义务和责任。管理员的职责大致有两类:一类是管理经济,负责维修房屋,另一类是协调邻里之间的矛盾。管理员每年对整座楼房的维修费、楼道、信箱、垃圾处理、照明、煤气管、自来水管、暖气管及门房的报酬等做出预算,并将这些费用进行分摊,由管理员召开户主会讨论通过。日常的小修、小补或更换自来水龙头之类的小费用和小工程以及购物、配件等,均由管理员和户主代表一起负责联系施工,年底根据凭证,向户主会及大家公布。意大利政府对住房的物业管理是很严格的,凡在规定期限内对楼房的维修不能完成,管理员就必须亲自去市政府承担法律责任或接受处罚等。通过有效的法律手段,将责任落实到管理员身上,使其责、权、利兼而有之。管理员的报酬,则由各户分担。

(8)日本:一专多能的物业管理

物业管理公司由居民管理委员会雇请,一幢楼内的居民管理委员会由3~7人组成,每届委员会任期2年。委员会负责了解业主的意见,监督和检查物业管理公司的工作,同时指定专人管理账目。委员会由业主自主组成,不受任何外来权力操控。日本的物业管理公司之间的竞争十分激烈,各公司都千方百计地提高服务质量,降低服务价格。为提高效率和节约成本,公司一般只派一两个人负责管理一座一二十层高的住宅楼的门前、门厅、楼道、电梯等公用部分的清扫、安全和公用设备检查等工作。楼内没有保安值班,因为公共治安属于警察的事务。物业人员不得随意进入任何一户居民的房门,也不得探听居民家庭生活及隐私。一旦有哪一家居民水、电、气等发生故障,住户可以直接向有关公司拨打电话,维修人员很快就会赶到修复。日本的物业管理人员必须接受严格的培训,经过国家统一考试,并取得合格证书才能成为物业管理师。由于日本物业管理人员一般都具有丰富的专业知识,一专多能,效率很高。政府制定了一系列法律法规,明确了业主和物业管理公司的权利和义务,规范了公寓等共同住宅的管理,既保障了业主和物业管理公司双方的合法权益,还有利于物业的保值增值。业主和物业管理公司之间的矛盾纠纷很少,解决矛盾纠纷也有法可依,有章可循。

(9)新加坡:统归国家建屋发展局负责的小区管理

国家建屋发展局(Housing & Development Board,简称HDB)是负责实施政府建屋计划和统筹管理的职能部门,下设36个区办事处,每个区办事处一般管理2~3个住宅小区。每个小区拥有4 000~6 000住户,区办事处管理住宅一般为10 000~15 000套(户)。住宅区内成立管理委员会,由全体业主投票选出委员会成员。委员会每年召开一次全体大会,讨论制定社区行为规则以及聘请物业管理公司等重要事务,并代表全体业主管理社区。

2)国外物业管理模式借鉴

国外物业管理运行时间长,行业独立,有行业自己的运营机制,形成一些成熟的做法和特色,值得我们借鉴。

①物业管理已成为社会化的服务行业,体制完善,机制健全,行业地位明确,运作独立自主。自负盈亏、自主经营的独立的物业管理公司发展迅速,政府公屋逐渐交由独立的物业服务公司管理,私人楼宇越来越多地委托专业的物业服务公司管理。

②物业的所有权与管理权分离,权力关系正常。物业服务公司与业主的关系是雇佣关系,业主通过招标或协议等方式选择物业服务公司,要认真考察公司的信

誉专业知识背景及管理、财务、法律水平,管理费用的高低以及社区活动能力。而物业服务公司饱受市场竞争的压力,必须注意其形象,不断改善经营管理提高效率,尽量让业主满意,否则就会有被淘汰或被解雇的危险。

③物业管理方式灵活而专业。日常服务社区活动等由公司内部人员完成,而保安、绿化、保洁等工程一般采取承包方式转给专业公司。可单项承包也可整体承包,费用由双方协商,计费方法可依时间长短,也可按次计费。

④物业管理服务收费由委托方与物业服务公司(或机构)商定。视市场供求状况、地区环境以及房屋的数量与质量由双方自由协商决定,一般无统一的标准。物业服务公司的管理费来源多渠道,有租金收入、服务费,甚至有政府补贴。

⑤物业服务公司(机构)人员精干效率高。固定人员少,一些项目尽可能临时聘请人员以节约开支。

⑥政府在物业管理中发挥了重要作用,但政府一般不直接干预物业管理收费及其他具体事务。政府多以详尽、完善的法律法规规范物业管理各方面关系人的行为与责、权、利。

⑦因地制宜,各具特色。各国(地区)的物业管理模式均结合自己国情,符合各自特点。如新加坡因土地资源稀缺而形成了政府统筹型的物业管理模式;香港则根据人多地少,物业供应由政府供应与市场供应"双轨制"而形成了房委会管理与物业服务公司管理相结合的管理模式。

7.2　中国物业管理体制改革

7.2.1　中国物业管理体制现状及问题

1)中国物业管理体制现状与问题

近20多年来,特别是2003年国务院《条例》实施以来,中国物业管理体制不断深化改革,在宏观、中观和微观上都取得了较大成就。但从建设的角度,要看到其中的不足和问题,并有规划、有步骤、整体系统地去解决这些体制问题,才能给物业管理和物业服务创造好的体制环境和发展条件。

(1)物业管理体制仍然混乱

目前我国物业管理体制五花八门,在具体的制度设计、运作机制上存在很大差别。主要有以下几种类型管理体制:

①以开发公司以及所派生的物业服务公司为主体的管理体制。房地产开发公司通常组织物业服务公司来管理自己开发的物业。开发商组织的物业服务公司通常是开发商的子公司或分公司,与开发商有着千丝万缕的联系。这类"谁建设、谁

管理"的物业管理体制在新建住宅小区内占有较大比重。

②以房产管理部门及其转制的物业服务公司为主体的管理体制。随着房改制度的不断深入和完善,房管部门所管的公房越来越少,不少房管所转制为物业服务公司,负责原来所管理的住宅小区的物业管理。

③以政府社区管理为主体的管理体制。相当一部分旧住宅区,仍保留以属地管理为主的体制。由政府的街道办组织管理机构(如小区管委会)管理,有的直接由居民委员会进行管理。

④原产权单位自管的体制。不少企事业单位在房改前为解决本单位职工住房问题,自行建设或购买了职工住宅区,由本单位的房产管理部门进行管理。房改后,相当一部分房屋销售给了职工个人,但小区仍由单位房产管理部门管理或由单位成立的物业服务公司管理。

⑤业主自主管理和委托物业服务企业管理相结合的管理体制。它是以业主为主体,成立业主委员会,由业主委员会自主管理或选聘物业服务公司委托管理。

上述物业管理体制的存在,有一定的历史原因。但有的物业管理体制,已明显不符合国家的有关规定和物业管理发展的客观要求,需要彻底改变。

(2)物业管理部门权责不明

由于物业管理体制混乱,导致了不同的职能部门权责不明,出现了多头管理或是管理真空的局面。这种状态主要体现在以下几个方面:

①业主委员会地位不明,体制混乱,组建困难。按照《条例》规定,全体业主组成的业主大会是小区物业管理的决策主体,业主大会的执行机构是业主委员会。物业公司必须按照业主大会的决议开展工作,由业主委员会负责监督。但在实际的小区管理中,业主委员会成立难,成立了的业主委员会运作不规范,或受到外部干扰太大,能真正发挥作用的少之又少。

②建设行政主管部门、房地产行政管理部门和地方政府属地管理的职责不清。小区物业管理是以建设行政主管部门为主,还是房地产行政管理部门、地方政府街道办事处、乡镇政府管理为主,有些问题还牵涉到民政等其他部门,各部门的职责如何界定,权限如何划分等问题始终没有很好地解决,导致有的地方对物业管理领导权的争夺越演越烈,矛盾激化。

③社区管理和物业管理的职责不清。物业管理离不开社区,从空间地域上来说,社区管理区域也就是物业管理的区域。两种管理的职责和界限至今还没有明确地划分和界定。社区管理组织根据"块块"的布置,物业公司根据"条条"的要求,各自为政,在绿化、环卫、保安、违章建筑管理、社区综合服务等方面,按各自方式方法开展工作,并分别接受有关主管部门评选,导致相互扯皮的现象时有发生。有的地方所做的一些规定,并没有很好地解决两种管理的关系。

④业主自主治理和物业服务企业专业物业管理的职责不清。物业小区管理到

底是以业主自主治理为主体,还是以物业服务公司的管理为主体。虽然国家和地方的有关政策法规中对业主委员会和物业服务公司的职权作出了规定,但这些规定还不够具体,双方的责、权、利关系还不是很明确,实际工作情况与规定还有较大的差距,操作困难。

（3）物业服务企业在服务对象上定位不清,管理方式简单粗暴,服务质量不高

物业管理既是一个管理过程,更是一种强化服务意识的过程。物业管理的对象是物,包括楼盘、设备、设施、场地等;而服务对象是人,受雇于业主、服务于业主。但目前很多物业公司其服务对象定位不清,管理方式沿用计划经济体制下形成的"管制"风格。管理人员服务意识淡薄,居高临下,缺乏人性化,工作方法简单粗暴,服务质量低下,以致纠纷不断。

（4）物业服务企业独立性差、依赖性强,经营亏损面大,生存状况不容乐观

目前,多数物业服务企业都具备独立法人资格,但这些独立法人的经济实体在实际经营中并不保持独立,缺少自主经营,自我约束,自我积累,自我发展的动力。不少物业服务企业人员素质低,队伍老化,人才短缺,缺乏现代化物业管理的管理技能,不能满足居民对物业管理的要求,不能适应物业管理发展的需要,经营不善,亏损严重。据中国物业管理协会发布的物业管理行业生存状况调查统计显示,在接受调查的 4 600 家物业服务企业中,仅有 40.07% 的企业盈利,平均盈利额 81.28万元/年;另有 40.76% 的企业亏损,平均亏损额为 37.22 万元/年。此外,行业还存在居住物业服务费标准和收费率、员工工资福利偏低等问题,物业服务企业生存状况不容乐观。

2）物业管理体制出现问题的原因分析

造成物业管理领域矛盾的原因是多种多样的,可以总结为以下几个方面:

①理论创新不足。目前国内对物业管理体制的研究还很欠缺,基本上属于比较空白的一块。物业管理体制创新急需成熟的理论指导,理论创新成为我国物业管理体制创新方面需要面对的首要问题。

②思想观念有待进一步转变。推行物业管理很重要的方面是要变计划经济体制下长期形成的行政型、福利型房地产管理为社会主义市场经济条件下的企业化、经营型管理,这必然涉及政府职能的转换,也涉及小区居民权力、利益观念的转变。业主应有物业消费意识,对物业有偿服务及物业公共事务管理权企业化经营要有清楚的认识,养成物业服务消费习惯。

③行政依赖性强,许多工作依靠政府部门推动。目前,我国的物业管理模式虽然大多接受了社会化、市场化、专业化的管理理念,但从经济学角度看,这种物业管理体制的变化更多的是强制性制度变迁的产物,即是由政府发布行政命令或是制定政策法规而倡导实现的制度改革,而不是由市场机制自发形成的制度变革。这

种由政府推动的物业管理制度变迁,由于经验不足、法律法规不完善等原因,致使物业管理制度出现了利益关系的失衡,形成了一种极不对称的关系:一方是具有资源优势的物业服务企业,另一方是分散的业主,双方由于力量不均衡、信息渠道不畅通,弱势一方很容易受到强势一方的左右,易引发各类纠纷。物业管理在我国迅速发展,客观地讲是得益于政府部门对制度转型所做出的举措。这种强制性的制度变迁,也导致一些物业服务公司出现"形"变而"神"不变的现象。一些物业服务公司,仍然沿用传统的方式方法,其经营理念、运作模式与现代物业管理相去甚远,导致在物业管理体制转换过程中出现各类问题。

④法制建设落后,法规不完善。虽然,我国已经颁布的《物权法》、《条例》等不少法律法规及地方性法规,对物业管理体制做出了一定的规定,但物业管理法制化建设方面仍然存在很多盲点。物业管理体制问题上缺乏一套系统的、操作性强的、具有强制约束力的法律法规。有的地方出台的政策法规互相矛盾,特别是小区的归口管理方面政策法规不统一现象时有发生。法制不健全,必然导致物业管理出现混乱,从而成为推进物业管理服务改革深入的难点和阻力。

⑤长期"混业经营"和"建管脱节",使得小区遗留问题较多,难以及时解决。主要是一些小区配套不齐备,一些房屋施工质量差,遗留问题多,造成物业管理先天不足,使得"分业经营"的物业管理的新机制在已建成小区难以推行。

⑥物业服务运行过程缺乏透明机制。物业服务作为以公共服务为主要内容的服务活动,其过程应是公开透明的,并接受业主的监督,但实际上往往不是这样。这容易导致业主的期望认知与服务标准及服务活动信息获取之间存在差异,并最终导致各种纠纷与问题的出现。

⑦利益关系对管理体制改革的制约。不少小区配套建有一些公共设施和经营场所,管理这些公共设施和经营场所会产生一定的收益。管理体制的改变,必然会导致利益关系的变化。对管理权的争夺,往往反映为对利益的争夺。如××市居苑小区总建筑面积 35 万平方米,小区按规划建设了幼儿园、活动中心、农贸市场、自行车库、办公用房、经营性用房,还有 300 多万元住宅区房屋公共部位维修基金,这些公共设施和维修基金总价值 2 000 万元以上。围绕着小区的管辖权,该市房产局与该小区所在地的区政府之间进行了长时间的争夺,被称为当地的"巴以冲突"。

⑧业主意识不强、业主委员会工作不得力。业主的参与意识不强,加上业主委员会在一定程度上是吃力不讨好的事,不少人不愿意干。南京市××小区为了接受检查,好不容易在承诺不请他们上门收费的前提下才凑齐 12 个人成立了业主委员会,但业主委员会未开过一次会议。不少委员没有尽到应有的职责,办事效率低,工作积极性不高,业主委员会形同虚设,在这种情况下,物业管理体制中缺少了业主自治主体这个重要部分,整个体制的运作必然处于病态之中。

⑨物业服务企业缺乏竞争意识。无论是开发商或企事业单位"派生"出来的物业服务企业,还是房产管理部门"转制"的物业服务企业,由于有靠山,他们在一定的程度上对市场竞争不感兴趣。往往满足于现状,不思进取,不愿在如何提高物业服务质量和水平上下工夫,忽视自身建设,对其自身的发展既无规划又无措施。一些物业服务企业在管理中不计成本,不注重经济核算,对亏损熟视无睹,扭亏的积极性不高,这样的企业很难在市场经济中生存下去。由于缺乏市场体制下的企业竞争主体,市场体制也就不完善。

7.2.2　中国物业管理体制改革方向及思路

随着物业管理行业的发展,在我国实施了多年的物业管理内部经营制,由于企业缺乏独立经营、业主主体地位难以体现,维修基金难以筹集或使用不当,服务质量难以提高等一系列问题,导致现有的物业管理体制已越来越不适应物业管理发展的需要。从发展的角度来看,委托代理制是适应目前我国物业管理发展的管理体制,应大力倡导,尽快实现物业管理内部经营制向委托代理制转变。这是我国物业管理走向市场化、专业化的必然进程,是促进物业管理行业的健康发展的必由之路。

1)新《条例》有关管理体制的要点

物业管理体制改革必须按国家有关法律法规政策,有规划、有步骤地推进。《物权法》和新《条例》是改革重要政策依据。

①在物业管理中业主是管理主体,业主通过业主大会、业主委员会实现管理权。一个物业管理区域成立一个由全体业主组成的业主大会,代表全体业主维护在物业管理活动中的合法权益。由业主共同决定:制定和修改业主大会议事规则;制定和修改管理规约;选举业主委员会或者更换业主委员会成员;选聘和解聘物业服务企业;筹集和使用专项维修资金;改建、重建建筑物及其附属设施;有关共有和共同管理权利的其他重大事项。业主大会或者业主委员会的决定,对业主具有约束力。业主大会或者业主委员会做出的决定侵害业主合法权益的,受侵害的业主可以请求人民法院予以撤销。业主委员会执行业主大会的决定事项,履行下列职责:召集业主大会会议,报告物业管理的实施情况;代表业主与业主大会同选聘的物业服务企业签订物业服务合同;及时了解业主、物业使用人的意见和建议,监督和协助物业服务企业履行物业服务合同;监督管理规约的实施;业主大会赋予的其他职责。业主大会、业主委员会应当依法履行职责,不得做出与物业管理无关的决定,不得从事与物业管理无关的活动。

②政府对业主委员会的指导与监督。同一个物业管理区域内的业主成立业主大会,并选举产生业主委员会,应当在物业所在地的区、县人民政府房地产行政主

管部门或者街道办事处、乡镇人民政府的指导下进行。业主大会、业主委员会做出的决定违反法律、法规的,物业所在地的区、县人民政府房地产行政主管部门或者街道办事处、乡镇人民政府,应当责令限期改正或者撤销其决定,并通告全体业主。

③业主大会、业主委员会与政府相关部门及居民委员会的协作关系。业主委员会应当配合公安机关,与居民委员会共同做好维护物业管理区域内的社会治安等相关工作。在物业管理区域内,业主大会、业主委员会应当积极配合相关居民委员会依法履行自治管理职责,支持居民委员会开展工作,并接受其指导和监督。住宅小区的业主大会、业主委员会做出的决定,应当告知相关的居民委员会,并认真听取居民委员会的建议。

④业主通过市场化方式选聘物业服务企业为其提供物业服务。国家提倡建设单位按照房地产开发与物业管理相分离的原则,通过招投标的方式选聘具有相应资质的物业服务企业。从事物业管理活动的企业应当具有独立的法人资格。国家对从事物业管理活动的企业实行资质管理制度。从事物业管理的人员应当按照国家有关规定,取得职业资格证书。业主委员会应当与业主大会选聘的物业服务企业订立书面的物业服务合同。

⑤物业管理区域内按照规划建设的公共建筑和共用设施,不得改变用途。业主依法确需改变公共建筑和共用设施用途的,应当在依法办理有关手续后告知物业服务企业;物业服务企业确需改变公共建筑和共用设施用途的,应当提请业主大会讨论决定同意后,由业主依法办理有关手续。业主、物业服务企业不得擅自占用、挖掘物业管理区域内的道路、场地,损害业主的共同利益。因维修物业或者公共利益,业主确需临时占用、挖掘道路、场地的,应当征得业主委员会和物业服务企业的同意;物业服务企业确需临时占用、挖掘道路、场地的,应当征得业主委员会的同意。业主、物业服务企业应当将临时占用、挖掘的道路、场地,在约定期限内恢复原状。业主需要装饰装修房屋的,应当事先告知物业服务企业。

⑥物业管理区域内,供水、供电、供气、供热、通信、有线电视等单位应当向最终用户收取有关费用。物业服务企业接受委托代收前款费用的,不得向业主收取手续费等额外费用。

⑦业主应当根据物业服务合同的约定交纳物业服务费用。业主与物业使用人约定由物业使用人交纳物业服务费用的,从其约定,业主负连带交纳责任。已竣工但尚未出售或者尚未交给物业买受人的物业,物业服务费用由建设单位交纳。

⑧县级以上人民政府价格主管部门会同同级房地产行政主管部门,应当加强对物业服务收费的监督。物业服务企业可以根据业主的委托提供物业服务合同约定以外的服务项目,服务报酬由双方约定。

⑨物业服务合同应当对物业管理事项、服务质量、服务费用、双方的权利义务、专项维修资金的管理与使用、物业管理用房、合同期限、违约责任等内容进行约定。

物业服务企业应当按照物业服务合同的约定,提供相应的服务。物业服务企业未能履行物业服务合同的约定,导致业主人身、财产安全受到损害的,应当依法承担相应的法律责任。

⑩物业管理用房的所有权依法属于业主。未经业主大会同意,物业服务企业不得改变物业管理用房的用途。

⑪一个物业管理区域成立一个业主大会。物业管理区域的划分应当考虑物业区域的共用设施设备、建筑物规模、社区建设等因素,具体办法由省、自治区、直辖市制定。同一个物业管理区域内的业主,应当在物业所在地的区、县人民政府房地产行政主管部门或者街道办事处、乡镇人民政府的指导下成立业主大会,并选举产生业主委员会。但是,只有一个业主的,或者业主人数较少且经全体业主一致同意,决定不成立业主大会的,由业主共同履行业主大会、业主委员会职责。

2)中国物业管理体制改革的思路

(1)物业管理制度创新中的政府角色合理定位

诱导性制度变迁是中国物业管理体制改革的合理选择。尽管政府部门在早期的住房改革过程中,通过各种方式鼓励支持物业服务企业的发展,起到了一定成效,但进一步发展需要逐步取消政府的参与和干预,在此过程中政府应起到的是规范、引导的作用,做到"还政于民"、"为民服务"。

①政府要为不同类型的物业公司提供公平、公正的竞争机制和发展平台。如取消对由房改部门转型的物业服务公司的一些特殊待遇。这类物业服务公司利用长期以来积累的资金和实力进行运作,会获得相对优势,若再对其给予特殊待遇会对其他类型物业公司的发展造成障碍。

②政府应针对物业管理方面出现的问题,加速立法工作,并加强执法力度,做到物业管理领域"有法可依、有法必依",切实规范物业管理工作并保护广大业主的权益。特别是《物权法》和新《条例》出台后,应加快制定配套的地方性法规和实施办法,使之更具操作性。

③加强对物业管理行业的指导和监督,特别要发挥物业管理行业协会的桥梁纽带作用。政府应加强对物业管理的宣传力度,引导全社会正确认识物业管理行业,推动成立物业管理行业协会和物业管理学会、研究会,弄清物业管理关系和规律,提供有效的、有价值的参考意见,引导行业的健康有序发展。

④大力推行分业经营,推动通过招投标方式进行物业管理权市场化交易。"谁开发、谁管理"模式是形成内部经营制的重要原因之一。这种模式导致物业管理市场"条块分割",缺乏竞争;各个物业服务企业囿于一小块"地盘"难以通过规模化、专业化来降低物业服务企业的经营成本,导致资源严重浪费。为了促进物业管理市场的发展,推行物业管理招投标应是当务之急。推行招投标,有利于物业服务企

业实现规模化经营,有利于资源的合理配置,从而推动内部经营制向委托代理制转变。

（2）开发商行为规范化

①开发商应摒弃"肥水不流外人田"的陈旧观念,让物业管理走上市场化,通过招投标的方法选聘专业的物业服务企业管理。对属下的物业服务企业则应建立自主经营、自负盈亏的经营管理体制,避免开发与管理权责不清、财务不分的混乱局面。

②开发商应主动承担前期物业管理的义务和费用;不要做出减免管理费的承诺;应按政府指导价或业主与物业服务企业之间的协商定价交纳其未售出物业的管理费;要完善配套设备设施,确保房屋质量,从而让物业服务企业轻装上阵,按物业管理自身规律运作。

（3）业主、业主委员会行为理性化

业主要转变对物业管理的错误观念,正确认识并行使业主的责任、权利和义务,加强对物业服务企业的监管,确保代理制的顺利实施。

①健全组织。要保证代理制的顺利实施,就必须及时成立业主委员并发挥业主委员会的监督作用。一方面业主应积极参与物业管理工作,积极参与业主委员会的成立活动;另一方面,已成立的业主委员会应制定业主委员会章程,促使委员会成员按章操作,充分发挥业主委员会应有的作用,监督物业服务企业按法律法规和管理合同开展管理活动。

②在合同中应按委托代理制明确双方的权利义务。特别是要按服务等级与收费标准对等的原则,谈判确定服务的质量标准和要求,确定物业服务费标准。一味地压低物业服务费价格,同时又要求过高的服务水准,是不符合等价交换的市场经济最基本原则的不合理行为。

③加强对物业服务企业的监管。业主、业主委员会应按委托管理合同条款监督物业服务企业,包括对物业管理费收支的监管,对物业服务企业的管理行为和员工的服务工作的监管,对房屋及配套设备设施的重大维修、更新项目的监管,从而约束物业服务企业的代理行为,确保物业服务企业履行其委托代理义务,按合同规定收取管理费等。

④理解、配合、支持物业服务企业的管理举措。业主与物业服务企业是委托管理合同的双方当事人,具有平等的关系,业主应理解、配合、支持物业服务企业的工作。作为业主应当明白,管理费不仅仅是物业服务企业的收入,它也是维护物业区域正常运作所需的费用,管理费少缴了,物业服务企业就难以保证服务质量。

（4）物业服务企业行为优化

物业服务企业要想在激烈的市场竞争中壮大和发展,就必须实施市场化、专业化的管理,不能依赖开发商生存,也不能采取短期行为任意侵占业主利益。物业服务企业应自觉采取代理酬金式的管理模式,走规范化管理之路,更好地为业主服务,塑造物业服务企业品牌。

①物业服务企业应当主动追求自身的价值,逐步实现分业经营条件下的独立自主经营,主要是逐步减少对开发企业的依赖思想。同时要通过内涵建设提高核心竞争力,为业主提供优质服务,形成优质品牌,自立于市场之中,自立于行业发展之中。

②适应物业管理区域的物业及人文特点,真心实意做好委托服务。从地位上确定业主是产权主体,物业服务企业是市场服务主体的思想。通过企业内部的科学治理和对业主的精细化优质服务,打造优质服务品牌。特别是在企业内部管理上,既要合理安排人力资源,提高员工素质,提高工作效率,降低成本费用,又要合理开支管理费,保证物业服务运作的正常需要。

③强化人性化服务理念,处处为业主着想,主动接受业主、业主委员会的监管,在业主满意中获得自己的实际利益。实行委托代理制管理方式后,物业服务企业应摆正自己服务的位置,主动接受业主、主任委员会的监管,包括定期公开管理账目,重大开支如房屋修缮、公用设备设施的维护及更新等报业主委员会审批,大额费用支出(以合同为准)也应报业主委员会审批。增加管理的透明度,取得业主的理解和支持。

(5)理顺物业管理方方面面的关系

从国内外的实践看,物业管理没有统一的模式,我们要在借鉴国内外物业管理的成功经验的基础上,结合历史文化传统,根据不同性质物业的特点和业主的要求,设计出符合本国国情的管理体制。从深层的意义上讲,物业管理体制应该是一种社区管理体制,因而在物业模式设计中,在充分考虑到业主及业主委员会和物业服务企业之间关系问题的同时,还应考虑社区管理和社区服务的更多主体的参与,将社区管理、社区服务与物业管理服务有机结合起来。从物业管理角度应该建立一个由政府指导,业主(业主大会、业主委员会)主导,物业服务企业承担,居委会、基层行政部门协调与监督,公用事业单位参与的物业管理服务体系。构建一种主体明确、权责清晰、服务到位、管理民主、质价相符、健康有序、和谐共赢的物业管理体制。

(6)完善日常物业管理工作机制

完善的物业管理制度应是一种复合的制度体系,主要包括业主委员会推选和运作制度、物业公司组织制度、物业公司招投标制度、物业服务运作制度、物业服务评价考核制度、物业服务企业进入和退出制度,等等。通过制度建设,形成物业管理服务的长效机制。除此之外,在具体的日常管理工作上,应注意完善日常物业管理工作机制,提高运作效率。

①以提高物业服务企业的服务质量为中心,形成文化引领机制。物业服务企

业可以通过企业文化建设,树立特色服务定位与形象,将企业文化精神、价值观念通过员工的行为在服务中渗透到社区的每一个住户。还可以通过采取现代化的管理手段,推行品质管理系统,加强对员工的培训等,提高员工的素质,从而向业主展示企业提供优质服务的能力,提升业主对社区管理品质的信心,使公众对企业产生认同,扩大企业的影响,全面促进物业管理与社区管理的协调发展。

②加强业主与物业公司的有效沟通,形成有效畅通的沟通机制。物业服务行业应以服务为宗旨,奉行"以人为本,业主至上"的服务理念和细致入微的服务态度,为业主提供全方位、高品质的优质服务,并将日常服务紧密融合于管理之中。同时可通过走访沟通、举办活动等形式,加强与业主的沟通联系,及时了解业主的意见与需求变化,真正为业主创造舒适的生活和工作环境,构建和谐的社区氛围。

③完善物业服务企业的内部治理结构,形成高效、快捷、灵敏的运行机制。物业管理服务现代化是物业管理行业发展的必由之路,物业服务企业在经营管理体制上应适应组织结构扁平化,管理方式柔性化,服务作业单元团队化,服务系统信息化,客户需求反应敏捷化,服务过程规范化,客户关系人性化等要求,对现有物业公司进行重组改造,以适应业主对物业服务需求不断提升的需要。

④制定合理的物业管理服务标准,形成公开、透明、合理的利益分享机制。在物业管理服务费的设计上,无论是酬金制还是包干制,都应根据业主的实际情况,按照物业管理委托合同的内容向业主收取物业管理费;物业收费的项目和标准要定期公布;物业公司每月制作费用收缴月报表,规范物业费收缴制度。如厦门市实行的物业管理等级收费标准,共分五个等级,每个等级有不同的服务要求并实行不同的价格,这样就对物业服务内容有了可具体衡量的标准,减少物业纠纷发生的几率。[1]

〖简要回顾〗

本章主要介绍了物业管理体制的相关内容,包括物业管理体制的含义、类型,国外物业管理体制的情况及借鉴意义。

首先分析了物业管理体制的含义、类型、模式,介绍了国外物业管理体制的主要类型及其特点,为我国物业管理体制改革提供借鉴;其次介绍了我国物业管理体制的现状、问题和原因,并提出了物业管理体制改革方向和思路。

〖案例碰撞〗

盐城市某街道办事处推行"三位一体物业管理模式"

某街道办事处为解决物业服务中各方利益不协调、办事相互推诿、扯皮的问

---

[1]陈士哲.物业管理体制存在的问题及其对策[J].厦门科技,2007(5):55-57.

题,创新小区物业管理体制,试行"三位一体物业管理模式"。

"三位一体"是指社区居委会、业主委员会、物业公司共为一体,既各司其职,又互为补充、互相促进。三者实行合署办公,成立社区服务管理委员会作为社区管理与服务工作的综合协调和监督机构,全面负责该区域社区居委会、物业公司、业主委员会日常行政事务的管理、指导、监督和考核。"三位一体物业管理模式"有效整合了各方力量。物业服务企业是社区管理与服务的重要支柱,社区居委会是群众自治组织,业主委员会是维护群众利益的业主代表团体,三者都是为小区居民服务的责任主体,职能上互补互助,分则不利,合则多赢。

"三位一体"模式在该街道办事处开展试点以来,较好地解决了社区管理与物业管理的矛盾,理顺了三者的关系,有效地整合了三方的力量,形成了小区统一协调的管理机构。对于业主来说,小区服务管理工作站履行的14项职能,涵盖了居民日常工作生活的方方面面,彻底解决了过去那种遇到问题相互推诿、群众困难得不到解决的状况。对于社区居委会来说,借助"三位一体"模式的平台能够快捷地掌握情况,解决了人手少、任务重,许多工作难以抓到位的问题。对于物业公司来说,因为增加了沟通渠道和协调途径,与业主之间的关系变得更为融洽。对于行业主管部门来说,大量矛盾在基层得到解决,可以从繁杂的事务性工作和协调工作中解脱出来。(摘编自《物业管理》,2007 年 3 期,王俊)

互动话题:

1."三位一体"模式创新性在哪里? 如何评价?

2."三位一体"模式优点和缺点在哪里? 如何完善?

第8章
物业服务企业

【重点关注】

物业服务企业　资质管理　组织模式　人力资源管理

企业家成长机制　经理人制度　企业创新　物业服务业务市场拓展

8.1　物业服务企业

8.1.1　物业服务企业的创立

1)物业服务企业的概念和分类

在我国,物业服务企业是与专业物业管理同时产生的。物业服务企业是物业管理服务产品的供给者,是专门从事建筑物及其附属设备、设施、相关场地及周围环境的管理,为业主和非业主使用人提供全方位、多层次的有偿服务的法人经济实体。

我国物业服务企业从创立的具体途径看,有如下几种类型:

(1)政府及国有企事业单位房管或总务部门转制形成的物业服务企业

在计划经济体制下政府房屋管理部门是事业性质的单位,管理着大量的城市公有房产,随着住房制度的改革,公有住房产权性质的转变,原有的房管部门开始逐渐向物业服务企业转型。转制后的物业服务企业对这些售后公房进行社会化、市场化、专业化管理。另外,随着住房体制的改革,一些国有企事业单位对在计划经济时期开发建造的职工住宅物业,也实现了从传统的房屋管理向专业物业管理的转变:一是将单位自管住房委托给专业化的物业服务企业进行管理,这是一种市场化的转变;二是将本单位的房管部门转变为企业性质的物业服务企业,转制后的物业服务企业与原单位脱钩,成为自主经营的独立法人。由于历史原因,这类物业服务企业没有完全实现市场化转变。

（2）房地产开发公司组建的物业服务企业

这类物业服务企业在全国范围内大约占 70%，因为政府规定开发商在完成其投资的住宅小区建设、交付使用时，应按照小区工程投资额或建安费的一定比例提取一笔资金，一次性支付给受聘的物业服务企业作为其启动资金或者物业公共设施专用基金。很多开发商从"肥水不流外人田"的角度考虑，与其将一笔数额不小的资金交付受聘的物业服务企业，不如自己组建物业服务企业。再者，在我国物业管理发展的初期，不规范的物业管理市场以及物业服务企业良莠不齐的现状，也使得开发商一时难以找到较为满意的物业服务企业。在此情况下，一些开发商选择了自己组建物业服务企业管理自建物业。但是，目前开发商主动与物业服务企业脱钩的情况也越来越多。据 2007 年全国物业管理行业生存状况调查报告显示，在被调查企业中属于房地产开发单位下属物业服务企业有 1 260 家，占企业总数27.39%；其他隶属关系的企业3 340家，占 72.61%。从上述比例来看，开发建设单位下属企业仅占全部企业的1/4 强，近 3/4 的企业与开发商并无隶属关系。

（3）独立设立，自主经营的专业化物业服务企业

这类物业服务企业一般都是自然人出资的民营公司或混合所有制的具有独立法人地位的经济实体，是适应我国市场经济发展，以及物业管理行业的发展而建立起来的。相对于前两种类型的物业服务企业来说，这种类型的物业服务企业具有以下优点：首先，产权清楚、责权明确，思路清晰、市场意识强烈；其次，完全按照"独立核算、自负盈亏、自我发展"的方式进行经营管理；再次，能够运用市场经济规律，采用优胜劣汰的竞争机制，对内部员工进行聘用及管理。这种自主经营的专业化物业服务企业符合社会主义市场经济发展的要求，因此具有很大的发展潜力，会成为我国物业服务企业发展的方向。

2）物业服务企业设立的程序

组建物业服务企业选择何种形式，主要取决于出资创办者对物业服务企业未来的经营定位、市场定位和发展定位。从组织形式上讲，一般有有限责任公司、股份有限公司两种类型。

物业服务企业设立一般包括：工商注册登记、税务登记、公章刻制、资质审查等几个步骤。在自身具备了法律规定的基本条件之后，组建物业服务企业的过程就是让这些基本条件得到政府主管部门的认可，并最终获得企业法人地位的过程。《中华人民共和国公司登记管理条例》等相关法规，以及地方政府制定的一些管理办法，对物业服务企业设立程序做了明确的规范，现以物业管理有限责任公司为例做简要介绍。

（1）公司名称预先核准

一家新的物业服务公司只有经过名称预先核准登记,才能具有专属性和唯一性的公司名称。公司名称需译成外文使用的,可依据文字翻译原则自行翻译使用,不需核准登记。公司名称预先核准的主管部门是工商行政管理机关,程序如下：a.领取并填写"名称（变更）预先核准申请书"；b.递交"名称（变更）预先核准申请书"及相关材料；c.领取"企业名称预先核准通知书"。

（2）申请验资

验资就是由具有法定资格的验资机构,核验股东实际缴纳的全部出资额,包括货币、实物、工业产权、非专利技术、土地使用权等,并出具出资真实性证明。法定验资机构是会计师事务所和审计师事务所。现在部分地区法人登记时,已经不再要求出具验资报告,而以指定银行出具的指定账号入资凭证作为货币出资的证明,以会计师事务所或评估事务所出具的评估报告作为非货币出资的证明,但多数地区还没有简化这个程序。验资一般有这样几个环节：①设立账户存入资金；②委托验资机构；③出具验资报告。

（3）法人登记

完成法人登记是组建物业服务公司的最关键环节,它是一家新公司取得法人资格、具备独立民事主体地位的标志。公司名称预先核准和验资,实际上都是为进行法人登记做准备和铺垫。法人登记的主管机关是政府的工商行政管理部门。办理公司法人登记事宜,要经过 4 个步骤：

①向登记主管机关递交规范、齐全的法人登记申请材料,提交的申请文件、证件一般是原件,确有特殊情况只能提交复印件的,应当在复印件注明与原件一致,并由申请人或被委托人签字。

②登记主管机关受理递交的法人登记申请材料,审查提交的文件、证件和填报的登记注册书的真实性、合法性、有效性,并核实有关登记事项和开办条件。审查和核实后,登记主管机关会做出核准登记或者不予核准登记的决定,并及时通知申请登记的单位。

③获得核准后,到登记主管机关领取"准予行政许可决定书",然后按照"准予行政许可决定书"确定的日期,到工商局交费并领取营业执照,同时办理法定代表人签字备案手续。营业执照上的一个重要内容是经营范围,即允许企业法人生产和经营的商品类别、品种及服务项目,它反映企业法人业务活动的内容和生产经营方向,是企业合法经营与非法经营的法律界限。公司的经营范围由公司的章程规定,不能超越章程规定的经营范围申请登记注册,但最终以登记注册机关核准的为准。为了物业服务公司日后的业务发展和经营拓展,在拟订公司章程的经营范围和申请登记注册的经营范围时,要考虑得宽泛一些、长远一些,除了物业服务的主营项目外,还可以适当增加与物业服务有密切联系的家政服务、房屋中介、材料销

售等经营项目。核准登记注册为企业法人的物业服务公司,由登记主管机关发布公告。

④自核准登记之日起 15 日内,到政府技术监督局代码管理中心申请组织机构代码登记。组织机构代码是对中华人民共和国境内依法注册、依法登记的机关,企、事业单位,社会团体和民办非企业单位等机构颁发在全国范围内唯一的、始终不变的代码标识,其作用相当于单位的身份证号。申办代码需提交营业执照等其他法定批准文件、证件,携带公司的法人代表身份证复印件和公章,填写"代码申请表"。代码登记部门审查无误后,赋码并发给《中华人民共和国组织机构代码证书》。

在取得上述有关证件后,物业服务企业还要持这些证件到税务部门办理税务登记,到公安部门办理公章登记和刻制等事宜。

(4)税务登记

新的物业服务公司开业前,要先进行税务登记,这属于一项法定制度。按照《中华人民共和国税收征收管理法》的规定,公司自领取营业执照之日起 30 日内,要向生产、经营地或者纳税义务发生地的主管税务机关申报办理税务登记。

(5)资质申办

企业法人登记、税务登记完成以后,还必须申报物业管理资质。物业管理资质实际上是物业管理市场的准入证,由国家建设主管部门和省市房地产主管部门进行管理。

我国自 2004 年 5 月 1 日起开始施行的《物业管理企业资质管理办法》。根据《物权法》的规定和物业管理行业实际情况,原建设部于 2007 年 10 月 30 日通过了《建设部关于修改〈物业管理企业资质管理办法〉的决定》,并于当年 11 月 26 日起施行《物业服务企业资质管理办法》(以下简称《办法》)。《办法》将"物业管理企业"修改为"物业服务企业",并取消了物业服务企业年检制度的有关规定。

根据《办法》规定,新设立的物业服务公司应当自领取营业执照之日起 30 日内,持下列文件向工商注册所在地直辖市、设区的市的人民政府房地产主管部门申请资质:①营业执照;②企业章程;③验资证明;④企业法定代表人的身份证明;⑤物业管理专业人员的职业资格证书和劳动合同,管理和技术人员的职称证书和劳动合同。申请核定资质等级的物业服务企业,应当提交下列材料:①企业资质等级申报表;②营业执照;③企业资质证书正、副本;④物业管理专业人员的职业资格证书和劳动合同,管理和技术人员的职称证书和劳动合同,工程、财务负责人的职称证书和劳动合同;⑤物业服务合同复印件;⑥物业管理业绩材料。资质审批部门应当自受理企业申请之日起 20 个工作日内,对符合相应资质等级条件的企业核发资质证书。新设立的物业服务企业,其资质等级按照最低等级核定,并设一年的暂定期。一级资质审批前,应当由省、自治区人民政府建设主管部门或者直辖市人民政府房地产主管部门审查,审查期限为 20 个工作日。

对符合相应条件的新设立的物业服务公司,政府主管部门核发给由国务院建设主管部门统一印制的"物业服务企业资质证书"正本和副本。暂定期满后,物业服务企业要及时向主管部门申请正式资质的评定。未获通过的,撤销资质证书,取消继续从事物业服务经营的资格。

各地对物业服务企业的设立的程序基本相似,但具体操作也有一些差异,如税务登记在资质申办之后进行。上述程序结束后,物业服务企业就可合法地开展物业服务业务了。

3)物业服务企业的资质管理

企业资质,主要是为了界定、查验、衡量企业具备或拥有的人力、物力和财力情况,包括企业的注册资金、拥有的固定资产、职工人数、技术力量、管理人员是否取得资格证书、经营规模以及经营水平、企业信誉等,是企业实力和规模的标志。我国对物业服务企业实行了资质管理制度,2004 年 5 月 1 日起实施《物业管理企业资质管理办法》,2007 年 11 月 26 日实行修改后的《物业服务企业资质管理办法》。该办法将物业服务企业划分为一级、二级、三级 3 个资质等级。各资质等级物业服务企业的条件如下:

(1)一级资质

①注册资本人民币 500 万元以上。

②物业管理专业人员以及工程、管理、经济等相关专业类的专职管理和技术人员不少于 30 人。其中,具有中级以上职称的人员不少于 20 人,工程、财务等业务负责人具有相应专业中级以上职称。

③物业管理专业人员按照国家有关规定取得职业资格证书。

④管理两种类型以上物业,并且管理各类物业的房屋建筑面积分别占下列相应计算基数的百分比之和不低于 100%:多层住宅 200 万平方米;高层住宅 100 万平方米;独立式住宅(别墅)15 万平方米;办公楼、工业厂房及其他物业 50 万平方米。

⑤建立并严格执行服务质量、服务收费等企业管理制度和标准,建立企业信用档案系统,有优良的经营管理业绩。

(2)二级资质

①注册资本人民币 300 万元以上。

②物业管理专业人员以及工程、管理、经济等相关专业类的专职管理和技术人员不少于 20 人。其中,具有中级以上职称的人员不少于 10 人,工程、财务等业务负责人具有相应专业中级以上职称。

③物业管理专业人员按照国家有关规定取得职业资格证书。

④管理两种类型以上物业,并且管理各类物业的房屋建筑面积分别占下列相应计算基数的百分比之和不低于100%:多层住宅100万平方米;高层住宅50万平方米;独立式住宅(别墅)8万平方米;办公楼、工业厂房及其他物业20万平方米。

⑤建立并严格执行服务质量、服务收费等企业管理制度和标准,建立企业信用档案系统,有良好的经营管理业绩。

(3)三级资质

①注册资本人民币50万元以上。

②物业管理专业人员以及工程、管理、经济等相关专业类的专职管理和技术人员不少于10人。其中,具有中级以上职称的人员不少于5人,工程、财务等业务负责人具有相应专业中级以上职称。

③物业管理专业人员按照国家有关规定取得职业资格证书。

④有委托的物业管理项目。

⑤建立并严格执行服务质量、服务收费等企业管理制度和标准,建立企业信用档案系统。

根据《办法》规定:国务院建设主管部门负责一级物业服务企业资质证书的颁发和管理。省、自治区人民政府建设主管部门负责二级物业服务企业资质证书的颁发和管理。直辖市人民政府房地产主管部门负责二级和三级物业服务企业资质证书的颁发和管理,并接受国务院建设主管部门的指导和监督。设区的市的人民政府房地产主管部门负责三级物业服务企业资质证书的颁发和管理,并接受省、自治区人民政府建设主管部门的指导和监督。

一级资质物业服务企业可以承接各种物业管理项目;二级资质物业服务企业可以承接30万平方米以下的住宅管理项目和8万平方米以下的非住宅项目的物业管理业务;三级资质物业服务企业可以承接20万平方米以下的住宅管理项目和5万平方米以下的非住宅的物业管理业务。

据2007全国物业管理行业生存状况调查报告显示,目前一、二、三级及其他未取得资质的企业比例分别为:7.93%、15.5%、71.46%和5.11%。说明现阶段具有一、二级资质物业服务企业的比例较小,整个行业仍处于发展初期,整体抗风险能力差。国家实行物业服务企业资质管理具有重要的意义。通过资质管理将劣质企业"拒之门外",有利于提高物业管理与服务水平,促进我国物业管理行业的健康发展,规范我国的物业服务市场秩序;通过资质管理促进物业服务企业提高自身能力,更好地履行合同,从而保护业主和非业主使用人的合法权益;资质等级管理会促进物业服务企业追求服务品牌和核心竞争力的提升,既有利于我国物业管理行业与世界接轨,也有利于我国物业服务企业走向世界物业服务市场。

8.1.2　物业服务企业组织的模式

1) 企业组织模式的含义

企业组织模式是企业内各有机组成部分的排列顺序、空间位置、聚散状态、联系方式以及各要素之间的一种结构及状态，它会随着生产力的发展和社会进步而不断变化。

但任何组织在进行机构和结构的设计时，都需遵守一些共同的原则。这些原则包括：因事设职的原则；权责对等的原则；统一指挥原则；分工与协作原则；经济原则。以上一般企业组织机构设计的原则，同样适合于物业服务企业的机构设置。物业服务企业的规模、管理对象、管理内容不同，企业的机构设置就不会一样。总的来说，要根据企业自身的物业经营管理的规模、复杂程度和专业化水平、管理水平，本着利于统一领导、分级管理、精干高效的总原则，按需设置机构。

2) 物业服务企业的几种组织模式

一般来讲，物业服务企业的组织形式的具体设置，要根据管理物业的规模、物业服务企业的规模、服务管理的目标等因素决定。常见的有 3 类模式：第一类是集权的、按职能划分部门的职能式组织，也称一元结构或 U 型组织模式；第二类是事业部组织，也称多分支单位结构或 M 型组织模式；第三类是矩阵式组织，也称规划—目标结构。

（1）职能式结构

职能式结构是以英国古典经济学家史密斯的分工理论作为组织结构设计的核心原理，并形成一种最高领导具有绝对统治地位的企业组织形式。这类组织结构特别强调组织内部分工与层阶。从纵向看，组织被划分成若干层次，形成等级分明的金字塔结构，处在塔尖的高层领导通过一个"等级链"控制着整个组织；从横向看，组织被分解为若干个并列的部门，每个部门都负责一项专门工作，各司其职、各自向上一级负责。企业必须要设立许多形形色色的职能部门，辅助最高领导主持日常管理工作与运作。

许多企业初创期都采用这种模式。这种架构有利于集中企业的所有资源于某一领域，也有利于开拓市场、确立企业与品牌形象。目前不少传统企业甚至股份制企业也采用这种模式。但职能式结构却存在着结构本身所不能避免的明显的缺陷：这是一种典型的中央集权模式，职能部门众多，易陷入机构臃肿、人浮于事的境地；与此同时，由于层阶重叠，层阶越高的管理者越远离市场，降低了市场应变能力与驾驭能力；此外，信息在传递过程中往往会失真，高层难于听到真实的信息，无法及时做出适应买方市场个性化、凸显专业化产品以及最大限度满足服务诉求的诸多举措。

（2）事业部结构

事业部结构是企业根据不同产业、产品、市场、服务对象或区域，把企业划分为若干事业群，每一个事业群建立自己的经营管理机构与队伍，独立核算，自负盈亏。这种组织架构是目前大部分企业集团尤其是跨国公司采取的组织机构形态。其组织架构是业务导向型的，从权力结构上讲是分权制，基本单位是半自主的利润中心，每个利润中心内部通常又按职能式组织结构设计。在利润中心之上的总部负责整个公司的重大投资以及对利润中心的监督。因此总部的职能相对萎缩，一般情况下总部仅设人事、财务、总裁办等几个事关全局的职能部门。

该组织形式的优点主要在于给各事业部自主决策权之后，各事业群的创新热情极大地提高，以往职能架构下一个面孔、一个模式的状态，已被各事业部根据不同的产业特性、不同的企业文化与市场定位、服务对象而制订的各具特色的价格战略、配销通路、激励机制及企业文化等所激活。这种架构解决了企业规模扩张后资金黑洞化（利润摊薄，许多钱不知花到哪里去），降低了企业涉足新领域与变革的创新风险，更为重要的是实现了组织扁平化，缩短了与各事业部主管之间的距离，提高了总部职能的效用，贴近了市场与客户，提高了市场应变能力和风险防范能力。事业部结构形式满足了外界环境变化对企业的要求，但也并非完美无缺：

首先，相对独立的各事业部往往会更多地关注自身利益而不顾企业整体利益，从而滋长部门本位主义，造成共享资源滥用过度，严重时会引起企业内部的不良竞争，导致组织的分化现象。

其次，由于每一个事业部都设有相应的职能部门，由此造成组织结构规模庞大，趋向官僚体制，如若缺乏一定的协调，就会妨碍企业内外部信息、人才等资源的流动和整合，难以体现规模经济。

再次，企业总部负责人难以确保公正、客观地对待各事业部，他们的决策往往会受到部门历史、产品本身以及他们个人喜好等多种因素的影响。

（3）矩阵式结构

当一些组织需要同时利用职能式和事业部式这两种结构的优点时，矩阵式结构就应运而生。该组织结构既能充分利用职能部门内的专业技术知识，又能促进职能部门之间的横向协作。一个采取矩阵式组织结构的企业能在职能部门、产品与地理位置之间进行很好的协调；能使企业迅速地对外界环境的变化做出反映，满足市场的多样化需求。矩阵式结构的一个基本问题是如何定义责权关系。由于这种组织形式实行纵向、横向的双重领导，会产生因意见分歧而造成的扯皮现象，从而影响企业的效率。

3)物业服务机构及职责

一般而论,同城物业服务企业规模较大且管理的物业项目较多时,企业的总体结构可分为企业总部和各项目管理机构(如管理处、服务中心或服务处的)两级。在企业总部可以设置若干职能部门,分管各项目管理机构的不同业务;项目管理机构负责具体管理服务事项。也有一些物业公司在同城(或管辖一定片区)成立专业公司和项目管理机构;如果是跨地区物业服务,如企业集团公司,则往往由集团总公司(或管辖一定片区)、地区子公司(或专业公司)和项目管理机构组成。

但无论采用什么样的企业内部组织形式,子公司或专业公司和项目管理机构是具体负责物业服务业务的实体,是这里讨论的主要内容;而集团总公司则主要是从资本运营、战略规划与管理、人力资源管理、企业制度与文化控制等角度进行宏观管理的角色。一般情况下,具体实施物业服务业务企业的职能机构及其职责,主要包括以下内容。

①总经理室。一般设总经理和若干副总经理及"三师"(总会计师、总经济师、总工程师),部分企业还设有总经理助理。共同构成企业的决策层。

②人力资源部。主要职责包括:制定企业各项人力资源管理制度;编制人力资源发展和培训计划;优化人力资源结构与配置;实施薪酬管理方案;完成人员招募、任免、调配、考核、奖励、培训、解聘、辞退等工作。

③行政管理部。主要职责包括:编制实施行政管理、企业文化建设、品牌管理、信息化建设的规划与预算;建立相关规章制度与管理标准;完成企业日常行政管理、品牌策划、后勤保障、内部信息管理、信息化建设、对外事务的公关联络等工作。

④财务部。主要职责包括:坚持原则,遵守财务纪律,执行财务规章制度;编制财务计划;做好财务核算;完成成本控制、预算和决算管理;进行财务分析;督促检查各项目的财务收支情况;监督资金和资产的安全运作;增收节支;定期向总经理室汇报财务收支情况。

⑤品质管理部。主要职责包括:企业质量管理体系认证与运行和维护;各物业项目服务品质监督;客户满意度评价及监督;管理评审;协助新物业项目建立质量管理系统;外部质量审核的协调;内部服务品质审核的组织协调;客户服务监督管理、客户关系管理、客户投诉管理、客户满意度评价等。

⑥市场拓展部。主要职责包括:物业管理市场调查研究与物业管理市场拓展;物业项目可行性研究分析、制作标书与投标管理;新接物业项目前期介入管理的组织和协调;顾问项目管理与协调。

⑦经营管理部。主要职责包括:制订和分解企业经营计划和经营目标;制定物业项目考核体系、考核指标和标准;组织对各物业项目进行目标考核等。

⑧工程部。主要职责包括:工程维修和运行保障;合格工程维修分包商评审;

各项维修保养工程和工程改造项目招投标、预算审价及合同评审；为各物业项目提供工程技术支持、工程设备运行和维修评审；支持新项目做好新接管物业的移交、验收和工程管理；负责或参与有关工程设备管理文件的编制、外包项目的合同管理等。

⑨安全管理部。主要职责包括：各物业项目安全管理监督控制、安全管理指导的统筹安排、安全检查的统筹安排、安全管理评审；新项目安全管理支持和协助；负责或参与有关标书安全管理文件的编制；具体负责企业安全管理制度及工作计划的制定与实施，并监督、指导、协调和考核各项目的执行情况；完成安全巡查、安全投诉处理、定期消防安全检查；协助物业项目重大安全事故或突发事件的调查和处理。

⑩职业健康与环境管理部。主要职责包括：职业健康与环境管理，职业健康安全管理体系和环境管理体系的认证与运行维护，负责清洁与绿化管理服务；保持环境卫生；实施企业对清洁和绿化分包方监管等；具体负责指导、监督各物业项目清洁绿化日常维护保养工作；负责对承包方的监督检查与考核；负责制定公共环境卫生防护的各类管理措施，组织编制并实施项目清洁绿化的大、中型维护保养计划和外包项目的合同管理等。

4）物业服务企业组织模式的发展创新

物业服务企业组织模式创新主要是借鉴现代管理新理念、新方法对物业服务企业的组织进行变革。

（1）学习型组织

美国麻省理工大学斯隆管理学院的彼得·圣吉教授于1990年在其著作《第五项修炼》中提出了学习型组织的五项修炼：系统思考、超越自我、改善心智模式、建立共同愿景、团队学习。这"五项修炼"对正处于社会转型时期的我国企业组织和需要变革提升个体能力的企业员工都具有很强的吸引力。该著"21世纪企业间的竞争，实质上是企业学习能力的竞争，而竞争的唯一优势是来自比竞争对手更快的学习能力"；它具有其他组织无法比拟的优势，能使组织结构更简洁，人力配置更经济，效率更高效，有更好的环境适应能力。因此，创建学习型组织已成为当代企业发展的一项重要的变革力量。面对物业服务企业日益激烈的市场竞争态势，所有的物业服务企业都需要重新系统审视市场环境，找到新愿景，调整发展战略，全员学习新知识，改变心智模式和行为模式，变革组织结构模式，高层与员工一起共定目标，发挥自我管理的积极性、主动性和创造性，共同应对市场变化。建立学习型组织将对物业服务企业的组织结构与关系模式带来革命性的变化。

（2）创设虚拟组织

随着网络经济的发展，传统的管理模式和管理规则已经不能适应社会经济运行方式的根本变化，因此，必须重新认识管理所面临的经济环境，研究网络经济形态下管理所面临的机遇和挑战,并对网络经济环境下的管理加以创新。虚拟管理正是基于这种现状而产生的,它是在原有的传统管理方法中引进信息流,以发达的信息网络为基础的一种新的管理理念。

物业服务企业引入虚拟管理,就是要创设适应物业服务需要的虚拟组织,如虚拟专业团队。其动因有三:

①成本方面的考虑。对于人力资源管理来说,其目的是防止从事这方面管理工作人员的继续增加,而转向利用企业外部的特定领域的专家。这也是大多数组织进行虚拟管理的主要原因。

②降低企业的运营风险。这一般是基于对外部环境和内部该业务的发展前景的考虑。通过将人力资源虚拟管理,企业达到将经营风险部分地由专营厂商分担的目的。这时专营厂商的收益将取决于或部分取决于客户经营的好坏。这种利益共生体的建立分担了企业运营中的系统风险和特殊风险。

③建立和提升企业的核心能力。在激烈竞争的情势下,组织在不断寻求自身在特定环节上的竞争优势,所以往往将企业的非核心因素排斥在企业组织以外。因为企业不可能也没有能力关注企业价值链的任何环节,而只能集中力量于企业的战略核心环节和高附加值活动。将虚拟管理引入物业管理的组织变革上,将使物业服务企业组织更精干、更专业、更敏捷、更高效。

(3)组织设计与管理的柔性化

伴随建设和谐社会的提出,以人为本、人性化管理越来越被企业所重视。企业家们正在寻求一种新的管理模式以适应现代企业的发展,柔性管理逐渐被企业界所接受,也必将成为一种趋势。柔性管理以"人性化"为标志,强调跳跃和变化、速度和反应、灵敏与弹性,它注重平等和尊重、创造和直觉、主动和企业精神、远见和价值控制,它依据信息共享、虚拟整合、竞争性合作、差异性互补、虚拟团队等,实现知识由隐到显的转化,创造竞争优势。由于物业服务主要是以人的活劳动创造价值,人的因素非常重要,因此,将柔性管理引入物业服务企业组织变革中,会使物业服务企业的岗位设计、管理、绩效考核等领域更富人性化,不但激发员工的工作热情,而且会使员工的主动性和创造得到发挥,使每一个岗位都发挥应有的作用,从而提高劳动生产率。

(4)组织结构扁平化

信息技术的迅速发展使社会组织各层面的活动量显著增加,知识流动大大加快,迫使企业组织做出快速反应和迅速决策,以保持企业的竞争力。而传统的多层次、职能性、金字塔的等级体制严重地阻碍了快速反应和迅速决策。这使得组织扁平化成为组织模式的发展趋势。所谓组织扁平化,就是通过减少管理层次,压缩职能机构,裁减人员,使组织的决策层和操作层之间的中间管理层级越少越好,以便最大可能将决策权延至最远的底层从而提高企业的效率,而建立起来的一种紧凑而富有弹性的新型团体组织。它具有敏捷、灵活、快速、高效的优点。扁平化的组织结构是一种静态架构下的动态组织结构,其最大的特点就是等级型组织与机动的计划小组并存,具有不同知识的人分散在结构复杂的企业组织形式中,通过凝缩未来时间与空间,加速知识的全方位运转,以提高组织的绩效。目前国内很多物业服务企业都大刀阔斧地压缩管理层次,扩大管理幅度,通过组织扁平化提高竞争优势,不但节省了成本,还有效改善了企业管理功能,企业效益也大大提高。

8.2　物业服务企业人力资源管理

8.2.1　物业服务企业的人力资源管理

1)人力资源与人力资源管理

人力资源(Human Resources)是社会经济资源的重要组成部分,一般是指蕴含在人体内的一种生产能力,以及具有这种能力的人,而生产能力是指在劳动活动中可资运用的体力和脑力的总和,是存在于劳动者身上的、以劳动者的数量和质量表示的资源。人力资源管理则是指对人力资源的取得、开发、激励、利用等活动的计划、组织、指挥和控制过程。

物业管理应坚持以人为中心,将人性化的管理方式、方法贯穿于物业管理的全过程、全方位、全领域。它除了维护物业的可使用性外,更注重业主或非业主使用人的使用环境,满足业主及非业主使用人的居住、经营、办公、生产、生活等方面的需要。以人为本的理念不仅应是物业服务企业在处理与业主的关系时所坚持的理念,而且应是物业服务企业内部的人力资源管理上的理念。

2)物业服务企业人力资源管理

物业服务企业人力资源管理工作是物业服务企业对员工的招聘、使用、培训、晋升、调动、辞退,直到员工退休的一系列管理活动的总称。其目的是要吸引和录用合适的人才,合理地使用人才,采用现代管理方法激励人才和留住人才充分发挥人的作用,从而推动企业的发展。

在物业服务企业,人力是一种特殊的资本性资源。物业服务企业的服务质量最终取决于企业的人员综合素质,物业服务企业的品牌状况也最终由企业的人员综合素质来决定,有什么样的人,就会有什么样的品牌。越来越多的物业服务企业认识到人力资源管理工作的重要性,开始重视企业的人力资源管理工作。

合理地配置人力资源,可以使企业以相同的或较少的人力资本投入获取更大的经济效益,达到事半功倍的效果。对于微利的物业服务行业来说,在人力资源管理策略上是重视现有的人力资源开发利用,还是重视引进年轻、高学历的人力资源是一个值得研究的问题。在这个问题上历来有争议,有不少业内人士认为,物业管理行业是微利的服务行业,年轻、高学历的人力资源其效能比是很低的,它需要的员工是素质、能力、敬业精神和情感沟通技能最佳的人员,要最大限度地合理使用人力资源,以最小的资本投入获取最大的资本回报。在这种观点指导下,不少物业服务企业规模小,大量雇佣低素质员工,物业质量每况愈下,业主满足度越来越低。

实际上,任何一个企业的发展都要靠优质的人力资源,特别是其中的优秀人才。我们要看到目前物业管理行业人力资源比较匮乏,特别是高素质的专业人才和项目管理人才稀少,基层员工缺少训练和基本素质。据 2007 年全国物业管理行业生存状况调查报告显示,被调查企业的全部从业人员中,具有硕士研究生以上学历 1 622 人,占总人数 0.21%;本科生 33 396 人,占 4.33%;大专生 89 625 人,占总人数 11.60%;中专生 147 575 人,占 19.12%;高中以下学历 499 814 人,占 64.74%。被调查企业的企业经营管理人员中具有高级职称的 6 667 人,占管理人员总数 5.56%;中级职称 32 351 人,占管理人员总数 26.96%;初级职称 29 461 人,占管理人员总数 24.56%;无技术职称人员 51 449 人,占 42.92%。企业操作人员有高级技工 18 873 人,占操作人员总数 2.89%;中级技工 46 498 人,占 7.14%;初级技工 80 071 人,占 12.28%;无技术人员 506 612 人,占 77.69%。以上数据表明,物业管理行业技术力量的薄弱是显而易见的。这意味着大量涉及技术水平较高的设施设备维护工作需要通过外包专业公司来完成,同样企业对外包单位的技术指导和监督也存在力不从心的问题。这说明物业管理行业人力资源匮乏问题已经是制约当前物业管理行业发展的瓶颈问题,而面对国外知名企业的竞争大多数企业几乎是束手无策。

因此,人才是制约物业管理行业发展的关键因素,只有全员素质提高才能从根本上改变我国物业管理行业弱小的地位。人力资源管理是物业服务企业经营管理中的最直接、最重要、最关键的一环,它的好坏直接关系到企业的经济效益。引进、培养、培训、开发利用和留住人才日益成为物业服务企业的重要常规管理工作。

8.2.2 物业服务企业员工素质与培训

1)物业服务企业员工的素质

物业服务企业应重视员工素质,一方面要留住优秀员工,另一方面要选聘优秀员工充实员工队伍。特别应注重从招聘、培训和任用这 3 个环节把握员工素质标准,做好人力资源合理配置与开发工作。

物业服务企业的不同岗位的员工素质标准,会有一些特殊的要求,但从共性上进行分析,一般包括:

①外显条件标准：如学历、工作经历及过去的业绩、管理愿望等方面的要求。这些标准是物业服务企业管理者的基本要求。这些标准通过档案材料、函件、询问等方式就可以获得相应的信息，并能判断是否符合标准。但不能以性别、年龄、外形等相歧视。

②内涵素质标准：如专业领域的知识水平、工作经验与管理能力（如专业术能力、抽象能力、谋划能力、协调能力、决策能力、应急处理能力等）、个性品质、思想品德等。这些标准是管理者能否胜任工作岗位，较好地履行工作职责、完成工作任务的保证性要求。

③潜在素质标准：如学习能力、创新思维与能力、工作中的方法论、思想境界与价值准则等。这些标准是物业服务企业作为新兴行业的要求。物业公司的经营领域和范围将越来越宽，这就要求新员工具有较好的潜在素质，应对公司的使命、任务、目标有很强的敏感性、知觉和适应能力，才能面对这种挑战。

2）物业服务企业员工培训

（1）员工培训的意义

①员工培训可以改变目前物业服务企业整体素质，特别是员工素质不高的问题。目前，我国城市物业服务企业及人员大多是由房管单位或房地产开发企业分离出来的，企业的经营理念、管理体制、管理方式、方法、运作模式以及员工素质，特别是物业管理专业技术水平、服务意识与态度等均较低下，因此需要通过长期的、制度化的员工培训这种方式来改变这一现状。

②员工培训可以缓解物业管理人才缺乏的矛盾。管理人才奇缺在我国各行各业是普遍现象，而目前大专院校培养的物业管理人才虽然已有相当的数量，但在使用性、适应性以及普及性上还不能满足物业服务企业的大量需要，因此仍需要通过物业服务企业结合岗位培训来改变这一状况。

③员工培训可以满足物业服务企业在使用新技术、新材料、新理念、新方法和开拓新业务、新领域的需要。物业服务企业市场竞争越来越激烈，在生命安全与环境管理、个性化服务、智能系统的使用等物业管理活动中将越来越多地使用新技术、新材料，员工需要具备更新的专业知识才能胜任工作，这些都要通过员工培训来实现。

④员工培训可以开发人力资源、培植企业文化、形成企业精神，实现企业的长远战略目标。物业管理行业是一个新兴行业，但到目前为止仍没有摆脱传统的"房地产物业管理"的阴影，许多物业服务企业不能作为独立的行业主体而存在。物业服务企业不能形成自己的企业品牌和企业文化，是许多物业服务企业刚刚起步就衰落的主要原因。通过培训使员工明确物业服务企业的发展战略及分步目标，学习和遵守企业的各种标准、制度，统一管理和服务的言行，协调整体行动的方式，形

成共同的价值准则,进而形成并认同企业文化,为企业的发展尽心尽力服务。通过培训可以把物业企业建成学习型组织,从而实现物业企业的发展与壮大。

（2）员工培训的原则

员工培训的原则是物业服务企业员工培训的指导思想和培训过程中所必须遵循的一般准则。它是提高培训效果的理论依据和工作方针,通过培训达到传递信息、改变态度、更新知识、发展素质的目的。物业服务企业员工培训的基本原则有:

①理论学习与技能训练相结合的原则。物业管理行业业务范围越来越广,涉及的专业领域越来越多,物业服务企业员工需要不断拓宽知识面才能适应这种需要。学习相关的理论知识是进入这些专业领域的通行证。只有掌握一定的专业理论知识才能发展相关的业务。同时,物业管理行业作为一个实务性很强的行业,就需要让员工掌握一些应知、应会的技能。只有把理论学习与技能训练结合起来才能满足物业服务企业的发展需要。

②基本专业知识学习与新技术、新方法、新理念学习相结合的原则。目前,我国物业管理行业员工素质普遍偏低,对员工进行基本专业知识的培训仍然是主要任务。同时物业管理行业作为一个成长中的行业,一些新技术、新方法、新理念不断向其渗透,物业服务企业的员工必须随时准备接受新知识。在培训过程中应当把基本专业知识学习与新技术、新方法、新理念的学习结合起来,对员工进行普遍的基本专业知识学习轮训,对新岗位、关键岗位结合新技术、新材料、新方法、新理念的应用搞好技术骨干员工的重点培训。

③全员培训与拔优培训相结合的原则。全员培训是针对普遍性、长远性、战略性的问题开展的基础性、常规性的培训工作,如员工素质提高的问题,知识技能转型更新的问题,统一思想、明确目标、统一计划、统一行动问题,企业经营理念与企业文化建设问题以及完成阶段性任务时需要全员培训。针对优秀员工进行的拔优培训,在物业服务企业有它的独特功效,它有利于优秀员工的成长和发展,形成物业服务企业的人才梯队,优化人力资源结构。因此,只有把全员培训与拔优培训结合起来,才能更好地发挥培训的功能作用。

④脱产专门培训与在岗学习提高相结合的原则。脱产专门培训是物业服务企业定期轮训员工的常规培训工作,是培训工作的主要方式,它可以系统地学习物业管理工作必备的专业知识,以及管理思想与方法。在岗学习提高则是终身学习、岗位成才的要求。特别是通过远程开放教育方式进行学历和非学历教育,可以较好地解决工学矛盾,灵活、方便地学习,成为在岗学习的重要途径。物业服务企业涉及的专业知识领域广、学科多、实际操作性与技能性强,这就需要结合岗位实际进行见习、模仿、研究、革新、发明、应用等学习方式解决实际问题。脱产专门培训与在岗学习提高相结合,可以从不同的程度和层次解决物业服务企业员工的技术知识更新问题和管理理念和方法更新问题。

⑤培训效果与奖惩、使用相结合的原则。物业服务企业的员工培训是与企业的经营管理目标紧密结合的企业投资性质的培训,培训内容要有针对性,培训效果要显性化。培训不应走过场。这里面有一个投入产出的问题,也就是说培训必须严格按计划来进行,整个过程必须有考核、有评价、有奖惩。学习是员工应履行的一种义务,不仅仅是权利,参加培训者必须对学习效果负责。培训效果最终要与培训者的切身利益挂钩,要把培训与工资晋级、职务晋升、岗位任用等紧密结合,使企业的培训投资变成企业的实际收益。

8.2.3　物业服务企业激励机制的建立

物业服务企业在人力资源管理上除了做好选人、培训外,最关键最重要的是激发员工的能动性,最大限度地为企业服务。这就需要通过激励功能的发挥,即研究如何根据人的行为规律,激发员工的工作积极性,来实现企业经营管理目标。哈佛大学的一位教授在一次员工激励调查研究中发现,按时计酬的员工只要发挥20%～30%的能力,即可保住饭碗,若给予充分的激励,员工的能力可发挥80%～90%。显然,激励可以挖掘员工的内在潜力,从而显著地提高生产率。因此,对人力资源的开发与管理,除了发挥员工智力(技术、能力、专长)因素的作用外,更应注意员工情绪,激发员工工作动机。

物业服务企业作为劳动密集型企业,比较重视对员工的激励,一些企业摸索出了一些适合物业服务企业的员工激励机制。

①目标激励。物业服务的质量标准与要求,可以量化为员工的具体工作目标,只有将这些工作目标与企业的质量管理和目标管理结合起来实施,与公司目标一致,员工才能有奋斗方向和工作动力,最终实现员工与公司双赢。

②精神激励。主要是通过先进的物业服务理念、公平的竞争机制、榜样示范作用和精神鼓励作用来激励员工,引导其态度与行为朝积极的方向发展。领导在其中起主导作用。

③物质激励。调动员工工作积极性,要充分体现多劳多得、不劳不得的公平分配原则,对工作表现突出、模范遵守公司管理规定、用户称赞的员工要给予一定的物质奖励。对工作不认真、不思进取、违反纪律、工作质量差等违背物业服务企业的经营管理目标和制度的行为要采取惩罚措施。

④福利激励。与员工签订劳动用工合同,并为员工购买养老保险。同时,根据公司的经营状况,实行年终双薪、带薪休假、安排旅游、生日贺金、伙食补助、集中免费洗衣等福利措施来保障员工的利益,为员工解除后顾之忧,使员工全身心投入工作。

⑤荣誉激励。人的需要和追求是分层次的,当基本的工作需求和物质利益得到满足后,他们往往渴望得到各种荣誉。在此情况下,物业服务企业应尽量满足员

工的这部分需求。如对工作成绩优异、素质高、业务能力强的员工,要尽快晋升到高一级的工作岗位,使工作岗位与他们的工作能力相一致;对工作突出、模范遵守公司管理规定、用户称赞的员工授予优秀服务标兵、先进个人等荣誉称号,并将其主要事迹在有关报刊和宣传栏中大力宣传;对素质高、品质好、有发展潜力的员工可派出考察学习和培训,提高他们的业务能力。

⑥参与激励。一个单位的发展与员工的切身利益息息相关。员工对公司的发展非常关心,如果能多听取员工对公司管理及发展方面的意见和建议,或经常性地开展合理化建议活动,组织员工参与企业的各项管理工作,员工就会以公司为家,以主人翁精神投入工作,焕发出旺盛的工作热情。

⑦考核激励。影响员工工作积极性的一个重要因素是激励标准是否公平,因此,加强考核激励,完善考核制度,是影响员工积极性发挥的重要措施。在实施考核中应做到如下几点:一是机会要均等,让所有员工处于同一起跑线,具备同样的工作条件,使用同一考核标准;二是奖惩的程度要与员工的功过相一致;三是激励措施实施过程要公开。只有这样,才能真正调动起员工的工作积极性。

⑧竞争激励。通过制定客观、科学、合理的工作绩效评价标准,并严格按照标准控制整个管理活动的全过程,从而使每个员工的工作成绩得到真实而客观的评价,有利于在企业内部形成一个公平竞争的环境,促使员工不断改进工作,从自身找差距,展现自我价值以及关心集体等。

8.3 物业服务企业家的成长

随着我国住房制度改革和住房商品化政策的持续推进,以及乡村城市化、城市现代化进程的加快,物业管理作为一个新兴的服务行业,近几年得到了长足发展,在促进经济发展与和谐社会建设中发挥着越来越重要的作用。物业服务企业家在其中的地位和作用也日益凸显出来。

8.3.1 物业服务企业的使命和社会责任

1)物业服务企业的使命

物业服务企业是构建诚信社会、责任社会与和谐社会的一支不可或缺的重要力量。物业服务与广大人民群众的生活息息相关,物业服务从业人员特别是企业家社会责任意识的打造是这支重要力量能够不辱使命的关键所在。无论从哪方面讲,物业服务企业都应该具有这种责任感和使命感,这也是衡量一个物业服务企业形象的重要标志。

所谓物业服务企业的使命,广义上讲就是物业服务企业以自己的价值观为指引,通过自身的优质服务为物业区域创造一个优美和谐可持续发展的人居环境,提升物业业主的生活品质,实现社区和谐,同时也为企业员工创造福利和成长机会、为企业创造利润、为国家创造税收和就业机会。狭义上讲就是通过物业服务企业功能发挥,实现物业服务企业、业主及其他利益相关者共赢的目的。

2)物业服务企业特殊的社会责任

现代企业的发展,不单单体现在企业规模、员工数量、经济实力上,更体现在企业文化底蕴上,体现在企业经营管理中所承担社会责任大小上。如一些知名物业企业为什么被广泛推崇,被社会各界一致认可,除了经济实力强、员工素质高等因素外,还有与众不同的企业文化,更重要的是敢为整个行业做表率,勇于担负社会责任。除一般意义上企业为社会创造财富、为民众提供就业机会、为政府提供税收和投资人创造利润之外,物业管理行业还有其特殊的社会责任。

①物业服务企业成为社区设施建设的主要力量。社区是整个社会的基础单元和组织细胞,一个社区的形象是一个社会状态的缩影,对于物业服务企业来说,所做的每一项工作都直接关系着整个社会机体是否朝着健康的方向发展。一个小区从没有物业管理到有物业管理,是城市居民居住水平不断提高、小区配套设施条件不断完善的过程,也是广大人民群众生活水平提高、社会不断进步的真实写照与具体体现。

②物业服务企业是社会综合治理的重要载体和助手。物业服务内容包罗万象,涉及不动产管理的所有领域,承担了大量的社区管理责任。有的地方甚至将原本居委会负责的人口管理、计划生育等与物业服务不相干的事情也一股脑儿地交给物业服务企业。虽然有物业服务合同,但业主对物业服务的要求往往不仅仅停留在合同约定的层面,有时还存在"有任何问题找物业"的想法。这一方面说明业主对物业服务公司的依赖和信任,另一方面对于物业管理人来说,在实际工作中有些工作是"强加"的,但却是无法逃避的,也是必须要面对的社会责任。据2007年全国物业管理行业生存状况调查报告显示,目前物业服务企业管理物业项目,已经覆盖到不动产管理的所有领域。为适应业主乃至社会对物业服务需求的不断增长,90%以上被调查企业都注重服务品牌的培植和运用,从简单的专项服务到整体的综合性服务,从行为规范到服务标准,从服务理念到发展战略,从传统管理到创新服务,从客户管理到客户满意,从单项的物业服务到综合的资产经营管理,服务的品质和品牌意识已在全行业深入人心。与此同时,物业服务企业热心参与社会公益事业,自觉承担社会责任。为支持就业再就业工程,减轻社会就业压力,被调查的4 600家企业中,共有772 032名从业人员,其中属于政府机关人员分流24 972人,企事业单位人员分流25 072人,部队转复军人56 894人,下岗、待业人员再就业151 753人,大、中专毕业生分配68 373人,农民工吸纳173 710人,残疾人及其

他人员安置 20 478 人。被调查的企业 3 年(2004—2006 年)中有 793 家企业先后赞助社会事业经费 4 035.66 万元,捐助希望工程和帮扶贫困母亲等活动经费 4 177.84万元。物业管理有效提高了城市管理和房地产管理水平,赢得了政府、社会和广大业主的良好赞誉,被调查的 4 600 家企业在 2004—2006 年 3 年中先后得到县(区)级以上政府部门表彰达 14 635 次。

③物业服务企业在推进社区综合服务改革、信息化智能、节约能源、科技进步方面成为表率。物业服务和诸多社会问题息息相关,比如社会安全问题、节能降耗问题等。据 2007 年全国物业管理行业生存状况调查报告显示,物业服务企业在积极参与社会公共事务、协助公共秩序管理中做出了较大的贡献。在被调查的企业中,协助公安部门处理治安案件共 53 920 起,协助有关方面处理突发事件 30 207 起,参加抢险救灾 68 905 人次。物业管理行业在环境效益方面的作用也是十分明显的,如节能降耗物业管理行业就大有作为。据 2005 年的一项统计资料显示,北京市大型公共建筑面积仅占民用建筑的 5.4%,但全年耗电量却接近全市居民用电量的 1/2,单位面积年均耗电量是住宅的 7～10 倍。很显然,通过专业化物业服务企业来管理,仅在能源节约方面就可以给业主带来巨大的经济效益。

④物业服务企业是所管理的社区的文明建设的"领头雁"。作为社区文化的倡导者和宣传者,物业服务企业责任重大。一个社区能否安定团结、社区环境质量好坏,甚至业主思想觉悟水平高低,物业服务企业都首当其冲、责无旁贷。目前,由于物业服务企业的专业化管理服务覆盖了城市大部分区域,因而污染减少了、社区整洁了、环境优美了,生活方便了,人们的环境意识不断增强,生活习惯日益文明。可见物业服务企业对社区的管理服务只是从一个角色进入,但由于其地位合力,事实上成为社区管理与服务的"领头雁",在互不隶属的社区各利益主体中实际上是一个不可替代的关键角色。

8.3.2　物业服务企业家的素质与职责

从某种意义上讲,企业与其说是资本的物化,不如说是企业家的人化;企业承担的使命和社会责任,与其说是企业承担了,倒不如说是企业家在承担。因此企业家是企业经济王国的"无冕之王"。从事物业服务的企业家同样承担着不可推卸的重要社会责任。特别是一方面要从企业经营管理的角度承担社会责任,另一方面还要从社区管理服务角度承担相当大比例的公共物业服务产品供给的社会责任。物业服务企业家的知识素养和职能执行,不但关系到物业服务企业的发展,而且关系到物业小区和谐社会的建设与发展。

(1)物业服务企业家的知识素养

企业家的素质可以说是知识、技能、经验、智慧、心理、品质等因素的有机整体与综合体现,很难具体描述,物业服务企业家也一样。不过从物业服务行业特点和素质区别来看还是有些不同的素质要求,但也只能从知识和能力两个方面来提出粗线条的要求。物业服务企业家应该具备的理论知识素养有经济学、管理学、法学、公共管理学、行政管理学、社会学、心理学、公共关系学、服务理论等理论素养,以及礼仪、市场营销、物业服务企业财务管理、物业管理法规、房地产经营管理、物业设施设备与房屋构造与维护等专业知识;应具备的技能有物业服务项目管理、服务业务组织、内外沟通协调、经营服务策划、物业服务企业运作制度的订立、物业服务拓展与合同管理、物业服务方案的制订、突发事件的处理、组织计划与控制、决策与战略管理等。这些理论知识素养和实际工作能力,对每一个企业家来说都是必须具有的素质,但不同的企业家各有侧重点,也并不追求完美。企业家的素质是支撑企业家完成企业使命和社会责任的个体条件和前提条件。

(2)物业服务企业家应负的主要责任

关于企业家的社会责任,不同的学者有不同的看法,不同的企业处在不同的发展阶段、不同的社会制度及不同的地区其主要责任也不一样。因此很难提供一个标准的责任规范。企业家的责任应包括对社会和国家的责任,对股东的责任,对员工的责任和对家庭的责任。这里仅从物业企业经营管理角度分析物业服务企业家应承担的责任(见表8.1)。

表8.1　物业服务企业家应承担六项责任

项　目	应负职责	衡量标准
1.决策	根据执行董事的要求和授权,对公司的经营活动制订方案或者做出相应决策,确保公司稳定发展	决策失误≤3次
2.完成计划	根据年度经营目标制订实施方案,确保公司年度经营计划完成	完成收入≥100% 完成利润≥100%
3.组织	拟订公司组织机构方案,进行人员定编、定岗,开展考核工作,进行组织氛围建设,保证公司各部门职责明确、密切配合,组织有效运作	中层考核工作普及率100%
4.客户满意	建立健全公司质量管理体系,保证提供符合公司要求和客户满意的服务	客户满意率≥90%
5.培训、挖掘人才	让合适的员工进入合适的岗位,确保人力资源的合理使用和组织的可持续发展;挖掘员工的潜能,调动公司员工的积极性,通过不同方法和途径提高员工的业务能力	骨干员工稳定性≥90%
6.完善流程	根据物业服务企业的业务特点,制定和完善公司运作流程,保证公司的有序运作和绩效的不断提高	流程可操作性100%

8.3.3　物业服务企业家的成长机制及实现

1）物业服务企业家成长与物业经理人制度

物业服务企业家的成长途径很多,但由于我国物业服务企业,特别是在大型物业服务企业,企业家的成长受到房地产开发企业的经营管理策略和用人思想的影响与制约,造成不利于物业服务企业家成长的环境。虽然《物权法》第 81 条规定:"业主可以自行管理建筑物及其附属设施,也可以委托物业服务企业或者其他管理人管理。"同时《物权法》和《条例》也提出"分业经营"的思想。但是物业服务企业家并没有因此而获得独立的发展空间和成长的环境。企业家的价值体现有赖于两个解构的进程:一是要通过房地产开发与物业管理分业经营来,从整体上体现物业服务企业的价值,进而体现企业家的价值;二是要通过物业服务企业家市场及运营来实现企业家个体的价值,这又取决于物业管理经理人制度的建立与运行。目前,一方面物业服务企业很难脱离房地产开发企业的控制而真正实现独立自主经营;另一方面现行的物业经理人制度缺少市场化运营制度保证。2005 年 12 月 1 日起施行《物业管理师制度暂行规定》第 28 条规定:"物业管理项目负责人应当由物业管理师担任。物业管理师只能在一个具有物业管理资质的企业负责物业管理项目的管理工作。"也就是说物业管理师只能在现有的物业服务企业中担任内部的经营管理工作,并不能独立执业。目前并不存在业主也可以委托"其他管理人管理"这种机会,只能期待未来由物业管理师支撑的类似于"物业服务所"或有法人地位的"业主自治社"的组织出现,或者允许物业管理师被物业服务企业之外从事物业服务业务的组织聘用的情形出现。所以,现在讨论物业服务企业家成长路径问题,还只能从物业经理人制度建立与运行这个侧面进行。

2）物业经理人制度及作用

（1）物业管理经理人制度的内涵界定

职业经理人（Professional Manager）是指以企业经营管理为职业,深谙经营管理之道,熟练运用企业内外各项资源,为实现企业经营目标,担任一定管理职务的受薪人员。其概念有两层含义:其一,经理的职业化。市场经济的发展使企业经营管理成为科学性、专业性极强的社会职业,有其专业化的职业体系与行为规范;其二,作为职业经理,将其工作视为职业生命,有相应的社会角色标准与压力约束,在社会选择机制作用下不仅追求物质利益的满足,更重要的是体现一种职业文化与职业精神。职业经理人作为高层次的人力资本的所有者,从资本的所有者手中换取了掌握和支配企业财产的权利。职业经理人的形成是市场经济、现代企业发展的需要,自 20 世纪 70 年代以来,在市场经济较发达的国家迅速成长,对社会经济的发展起到了重要的推动作用。

我国还没形成职业经理人的评估机制,没有职业经理人统一的评判标准,没有形成真正意义的职业经理人市场。就目前国内企业界而言,真正意义的职业经理人阶层并没有形成,即使在数量上达到一定的规模,也不一定就能形成一个阶层,这里要强调的是它应是一个质的概念。

物业管理职业经理人执业资格制度起源于美国。150 年前美国经济高速发展催生了物业管理职业经理人职业资格制度的产生。经过多年实践,业界大多数认同物业管理职业经理人是职业化的管理者,不是一种官衔,而是一种风险性职业。与其他行业职业经理人相比,物业管理职业经理人必须具有感召业主的能力,必须熟知多个知识领域,具备成熟的物业项目运作能力。物业职业经理人可描述为:经政府认证,行业注册,具有物业管理任职资格,能够全面执掌数个物业项目,有专业的技能,忠诚于职业,具有领导企业团队开展物业管理服务和协调好企业与业主之间物业管理服务关系的能力的管理者。物业管理职业经理人制度能评价物业管理者的能力,激发物业管理者的内动力,能促进行业向更高层次发展。

在物业管理领域,美国、日本、欧盟以及我国的港台地区等已建立了完备的物业管理专业人员职业资格制度。目前,国际上的物业管理公司已陆续进入我国物业管理市场。现阶段我国物业管理还处于扩张型发展时期,与从业队伍在数量的快速增长相比,物业管理从业人员的整体专业素质却滞后于行业的发展。突出表现在称职的职业经理人匮缺,现有部分管理人员在专业知识、职业道德、业务水平和组织协调能力等方面都与承担的职责不相适应。建立并实施符合国际惯例的物业管理专业管理人员职业资格制度,有利于吸纳国际高层次的物业管理专业人才。同时,将激励国内物业管理专业人员提高职业水平,为国内物业服务企业参与国际竞争奠定基础。因此,在我国物业管理行业引入职业经理人制度非常必要。

(2)物业管理经理人制度的作用

建立物业管理职业经理人制度的具体措施,就是推行物业管理师制度,该制度对推进物业服务市场化进程的作用体现在以下 5 个方面:

①有利于推进物业管理的专业化进程。物业管理师制度的实施,正是通过执业准入控制的方式,保证了物业管理职业经理人必须是有相应能力的专业人才;同时,也为社会提供了评判物业管理师专业能力的标准和依据。

②实行职业经理人制度有利于物业服务企业产权改革。知识经济时代,知识与资本的对话在企业内就是人力资本与货币资本的对话。人力资本在企业指两种人:职业经理和技术创新人员。重视和承认人力资本以后,实际上企业的产权制度发生了重大变化,使传统的谁出资谁拥有企业产权的原理得到了修正。既然人力资本和货币资本一样都是资本,人力资本的回报主要的不应该是工资(因为工资是劳动的收益),而应该是产权的收益。人力资本应拥有企业一定份额的产权,于是

这也导致企业产权结构的重新调整。物业管理行业发展同样遵循这种规律。

③推行职业经理人制度有利于企业治理结构的优化。职业经理人作为一种制度引入企业后,必将引发企业治理结构的变化。目前物业管理行业内大部分企业,还是董事会领导下的总经理负责制。这种制度对于企业的自主决策、自主经营是束缚。实施和推行职业经理人制度,能使企业按照市场规律和现代企业制度自主经营、自主决策。

④推行职业经理人制度有利于提高物业管理经理人队伍素质。目前,物业管理经理人队伍普遍存在年龄偏大、文化偏低、专业素质较差的状况,制约了行业的发展。要想改变这种状况,重要途径就是实行经理职业化。专业化是职业化的重要标志,只有专业化的领导者才能成为这个行业的职业人士,因此经理队伍的职业化必然带来经理队伍的专业化。让具有专业知识的人、具有经理人素质要求的人,通过市场竞争走上物业管理的舞台,逐步改变原有的人才结构。

⑤推行职业经理人制度有利于全面提升物业管理服务质量。经理人的素质对物业管理的服务质量高低有决定性影响。实践证明,合格的职业经理人拥有系统的专业知识和丰富经验,工作有思路,并能提出和实施结合了企业实际的有效措施,践行企业家精神和诺言,使企业经营管理目标得以实现。

(3)实行物业管理职业经理人制度的基础条件问题

①营造有利于执行职业经理人制度的氛围。推行职业经理人制度要注意树立正确的思想观念,营造与之相适应的环境和氛围。第一,要树立明确的"社会人"观念。"社会人"最本质的特征是承认个人在社会上的职能定位,进而行使自己的权利和义务。这种观念的树立有利于界定个人与社会的关系,并进而理性地接受和履行社会所赋予个人的各项义务。第二,要强调企业内员工的差异性。传统的国有企业容易产生平均主义现象,如股份制改革本来应该是经营管理者持股,最后变成员工内部持股,不利于职业经理人制度的推行。因此,要在企业内部强调能力和收益的差异性,即能力上的差异导致分工的不同,能力、分工的不同又导致收益的不同。普通劳动者的收益是劳动收入,是工资;而人力资本是资本,除工资之外还要获取资本的收益,是剩余价值的部分,是股权、期权、年薪及各种激励因素。第三,要强调企业的目标是追求高效率。企业没有绝对的公平,企业的公平只体现在对同一层次的人的同等待遇和同等的晋升机会上。企业追求高效率决定了它在利益的分配上也必然采取效率第一的原则。这才是以人为本的管理,才有利于调动大多数人的积极性和创造性。

②加强和规范资质管理。实行职业经理人制度,要有一套科学规范的职业经理人资质评审制度并严格执行。物业管理职业经理人必须具备物业管理行业注册资质,首先必须获得"注册物业管理师"资质。要获取物业管理职业经理人资格,必须通过中国物业管理协会或相关主管部门的职业教育和资质培训,并得到专家

的评定。

(4)物业管理职业经理人制度的实现

根据《条例》有关规定,为规范物业管理行为,从事物业管理的人员应当按照国家有关规定取得职业资格证书。目前,有关部门一直致力于建立职业经理人制度,《物业管理师制度暂行规定》、《物业管理师资格考试实施办法》和《物业管理师资格认定考试办法》等规范也相应出台。在认证体系建立和管理上,还有以下问题值得思考:

①建立由行业主管部门领导的全国统一的注册认证机构。目前,在物业管理职业资格认证上很混乱,有建设部门的考证,也有劳动部门的考证,存在政出多门现象。由于教材、考试标准、证书不统一,企业在使用人才上碰到障碍,不利于行业健康发展。根据国外管理经验,应更多地发挥行业管理功能,因为行业管理部门最了解行业的需求、标准及发展趋势。

②在物业管理职业经理人评价标准、考试标准全国统一的基础上,赋予省(市)、自治区物业管理行业协会职业经理人培训、推荐、后续管理的职能,通过国家标准,建立起职业经理人地方(行业)与国家统筹管理的体系,确保职业经理人制度健康有效地执行。

③在物业管理职业经理人制度的设计中,应充分考虑物业管理机构设置模式多元化在市场运作中的风险控制。物业管理职业经理人的推行,实质就是对其执业资格的认证及管理。物业管理行业是一种用较少资产来管理巨大资产的行业,如果制度设计时未充分考虑风险控制及控制手段,可能出现由于管理不当造成的财产损失无能力赔付,造成管理模式受到置疑。因此,风险控制对未来可期盼的合伙制物业管理事务所、个人物业管理事务所、物业管理人以及业主自治管理组织的政府控制手段选择、制度设计都是十分重要的。

④在物业管理职业经理人制度的设计中,要加强对物业管理职业经理人个人执业行为的控制。物业管理行业是以人力资本力量来保持财富力量的行业,因一个人的能力体现,可以让物业项目成为优秀项目;因一个人的失误也可使物业项目成为失败项目。因此,对执业资格标准的制定,是职业经理人制度建设的重要内容。我们应该用开放的思想,前瞻性的设计,借鉴国外先进经验,制定出有前瞻性的、可操作性的执业资格认证标准,真正达到推动行业进步的目标。

8.4　物业服务企业创新

8.4.1　物业服务企业创新的动力

物业服务企业创新的动力分为内在动力和外在动力。内在动力主要是指内部经济动力,另外追求企业自我价值也越来越成为物业服务企业的重要动力源;外在动力主要是指外部竞争动力。通常人们关注的是经济内驱力、竞争外压力。经济利益是驱动物业服务企业创新的内在动力,物业服务企业作为经济人,其最终目的是利润最大化。要实现利润最大化,必须不断创新服务模式、服务理念和服务产品,以满足不断变化的市场需求。物业服务企业创新的外在动力,主要是市场化、国际化带来的竞争压力。必须不断地创新,提供与其他物业服务企业具有差异化的服务产品,才能在市场上占领一席之地。

另外,企业的持续发展和企业家对自身价值的追求,使得如何满足不断变化的业主需求,成为物业服务企业更加关注的另一个创新发展的不竭动力。物业管理在我国已走过近 30 个年头,随着人们生活水平的不断提高,人们对生活质量的要求越来越高,对物业管理业的需求也在不断增加。但由于物业服务企业未能充分发挥服务职能,未能不断创新服务理念和服务模式,人们不断增加的物业管理需求得不到满足,导致了公众对当前物业管理的不满。这对企业家构成很大压力,也可以说是企业创新发展的动力。

8.4.2　物业服务企业创新的内容

根据物业管理的基本特征,围绕"服务"这产品的特殊性,物业管理创新就是要在管理上有所突破、在服务上要注入新的内涵。

(1)思想观念创新

公众对物业管理服务现状不满的一个主要原因,就是物业服务企业的服务职责没有履行好,不能满足居民所要求的服务需求,这是传统物业管理"重管理、轻服务"的旧有观念带来的结果。《物权法》将"物业管理"改为"物业服务",反映了人们对改变物业管理服务现状的愿望,也是对物业管理行业转变观念,强化服务意识的一种期待。

(2)管理理念和方法创新

现代管理学科的发展进步,促进了物业管理行业管理理念和管理方法的创新。随着物业管理市场的健全和完善,物业服务企业必将走具有独立法人资格的市场化运作模式之路。这就需要物业服务企业,不断加强自身建设,不断应用新的管理理念、管理方式和管理方法,探索适合物业区域特点的新的管理制度、管理方案和管理措施。同时物业服务企业还必须通过管理创新,建立以住户需求为导向的物业管理服务体系,进行集约和规模经营才能使物业服务企业朝着市场化的步伐迈进。

(3)服务内容创新

物业服务企业的服务产品主要有两大类:一类是针对物业本体的、基本的公共服务产品,如房屋设备设施维修保养服务、保安服务、保洁服务、绿化服务等;另一类是延伸的经营服务产品,如社区便民服务、社区代办服务、社区特约服务、社区文化活动等。物业管理必须在确保从本体服务产品供给和质量的基础上、以满足居民的现实需要为出发点,努力挖掘潜在物业服务需求,不断开发新的服务产品,满足业主需要。

(4)服务方式创新

服务方式创新是由消费者对服务的"人性化"、"个性化"需求以及现代科技成果的运用两个方面决定的。一方面,消费者越来越成熟,对服务的要求也越来越高。能否提供"人性化"、"个性化"的服务是物业服务企业服务营销成败的关键。物业服务企业只有通过创新,改革传统的服务方式,提供既能满足消费者各个层次需要,又能体现消费价值、使消费者得到尊重的"个性化"、"人性化"的服务,才能赢得市场;另一方面,现代科技成果的广泛运用(如楼宇智能化、社区信息化等)使物业管理行业赖以生存和发展的各种物业"硬件"发生了前所未有的变化,必然要求物业服务企业创新服务方式,提高其信息化应用水平。

8.4.3　物业服务企业创新的方法与思路

物业管理仅有创新意识、创新思想(即创新环境)还不够,必须把创新意识、创新思想付诸实践才是最根本的、最重要的。物业服务企业要想做大做强,要想在竞争中脱颖而出,必须把创新能力始终贯穿于日常工作和服务之中。

(1)通过"学习"和"借鉴",促成思想观念转变,增强服务意识

①系统学习物业管理的基本理论。通过对物业管理基本理论的学习,使企业和员工理解物业管理的内涵和外延,掌握物业管理理论知识和业务技能,明确物业管理行业的服务性质,认识到物业管理服务的核心和生命力就在于不断满足和超越业主不断增长的需求。这有助于树立和培养企业和员工的服务意识。

②学习物业管理的相关法规和文件精神。通过对《物权法》和《条例》等物业管理相关的法律法规和政策文件的学习,以及行业、部门领导的重要讲话精神的领会,对物业管理基本游戏规则有一个清楚的认识,提高法律意识和政策水平,从而做到依法办事,明确自己的"服务"角色,正确维护企业和业主各自的权益,处理好物业管理关系,特别是正确履行物业服务合同,达到物业服务供给者与需求者两方各自的目的。

③学习借鉴知名物业服务企业和国外名牌企业的成功的经验和做法。我国物业管理环境处于不断变化之中,要适应国际化市场竞争环境,物业服务企业就需要按建立学习型组织的要求,进行"五项修炼",就是要对物业管理环境系统有一个清楚的思考和认识,找到自己的新目标,超越过去的成功和经验,改变现有的行为模式和经营模式,在对物业管理行业发展趋势有清楚的把握的前提下,建立美好的物业管理行业企业发展的愿景,激励全员学习适应新环境、新理念、新制度、新模式。有些物业服务公司在与外国名牌物业服务企业的强强联合中学习适应先进管

理理念、管理方法和管理模式,提升自己的服务能力,打造自己的品牌,不失为创新发展的重要举措。

(2)突破固有的管理模式,全面进行管理理念和方法的创新

任何管理模式创新都是建立在对现有的管理模式的全面检验与反思基础之上的成果。如果没有能力控制管理局面、全面经历与检验现有的模式,就不可能提出创新的思路与建立新模式。也就是说如果物业服务企业的管理能力弱,就无法进行运用现有服务理念、服务方法、操作规程、物业资源配置方式等方面的管理实践,也就无法对生产要素、管理流程进行优化和整合。这势必导致服务质量和水平处于持续低下,从而出现物业管理服务长期滞后于消费者需求的尴尬局面。因此物业服务企业的理念和方法的创新需要从"强身健体"开始,主要做 3 个方面工作。

①以企业管理体制改革,带动企业管理创新。就是要让物业服务企业在"分业经营"和"分开运营"的体制改革条件下,推动企业微观制度的创新。《条例》第 32条明确规定:"从事物业管理活动的企业应当具有独立的法人资格。"因此,物业服务企业必须积极推进企业管理体制改革,真正摆脱房地产开发公司、工商业厂商对物业服务企业的束缚,通过物业服务企业的"自主经营、独立核算、自负盈亏",实现其"自我运营、自我发展、自我完善"的目的,进行"社会化、专业化、市场化"的物业管理。只有当物业服务企业形成市场化的经营体制,才能促使企业在市场竞争中进行不断进行管理模式的创新。

②重视管理人才的作用,以人事更新实现管理理念与管理模式的更新。人才是物业服务企业能否提供优质服务的关键。以人事更新实现管理模式更新是管理创新最直接,也是最省成本的管理模式创新途径。要在人才培养中实现管理模式的创新,就是要学会"在其位谋其政"的本领,实现管理模式的创新。

③建立以消费者需求为导向的物业管理服务体系,实现管理模式的创新。一方面,物业管理服务的开展必须将消费者需求作为源头,在市场细分的基础上,通过直接调查、电话采访、分析投诉等多种方式来收集第一手资料,深入了解消费者的需求和期望,从而建立以消费者需求为导向的物业管理服务体系,在管理组织变革快捷、专业、高效服务团队建设中进行创新,在确保公共服务项目质量的基础上做好个性化服务,在做好物质服务的基础上提供优质的精神服务。另一方面,物业服务企业还应该通过适当的社区活动(如宣传教育、专题讲座、志愿者服务等),帮助消费者提高物业管理意识,让消费者了解物业管理、关心物业管理、接受物业管理、支持物业管理,努力培育成熟、稳定的物业服务产品消费群体,使企业能够锁定自己的顾客群,牢固地占有市场份额,为拓展市场奠定基础。

(3)拓展服务内涵,丰富服务项目,创新服务内容

由于当前物业服务企业所提供的服务大都集中在对物业本体的服务上,消费者对物业管理服务的多样化、个性化需求得不到满足,对物业管理不满意也就不足

为奇了。但这同时也说明物业服务企业在拓展和丰富管理服务内容上尚有很大的空间。创新服务内容要从以下两方面去考虑：

①考虑消费者的需求。随着人们生活水平的不断提高，人们对服务的需求呈现出多样化和个性化的特点，物业服务企业要充分考虑这个特点，为业主提供多样化、有特色的个性化服务。

②考虑服务需求的特性。物业服务具有综合性和延伸性，这种综合性服务的内容通常又是相互关联、相互补充的。消费者对物业管理服务的需求在时间、空间、形式上经常出现相互衔接，不断地由某一种服务消费引发出另一种服务消费需求，即引致需求（如对车辆保管的服务消费可能引发对洗车、甚至车辆维修的消费需求）。因此，物业服务企业对这种引致需求应予以充分关注，要利用自身的管理优势，注入新的服务内容，不断丰富服务内涵。此外，消费者对物业管理服务的消费需求有较大的伸缩性，客户感到方便、满意时，就会及时或经常惠顾；感到不便或不理想时，就会延缓，甚至不再购买服务（尤其是在物业管理的专项服务和特色服务上），这就要求物业服务企业在创新服务内容上，要着眼于"质"的提升，而不是单纯"量"的扩张。

（4）尊重人性，尊重科学，创新服务方式

传统的服务方式不注意对服务业特点的研究，忽视了消费者在享受服务时的心理感受，也无法适应科技进步带来的物业"硬件"的变化。因此，服务方式的创新也是物业管理服务全面创新中的一项重要内容。

①根据服务行业的特点提供优质服务。物业管理提供的产品是服务，它具有无形性、品质差异性、生产与消费同步性的特点。无形性使消费者无法直接用五官来感知服务的好坏，只能通过其他消费者的评价或媒体报道或其接触到的服务提供者的印象来估计服务质量。这就要求物业服务企业一方面必须重视服务提供者的可靠性和信誉度，对间接感知服务的消费者产生吸引力；另一方面应采取措施将服务有形化、如统一着装、统一用语，便于消费者直接感知服务品质差异性。因此，物业服务企业必须大力培养员工的专业精神和敬业精神，使不同的员工所提供同种服务和同一个员工在不同时间、不同环境下提供的同种服务在质量上最大限度地保持一致。生产与消费的同步性决定了服务的提供与消费必须是同时进行的，它要求物业服务企业必须不断提高员工素质，减少工作环节，简化工作程序，提高服务效率，缩短向消费者提供服务的时限。

②提高物业服务的技术含量，增强业主对物业服务质量的感性认识。物业服务企业在日常管理服务过程中，要加大先进技术和先进设备的引入，提高服务的准确性和劳动效率。如在物业管理中实施全方位电子安防监控、门禁系统、可视对讲系统，可使业主对物业的使用更加方便快捷，生活更加舒适安全；利用网络平台，进行服务及其他产品的配送，既能使业主感受到服务的方便与快捷，更体现了服务的

品质与水准。科学技术在物业管理中的运用,势必将提高物业管理服务水平,提升业主生活的品质,使物业服务更加的快捷和方便。

(5)适应市场经济体制要求,在市场中求生存、求发展,创新发展机制

随着物业服务市场体系和机制的完善,物业服务企业必须走"分业经营"的市场化道路,创新发展机制,逐步形成社会化管理、企业化经营、现代化运作的物业服务市场机制,以增强物业服务企业的自我适应、自我改造、自我发展的能力。物业服务企业的自我发展机制,主要通过推进企业制度和经营管理的现代化来建立。

①经营模式专业化。开展专业化规模经营,按业务专业类型组建专业公司,如专业公司如电梯公司、保安公司、建筑维修公司、清洁公司、绿化公司等,以提高专业化水平。从而提高专业化水平和和经济效益,增强企业的实力和市场竞争力。

②管理手段现代化。运用计算机网络技术建立管理信息系统,实行制度化管理和标准化考核,提高物业管理的自动化和智能化水平。

③人员素质现代化。改变现有的人力资源结构,根据现代人居生活的要求,引进、培养各类专业人才,按服务需求组建专业服务团队,如工程技术应急处理分队、突发事件应急分队、市场拓展项目管理团队等,培养项目管理及专业技术骨干,向物业管理的高端领域渗透。同时注意建立人性化的选人、用人、留人政策制度,特别是通过帮助员工制定职业发展规划,以员工个人发展推动企业的发展,是一种有效的企业和员工双赢的激励理念。

④企业制度现代化。主要是按房地产开发与物业管理"分业经营",工商业物业管理与工商业经济活动"分开运营"的模式建立独立的物业服务企业治理结构和运行机制,让物业服务企业在市场竞争中自我发展。

8.5 物业服务业务市场拓展

8.5.1 影响物业服务业务市场拓展的因素

影响物业服务业务市场拓展的因素主要有:

(1)产品(即物业服务产品)

根据市场菲利普·科特勒的营销理论,满足客户的需求首先是从产品提供的功能实现的。产品是指为留意、获取、使用或消费以满足某种欲望和需要而提供给市场的一切东西。产品最基本的功能是核心利益,即向消费者提供的产品基本效用和利益,也是消费者真正要购买的利益和服务。在产品的核心功能趋同的情况下,谁能更快、更多、更好地满足消费者的复杂利益的需要,谁就能拥有消费者,取得竞争优势。所以,物业服务业务的市场拓展应以业主的利益和需求为出发点。

（2）物业服务企业品牌

目前，物业服务业务市场上的物业服务企业良莠不齐，如何让业主选择你的服务产品，品牌的建立是最关键的因素。而品牌的建立又是与产品、质量是密不可分的，只有当你提供了高质量的服务产品，人们才对其品牌价值产生信任度和忠实度。另外，品牌的核心价值是品牌的精髓，它代表了一个品牌最中心、且不具时间性的要素。一个品牌是否拥有核心价值，是品牌经营是否成功的一个重要标志。

（3）业主的消费特点

由于收入水平和生活观念的变化，业主（即消费者）正在发生结构性的改变。由于中国社会的特殊性，这种改变比一般的国家都更迅速、更复杂。如东部地区、中部地区和西部地区，国际都市、省会城市、中小城市和农村地区，新城区和老城区，别墅区、高尚小区和独体楼等，其业主消费特点显然是不同的。

8.5.2　物业服务市场拓展的方法与策略

要拓展市场，重点是提高物业服务企业的市场竞争力，而物业服务市场要素与竞争力的关系甚密，它们互相依存，互相制动，而两者之中要素是本源、是根基。调整和重新组合市场要素，使要素优化、扩张。要素优化的基本形式是流动，经流动重新整合，增强市场竞争力，实施辐射型市场拓展，做强做大物业服务企业。

1）市场要素优化效应

物业服务市场要素的优化配置是市场竞争力增强的根本，也是提高物业服务市场占有率的基础性手段。物业服务企业形态经整合，其架构可更紧密完善，经营面积经整合，规模总量扩张，物业类型增多；管理技术经整合，管理技术水准提高、服务质量提升、业主满意度增加；品牌资质经整合，其影响力扩大、知名度提高、社会公认度增强。

物业服务市场要素优化途径有 5 种途径：

（1）组织形态整合

这种整合方式适合较大的公司、集团内。具体方式有：一是合并式，将诸多物业服务企业就近或分块合并，成为一个或几个精干的企业；二是并购式，多个物业服务企业中，以一个企业为主体，购买其他几个企业的产权，重新组合成一个物业服务企业；三加盟式，以一个物业服务企业为主体，对其他物业服务企业实施品牌、经营等统一管理，接受管理的物业服务企业独立分散操作。

（2）经济体制整合

一是国有物业服务企业实行公司制改造，建立有限责任公司，实行现代企业制度，企业化运作；二是国有物业服务企业转制成民营所有制企业，国退民进，成立民营有限公司，如上海市新黄浦集团和北方集团等下属物业服务企业改革转制为民营物业企业就是这种类型;三是以私有经营者单体或合作投资成立的有限公司,如万科物业、中海物业等;四是以国有资本、集体资本、非公有资本等参股组建的股份有限公司,如有的房管所转制的国有制物业服务企业,退出部分国有股,吸纳内部职工个人参股和集体(如持股会等)参股,如仪房物业服务公司就是国有股资本和经营者个人股共同参股的混合所有制企业。

（3）管理技术整合

一是专业化模式。根据物业管理专业技术特点,成立若干个专业技术公司,相互间独立经济核算,如将原有专业部门整合成立维修公司、电梯水泵设备公司、绿化公司等。二是社会化模式。社会上有些中小企业特别是小型物业企业,在整合中只保留管理层人员,维修服务临时聘用社会专业人员,以节约成本,出现了社会化分工现象。三是管养分离化模式。有些物业服务企业,尤其是管理公房的物业服务企业,在本公司内将管理和维修养护分开。管理包括收缴房租和租赁管理,养护负责物业维修、成本独立核算,向甲方结报,自负盈亏,并向社会市场开放。

（4）品牌形式整合

一是凸显一个品牌。在诸多品牌物业服务企业中,整合其他品牌规模等资源,以一个较有影响和名气的品牌为统一品牌,去市场竞争承接物业。如上海威斯特物业经营公司就是这种类型。二是运用总公司品牌。下属各公司运用总公司(或上级公司)统一品牌,并且整合其他要素资源,参与市场竞争或管理物业项目,这种模式有上海陆家嘴物业管理有限公司、上海万科物业管理有限公司、达安物业服务企业、巨星物业服务企业等。上述两种情况在同一公司、集团、系统内较易实行。三是整合品牌形式,其实质就是统一包装品牌。上海静安置业集团在整合物业管理品牌资源时,确立以静安置业巨星物业为物业管理品牌龙头企业,成立了八个巨星物业分公司,作为巨星物业服务企业与八家转制物业服务企业双方合作的经营载体,实行独立核算、自负盈亏、自主经营的非法人的物业管理项目实体。巨星物业服务企业对各分公司实施指导、培训、检查。分公司以总公司名义对外拓展业务,实施管理,获取收益,向总公司支付管理费。统一品牌,突显了品牌效应,市场不断做大。

（5）物业归类整合

有些集团公司将原房管所转制的物业服务企业承接的社会上的物业管理从所管物业中剥离出来,由集团公司内的社会化物业服务企业管理。房管所转制的物业服务企业则管理公房和售后公房。按物业性质类型实施分类管理,便于集中归类管理。有些转制物业服务企业已成立市场化物业服务子公司专接和管理市场化途径获得的物业服务项目。

2)要素流动与市场辐射

任何事物总是运动的,静止是相对的。产生流动是物业服务市场要素重组、整合的前提。规模要素流动形成了规模扩张,当然是优化性扩张,而不是粗放性扩张;资质要素流动形成资质等级的提升;品牌要素流动形成品牌影响的扩大;管理技术要素流动促使管理性技术水准的提高,等等。通过要素流动带动物业服务产品市场辐射效应,主要从以下3个方向辐射:

①横向地区辐射。它是诸多要素良性的在不同地区的流动,实现市场占有率的扩张。有作为的物业服务企业不局限于眼皮底下那些物业资源,而是跳出小市场,跨越行政区域圈辐射大市场,辐射触角伸向长三角、珠三角、环渤圈、内地等,如上海、深圳、广州的一些大型物业公司,已广泛拓展了物业管理大市场。

②纵向业务辐射。就是对高、中、低端物业的纵向业务辐射,高端物业服务业务带动中、低端物业服务业务,中低端业务向高端看齐,提升服务品质,赢得业主满意度的提高。

③物业服务类别辐射。即从传统的物业服务类别,如住宅物业、商业物业等向特种物业、工业物业、旧城(老社区)物业辐射,开拓物业服务新空间。物业服务企业诸项要素的流动带动市场辐射,将促使物业服务企业的市场空间逐渐增大。

〖简要回顾〗

本章主要讲述物业服务企业的建立、资质管理、组织模式以及人力资源管理、物业服务企业家的成长、物业服务企业的创新问题、物业服务企业业务市场拓展等。

首先介绍了物业服务企业及类别、物业服务企业设立程序、资质管理等;其次分析了物业服务企业组织模式的含义、原则和发展趋势;再次是介绍了物业服务企业如何进行人力资源管理,特别是员工培训、激励机制、物业服务企业家的成长机制和物业管理职业经理人制度建设;第三围绕"企业创新"分别介绍了物业服务企业的内在、外在创新动力、作用、内容以及创新的方法等;最后分析了影响物业服务企业业务市场拓展的因素、介绍了市场拓展的方法与策略。

〖案例碰撞〗

"洋管家"来势汹汹　福州高档住宅物管大 PK

一向青睐京沪杭等一线城市的国际地产顾问巨头,近来频频现身榕城。

开发商引进先进物业管理模式,以提高项目档次,或为促销房产、或为项目保值增值。高档楼盘项目,因为风险相对较小,维修等支出也很少,因此成为最受物业管理行业青睐的"优质项目"。"酒店式服务"、"专业管家"、"英式管家"……近段时间以来,物业管理也成为福州高端住宅楼盘的竞争焦点,每一个宣传语都让人眼前一亮。

与众多高档楼盘同时出现的,是越来越多的项目开始引入国外先进的物业管理公司。国内知名开发商与国外知名物业服务公司合作管理新开发的物业项目成为一种时尚。这种"强强联手"的"双赢"选择是很多开发商正在尝试的。这样的选择是一个"双向选择",不仅豪宅项目的开发商觉得好项目必须有好"管家"来"匹配",同时这些豪宅项目成为备受这些"大牌"物业服务公司青睐的"大蛋糕"。

戴德梁行正式签约进驻世茂集团投资的房地产综合项目世茂天城;阳光白金瀚宫聘请第一太平戴维斯做物业顾问;另有万科集团携手世邦魏理仕,将成立合资公司为万科旗下高端住宅提供优异的物业管理服务;三盛巴厘岛小高层交房,聘请了英国伯恩物业……

但这块物业管理市场上最诱人的"蛋糕",福州本地物管企业却常常无缘染指。本土物业依靠与开发商"血脉相连"的优势,也在上演"传统戏"。融侨物业、海纳物业、泰禾物业、正祥物业……据介绍,规模大、项目多的开发商,他们更愿意选择与自己"血脉相连"的物业公司。众多物业公司负责人表示,开发商自办物业最大的优势在于这种方式保障了整个项目的运作。对于开发商来说,作为子公司的物业公司可以成为其产品售后服务中最得力的助手,协调合作也更容易。

然而,诱人的"蛋糕"并非人人都有资格品尝,按照《物业服务企业资质管理办法》规定,超过30万平方米的住宅项目和8万平方米的非住宅项目,只有具备一级资质的物业服务企业才能承接物业管理业务。令人扼腕的是,目前福州市341家物业公司中,具有一级资质的仅融侨物业、永安物业两家,二级资质的12家,还有大批企业居然连三级资质都不具备。由于无缘"优质楼盘"的物管项目,相当部分福州物管企业只能从事困难较大的老旧小区管理,或者待外地物业公司"吃饱喝足"后,再接手别人留下来的"烂摊子"。据有关部门统计,福州341家物管企业中,所管物业真正上规模的可谓凤毛麟角,有的企业仅管两三万平方米物业,经济效益较差。而效益不佳又反过来影响企业引进人才、提高服务质量,从而陷入恶性循环之中。

随着近年来福州市物业管理市场开放程度不断提高,弱小的本地物管企业开始品尝苦果,在竞争中屡屡处于下风。特别是许多新上市的大型、高档楼盘前期物业管理项目招标会上,参与竞争的物业管理公司清一色是"外来和尚",众多福州本土的物业管理公司甚至连参与竞标的资格都没有。

众多"洋管家"和本地品牌物管企业抢滩福州高端物管市场,最终谁会胜出?对于两者之间的交锋,有关专家认为:"'洋管家'进入福州市场,既是行业挑战,又是机会,双方应在相互促进中共赢市场。""洋管家"在福州"水土不服"。"洋管家"不了解福州"特色",只是生搬硬套外地的管理方式。"物业管理除了做好服务以外,也是一门'人和人打交道'的艺术,是一个非常具有本土化特征的领域。现阶段,最了解福州人的心理特征和行为习惯的,还是本土的物业服务企业。"(摘编自《海峡都市报》2008 年 7 月 30 日李宁)

互动话题:

1.物业服务市场诱人的"蛋糕"是什么? "洋管家"如何 PK"本土物业"?

2."强强联手"对物业服务市场有什么冲击和后果? 政府和企业如何作为?

3.请分析"洋管家"和"本土物业"各有什么有优势和劣势? 如果你是"本土物业"的老总,你将采取怎么样的市场拓展策略?

第 9 章
物业服务主要工作及业务

【重点关注】

物业服务经营管理工作开展　物业公共服务

物业经营服务

9.1　物业服务经营管理工作开展

物业服务业务工作应包括两个方面内容：一是对内的企业内部经营管理工作，二是对外的向物业服务需求者提供物业服务业务工作。前者是物业服务企业对外提供物业服务的基础和前提条件，也是企业实力的体现；后者是物业服务企业向物业服务需求者提供物业服务产品的业务活动及过程，也是物业服务企业价值之所在。无论是对内还是对外的业务工作，都是围绕提供优质物业服务产品的，达到需求者满意的目标展开的，成为物业服务企业经营管理工作的两个重要方面。两者相互衔接、相互渗透、相互影响，不可偏废。

企业内部经营管理业务工作要靠物业服务企业各个部门、各个岗位上的人员按分工与职责去履行和完成，保证物业服务企业对外服务工作的正常进行，从而实现企业经营管理目标。从领导者或管理者角度应抓住的物业服务业务工作的重要工作领域有：物业服务标准与等级确定、招投标、前期介入、前期管理、客户管理、财务管理、人力资源管理等工作。客户管理和人力资源管理在前面相关内容中已做了介绍，这里不再赘述。

9.1.1　物业服务业务工作的综合协调

1）物业管理综合协调的意义

综合协调对于顺序实施物业管理具有十分重要的现实意义。

（1）协调好各方面的关系是顺利实施物业管理的前提

物业管理涉及方方面面的关系，如果这些关系都搞得很紧张，物业管理不仅得不到应有的支持，反而会增加许多困难和阻力。

①协调好与开发商的关系将使物业管理"建"和"管"衔接更加顺利。从开发过程来看，物业管理与开发商的协调关键在于解决"建"和"管"的关系问题，如协调得好，许多问题在建的过程中都能及时解决。

②协调好与各职能部门的关系是获得支持和帮助的关键。物业服务工作的开展离不开各职能部门的支持与帮助。如果忽视这方面的协调工作，遇到问题可能就束手无策，陷于非常被动的地位。

③协调好与政府各部门的关系是获得支持和配合的有力保证。物业管理有许多明确的制度和规定，可能个别不遵守规定者，甚至严重违章者，光靠物业服务企业是很难纠正的，必须得到政府有关部门的支持。例如小区内违章搭建的拆除，没有工商、公安、规划、街道等部门共同出面工作，物业服务企业单枪匹马是无能为力的。

④协调与业主的关系是取得理解和认同的基础。物业服务企业日常的管理和服务只有被广大业主认可、赞同、支持才能顺利实现。要取得广大业主拥护和支持，除了物业公司做好本身的工作、提供优质服务外，很重要的一点就是要协调好同广大业主的关系，使共建文明小区、美好家园成为全体业主的共同意识和行动。

（2）综合协调是解决矛盾和问题的钥匙

物业管理过程中遇到的各种各样的问题，有些是属于物业服务企业本身就能够解决的，有些问题则不然。比如工程遗留或质量隐患暴露出来的问题，按规定应该由建设单位或施工单位解决。若把责任一推了之，或让业主自己去找建设单位，就容易引起矛盾和不满，问题也得不到妥善解决。只有物业公司出面积极联系协调，尽到物业公司应尽的责任，问题才能得到及时解决。

对小区内的各种违章现象，尤其是历史原因形成的违章搭建，物业公司若是坐等政府出面干预，可能会拖很长时间，使小区越来越乱，无法管理。只有物业公司及时与有关部门联系，引起各级领导的重视，促成拆除的条件和时机，各部门联合执法，才能解决拆除违章搭建的难题。所以说，协调是解决问题的钥匙，协调工作做好了，物业管理才能顺利实施，这是实践得出的结论。

（3）综合协调是物业管理健康持续发展的保证

物业管理是面对千家万户的新兴行业，在发展过程中各种矛盾和问题随时发生，老的问题解决了，还会出现新问题。物业服务公司的管理人员要有清醒的头脑，随时以良好的精神状态去协调处理各种各样的问题，才能使物业管理健康持续地发展。

无论从哪个角度，综合协调都是小区物业管理必不可少的措施和手段，对现实和长远都有十分重要的意义。

2）物业管理综合协调的途径

物业管理的综合协调是一项艰难复杂的沟通、控制工作,目的是使物业管理与物业服务活动可控、良性、有序、有利进行。要积极寻求综合协调的有效办法和途径,使协调工作能够产生预期的效果。由于物业管理的外部环境涉及到的面较广,所以协调的途径就需要从外部环境的各个方面去寻找。

（1）保持上下信息畅通,创造综合协调大环境

物业管理作为一个新兴的行业,要想在市场经济环境中生存和发展,得到政府的支持与扶持非常必要。一方面要通过汇报情况,传递信息,让上级政府部门及领导认识到本行业、本企业的社会价值和作用,为政府和业主分忧解愁;另一方面要宣传本行业、本企业的业绩成果,引起领导重视,从而为物业管理服务创造良好运行的大环境。具体办法有:首先是定期或不定期请示汇报,保持信息畅通。其次是干出成绩,引起重视。这是通常人们讲的,与政府打交道时要遵循"有为才有位"的原则,即先有作为,然后才有地位。物业管理服务越来越成为是城市管理的重要组织部分,是社区和谐的建设的主要载体,也是政府管理工作的重要内容。经过物业管理行业企业的努力,协助政府实现这一目标,自然会得到政府的支持。

（2）正视问题,主动解决

物业管理综合协调是一种主动行为,而不是被动应付,对物业服务活动要实行全方位、全过程的监控,根据反馈信息,找到问题,正视问题,不回避矛盾,深入分析根源,跟踪解决问题。首先是建立预警系统,发现问题立即介入,将问题解决在矛盾产生之前。物业管理通常要与开发建设单位、规划设计部门以及各专业部门、产权单位接触,各种问题都有可能发生。物业服务企业从小区管理的长远利益出发,就要坚持不懈地和这些单位和部门交涉协调,直到取得满意的结果为止。其次是要正视矛盾,积极作为。矛盾和问题出现之后,不回避矛盾,探讨问题的根源,积极作为,尽快消除矛盾,解决问题。这里涉及的面可能更为广泛,不仅有开发建设过程遗留的问题、规划设计不合理或施工质量问题,还有大量的与专业部门管理职责划分问题、与业主和住户的关系问题、和地方政府有关部门的利益问题等。

（3）运用法律武器,维护正当权益

物业管理的综合协调应该是在以维护业主和物业服务企业自身正当权益为前提的基础上进行的。除了要抱有积极的态度、正确的方法、实事求是的精神外,还要学会运用法律武器维护物业公司、业主及非业主使用人的正当权益,公正合理地解决问题。物业服务企业有时会成为被告,有时也要当原告。总之,不要回避矛盾,不要怕打官司。打官司也是一种协调方法,是物业管理过程中不可缺少的一种解决问题的途径。如欠款的追缴、毗邻房屋维护修缮的实施、治安案件与物业管理

安保责任的纠纷、车辆丢失的赔偿责任等,必要时就得通过法律诉讼,使问题得到公正合理的解决。

(4)紧密联系行业协会,关注共性问题解决

要使物业管理健康发展,物业服务企业就要十分重视行业协会的建设,并积极参加行业协会的活动。通过协会活动,将政府的精神、政策法规信息更好地传达灌输给企业;将企业的想法、意见、要求和在实际经营过程中出现的问题更快地反馈给政府有关部门。通过广泛研讨物业管理的理论和实践问题,可对一些普遍性问题达成共识,并形成全行业的反映和呼声,这样比起由某个物业管理单位单枪匹马去呼吁更容易引起政府的重视,有利于问题的解决。通过参加协会活动,同行之间进行深入广泛的交流,还可以达到互相学习,取长补短,加深友谊,共同发展的目的。

(5)密切业主关系,实现双方共赢

首先要处理好物业公司同业主的关系,使广大业主理解物业管理。通过广泛深入地宣传物业管理政策法规和物业公司的服务流程与方法,提高业主物业管理服务意识;通过经常的回访和座谈,了解业主、认识业主,全身心地为业主服务,与业主打成一片;通过扎实有效的服务,让业主感受到物业公司是真心实意的,大家就会逐渐将物业公司看成是自家人,是小区的一员。达到这种境界,协调就非常简单,而各项管理工作才能真正到位。其次是通过加强社区文化建设,密切业主同业主之间的关系。物业区域内的业主们来自各行各业,平时工作紧张,大家互相都不认识。物业服务企业可以在假日开展一些社区文化活动,融洽相互之间的感情,学会体谅相互之间的难处从而产生相互包容的心态,协调工作就好做了。

(6)提升协调水平,增强综合协调有效性

搞好综合协调工作,并非易事,它是全员协调水平的综合体现,也是公司协调能力的反映。因此,对物业服务企业来说,既不能将协调看成是"救火"工作,也不能看成只是领导的工作。因此必须提升物业服务企业的全员综合协调水平和综合协调的规划性,增强综合协调有效性。首先要高度重视全员综合协调工作,不能将综合协调工作看作是领导者"神秘"的工作,因为所有的协调工作,领导只起关键作用,最后都要普通员工的服务去实现,如果员工不了解公司政策和领导意图,可能会使协调功亏一篑。其次是通过事先的规划,将综合协调工作渗透到物业管理服务的每一个领域和环节,确保综合协调的持续性和有效性。物业公司要满足业主和居民的要求,不仅需要严格的管理和扎扎实实的服务,而且要通过综合协调使管理和服务工作能最大限度地为广大业主所理解和支持,实现管理和服务的最大效用。反之,如果没有协调好,花费成本的管理与服务并不一定表现为对服务质量的提高和带给企业效益。从这个意义上说,管理、服务和协调是不可分的物业服务过程的3个方面,综合协调在其中起到促进管理有序化和增值服务价值的作用。

9.1.2 物业服务标准及等级的确定

物业服务逐渐走向规范化、标准化是行业的发展趋势。随着物业服务市场的不断成熟以及物业服务在全国的推广和普及,业主对物业服务公司的管理水平及服务水平也有了明确的认识和更高的要求。所以,不论是从业主对物业管理服务提供的要求角度,还是从物业服务企业自身完善和适应市场,乃至物业管理行业发展的角度看,物业管理行业服务标准的制定都是非常必要的,也是非常及时的。制定物业服务等级标准,有利于统一物业服务的行为规范;增加社会对物业服务的理解与监督;增加物业服务的透明度,实现业主消费自主,提高业主满意度,从而减少、化解物业管理矛盾和纠纷,减少不必要的社会误导;同时也是处理物业管理纠纷的法律依据。

1)物业服务标准及一般要求

（1）物业服务标准

物业服务质量对物业服务企业和业主双方来说都需要具体化为物业服务标准和要求,便于明确双方的权利义务,界定各自的责任,进行签约和服务绩效的评价。反过来,物业服务标准必须以物业服务质量的内涵与特征作为标准制定的理论依据。

物业服务标准与要求一般规定于物业服务合同,并具体化为物业服务合同的条款中,如权利、义务的规范表述与量化指标等。物业服务合同是物业服务企业和作为业主代表的业主委员会之间订立的确定彼此权利义务关系的协议,允许当事人双方在合同之中对物业服务的内容和标准进行约定,而且这种约定在效力上是优先于法律法规的约定的。

（2）物业服务标准的一般要求

物业服务企业应当保持物业和公共设施完好、环境整洁优美、公共秩序良好,保障物业使用方便、安全,并按照下列要求实施:

①按照国家规定的现时标准和规范,以及业主委员会审定通过的物业服务年度计划实施物业服务。

②在业主和非业主使用人使用房屋前,将物业的公用部分、公用设施和公共设施使用、维护的方法、要求、注意事项,以及法规、规章的有关规定书面告知业主和非业主使用人。

③经常对物业管理区域进行全面的巡视、检查,定期对住宅的共有部分、工业设备和公共设施进行养护。

④物业的共用部位、公用设备或者公共设施损坏时,应立即出台保护措施,并按照物业服务合同的约定进行维修。

⑤接到物业损坏报修时,限时进行维修和处理。

⑥做好物业维修、更新及其服务收支的各项记录,并妥善保管物业档案资料和有关的财务账册。

⑦每半年向业主委员会报送物业维修、更新费用的收支账目并进行审核。

⑧定期听取业主委员会、业主、非业主使用人的意见和建议,改进和完善物业服务。

⑨发现有违反《条例》或《管理规约》的行为,应立即进行劝阻、制止,并向业主委员会和有关行政机关报告。

⑩按照物业服务合同约定的要求,做好业主委员会、业主、非业主使用人委托的其他服务事项。

⑪应当配合居民委员会做好社区管理、社区服务的有关工作。

(3)《条例》中有关物业服务要求的规定

物业管理是为维持或者增加物业及其附属设施的使用价值、确保物业及其附属设备的使用安全、维持物业管理区域的公共秩序而进行的服务活动。根据《条例》第4章的规定,物业服务企业在提供物业服务时,必须遵循以下规定:

①物业服务企业应当按照物业服务合同的约定,提供相应的服务,物业服务企业未能履行物业服务合同的约定,导致业主人身、财产安全受到损害的,应当依法承担相应的法律责任。

②物业管理用房的所有权依法属于业主。未经业主大会同意,物业服务企业不得改变物业管理用房的用途。

③物业服务合同终止时,物业服务企业应当将物业管理用房和有关资料交还给业主委员会。物业服务合同终止时,业主大会选聘了新的物业服务企业的,物业服务企业之间应当做好交接工作。

④物业服务企业可以将物业管理区域内的专项服务业务委托给专业性服务企业,但不得将该区域内的全部物业管理一并委托给他人。

⑤物业服务收费应当遵循合理、公开以及费用与服务水平相适应的原则,区别不同物业的性质和特点,由业主和物业服务企业按照国务院价格主管部门会同国务院建设行政主管部门制定的物业服务收费办法,在物业服务合同中约定。物业服务企业可以根据业主的委托提供物业服务合同约定以外的服务项目,服务报酬由双方约定。

⑥物业管理区域内,供水、供电、供气、供热、通讯、有线电视等单位应当向最终用户收取有关费用。物业服务企业接受委托代收前款费用的,不得向业主收取手续费等额外费用。

⑦对物业管理区域内违反有关治安、环保、物业装饰装修和使用等方面法律、法规规定的行为,物业服务企业应当制止,并及时向有关行政管理部门报告。有关

行政管理部门在接到物业服务企业的报告后,应当依法对违法行为予以制止或者依法处理。

⑧物业服务企业应当协助做好物业管理区域内的安全防范工作。发生安全事故时,物业服务企业在采取应急措施的同时,应当及时向有关行政管理部门报告,协助做好救助工作。物业服务企业雇请保安人员的,应当遵守国家有关规定。保安人员在维护物业管理区域内的公共秩序时,应当履行职责,不得侵害公民的合法权益。

⑨非业主使用人在物业管理服务活动中的权利和义务,由业主和非业主使用人约定,但不得违反法律、法规和管理规约的有关规定。

(4)国家有关不同物业类型的服务等级指导标准

不同物业由于各自特点不同,因而对其等级标准的划定也各不相同。

①原建设部下发的《全国物业管理示范住宅小区、大厦、工业区标准及评分细则》。2000年原建设部颁布了《全国物业管理示范住宅小区标准及评分细则》。《全国物业管理示范住宅小区标准及评分细则》的颁布施行,对物业服务质量的完善与提高有着重要的指导和参照作用。

②中国物业管理协会下发《普通住宅小区物业管理服务等级标准(试行)》。2004年中国物业管理协会在总结我国物业管理实践经验的基础上,制定了《普通住宅小区物业管理服务等级标准(试行)》(以下简称《标准》)。《标准》依据当前普通住宅居民的消费能力、消费需求和企业的现实服务水平,将物业管理服务设定为一级、二级、三级3个服务等级。每一服务等级都从基本要求、房屋管理、共用设施设备维修养护、协助维护公共秩序、保洁服务、绿化养护管理等6个方面对物业管理服务提出了具体要求。《标准》常被作为物业服务企业与开发建设单位或业主大会签订物业服务合同、约定物业服务内容与标准、测算物业服务价格的参考依据。

正确理解和执行《标准》,要把握好以下几个方面的内容:

第一,《标准》确定的内容是给企业和业主在签订物业服务合同时参考所用的,它列举的仅是一些最基本的物业服务项目和内容,企业和业主完全可以在这些服务项目和内容之外,约定其他的服务内容。

第二,《标准》不是有人理解的"捆绑式销售",并不是业主选择了某一等级的物业管理服务,不管是否需要,就必须接受这一级别中的所有服务项目。不同级别的服务项目和内容是可以相互搭配和选择的,如业主完全可以选择一级的房屋管理服务,二级的绿化养护服务,三级的保洁服务。

第三,《标准》将物业管理服务确定为3个等级,更多是相对于普通住宅小区的物业管理服务而言的。对于高档商品房、写字楼等高档物业,物业管理服务包括哪些内容,要达到什么标准,完全交由物业服务企业和业主根据实际情况通过合同自主约定。由此可见,《标准》不是对物业服务企业和业主自主选择物业管理服务内容的限制,而是给物业管理双方当事人选择适当的物业管理服务内容提供了一个参照依据。另外,在推进物业管理比较早、市场化水平相对也比较高的地区,《标准》规定的许多内容在物业管理实践中已经普遍实现了,当地即行的物业管理服务标准在某些方面比《标准》的内容还要详细,有些指标要求也比《标准》更高。

2)物业服务等级标准的确定

(1)物业管理服务状况的调查、分析

物业管理服务标准必须反映物业管理实际情况和物业管理的自身规律,反映物业在实际使用与管理中的需要,业主接受和需要的程度,以及物业服务企业提供服务的可能性。这需要通过对物业管理状况进行全面调查来取得一手资料。主要是了解物业管理发展现状;业主对物业管理的需求状况;目前物业服务企业服务内容、服务水平、服务手段和服务方法以及业主的评价等;物业管理服务的关键环节及关键因素;影响物业管理服务质量的关键因素的调查与分析;物业服务企业制定的标准及实施情况;目前物业服务企业运作的状况;关于物业管理费的收缴状况及费用科学性问题,等等。

(2)物业管理服务工作结构分解

根据普遍的调研,对物业管理服务过程的关键因素进行分解,对关键因素进行定义,对其服务质量提出具体要求,为制定服务等级奠定基础(见图9.1)。

(3)物业服务等级的确定

根据物业管理服务产品特性,以及对物业管理服务的实际状况的调查,再根据物业管理工作结构分解图,运用运筹学原理、管理学原理,按照实际工作中的侧重点进行服务等级确定。

在确定服务等级时应参考影响服务质量的因素,进行分析确定最后的标准。如前所述,由于物业服务的质量要求不是用检测设备所能精确测量的,服务质量的好坏常需要顾客来评价,服务质量要求主要反映在提供服务的人员行为表现、服务的设施条件和服务的管理等方面。如服务态度,即现代服务的文明要素;服务的技术水平,即现代服务的人力和物力要素,这是对服务人员技术素质的要求;服务速度,即现代服务的效率因素;服务的舒适性,现代服务的另一种文明要素;服务需要相应的能力保证,语言、技术、应变、协调管理能力,即能力要素;服务的安全性和保密性等,即现代服务的安全要素。考虑这些因素的现实状况及变化趋势,才能制定出符合实际需要的物业服务标准,使物业服务等级更具有时代性、大众性。

3)物业服务收费标准确定

确定物业服务标准和等级后,接下来就是要根据服务等级确定收费标准。收

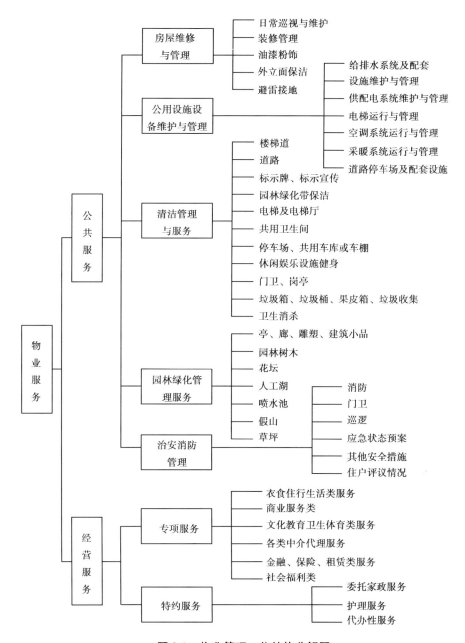

图 9.1 物业管理工作结构分解图

费标准问题是物业服务的核心问题,是物业服务公司开展工作的基础,收费的标准合理与否将关系到物业服务需求是否能得到合理的满足,也将决定着物业服务工作是否能够依据合同约定标准顺利开展。物业服务企业应根据业主的物业服务要求和各地方政府房地产行政管理部门制定的物业服务收费指导价,并与业主商定具体物业服务项目的收费标准。

物业服务企业在测算、制订服务费标准方案时,应遵循以下 8 项基本原则:

①有偿服务的原则。物业服务公司有偿服务的这种服务模式是在市场经济条件下产生的,是符合社会主义市场经济规律的,也符合社会主义按劳分配的原则,并且能够满足区域内不同层次的用户需求。物业服务企业开展服务需要一定的劳动投入,经营也要交纳税收,取得合理利润,还要维持或扩大再生;同时物业服务作为一种享受型的服务,花钱买服务,服务获得报酬是在情理之中,也是社会发展的需要。

②"业主满意、服务第一"的原则。在市场经济条件下,物业服务企业的发展靠的市场对其产品的认可,物业服务产品消费者最终决定服务企业的生存和发展,因此在物业服务中,物业服务产品消费者——业主及非业主使用人就是服务企业的顾客。物业管理的对象是物业,服务的对象却是人,物业服务公司是通过使业主和非业主使用人满意的服务而获得社会效益、经济效益的。因此,要树立"业主满意、服务第一"的思想,用优良的服务,满足人们日益增长的物质、文化、精神需求。

③"服务渗透经营、经营支持服务"的原则。物业服务是集管理、经营、服务为一体的有偿服务,但物业服务中大量是劳务性的公共服务工作,由于公共服务的政府指导定价,往往不能创造高利润,而降低服务标准和质量往往会使物业服务企业丢掉项目。"服务渗透经营、经营支持服务"就是要通过经营管理提高服务水平和质量,从而获得良好效益,反过来来支持服务。

④服务企业、业主及其他利益相关者"多方共赢"的原则。物业管理越来越成为我国城市和谐社会和文明社区建设的重要领域,在物业管理活动中,政府组织机构、物业服务企业、业主及非业主使用人、公用事业单位、物业产品及专业服务提供商、开发商等众多利益主体都在物业管理与物业服务活动中进行博弈,各种矛盾和冲突都在其中发生作用,因此需要建立多方利益共赢的物业社区管理机制,来协调各方关系。物业管理与物业服务所追求的目标应是物业区域社会、经济、环境综合效益最大化,而不应是物业服务企业、业主,或其他单方利益最大化。

⑤服务等级与收费标准对应原则。就是要根据物业本身的功能、配备的设备以及物业服务规模的大小进行分等级收费的原则。物业服务的收费标准是否合理与物业本身的实际情况有着密切的联系。首先,从使用功能来考虑。不同使用功能的物业,其服务内容不同,物业本身创造的价值不同,则物业服务收费标准自然也不同。其次,从物业配备的实施条件来考虑。再次,从物业服务的规模大小及服务形式来考虑。

⑥根据物业使用者的消费习惯和消费要求来确定收费的原则。物业服务是为居住者服务的,不同的居住人员需要不同的服务,因此收取的费用自然也不同。国外公民到中国来长期居住的多为专家、跨国企业负责人或高级雇员,这些白领阶层

对居住环境有较高的要求,则物业服务费就要高一些。国内工薪阶层的物业使用人,对物业服务要求比较简单、实在,物业服务费自然就应低一些。

⑦分类次收费的原则。为了适应业主的不同需求,开展不同类别的物业服务,并按不同类别进行收费。物业管理服务可分成公共服务、专项服务、特约服务;也可以分成有偿服务(集体委托公共服务、个体委托经营性服务)和无偿服务(被动无偿服务和主动无偿服务)。

⑧公开、合理和透明的收费原则。物业服务收费目前采用政府指导价和市场调节价的定价形式,而收费纠纷较多的住宅物业的物业服务定价通常是采用政府指导价的定价形式。2004年1月1日实施的《物业服务收费服务办法》明确了物业服务收费标准和原则,要求物业服务收费应当遵循合理、公开以及费用与服务水平相适应的原则。

9.1.3　物业管理招标投标

1)物业管理招标投标概述

物业管理招标是物业管理服务产品市场化交易方式。物业管理招标的主体一般是物业的建设单位、业主(业主大会或单一业主)或其他物业产权人(如政府机关或事业单位)。物业管理投标是对物业管理招标的响应,是指符合招标条件的物业服务企业,根据招标文件中确定的各项管理服务要求与标准,编制投标文件,参与投标竞争的行为。物业管理投标的主体一般是指具有符合招标条件的物业服务企业或专业管理公司。

(1)物业管理招标类型

物业管理招标类型按管理服务的内容可分为:

①单纯物业管理招标。对住宅小区或商厦、写字楼物业管理服务进行招标。也就是说仅仅围绕着物业管理服务进行的招标,而不涉及其他内容。

②物业管理与经营综合招标。一些商住楼、商业场所进行物业管理招标,不仅仅是物业管理服务,还要承担相关经营场所的租赁或经营等责任,这是物业管理与经营综合招标。

③专项服务工作招标。业主或物业服务企业,从管理的角度,或因成本控制,或因自身的能力限制,把物业管理中的某一项服务项目(如设备维修保养、智能化管理、园林绿化、保洁、保安等)拿出来进行单独招标或分包的行为。

(2)物业管理招标方式

①公开招标——无限竞争性招标。所谓公开招标就是由招标单位通过报刊、广播、电视、新闻发布会发布招标公告,载明拟招标物业服务项目的内容、性质、现状、管理要求和质量要求,招标条件及开标日期,获取招标文件的办法,招标人的名

称和地址等,由物业服务企业进行竞争的方式。在国外称之为无限竞争性招标。这种招标可以为一切有能力的物业服务企业提供公平竞争的机会;业主也有较大的选择余地,有利于降低成本,提高物业管理服务水平。但是招标单位审查投标者资格及其标书的工作量比较大,招标费用支出较大。

②邀请招标——有限竞争性招标。所谓邀请招标就是由招标单位根据了解和掌握的情况、信息,有选择地向若干物业服务企业发出招标信息,并邀请其参加投标的方式。邀请招标属于有限竞争性招标,其特点是竞标单位少,资格预审和评标工作量小,如果对竞标对象选择得当,则起到花费少、效率高的作用,同时提高了投标单位的中标率,对招投标双方都十分有利。但这种招标方式限制了竞争范围,把许多可能的竞争者排除在外,不符合自由竞争、机会均等的原则。

2)招标文件的主要内容

①招标书。包括:a.招标人及招标项目简介,包括招标人名称、地址、联系方式、项目基本情况、物业管理用房的配备情况等。项目基本情况包括物业概况和附属设施及设备设施,物业概况包括住宅小区(大厦)的占地面积、建筑面积、物业结构类型、外墙装修、隐蔽与地下建筑、新工艺和新材料使用情况等;附属设施及设备设施,包括绿地及绿化、文化景点、灯饰、道路与排污系统、供水系统、公共照明、消防设备、动力设备、通讯设备、监控设备、智能化系统等。b.物业管理的招标内容和要求,包括公共服务、专项服务、特约服务及社区文化建设等内容,视招标人的需要而定,但公共服务是基本的、不可缺少的内容。c.对投标人及投标书的要求,包括投标人的资格、投标书的格式、主要内容等。d.评标标准和评标方法。e.招标活动方案,包括招标组织机构、开标时间及地点等。f.物业管理维修基金的落实情况。g.物业服务合同的签订说明,包括委托管理期限、物业管理公共服务费的范围、内容及收取标准、其他有关约定等。h.其他事项的说明及法律法规规定的其他内容。

②招标公告。招标公告是开展招标投标工作的一种说明,是面向社会一切愿意参加竞标的物业服务企业的一种公开性告示。招标公告的主要内容有:a.标的,主要说明拟招标的物业项目;b.招标的对象,指招标的地域范围及对投标人的资格和条件等方面的要求;c.组织机构名称、地址和通讯方式,已成立的招标机构或委托招标代理机构的名称、地址和通讯方式;d.相关说明:包括投标人应提交的文件;e.资格预审;f.标书出售及要求;g.现场勘查及答疑的时间、地点;h.送标、开标的时间和评标的方法;i.其他有关问题。

3)物业管理招标投标的条件

①招标项目应具备的条件:符合城市规划要求,完成或基本完成项目的主体和配套设施建设;具备招标主体资格和招标条件;投资单位或业主能够提供管理的条

件和设施;招标所需的其他条件已经具备。

②投标单位应具备的条件:具有独立的法人资格;具有一定的技术、管理人员,并取得相应的经营资质;具备招标文件所要求的条件;企业近期经营情况良好,所管理的物业规范、健康。

4)物业管理招标程序

(1)准备阶段

首先,成立招标组织。招标人有能力组织和实施招标活动的,可以自行组织机构办理招标事宜,也可以委托招标代理机构办理招标事宜。其次,进行招标项目备案。依法必须进行物业管理招标的物业项目,招标人应当在发布招标公告或发出投标邀请书10日前,提交有关材料报物业项目所在地的县级以上地方人民政府房地产行政主管部门备案。第三,确定拟招投标物业管理项目目标、内容、标的及相关事项。第四,确定招标的指导思想、原则及方式、方法。第五,编制招标文件:包括招标书;招标公告或投标邀请书;投标企业申报及审查表;投标须知;招标章程或招标规则、程序;招标项目说明书;物业服务委托合同文本。招标文件可由业主委员会或开发建设单位成立的领导小组编写,也可委托咨询机构或专家编写。招标领导小组的成员需注意广泛性、代表性、权威性。招标文书应注意系统全面、可操作、无歧义、客观真实、形式规范。

(2)招标阶段

首先,发出招标公告或招标邀请书。通过国家或者地方指定的报刊、信息网络或者其他媒介向社会发布招标公告。其次,资格预审,确定投标申请人。招标人可以根据招标物业项目的需要和招标文件的要求,对投标申请人进行资格预审。资格预审文件一般应当包括:资格预审申请书格式、申请人须知,以及需要投标申请人提供的企业资格文件、技术装备、财务状况和拟派出的项目经理和主要管理人员的简历、业绩等证明材料。从中选择不少于3家资格预审合格的投标申请人投标,并发出预审合格通知书,告知获取招标文件的时间、地点和方法。对不合格的投标申请人也要同时告知资格预审结果。第三,招标人向投标人提供招标文件,接受咨询。为了使投标人更加清楚招标意图,通常由招标人在投标人购买招标文件后统一安排一次投标人会(或称标前会议),召开会议的目的是解答投标人提出的各类问题。

(3)投标阶段

凡获得投标资格的物业服务企业可填写投标单,或撰写投标书参加投标。首先,物业服务企业取得招标文件后,对其中的有关图纸,设计说明及管理服务内容和要求要深入理解,弄清楚开标时间、定标时间、投标保证书、履约保证书等规定,并要对现场进行深入的实地考察。对于一些疑问,应以书面形式或在标前会议时提出并要求解答,完成上述工作之后,投标人进入编制投标文件阶段。其次,投标人要依据招标物业的情况和招标文件中管理服务的内容、要求、范围、标准,分析完成物业管理工作任务时的工作量(包括日常公共服务、专特约服务等工作),设计其组织机构和操作模式、人员及物资配备,启动及运转资金安排等。再次,通过对竞争对手在物业管理服务、成本优劣等方面与本企业进行综合比较,扬长避短,确定竞标方针和单价,按照招标文件的要求编制标书,备齐投标须知中要提供的各类文件副本(复印件)。最后是投标书的报送,即参加投标的物业服务企业应在规定报送投标书截止日期前,将投标书密封后送达招标人所设的招标机构签收。

(4)信誉调查取样阶段

物业管理招标不同于工程类招标,它是以管理服务为主体的一种服务商品招标。这种服务商品与其他商品相比较有两个明显特征:一是生产与消费的同步性。即管理人员提供服务过程就是生产过程,同时也是消费过程,劳动和成果以及消费是同时完成的。它不同于建筑商品的一次性交易,物业服务与物业使用寿命相关联,可以同步较长时间存续(通常一栋楼房生命期至少几十年,甚至上百年物业服务要不间断地提供),长期稳定的服务质量对物业保值和功能保持非常重要。二是服务质量的个性化。物业服务企业为业主提供的服务中,随着人员的服务经验、技术水平、文化层次、情绪和服务态度等因素的影响,其服务质量差异较大,所以必须对参加投标人的工作实绩、管理水平、信誉进行调查取样。但是在实际操作中,由于时间和成本的考虑,这一环节往往被简化掉。

(5)开标阶段

物业管理项目招标的开标分为评议标书阶段和现场答辩阶段。首先是标书评议过程。按照招标书中规定的截标时间,在公证机关、投标管理部门工作人员以及投标人代表共同参与、监督下,公开拆封,宣读投标人名称、投标价格和投标文件的其他主要内容,并把标书分发评委评阅。其次评分过程。经过评委认真仔细、独立完成标书审查和评阅之后,采用无记名方法,给标书评分。评标委员会通常应由招标人代表及物业管理技术、管理方面的专家组成,成员为 5 人以上单数,其中招标人代表以外的物业管理技术、管理方面的专家不得少于成员总数的 2/3。评标委员会的专家成员,应当由招标人从房地产行政主管部门建立的专家名册中采取随机抽取的方式确定。与投标人有利害关系的人不得进入相关项目的评标委员会。

(6)中标

评标委员会完成评标后,应当向招标人提出书面评标报告,阐明评标委员会对各投标文件的评审和比较意见,并按照招标文件规定的评标标准和评标方法,推荐不超过 3 名有排序的合格的中标候选人。招标人应当按照中标候选人的排序确定中标人。当确定中标的中标候选人放弃中标,或者因不可抗力提出不能履行合同的,招标人可以依序确定其他中标候选人为中标人。

（7）履约订立合同

招标人对中标人发出通知。招标人和中标人应当自中标通知书发出之日起30日内,按照招标文件和中标人的投标文件订立书面合同;招标人和中标人不得再行订立背离合同实质性内容的其他协议。中标人不与招标人订立合同的,投标保证金不予退还并取消中标资格,给招标人造成的损失超过投标保证金数额的,应当对超过部分予以赔偿;没有提交投标保证金的,应当对招标人的损失承担赔偿责任。招标人无正当理由不与中标人签订合同、给中标人造成损失,招标人应当给予赔偿。

另外,为防止物业服务企业在服务期满前"弃楼"行为的发生,一些地方(如杭州、无锡、吉林等)开始尝试实行物业服务企业从业责任保证金制度。这有利于规范物业服务企业的经营行为,保证业主的合法权益。但实行中也要考虑物业服务企业的经济承受力,在试点基础上依法科学、公正、合理地推行。

5）物业管理投标书的编写要求

物业管理投标书是物业服务企业为取得目标物业的管理权,递交给招标人,就如何管理目标物业起草的文件。这是物业管理招标活动中进行评标的重要依据,也是最重要的竞争手段,物业服务企业应充分重视投标书的编写。

（1）针对性

投标的目的就是为了在招标活动中成功。因此在编写标书、确定方案时,一定要有针对性,为保证自己的竞标方案具有针对性,需做好如下工作:首先是现场调查。要到目标物业进行实地调查,了解物业情况,熟悉周边环境,调查业主(或开发建设单位)对物业管理的要求与希望,掌握当地物业管理的相关法律规定和物业法律手续等。其次是分析研究。根据调查情况,周密客观地进行分析,结合本企业的实际,找出目标物业开展物业管理服务的优势和劣势。再次是拟订管理方案。根据分析研究结果,结合本企业物业管理经验和能力,周密地拟订管理方案。投标书的编写应该有的放矢、针对性强,能够增加评标专家对该企业物业管理水平的了解。

（2）可操作性

首先是标书中要根据目标物业的具体情况提出切实可行的物业管理方案和措施,要充分考虑到管理服务对象的接受程度。目标物业的不同(如普通住宅小区、高档写字楼、公寓、别墅等),其业主或非业主使用人的经济收入、文化程度不同,对物业管理的要求也不同,标书需要针对不同的消费群体,提出适合的管理方案。其次是标书中所提出的管理方法和措施要与现行的法律、法规相一致。也就是说所制定的方法和措施必须在法律、法规的框架中运行。物业管理在我国还是新生的事物,许多人还不了解;一些物业服务企业往往参照国外一些做法来提出管理方法,有时会脱离国情,这样的标书即使做得再完美,也难以进行操作。再次是所提的管理方案,必须在经济(管理费的收支)上基本平衡。物业管理是有偿服务,物业管理运作又是企业行为,因此在制订管理方案中,不应主张带资或亏本经营,这不符合企业经营的规范。企业追求利润、追求产值是合理合法的,当前一些企业搞低价中标"策略"是不可取的"自杀"行为。低价中标要经营下去只能有两种结果:一是重新制定收费标准,提高收费标准;二是收费标准不变,在服务上"偷工减料",管理水平降低。这两种情况都是违背承诺的不诚信行为,只能引起业主反感或反对,破坏物业服务企业和行业的形象。

(3)体现企业的优势和专业水平

每个物业服务企业在长期管理服务工作中都形成了自身的特色、优势,形成了自己的作风与工作方法。因此,在标书里必须针对目标物业的某个特色来发挥自己的优势,应把自身优势、特点告诉业主和评标专家。物业服务企业都重视发挥自己专长,然而有些特长大家都有,或者近似雷同,其效果也就不明显。为此,在介绍自身优势时,要重视宣传"人无我有,人有我优"的特色。

(4)深刻理解业主的意愿

投标的目的是取得目标物业管理权,因此在编写投标书时,一定要按招标书提出的要求来组织方案设计,尽量使所做的标书得到业主和评委的接受或认可。

9.1.4　物业管理服务的前期介入

前期管理服务是物业管理服务开始切入实质性的、涉及物业管理中业主、开发建设单位、物业服务企业三方面权责关系的关键的阶段性工作,而前期介入则是前期管理服务的前奏,对物业的前期管理服务及其后的管理服务工作起着重要的作用。

(1)前期介入的概念

前期介入是指物业服务企业在接管物业之前,就参与物业的规划设计和建设的过程,从业主与非业主使用人及物业管理的角度,就物业开发、建设和今后使用管理提出建议,并对将接管的物业从物质上和组织上做好准备。

在传统的意识中,人们常常把物业开发看成是开发建设单位、设计院和施工单位的事,物业管理是在房屋建成后才开始的,似乎开发时期与物业管理无关。但事实上经常发生一幢房屋建成交付使用后,出现许多不尽人意的事情。如有的大厦电梯数量不够,难以满足大厦用户出行的需要;有的住宅楼设计不尽合理,减少了房屋的使用率;有的商场用电量设计偏低,影响到商场营业的照明效果;有的房屋在建筑施工中偷工减料,留下了质量隐患等。为了避免物业开发过程中出现诸如此类的问题,除了开发建设单位、设计单位、施工单位、施工监理单位应认真执行国家有关标准和严格把关外,物业服务企业提前介入,参与物业开发的全过程,让有丰富物业管理经验的人员参与前期顾问管理,不失为一种有效措施。

（2）前期介入的作用

①完善物业的使用功能。在物业开发的规划阶段，物业服务公司就应积极参与，就物业日后的使用和管理问题充分发表意见。比如，就房型的设计、供电供水、污染处理、电信、道路、绿化、管线走向、服务配套设施及平面布局等方面提出建设性的意见。

②改进物业的具体设计。在物业设计时，尤其是一些较微观的具体设计上，人员往往按照一般规律，直接采用国家建筑设计标准。但实际上，我国疆域广阔，地理环境与经济发展水平差距悬殊，这就必然要对设计提出不同的要求。一般设计人员很难考虑周全，而有经验的物业管理人员从物业使用中暴露出的种种问题，却十分清楚设计的不合理之处及其将来可能造成的后果。所以，物业管理人员从日后管理的角度及时向设计单位提出自己的意见，就能使物业设计避免许多缺陷。

③更好地监理施工质量。物业服务企业面临着以后验收接管及维护保养的任务，而工程质量的任何隐患和疏忽都会增加物业管理的工作难度。让物业服务企业提早介入，一旦发现问题及早通过开发商限令施工单位解决，就可有效防止施工质量问题的发生和延续。

④为竣工验收和接管验收打下基础。由于已前期介入物业的开发、建设过程，物业服务企业对验收的物业的各种情况都已相当熟悉，这样物业服务企业参与验收把关便可以提高验收工作的质量，缩短验收的时间；对于验收中发现仍需整改之处，也容易交涉和协调，使验收工作不至于"走过场"。

⑤便于日后对物业的管理。由于前期介入物业开发，物业服务企业对该物业的整体情况相当熟悉，特别是对管线的铺设、设备的安装了如指掌，这为物业的管理、养护、维修带来许多便利：一是方便了物业管理中维修保养计划的制订；二是方便了物业管理中的检修，特别是可以缩短检修时间；三是比较容易保证维修质量；四是方便了改造、拆除等改建工程的进行及设备的更新等。所有这一切，都可以大大提高物业管理的工作效率和工作质量，为物业服务企业日后为业主或非业主使用人提供良好的服务打下基础。

（3）前期介入的方式及工作

前期介入的时间不同，方式和内容也有差异，大致可分为3种情况：

①早期介入，积极参与物业的规划设计。所谓早期介入，是指物业处在规划设计阶段，开发建设单位聘请专业经验丰富的管理企业做顾问，参与规划设计，使设计在符合国家规范的前提下，尽可能地照顾到使用者的要求以及日后管理的需要。物业服务企业早期介入的具体工作主要有：审阅设计图纸，提出有关楼宇结构布局和功能方面的改良建议；提出设备配置和容量以及服务方面的改良意见；指出设计中遗漏的工程项目。

②中期介入,严格监理施工的每一环节。中期介入通常是指物业的土建结构已封顶,工程进入到设备安装和内部装修阶段,物业服务企业参与介入,一方面熟悉线路管道的铺设走向,另一方面对设备安装的质量进行监督,其作用类似监理。中期介入对物业服务企业日后的设备维护、检修作用甚大,因参与人员以后也极可能就是负责工程设备维护的人员。由于对安装布线了如指掌,一旦线路有故障,便能迅速查找原因,排除故障。物业服务企业中期介入的主要工作就是监督施工质量。开发建设单位及监理公司的考虑的角度与物业企业的不尽相同:开发建设单位侧重于建设与设计是否相符,而物业服务企业则着眼于物业使用和管理服务。如在设备管理上不仅着眼于设备验收调试,更要着眼于以后长远的使用。因此,物业服务企业监管不能放过设备安装过程任何一个小问题,以此保证设备安装质量。

③晚期介入,开始前期管理服务。所谓晚期介入,是指物业建设工程基本结束,工程开始竣工验收、交楼以及筹备开业时物业服务企业全面介入,开始履行"管家"职责的阶段性全面介入工作,包括物业竣工验收和物业承接验收的介入。准备晚期介入是物业服务企业由原来的顾问工作转入实质性的管理工作。

(4)注意事项

前期介入的咨询服务对象,主要是开发建设单位,其费用应由开发建设单位承担。

物业服务企业早期介入一般不设固定人员进驻开发现场,工作方式可根据开发建设单位的需要确定,如定期参加开发建设单位的设计会议,或不定期与开发建设单位会晤,出谋划策等。

前期介入与前期管理的时间划分。有些项目在开发策划时就开始前期介入,而绝大多数项目在物业销售策划阶段前期介入。真正的前期管理是在业主收楼前3~6个月内开始的实质性的管理工作。

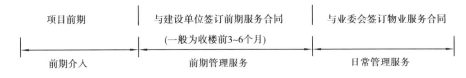

图9.2 前期介入与前期管理的划分

从图9.2可看到,前期介入与前期物业管理服务的主要区别在于,是否已经确立了物业服务的委托合同关系,并以下面两点为标志:

①是否拥有对于物业的经营管理权。物业管理服务的前期介入,多数是没有与开发建设单位签订前期物业服务委托合同,而是以咨询顾问的角色提出意见和建议。而前期物业管理服务活动,则是在其与开发建设单位确立了委托关系后才进行的,此时的物业服务企业已拥有了对该物业的经营管理权。

②是否承担相应的民事责任。前期介入的物业服务企业,是按照与开发建

设单位约定的介入时机和程度等,从有利于将来的物业管理与服务等具体细节上提出意见和建议,真正的决策权属于开发建设单位。而前期物业管理活动中,物业服务企业已经受开发建设单位委托,履行物业管理服务职能,并应承担相应的民事责任。

9.1.5　前期物业管理服务

物业管理服务主要是指物业建成后提供的满足物业业主和使用者需要的管理服务,但这并不意味着物业建成前物业服务企业就无所作为。事实上,经过二十多年的行业发展,人们越来越认识到,良好的物业管理服务应在物业的建设阶段,甚至应在更早期的规划设计阶段就该介入,应参与物业开发的全过程,这样才能为物业交付使用后的服务管理奠定良好的基础。前期管理就是第一阶段的管理工作,起始于物业接管验收前。而前期介入则是前期管理之前的物业管理前奏。

（1）前期物业管理服务的含义

前期物业管理服务是指业主委员会与物业服务企业签订的物业服务合同生效前,建设单位选聘的物业服务企业实施的物业管理服务。关于前期物业管理在时段上的确定,具体起始时间是有差异的,不同的楼盘、不同的物业服务企业,开展前期管理的时间受制于多种因素的。一般而言,开始于收楼前的 3~6 个月。

（2）前期物业管理服务的费用问题

前期物业管理的费用应由服务对象支付。具体支付者应视服务对象的不同而异。在物业交付使用之前,物业公司的服务对象是开发建设单位,而交付使用之后,则为业主及其使用者。在房地产市场中常常有物业已可交付使用,而部分的物业尚未出售,此种情况业主就是建设单位,因此,在物业管理市场上,业主与建设单位同是物业管理服务的需求者,是物业服务企业的服务对象也都可能是物业服务费用的支付者。

（3）权责关系

从市场供需关系角度、服务的买卖关系来分析,在物业未出售之前,开发商作为大业主,是物业管理服务的最大需求者,与不断购买物业的小业主们一样都是物业服务产品的买方。但开发建设单位又是物业的生产者,所以在前期物业管理服务合同中,业主、开发建设单位与物业服务企业之间构成了较为复杂的权责关系。而一般的物业管理服务合同中体现的是业主与物业服务企业之间的物业服务管理关系。

物业服务企业在物业出售后至业主委员会成立并签订新的物业管理合同前这一期间,通过履行与开发建设单位签订的前期物业管理合同,可以真正实现不可间断的物业管理服务,满足物业服务需要。

（4）前期物业管理服务的内容

前期物业管理的工作是最复杂、难度最大而又最全面的管理工作，可归纳为以下几个方面：

①建立管理机构。签订物业管理合同或协议后，物业服务企业与建设单位、业主、非业主使用人的物业管理服务关系随即建立。物业服务企业的首要任务就是要建立管理机构，设计工作岗位。机构的设置应根据委托物业的用途、规模确定。岗位的设置和人员的配备除考虑管理人员的选派外，还要考虑招聘操作人员，包括维修养护、保安、清洁、绿化、客户服务、社区文化等人员。

②设计管理模式，草拟管理制度。设计受托物业的管理模式，制定具体的物业管理的工作程序，以及员工培训计划，第一个年度的物业管理财务预算等，并草拟业主委员会章程、管理规约、住户手册等相应的物业管理文本。

③招聘人才，培训上岗。管理人员与操作人员编制一旦确定，则实行招聘工作，根据各类工作的职责进行分类培训，以使他们对所管理的物业、服务的对象、职责范围有所认识，并要求从一开始就要了解企业的管理理念和管理目标。

④深入工程建设现场，熟悉物业的概况。选派管理人员参与前期物业管理，与开发建设和承建单位建立良好的关系，参与建筑安装工程的施工、检查、验收，以及设备购置等环节，并就物业的内部设计、功能配置等提出合理化建议，为以后的物业管理创造良好的条件。尽可能与未来的业主和物业使用人建立联系，听取其对物业建设的意见和建议。

⑤参与物业的竣工验收工作，为接管验收做准备。物业的竣工验收是指一项物业建筑生产的最后一个阶段。竣工验收对物业建设工作的第一次全面考核，通过竣工验收，质量合格的建筑物才可投入使用。

⑥重点开展物业的接管验收工作，筹办交楼。前期管理的一个关键的工序就是接管验收。通过拟订移交接管的程序、要求，协助办理接管事项，作好物业交接准备。同时，借助办理物业的入伙手续，为物业的装修与管理打好基础。

⑦逐步展开日常的管理服务工作。接受业主使用物业时的各种咨询服务，协调和理顺各方的关系，使物业管理尽快步入正轨；建立服务的系统与网络，包括与社会专业服务部门就保安、保洁、绿化等洽谈、签订有关合同或协议；与街道、公安、交通、环保等部门进行联络、沟通；确定拟提供的代理租售业务、户内维修、清洁服务、送餐邮递等代办服务等项目。

⑧协助支持业主大会的召开。积极主动搞好与业主的关系，特别是业主大会筹备组成员的关系，支持业主大会和业主委员会的筹备工作，一方面可以树立物业服务企业的良好企业形象，另一方面也对争取物业服务合同的续签也有一定的帮助。

9.1.6　物业服务经费收支管理

1）物业管理资金的筹措

物业管理资金是指物业服务企业所拥有的各种财产物资的货币表现,按其筹措的目的可分为物业服务企业设立所需资金和提供物业管理服务所需资金。前者是物业服务企业创立所必需的资金,称为资本金;后者是补偿物业服务企业在提供物业管理服务活动过程中活劳动和物化劳动的消耗,称为物业管理经费,它是物业服务企业生存和发展所必需的资金。

（1）物业服务企业资本金的筹措

物业服务企业资本金包括资本金和法定资本金。资本金是指企业在登记注册时填报的投资者投入企业的资金总额,即企业的实收资本（股份有限公司为股本总额、有限责任公司为股东实缴出资额）,实收资本即注册资本。法定资本金或法定最低资本金,是指国家规定的开办企业必须具备的最低限额资本金。因此注册资本或实收资本应等于或大于法定资本。

企业的法定资本金与其从事生产经营活动的范围以及企业的组织形式有关,根据《物业服务企业资质管理办法》,一级资质的物业服务企业注册资本 500 万元人民币以上,二级资质的物业服务企业注册资本 300 万元人民币以上;三级资质的物业服务企业注册资本 50 万元人民币以上。

不同组织形式的物业服务企业,其资本金的筹措方式和渠道不同,现有物业服务企业大多是有限责任公司,根据《公司法》的规定,有限责任公司可由国家单一投资设立,也可以由 2～50 个股东共同出资设立。国内现存物业管理有限公司大多数是以开发商为主的法人资金和自然人（内部职工）或外商共同出资组建。

（2）物业管理经费的筹措

物业管理经费按其来源可分为物业服务费、物业维修基金、物业经营收入和国家财政补贴 4 种类型:

①物业服务费。物业管理服务费是业主与物业服务企业在物业服务合同中约定的,由业主（使用人）按一定价格标准向物业服务企业缴纳的费用。物业服务费是保证日常物业管理服务工作正常运转的主要资金来源。

②住宅专项维修资金。住宅专项维修资金又称物业维修基金或代管基金,是物业服务企业按业主大会决定,专项用于房屋共用部分、共用设备和公用设施维修、更新的专项基金。由建设部和财政部联合发布,于 2008 年 2 月 1 日正式施行的《住宅专项维修资金管理办法》规定了住宅专项维修资金的缴纳标准,并按专户存储、专款专用、所有权人决策、政府监督的原则进行了规定。业主按照其专有部分建筑面积缴纳住宅专项维修资金:商品住宅的业主、非住宅的业主按照所拥有物

业的建筑面积交存住宅专项维修资金,每平方米建筑面积交存首期住宅专项维修资金的数额为当地住宅建筑安装工程每平方米造价的5%~8%。出售公有住房的情况下,业主按照所拥有物业的建筑面积交存住宅专项维修资金,每平方米建筑面积交存首期住宅专项维修资金的数额为当地房改成本价的2%;售房单位按照多层住宅不低于售房款的20%、高层住宅不低于售房款的30%,从售房款中一次性提取住宅专项维修资金。

③经营性收入。主要是针对性专项服务业务收入和委托性特约服务业务收入。物业管理小区内的商业用房、配套设施等公共资源,产权属全体业主共有,可采取灵活多样的方式,委托物业服务企业经营,物业服务企业在扣除成本后获得合理的报酬,余下利润归业主所有,主要用于补充专项维修资金,或根据业主大会决定使用。物业服务企业还可利用自身的优势,依靠可靠的信息来源,开展物业代租代购、代办产权转移等中介服务,承接室内装修装饰工程等,作为赢利手段之一。

④国家财政补贴收入。某些由房管站(房管所)改制的物业服务企业,主要从事直管公房的物业管理服务工作,在一定的时期内政府会给予适当的财政补贴。此外,物业管理服务作为和谐社会和社区文明建设的重要组成部分,越来越受到当地政府重视,有的还会得到政府的专项财政补贴。如深圳市规定,市、区财政对全市规则创建的文明小区,分别一次性投入启动奖金,每个小区市财政出资3万元、区财政出资2万元。另外,也有一些城市对旧城物业管理项目给予物业管理费补贴。

2)物业管理资金的使用原则

物业管理费是业主预付给物业服务企业用于委托物业管理服务的费用,资金所有权属业主,物业服务企业在使用物业管理资金时应遵循以下原则:

①"必要合理"原则。物业管理服务收费是业主预付的,属于业主,要事前预算,事后核算,数量有限,使用应当贯彻"必要、合理"的原则,把有限的物业管理资金用在必要的物业管理服务项目上。

②"保障服务"原则。为业主服务是物业服务企业的本质和宗旨,物业服务企业是接受业主的委托对其提供服务,物业管理的资金使用必须贯彻"保障服务"的原则,确保物业管理资金的使用与物业管理服务范围相适应,与提供管理服务的质量一致。

③"计划使用"原则。物业管理资金筹集后必须妥善管理,实行分类储存,全面安排,计划使用,避免因用资失控而导致业主(使用人)以及物业服务企业自身蒙受损失。物业服务企业资金的使用应短期与长期兼顾,物业具有由新到旧,最后更新的物质自然寿命周期,物业处于寿命周期中的不同阶段其管理资金的需求情况也不同。当物业交付使用后,物业管理处于起步阶段,需要投入的新项目较多,

资金需求量大;处于成熟期的投资项目少,收入项目多,资金需求较少,但对物业日常维护保养方面资金需求逐渐呈上升趋势;在衰退期,物业管理资金主要使用于对物业的大修与更新,资金需求量最大。因此物业服务企业应制订资金使用的长期规划和年度预算。

④"合理收益"原则。物业服务企业是自主经营、自负盈亏、自我发展的经济实体,其经营管理活动以赢利为目的,在资金使用时,应贯彻合理收益的原则,尽可能降低管理的成本,节约管理费用,保证实现合理报酬、合理收益。

⑤"民主管理"的原则。物业管理资金的使用应当充分尊重业主的意见,增加透明度,使物业管理服务费和维修基金的收入、管理、使用进入良性循环。物业服务企业应接受业主的监督,业主委员会有权审核物业服务企业制订的物业管理财务年度计划、财务预算和决算,物业服务企业要定期向业主公布收入和支出的账目表,接受全体业主的监督。

3)物业管理资金的主要用途

①保证房屋及附属设备的完好及正常使用,以及进行共用部位、共用设施和设备大修与更新时的耗费支出。物业的维修养护是物业管理中重要的环节,也是物业管理资金的主要用途。提高物业的价值和使用价值,延长物业的使用年限,延缓物业的自然损耗,增加业主的投资回报,就有赖于完善的物业维修养护措施和先进的技术。

②物业服务企业各类人员的工资和福利支出。物业管理服务也是一种商品,业主或非业主使用人需提供等价的货币相交换。业主或非业主使用人交缴的物业管理费中含有经营服务过程中活劳动消耗的补偿,即物业管理人员和服务人员的工资,以及包括有关规定提取的养老保险金、医疗保险费、住房公积金、待业保险金、工会经费和教育经费等福利支出。

③物业服务企业原材料消耗、设备折旧及办公费支出。物业服务企业中的物化劳动支出表现为服务过程中原材料的消耗和固定资产的损耗。原材料的损耗主要指房屋共用部位日常保养和小修小补所需的建材,设备维修保养中的润滑油和易损零配件,绿化补种的树苗,养护所用的肥料、农药,卫生保洁用的清洁剂及虫害消杀剂,保安工作消耗的低值易耗品,等等。设备折旧主要是指办公室所用的固定资产,保安所需的防盗警报通信器材,绿化清洁机械及小型器械的折旧。办公费主要指交通费、通信费、公共关系费等。与一般的工业产品成本不同,服务商品生产过程中原材料消耗及使用设备相对比较少,物业服务企业所拥有的固定资产物质自然寿命及技术寿命比较短,故折旧年限也比较短。

④机电、消防设备的委托维护费和年检费。物业内的电梯、中央空调等机电设备,大多数都委托厂家在保修期后继续承担日常保养维护及年检。而高压电气设

备、自动喷洒灭火装置的维护与年检,则属于行业管理的范畴,也需要委托行业内定点单位进行年检和维护。这些费用的支出在写字楼及商业物业管理费中所占份额较大,而居住物业只有高层住宅需要电梯维护年检。

⑤物业服务企业的利润和国家税收。物业服务企业作为独立的商品生产者,从事生产经营的目的是要获得利润。企业要以收入弥补支出,向国家上缴税金并不断扩大再生产,在取得良好社会效益的同时提高经济效益,所以物业管理资金中,应含有支付国家税收及物业服务企业利润的部分。

目前,物业服务企业享受国家对第三产业的税收优惠政策。在税种、税基和免税方面都有明确规定,只需缴纳两税一费,即营业税按经营总额5%征收;城市建设维护税按营业税7%征收;教育附加费按营业税的3%征收。1998年12月15国家税务总局《关于物业管理企业的代收费用有关营业税问题的通知》规定:对于物业服务企业代有关部门收取水费、电费、燃(煤)气费、维修基金、房租的行为,属于营业税"服务业"税目中的"代理"业务,不计征营业税,对其从事此项代理业务取得的手续费收入应当征收营业税。但各地对此实际执行情况有所不同。

政府投资建设或给予政策优惠建设的物业,物业服务费免收企业营业税,普通住宅(解困房、房改房)的物业管理服务收费,其标准低于或等于管理维护开支成本的,由当地行政主管部门报同级人民政府批准,免收企业营业税。

4)酬金制、包干制与物业服务费的测算编制

物业服务企业的利润称为管理酬金或佣金,各地方政府或行政主管部门根据当地的实际情况大多数都对利润率做了规定,一般最高不超过物业管理成本的12%。有些省、市对不同资质的物业服务企业的最高利润率做出分级限制标准。随着物业管理服务市场化程度的提高,物业管理行业的整体利润率必将趋向社会平均利润。

(1)物业服务费用酬金制

酬金制是指在预收的物业服务资金中按约定比例或约定数额提取酬金支付给物业服务企业,其余全部用于物业服务约定的支出,结余由业主享有,不足由业主补足。目前我国物业服务企业大多偏爱采用酬金制。

实行物业服务费用酬金制的,预收的物业服务资金包括物业服务支出和物业服务企业的酬金。物业服务费用酬金应以预收的物业服务资金计提基数,计提基数和计提比例通过物业服务合同约定。酬金制下,物业服务企业提供物业服务的经济利益仅仅局限于按固定的金额或比例收取的酬金,扣除酬金以及物业服务支出后结余的资金为全体业主所有。

实行物业服务费用酬金制的,预收的物业服务支出资金属于代管性质,产权为所交纳的业主所有,物业服务企业不得将其用于物业服务合同约定以外的支出。

物业服务企业应当向业主大会或者全体业主公布物业服务资金年度预决算,并每年不少于一次公布物业服务资金的收支情况。业主或者业主大会对公布的物业服务资金年度预决算和物业服务资金的收支情况提出质询时,物业服务企业应当及时答复。物业服务企业或者业主大会可以按照物业服务合同约定,聘请专业机构对物业服务资金年度预决算和物业服务资金的收支情况进行审计。

（2）物业服务费用包干制

包干制是指由业主向物业服务企业支付固定物业服务费用,盈余或亏损均由物业服务企业享有或承担的物业管理服务计费方式。在包干制下,物业服务企业作为一个独立的企业法人,自主经营、自负盈亏、风险自担、结余归己实行物业服务费用包干制的,物业服务费用的构成包括物业服务成本、法定税费和物业服务企业的利润。

酬金制和包干制的财务特征如表 9.1 所示。不管是酬金制还是包干制,物业服务成本或者物业服务支出构成一般包括以下部分:管理服务人员的工资、社会保险和按规定提取的福利费等;物业共用部位、共用设施设备的日常运行、维护费用;物业管理区域清洁卫生费用;物业管理区域绿化养护费用;物业管理区域秩序维护费用;办公费用;物业服务企业固定资产折旧;物业共用部位、共用设施设备及公众责任保险费用;经业主同意的其他费用。物业共用部位、共用设施设备的大修、中修和更新、改造费用,应当通过专项维修资金予以列支,不得计入物业服务支出或者物业服务成本。

表 9.1　酬金制和包干制的财务特征

	酬金制	包干制
会计主体	物业管理项目	物业服务企业（物业管理项目也可以独立核算,也可以纳入物业服务企业统一管理）
收　　入	该项目酬金	物业服务费
成本费用	物业成本上升趋势	物业成本减少趋势

5）物业服务收费难问题及应对策略

物业管理收费问题是物业服务企业的经费收支管理的是一重要方面。物业服务企业依据物业服务合同的约定和《条例》《物业服务收费管理办法》和各地物业服务费收费办法等相关法规政策的规定收取物业服务费,是保证物业服务企业正常运营和物业服务活动正常开展的条件。但由于种种原因,物业服务费收取存在"收费难"现象。特别是住宅小区物业管理费收缴率低已不是秘密,一般在 70%～80%,有的住宅小区竟然只有 10%。即使物业服务最成熟的深圳市也仍然有大量的物业管理费收不到。据不完全统计,2006 年深圳物业管理费的收缴率为 90%,

如果按照 99.69 亿元的年产值计算,欠费金额也接近 10 亿元。

（1）物业服务经济纠纷的成因分析

物业服务收费上的矛盾和纠纷是多方面因素引起的,具体成因主要有:

①物业服务费的缴费主体不明确。随着物业服务种类的不断推陈出新,接受服务的对象也由单一走向了多元,个性化特约服务已从公共性服务中游离,只提供给有特殊需求的业主,由此产生的费用当然应与公共性服务费用分离。但现有的规定没有区分物业服务的种类,缴费的义务由具有普遍意义上的"业主"承担,未能体现出"谁享受,谁付费"的原则,导致业主常常在使用缴费和收益管理上与物业服务企业产生矛盾。

②物业管理收费的内容和性质不明确。现阶段物业服务企业的利润主要来源于物业服务费的收取,如果物业服务企业能够科学地计算其支出并透明地运作,那么物业管理费将不难收取,但事实并非如此。此外,物业服务企业过多地承担了公用事业单位的责任,一些本应由公用事业单位向业主直接收取的费用,由物业服务企业代为收取,并且代收情况不透明,也容易引起业主与物业服务企业之间的纠纷。

③物业管理收费的标准模糊。由于现有的住房制度从福利型向市场型过渡,适应各种经济承受能力的商品房、经济适用房、福利房等同时并存,使得物业管理收费的标准变得十分复杂。目前国内的物业管理收费标准主要以住宅档次来划分,而住宅档次本身就是很模糊的概念,各地政府对此的规定也是不尽相同的。由于制订物业管理收费价格的渠道不一样,没有统一的原则,一般业主很难全面了解,在具体实行时就容易发生矛盾。

④物业服务质量难于界定。我国物业管理条例只规定了物业管理事项、服务质量由双方在物业服务合同中进行约定。由于物业服务本身存在项目多、标准难以量化等特点,而且该行业处于发展阶段,尚未形成比较合理的统一行业规范,给本来就对物业管理服务认识尚浅的业主带来许多困惑。这些因素都容易引起业主对物业服务企业的误解,造成收费困难。

⑤物业管理混乱,服务质量差。物业管理混乱、服务质量差是业主拒缴物业管理费的最常见原因。主要是由于前期开发商或其他人等违约或侵权与业主产生纠纷,业主以拒缴物业管理费为手段与其抗衡;物业服务公司擅自扩大收费范围、提高收费标准、重复收费等,也是导致业主拒交物业管理费的理由之一。

⑥业主物业管理意识差,借故不缴费。有些业主缺少物业管理有偿服务的观念或认识,找出各种理由拖延,甚至拒绝缴费,以不缴费为有"能耐"。当有未实际居住或房屋出租时,业主往往以未享受到物业管理服务而拒绝缴费;以个人未签订物业管理服务合同为由拒缴物业管理费,特别是前期物业管理阶段,一般是由开发商选聘物业服务企业的情况下,由于未订立物业合同,业主们会以此为由而拒交物

业管理费用;还有个别业主并无正当理由,就是不缴物业管理费。

（2）应对物业服务收费难问题的策略

①加强物业管理知识的宣传,增强业主有偿服务观念和物业管理意识。为了使业主和物业服务企业建立良好的、和谐的关系,解决物业管理纠纷,应对业主加强物业管理知识的宣传。物业管理费收取的标准、开支的范围及服务的标准,应经业主委员会、物业服务企业、上级主管部门及其他有关部门共同研究、讨论、制定,并在业主大会上公布。

②合理制定物业管理收费标准,按标准收费。应当合理制定收费标准,按资源占有不同,实行比例收费,综合考虑房价百分比、人口调整系数等因素。目前物业服务企业通行做法是先将综合管理费的成本计算出来,然后按一定利润率加上利润,最后再按建筑面积平均分摊到户。合理的收费标准必须考虑到楼层、朝向、绿化、环境等因素,最简单的做法就是以房价为基础对收费标准进行调整。另外,由于物业管理是开放式的,每位业主享受服务的机会是均等的,那么由于每户人口数量的不同将导致每户享受到的服务量不同,而物业管理费是按户交纳的,所以,收费标准中应当考虑到人口因素。另外,收费标准还要考虑经济发展、收入水平和价格涨落因素,建立适应市场经济体制的动态收费标准形成机制。

③强化业主委员会在物业管理中的地位,取得物业管理的收缴工作的有力支持。物业管理收费纠纷是否能顺利、有效地解决,物业服务企业自身的努力、业主的意识固然很重要,但作为业主大会常设机构的业主委员会应能够起强化作用。目前我国的业主委员会组织机构松散、规章制度不全,还不能成为一个在业主中起权威作用的决策影响机构。物业服务纠纷发生后,物业服务企业没有一个能代表业主的谈判对象,很难有效化解纠纷。因此,应重新设计我国的业主委员会的组织性质,确立其法律地位。

④要进一步完善物业管理收费的法规,并依法维护双方合法权益。市场经济是法制经济,任何一项收费都必须有法可依,按法收费。必要时也应采取法律手段维护企业的权益。但物业服务企业也要认真履约,不得损害业主利益,取得业主支持。

⑤理顺物业管理关系,提高物业服务质量,提高缴费率。理顺了关系,提高物业服务质量才能从根本上提高物业管理费的收缴率。深圳市的物业管理费收缴率相比较其他城市要高得多,最重要的原因还是整体物业服务质量高,同时业主物业管理意识也得到培养也是重要原因。因此,物业管理费收缴问题的解决,从根本上说要依靠物业管理关系的顺畅,物业服务企业提供优质服务和全社会物业管理意识的提高。

9.2 物业公共服务

物业服务企业对外业务主要包括面向全体业主提供的物业公共服务,同时还包括充分利用物业公共资源向部分或个别业主提供的经营性服务。

物业管理的公共性服务,又称常规性的公共服务,其内容包括物业管理的基本业务和专项业务。基本业务是房屋及附属物和设备设施的维护、养护、管理,档案资料管理等;专项业务即是物业区域的场地环境维护与管理,包括治安消防管理、车辆道路管理、绿化与环境管理、清洁卫生管理等。

物业公共服务的业务内容主要有:房屋建筑物的基本管理;房屋设备、设施的基本管理;环境卫生和绿化管理;安全防范和消防管理;车辆停放秩序和道路、场地的管理;物业管理服务计划与档案资料的管理等六大类。但实际工作中,作为业务模块来说主要有十一项公共服务,包括:档案资料的管理、入住服务、房屋使用管理、建筑物修缮管理、房屋设备设施管理、清洁卫生管理、绿化管理、车辆停放秩序管理、安全管理、消防管理、业主及非业主使用人管理等。

9.2.1 档案资料的管理

(1)物业档案资料的管理含义

物业档案资料的建立是对物业建设开发成果的记录,是为以后实施物业管理时对工程维修、配套建设的依据,也是更换物业管理企业所必须移交的文件资料之一。现代建筑工程随着科学技术的发展和使用需求的提高,楼宇设施以及埋入地下和建筑物内部的管线越来越多,越来越复杂,越来越高科技化和专业化,因此一旦发生故障,资料档案便成了维修时唯一的依据。

(2)物业档案资料的管理内容

①物业工程资料档案管理。物业服务企业确定接管物业后,要对其建设工程文件材料进行交接和整理,建立健全的物业工程资料的档案管理制度。建设工程文件材料按其形式和内容的有机联系,可以归纳为以下 6 项内容:基建依据文件;竣工验收文件;勘察、设计文件;施工技术文件;竣工图纸;声像材料。

②业主及使用人基本资料的管理。以户建档,即以每户(商铺则每档位)建立一个档案,对业主及非业主使用人基本资料进行全面详尽的管理,也是物业管理工作不可缺少内容之一。业主或非业主使用人档案的主要内容有:房屋(档位)预售合同;收楼资料,包括入伙通知书、入伙手续书、入伙收费一览表、收楼须知、收楼证明书、收楼委托书、楼宇接收记录及接收楼宇声明书、紧急联络方式一览表、直接付款授权书、未出售/移交之空置单位检查月报表、托管门匙责任声明书等;需与业主签订的《管理规约》《业主守则》;房屋装修所需的资料,包括装修申请表、装修承

诺书、装修图纸等;租赁情况及资料,包括租赁合同、租户情况等资料。对业主档案分楼盘、楼层,按顺序编号并排列,以便查询。归档要求及时、齐全、准确,注意更新、完善。

（3）档案资料管理中应注意的问题

①保持档案资料的完整性和完好性。物业是一个复杂的建筑物有机系统,要发挥其正常的功能,要根据物业的性能、设备设施的设计要求合理使用、常规保养、定期修缮、科学管理。健全有序的资料档案是开展物业管理的前提,是提高管理效率的重要条件。要注意全面、完整、即时地收集,利用先进科学技术妥善整理和保管各种档案资料。

②档案资料依法合理的开发利用。档案资料是物业及物业管理的重要信息资源,通过对档案资料的开发利用,为业主和物业服务企业创造更多的价值。但开发利用必须合理合法,不能损害档案资料,不能侵犯业主的隐私权和损害业主利益。

③依法保管和移交档案。资料档案的管理是物业服务企业的一项重要业务工作,在管理权存续期间要管理好档案,在撤出小区时要依法移交档案。根据《条例》第 29 条规定:在办理物业承接验收手续时,建设单位应当向物业服务企业移交下列资料:竣工总平面图,单体建筑、结构、设备竣工图,配套设施、地下管网工程竣工图等竣工验收资料;设施设备的安装、使用和维护保养等技术资料;物业质量保修文件和物业使用说明文件;物业管理所必需的其他资料。物业服务企业应当在前期物业服务合同终止时将上述资料移交给业主委员会。

9.2.2 入住服务

（1）入住的含义

入住是指建设单位将已具备使用条件的物业交付给业主并办理相关手续,同时物业管理单位为业主办理物业管理事务手续的过程。

入住的内容包括两个方面:一是物业验收及相关手续的办理;二是物业管理有关业务的办理。

（2）物业入住操作的模式

物业入住有两种模式:第一种形式是以建设单位为主体,由物业管理单位相配合的作业模式;第二种形式是建设单位将入住工作委托给物业管理单位,由物业管理单位代为办理入住手续。

（3）入住服务应注意的问题

①入住准备工作。物业入住准备工作的核心是科学周密的计划。应注意以下4 个方面的工作:人力资源要充足;资料准备要充足;分批办理入住手续,避免因过分集中产生混乱;紧急情况要有预案。

②通过宣传使用户了解和配合物业管理工作。采用多种宣传手段和方法,向

用户进行宣传。通常物业服务企业向用户发放《用户须知》和《用户手册》,使用户了解应遵守的管理规定,同时也告知用户物业服务企业所能提供的服务项目。

③配合用户搬迁。无论是住宅小区还是商业楼宇,用户搬迁对于物业服务企业都是十分关键的时刻。既要热情服务,又要让用户意识到应积极配合物业服务企业,共同维护舒适的工作和生活环境,遵守物业管理的有关规定。这方面的主要工作有:一是清洁卫生;二是协助用户搬迁;三是做好用户搬迁阶段的安全工作。

④加强对用户装修的管理。迁入新居业主,一般都要对房屋进行不同程度的装修。对此,物业服务企业除给予积极的协助外,要特别注意加强对房屋装修的管理,包括建立对房屋的装修尤其是房屋结构变动和室内原有设备、管线改动的申报审批制度。对装修工程中的垃圾、噪声、用火、用电安全的管理,对装饰装修材料的管理等。

⑤做好入住期间的日常服务工作。业主入住实行一站式柜台服务,方便业主办理有关入住手续;因故未能按时办理入住手续的,可按照《入住通知书》中规定的办法另行办理;应合理安排业主入住服务办理时间,适当延长办理时间;办理入住手续的工作现场应张贴入住公告及业主流程图;指定专业人负责业主办理入住手续时的各类咨询和引导,以便入住工作有秩序的顺利进行;注意安全保卫以及车辆引导。

9.2.3 房屋使用管理

（1）房屋使用管理含义

房屋使用管理主要是维护小区规划的意图,敦促业主按设计用途使用物业;对房屋的共用部位进行管理,维护建筑物的外观,制止乱搭乱建、占用共用部位的行为。

（2）房屋使用管理的主要内容

①维护小区规划的意图。物业管理区域内按照规划建设的公共建筑和共用设施,不得改变用途。物业小区的改建、重建等行为须经业主共同决定才能进行。业主对物业共用部位、共用设施设备和相关场地使用情况享有知情权和监督权。

②敦促业主按设计用途使用物业和正确使用共用部位。业主在物业使用活动中,应正确使用专有所有权部分,遵守物业管理区域内共用部位和共用设施设备的使用方面的规章制度,按原设计用途使用物业,避免对共有所有权部分的侵害。

作为专有所有权人,业主承担不得违反全体区分所有权人的共同利益、维持建筑物存在的义务,不得随意变更通过其专有部分的电线、水管、煤气管道等,遵守公共秩序,维护住宅区的安全与卫生。

作为共有所有权人对共有部分拥有的单纯的修复和修缮改良权。该项权利是指承担各共有所有人基于居住或其他用途的需要,可对共用部分享有单纯的修缮改良权。所谓的单纯修缮改良,是指不影响或损及建筑物共用部分原有性质的修缮改良行为。

③共用部分正确使用的管理。按共用部分的本来用途使用共用部分。所谓本来用途,是指依据共用部分的种类、位置、构造、性质、功能、目的以及依据管理规约规定的共用部分的目的或用途正常、合理的使用共用部分。例如,停车场用于停车,不允许堆放杂物;用于垂直运输的工具电梯(货梯)不能用于载客用途等。

业主依法确需改变公共建筑和共用设施用途的,应当在依法办理有关手续后告知物业服务企业;物业服务企业确需改变公共建筑和共用设施用途的,应当提请业主大会讨论决定同意后,依法办理有关手续。

④占用场地道路的管理。业主、物业服务企业不得擅自占用、挖掘物业管理区域内的道路、场地,损害业主的共同利益。因维修物业或者公共利益,业主、物业服务企业确需临时占用、挖掘道路、场地的,应当征得业主委员会和物业服务企业的同意,并在约定期限内恢复原状。供水、供电、供气、供热、通信、有线电视等公用事业单位,由于承担物业管理区域内相关管线和设施设备维修、养护的责任,如因维修、养护等需要临时占用、挖掘道路、场地的,应当及时恢复原状。

⑤对外墙装修的管理。业主需要装饰装修房屋的,应当事先告知物业服务企业。物业服务企业应当将房屋装饰装修中的禁止行为和注意事项告知业主。

⑥对共用部位、共用设施设备进行经营收益的管理。利用物业共用部位、共用设施设备进行经营的,应当在征得相关业主、业主大会、物业服务企业的同意后,按照规定办理有关手续。业主所得收益应当主要用于补充专项维修资金,也可以按照业主大会的决定使用。

⑦对物业公共安全隐患的管理。物业存在安全隐患,危及公共利益及他人合法权益时,责任人应当及时维修养护,有关业主应当给予配合。

(3)房屋使用管理中应注意的问题

①业主由于缺少物业管理相关法律知识,违规行为时有发生。如在专有所有权部分任意改变结构、外观、用途,如野蛮装修破坏承重结构,外墙装修改变外观,堆放重物、杂物或危险品,阻塞阻断公用设施设备,改住宅为工商业场所等;侵害共有部分权益,如长期占用共用场地等;不配合他人毗邻权益的实现,如不让邻居解决漏水问题等;在装修及平时生活中制造垃圾、噪声等污染等。因此,要向业主宣传普及《物权法》《条例》等有关法律法规知识,提高认识,纠正违法行为。

②房地产开发商和物业服务企业因私利随意改变小区规划。这是目前各地物业管理中普遍存在的问题,主要是企业私利作怪。业主应当通过沟通、协商来解决问题,解决不了应采用法律手段维护正当权益。

③物业服务企业对共用部位、设施设备和公共场地经营性使用收益分配不透明。由于产权不清或物业服务企业收费低,或出于私利,目前物业服务企业对经营

会所、车库、场地、广告、资产出租等方面的收入,很少让业主知晓,更谈不上按产权关系和经营业绩分配收益。业主应当在寻求产权明晰的前提下,主动介入小区公共资源的运作,维护业主合法权益。

④公用事业单位对公共设施设备进入小区部分维护中存在损害小区公共利益的问题。这需要公用事业单位,改变经营作风,依法按市场规律办事,维护双方权益。

9.2.4　房屋修缮管理

（1）房屋修缮管理含义

房屋修缮管理是指物业服务企业根据国家对物业维修管理的标准、要求以及物业管理委托合同的规定,对所管理的物业进行维护修缮的管理活动。

（2）房屋修缮管理的主要内容

①房屋质量管理。房屋质量管理就是对房屋的使用状况进行安全程度的检查和满足使用功能方面质量评定,为房屋的使用、管理、维护和修缮提供科学的依据。房屋质量管理中最主要的一项工作是房屋等级的评定。房屋完损的等级,反映了房屋质量的好坏,它是根据房屋各个组成部分的完损程度来综合评定的。评定结果是房屋质量管理的依据。

房屋的完损等级就是房屋的质量等级。房屋的完损等级划分为 5 类,即:完好房、基本完好房、一般损坏房、严重损坏房和危险房。房屋的完损等级划分的依据是:各类房屋的结构、装修和设备。房屋的结构是指基础、承重构件、非承重墙、楼地面、屋面等;房屋装修是指门窗、墙的内外饰面、顶棚、细木装修等;房屋设备是指水、电、照明、空调和一些特殊设备(消防、电梯、水泵、监视器等)等。其他的房屋组成部分,如烟囱、楼道、天台等,可自行决定归并到某一部分。

每年都有相当的数量的房屋转变为危房,严重威胁着住户的安全。因此,加强危房的检查管理,组织好危房的鉴定,并确定解危办法,是房屋质量管理的主要任务。

②房屋装修管理。房屋装修管理包括二次装修与装修管理。但对于业主来说主要是二次装修,因此物业服务企业的装修管理主要是针对二次装修活动的管理。

装修管理是指在房屋建筑物的管理中,对业主权属范围内的修缮行为进行规范管理,以确保物业内及公共部位、公共设施的安全。包括受理房屋装修的申请;对装修的设备、材料、安全、施工人员、施工作业现场等进行管理,确保承重结构和建筑物外观不受损害;控制现场可能产生的各类污染,减轻或避免对相邻居民正常生活所造成的影响。

房屋二次装修指房屋已建设完成,业主办完入伙手续后,在正式入住前,根据自己的使用特点和要求,对房屋进行重新设计、分隔、装饰、布置等。有时业主入住一段时间后,或非业主使用人调换后,往往又要将原来的装修推倒,按自己的意愿进行装修。

二次装修管理应注意的问题有:

第一,业主进行二次装修,必须遵守有关的管理规定。装修活动应遵循的法规主要有原建设部于2002年5月1日起施行《住宅室内装饰装修管理办法》、国务院颁布2000年1月10日起施行《建设工程质量管理条例》、1990年4月1日起施行《中华人民共和国城市规划法》及各地配套实施办法和相关法规,以及物业服务企业制订的《住户装修管理规定》等。规范了人们的装修行为,明确装修活动的各种要求和工作程序。业主应当根据规定进行装修申报,批准后才能按要求装修。有关装修管理的常用表格有:《装修申请表》、《装修验收书》、《动用明火申请表》。

第二,二次装修应注意不损害其他业主或公共权益。二次装修一般是在原来房屋初装修的基础上进行的,加上业主或非业主使用人入住的时间先后等因素,因此,二次装修必须符合楼宇原来设计时的工程技术规范与技术标准;施工时顾及其他住户的正常工作及生活,尽量避免或减少对他们造成的影响;加强对施工人员的管理,选聘技术及素质要求比较高的施工人员进行装修,避免造成对楼宇或小区内的住户人身、财产的损害;在装修的过程中,容易损坏毗连房屋和公用设备设施,还要注意安全和防火。

③房屋维修施工管理。房屋维修施工管理,是指按照一定施工程序、施工质量标准和技术经济要求,运用科学的方法对房屋维修施工过程中的各项工作进行有效、科学的管理。由于房屋维修施工的方式有自行完成、发包完成两种,因此维修施工管理的任务、方法和要求也不同。维修施工管理的依据是建设部颁布的《房屋修缮工程施工管理规定》。

根据维修的范围与费用标准,房屋维修工程一般可以划分为以下几种类型:小修工程是通过及时修复小的损坏,保持房屋原来完损等级为目的的日常养护工程;中修工程是需要牵动或拆换少量主体构件,但保持原房屋的规模和结构的工程;大修工程,需要牵动或拆换部分主体构件的工程;翻修工程则是原来的房屋需要全部拆除另行设计,重新建造或利用少数主体构件在原地或移动后进行更新改造的工程;综合维修工程,成片多幢或面积较大的单幢楼房大部分严重损坏而进行有计划的成片维修和为改变成片(幢)房屋面貌而进行的维修工程,也就是大修、中修、小修一次性应修尽修(全面修理)的工程。维修工程应根据各地情况、条件,考虑一些特殊要求,如抗震、防灾、防风、防火等,在维修中一并解决。其竣工面积和数量在统计时可不单独列出,可计入大工程项目中。经过综合维修后的房屋应达到基本完好或完好房的标准。

维修施工管理的内容主要是计划管理和工程程序管理两类。计划管理,就是要根据维修任务编制好年度计划,同时根据年度计划和施工任务的情况,编制月、季施工作业计划。把各项工作都纳入计划管理的轨道,这样可以使房屋维修工作有条不紊地进行。工程程序管理,就是对于大、中修及更新改造工程要坚持按施工程序施工,使各工序统筹安排,合理交叉;同时还要进行施工组织设计,统筹规划,科学组织施工,建立正常的生产程序,充分利用空间、时间,推广采用先进的施工技术等。

房屋维修施工管理应注意的问题有:

第一,要选择高素质的工程队和施工人员。一方面由于维修只能在原有物业的基础上进行,工程的设计必然要受到原有建筑风格、相邻建筑环境,以及作业场地、自然条件、有关资料等的限制;另一方面由于物业的多样性、个体性,以及维修养护的广泛性、分散性,使得房屋的维修与施工管理也呈复杂性的特征。因此,物业的维修工程施工人员素质要求要高于一般建筑施工。

第二,要注意根据维修工程任务,编制房屋维修施工工程计划及工作量,严格执行维修工程施工程序,合理安排人力、物力和财力。

第三,不断更新房屋维修技术,提高劳动生产率,加强维修材料消耗定额管理,降低维修成本,增加盈利。

第四,要运用科学管理的方法和职能,对计划落实、维修技术的革新、劳动力和资源的利用等进行科学的管理与控制。

第五,要依法处理好房屋维修的责任关系,依据国家和地方的有关规定和物业服务合同的有关约定,明确房屋维修的责任及其费用的承担的管理工作。新建房屋,自其竣工验收合格到保修期满前,由施工单位负责房屋的质量保修。保修期满以后,应由业主或非业主使用人承担房屋的维修责任,并承担相应的费用。业主或非业主使用人与物业服务企业,应就不同情况明确各自的责任。

9.2.5　房屋设备设施管理

（1）房屋设备设施管理含义

房屋设备设施管理主要是共用设施设备、附属建筑物、构筑物的日常维修、养护和管理,电梯、水泵的运行和日常维护管理。

共用设施设备包括:共用的上下水管道、共用照明等;附属建筑物、构筑物包括:道路、化粪池、泵房、自行车棚等。这是为保持房屋及其配套设施、设备的附属建筑物、构筑物的完好及正常使用而提供的管理服务。

（2）房屋设备设施管理主要内容

①各类设备、设施基本情况的掌握,包括各类设备、设施的种类、分布、管线走向、变动情况、完好率和使用情况等,要做到准确、及时、心中有数。

②各类共用设备、设施的日常使用、保养、维修的管理,并提供电梯、水泵、变配电房、中央空调系统的运行服务。

（3）房屋设备设施管理中应引起注意的问题

①房屋设备、设施的资料管理混乱，缺损问题严重。主要原因是工程技术人员对档案资料管理认识不足，管用脱节，随用随丢，导致设备设施档案损毁、缺失严重，不利长久的管理工作。因此要加强对档案资料的管理，确保档案资料的完整无缺。

②设施设备管理缺少长远更新、维修和养护计划，设备带病运行。主要是由于物业公司之间竞争激烈，物业公司生存时间短、变换频繁，为节省开支，不按照相关设施与设备管理规定对设施设备进行维修保养，如空调水质长期不化验，水泵轴承从不加润滑油，空调盘管从不清洗等，甚至一些设施设备长期带病运行，到设施设备无法工作时就要花业主更多的钱大修。

③由于设备不能正常维修养护，导致设备运行不经济，不能实现节能降耗，增加业主负担。很多物业服务合同规定：小修费用由物业公司承担，中修、大修及更换设施设备的费用由业主承担，或者规定维修费用超过多少元由业主承担，低于多少元由物业公司承担。这种规定不可避免地出现物业公司小修不做，累积到大修，从而给业主带来高昂维修费用，也缩短了设施设备的使用寿命，更为严重的是带病运行的设施设备存在安全隐患。这种规定带来的另外一个问题是个别不法物业公司甚至串通维修单位故意提高维修价格，从而达到由业主承担费用的目的。缺乏维护保养带来的另外的问题就是设施设备运行的能耗增加，从而增加了设施设备的运行费用。如水泵、空调风机轴承长期不加润滑油，摩擦功耗增加，耗电增加。又如中央空调经过长时间的运行后将产生污垢、锈蚀、锈渣和微生物不断繁殖所产生的生物污泥，使管道堵塞、制冷量下降、浪费电能。而很多物业公司对中央空调的管理，只管设施设备能够运行，很少关注能耗情况。

④物业服务企业工程技术人员素质不高，缺少设施设备管理资格和经验。目前大多数物业服务企业存在高端人才少、从业人员素质和水平较低的问题。物业服务公司安排的大多是企业富余人员，而保洁、保安、维修人员的学历基本大多在职高以下，对设施设备的管理仅仅能做一些简单的清洁和开机、停机工作，没有对设施设备进行应有的日常维保的技术能力。业主在招标人时应对物业服务企业管理人员的素质、技术水平，物业设施设备的维修技术人员的资格与维修管理经验方面提出要求。

⑤由于业主，特别是业主委员会成员对物业设施设备知识的缺乏，不能对物业服务企业进行有效监督管理也是当前物业设施设备管理中一大问题。因此，业主委员会成员中应有具有水暖、机电等专业知识的业主，由具有专业知识的业主不定期地对物业公司在物业设施设备管理方面进行检查，包括维修计划的制订和实施、设施设备的巡检记录、设施设备的维修台账等，并把检查结果作为评定物业公司服务质量和确定物业公司物业费收取标准的依据之一。委托具有水暖、机电等专业

知识的第三方(如物业咨询公司、专业设备维护维修公司)对物业公司的物业设备管理工作进行监管,能更专业、更及时发现物业公司管理中存在的问题,有力地强化了物业公司的管理,使设施设备始终处于最佳的工况中,从而降低设施设备的维修保养费用和能耗,延长设施设备使用寿命。

9.2.6 清洁卫生管理

(1)清洁卫生的管理含义

清洁卫生的管理是指物业服务企业或专业清洁公司运用科学的方法、专业的清洁工在辖区或承包区域内定时、定点、专人进行规范化的日常保洁、消杀、废弃物的收集与清运,以维持区域的整齐、洁净的清洁卫生工作。在现代物业管理的新理念下,环境卫生管理还包括对空气、水资源、噪声状况等的检查、控制、监督,进而为住用户谋求良好的生活空间。

(2)清洁卫生管理的主要内容

清洁卫生管理的主要内容有:建筑物外公共区域清洁;建筑物内公共区域清洁;垃圾收集与处理;管道疏通服务;外墙清洗;游泳池清洁;上门有偿清洁服务;专项清洁工作;空气、水资源、噪音、光等自然环境管理;清洁卫生专项业务外包的合同管理等。

(3)清洁卫生管理工作的范围

①室外卫生管理。即物业区域内的道路、空地、绿化带等所有公共环境的清扫保洁。

②楼内保洁与消毒。即物业区域楼宇内上下空间的屋面、楼梯走道、电梯及其大堂、裙房、天台等公共部位的清扫保洁。

③垃圾的分类收集和清运。即物业区域内日常生活垃圾按照环保的要求收集、归类、袋装和清运,并做到专人负责、日产日清、定时收集、定时漕运、分类倾倒,保持环境清洁。

④职业健康和环境管理。在现实生活中,保洁卫生管理工作通常会与生态环境保护与治理密切相关,因此环境卫生管理工作,还应会涉及诸如废电池、餐厅酒楼的废气、噪声等危害人们身心健康及生活环境的有毒、有害物质的预防与整治。

(4)清洁卫生管理中应注意的问题

①清洁环境卫生管理制度建设。科学完善的管理制度是环境卫生管理工作顺利进行的有力保障。清洁卫生管理制度主要包括:各岗位的岗位职责、各项清洁工作的标准操作工艺流程、各个岗位职责和质量标准、清洁质量检查及预防纠正机制、清洁设备领用制度、员工行为规范及奖惩规定等,必须做到:明确要求、规定标准、计划安排、定期检查。

②加强卫生设施建设与保养。卫生设施是搞好保洁卫生管理,并保持其工作

成果的基础,包括清扫车、垃圾运输车、洒水车、吸尘器等环卫设备,垃圾清运站、垃圾桶、果皮箱等便民设施。

③严格监督检查。监督检查是保证各项管理制度和工作计划得以落实的关键。在实际工作中,应采用员工自检、领班作业检查、部门主管巡检和经理抽检相结合的方式进行监督检查,使环境卫生管理工作落到实处,达到提高环境效益的目的。

④加强环境卫生的宣传教育。良好的环境卫生,既需要物业服务企业的管理、打扫,也需要业主和物业使用人的保持与配合。因此,应结合《物权法》《条例》宣传教育,提高住户的文明程度,自觉遵守有关规定,配合物业服务企业搞好保洁卫生管理工作。

9.2.7　绿化管理

（1）绿化管理含义

绿化管理是指对物业小区园林、景观、生态环境进行的管理,主要包括园林绿地的营造与保养、流动绿化点的摆设与更换、建筑小品的养护及水景、喷水池的管理、生态环境建设等。

根据国务院 2001 年 5 月 31 日《关于加强城市绿化建设的通知》要求,到 2010 年城市规划建成区绿地率达到 35% 以上,绿化覆盖率达到 40% 以上,人均公共绿地面积达到 10 平方米以上,城市中心区人均公共绿地达到 6 平方米以上。随着城市绿化建设规划的推进与落实,物业小区的绿化、单位绿化及各类建设项目的配套绿化都要达到《城市绿化规划建设指标的规定》的标准,增加城市绿化面积,改善生态质量。

（2）园林绿化的养护管理工作内容

①常规的绿化养护。一般包括浇水、施肥、整形、修剪、除草、松土、防治病虫害等。不同类型的绿化养护又有不同的要求。

②绿化专项工程工作。主要是开展园林绿地的营造、流动绿化点的摆设与更换、建筑小品的养护及水景、喷水池的管理、生态系统工程、环保专项治理工程等。

③绿化管理外包工作。主要是绿化管理专项业务招标、合同管理、绿化管理质量监督等。

（3）绿化管理应注意的问题

①充分认识绿化管理的公益性,借助政府力量促进小区绿化工作。要充分发挥政府在城市绿化中的作用,配合城市规划和城市绿化行政主管部门等,共同编制好《城市绿地系统规划》。

②严格执行《城市绿地系统规划》和小区规划。要严格按规划确定的绿地进行绿化管理,绿线内的用地不得改作他用,更不能进行经营性开发建设。因特殊需

要改变绿地规划、绿地性质的,应报经业主大会批准审批。

③根据城市的各类房屋建设要求,按其建筑面积的一定比例建设绿地,完善维持小区绿化面积。要充分利用建筑墙体、屋顶和桥体等绿化条件,大力发展立体绿化,确保城市绿化质量。

④要加强植物病虫害的防治、节水、生态环境工程等方面新成果、新技术的推广力度,搞好园林绿化设计工作。各城市在园林绿化设计中要借鉴国内外先进经验,体现本地特色和民族风格,突出科学性和艺术性。绿地要以植物造景为主,植物配置要以乔木为主,提高绿地的生态效益和景观效益,为业主营造更多的绿色休憩空间。

⑤加强对园林绿化的养护,是物业绿化工作的核心,又是日常性的管理工作。物业园林绿化功能的正常发挥,体现在植保的技术和水平。主要是制订、明确园林绿化员工职责,认真贯彻执行有关园林绿化方面规章制度、操作规程和方法,严格执行质量管理标准,保证绿化管理的有效性。

⑥引导业主维护爱护小区绿化环境。主要是引导业主养成良好的植树造林、爱护绿地花草、爱护景观设施习惯,实现人与自然和谐共处,生态环境平衡,建设美好人居环境的目标。

9.2.8　治安管理

（1）治安管理

治安管理是依靠各种先进设备与工具,训练有素的管理人员,为防止和制止任何危及或影响物业管理辖区内的业主或使用人的生命财产与身心健康的行为与因素,确保住户或使用人人身安全、财物不受损失,工作生活秩序正常而进行的管理工作。治安管理包括楼宇内外的安全监控巡视、门岗值班等,以及对各种突发事件的预防和处理,还可延伸为排除各种干扰,保持物业区域的安静。治安防范管理的目的是保证和维持物业的业主及非业主使用人有一个安全舒适的工作、学习、生活环境。

（2）治安防范管理的主要内容

①建立完善而有效的安全管理制度。物业服务公司应根据物业的实际情况,建立并完善保安员岗位责任制和各项治安保卫制度。如针对用户的有:用户非办公时间出入登记管理制度,大件物品出入管理制度等;对内部保安员的有:保安员交接班制度,保安员值班岗位责任制,对讲机使用制度,中央监控室的管理制度,巡逻岗的工作要求和管理制度,大堂、门卫保安班的工作程序等;应付突发事件的有:应急事件投诉处理程序制度;日常管理的有:保安部会议制度,保安员培训工作制度等。

②完善辖区内安全防范设施。物业的治安管理除了靠人防力量外,还应注重

治安硬件设施的技术防范。如在商住小区四周修建围墙或护栏,在综合性商业大厦内安装闭路电视监控系统,在物业内的一些重要部位、重点单位安装防盗门、防盗报警系统等。

③明确保安员的岗位职责,开展有效的治安防范。依据有关法律法规,积极配合公安部门打击辖区内及辖区周围的违法犯罪活动,维护物业区域内的人身、财产安全。如负责维护辖区内的治安秩序,预防和查处治安事故等;严格执行值班、监视、巡逻等制度,及时发现并排除安全、消防隐患。

(3)治安管理应注意的问题

①应坚持"预防为主、防治结合"的治安防范管理方针。治安防范管理具有综合性强,管理难度大的特点。治安工作应防患于未然,即做好各项预防工作是治安工作的关键,故保安员应时刻提高警惕,防止可疑人员进入住宅区域或综合大楼,防止各类刑事案件和治安事故的发生。

②做到物业小区内的治安防范管理与社会治安工作相结合。任何物业,无论其封闭程度多大,其治安工作也是城市社会治安的一部分,有赖于社会力量和公安部门的支持。因此,物业服务企业属下的保安部应与当地公安机关保持密切的联系,及时了解社会治安情况,掌握犯罪分子动向,积极配合公安部门搞好物业周围的治安工作;打击不法分子的违纪乱纪行为,确保物业的安全,为社会治安工作做出贡献。

③应坚持"规范服务、业主满意"的服务原则。从本质上讲,保安服务就是依合同提供的为保障住户的人身和财产安全的有偿服务。因此,管理人员必须坚持"规范服务,业主满意"的原则,既要根据服务标准提供规范服务,又要让业主感到满意。秩序维护员必须紧紧围绕"规范服务、业主满意"这一原则开展工作,既要有公安人员的警惕性,又要有物业管理人员的服务性;既要坚持原则,按制度办事,又要时刻替用户着想,主动帮助用户解决困难;既要与违法犯罪分子坚决斗争,又要为用户提供热情、周到的服务。

④应充分发挥硬件与软件的作用,提高安全服务的效率和效能。物业管理中的安全服务工作的好坏既要靠安全服务工作的软件管理,也要靠安全服务的硬件设施。因此,一方面要抓好安全服务队伍建设,认真完善各项治安防范制度,落实治安防范措施;另一方面,要搞好物业治安防范的硬件设施建设,建立并完善电视监控系统、消防报警系统等,充分发挥现代智能化高科技手段在安全服务中的作用。

⑤坚持防患于未然和快速反应的原则。大的突发事件,如计算机病毒对网络轰击、恐怖分子的炸弹袭击、非典型肺炎的全球漫延等;小的突发事件,如煤气泄漏、电梯困人、饮食中毒等问题,已日益引起人们的关注。另外,国家颁布的有关《非典型肺炎应急处理预案》、《突发公共卫生事件应急处理条例》等,标志着从地

方到中央、从企业到政府,都意识到应急处理在组织管理中的重要性,使应急处理有一套较完整的系统程序。

9.2.9 消防管理

(1)消防管理含义

消防管理是指国家及企事业单位的有关组织及其人员针对火灾开展的预防、扑救、调查和处理火灾,减少火灾危害,维护公共安全的一系列组织活动。其基本目的,是预防物业火灾的发生,最大限度地减少火灾损失,为居民的工作、生活提供安全环境,增强城市居民的安全感,保护其生命和财产的安全。

高层楼宇的消防系统,配备完整的由以下7个部分组成:消防控制中心;火灾报警系统;消防栓系统;喷洒自动灭火系统(由喷水泵、供水管网和喷头等组成);防排烟系统(主要由防排烟阀门、排风机、正压送风机组成);安全疏散系统(一般由安全疏散指示灯、防火门、防火卷帘门等组成);手提式灭火器(多是干粉和泡沫灭火器)。

(2)消防管理的主要内容

①建设高素质的消防队伍。为加强物业的消防管理,物业服务企业有条件的应在保安部内成立一个专职的消防班来负责此项工作。同时要做好义务消防队的建立和培训工作。

②制定完善的消防制度。包括消防中心值班制度;防火档案制度;消防岗位责任制度;定期进行消防安全检查制度;专职消防员的定期训练和演习制度;其他有关消防的规定。

③消防设备的保养与维护。现代建筑物内部都设有基本的消防设备,以保证其消防工作的需要。消防设备的管理主要是对消防设备的保养与维护。消防设备的维修需要专门的技术,特别是一些关键设备,一般应聘请经政府认可的、特有合格消防牌照的专业公司来维修。

(3)消防管理应注意的问题

①加强消防教育培训,包括对员工的培训教育和对用户开展消防宣传教育,使之熟悉消防法规,了解各种消防设备的使用方法,本大厦制定的消防制度及有关图册等。

②加强消防值班和巡逻,及时发现火警隐患并予以处理。必须保证公共防火通道的畅通,绝对不准放置其他物品,做好火灾的预防和隐患消除工作,以及发生火灾时的应急处理、指挥疏散等。

③定期检查和更换消防器材。定期检查消防器材,使消防栓、喷淋系统、排烟系统等消防设备设施处于良好的备战状态,以防万一。物业公司可根据消防局的相关规定,结合物业的特点、消防设备的配置年限,做出合理的检查时间间隔。对

消防设施与器材应及时进行更新。禁止擅自更改消防设备,特别是住户进行二次装修时,必须严格审查。定期检查消防设备的完好、规范,对使用不当等应及时改正。

④适当安排消防演习。消防演习一方面可以检验住区消防管理工作的情况,消防设施运行是否正常以及物业服务企业的防火、灭火的操作规程和组织能力;另一方面,又可通过演习来增强员工及业主的消防意识,提高业主逃生及自救能力。物业服务企业可根据本区实际和消防局要求,每年组织一次的消防演习。

9.2.10　车辆停放秩序管理

（1）车辆停放秩序管理含义

车辆停放秩序管理主要是指维持物业区域内车辆行驶秩序,对道路、场地和车辆停放进行管理,为维护物业正常的生活、工作秩序而提供的管理服务。随着人们生活水平的提高,对用车的需求越来越广泛,物业区域内停放车辆不断增多。早期开发的住宅物业,由于缺乏停车场或车位严重不足,给有车的业主带来诸多不便;其次,停泊位置的规划没有从环境质量的全局上考虑,结果出现小区交通组织不当,噪声干扰严重,以及由车位配置不合理造成使用不便等问题,给物业管理工作带来很多麻烦。因此,搞好车辆的安全管理,是物业管理工作中不容轻视的问题。

（2）停车场管理的主要内容

①车辆管理制度建设。车辆管理制度是物业区域车辆与交通管理的依据。通常包括:摩托车、自行车管理规定;机动车辆管理规定;停车场进出管理规定;停车场收费管理规定等。

②停车场的规划管理。设置停放场(库)应考虑的因素:其一是人的活动。人的活动是停车场交通组织规划的首要因素。组织好人车流的疏导,以保证居民在区内可以安全、舒适地行走,充分享受小区环境,满足人们对现代生活方式的追求。其二是合理估计车位数量,保证小区环境质量。其三是正确解决地下停车场(库)、停车楼建设与综合造价高的矛盾,确保车位能满足居民车辆停放需要。

③停车场的分类管理。停车场本身就是一种特殊的物业类型,同时又是大型物业建设的功能配套项目。按车辆的类型不同停车场可分为:汽车、摩托车、自行车和特殊车辆的停车场。按停车场的分布又可分为:私人车库、路旁停车区、区内露天专用停车场、架空层停车库、裙楼停车场、地下停车场、立体停车场等。按停车场的权属可分为独立所有权停车场和区分所有权停车场。这样划分,对于明确物业服务企业的管理权责,确保管理权益,有很强的现实性。

④停车场自动化、智能化管理。随着城市机动车数量的飞速增加,传统的停车场人工管理已不能满足使用者和管理者对停车场效率、安全、性能以及管理上的需要。因此,停车场自动管理系统就成为驾车者与管理者的理想选择。停车场自动

管理,是利用高度自动化的机电设备对停车场进行安全、快捷、有效的管理。由于减少了人工的参与,从而最大限度地减少人员费用和人为失误造成的损失,极大地提高了停车场的使用效率。停车场自动管理系统由车辆自动识别子系统、收费子系统、保安监控系统等组成。通常包括中央控制计算机、自动识别装置、临时车票发放及检验装置、挡车器、车辆探测器、监控摄像机、车位提示牌等设备。

⑤停车场经营管理。停车场经营管理主要是利用公共场地、车库进行场地租赁管理。包括对开发商拥有产权的车位、业主拥有产权的停车位、业主共有的车位、业主共有的场地的租赁管理。租赁又有固定期限租赁管理和临时租赁管理。其核心是租赁价格的确定和收益分配。

(3)车辆停放秩序管理应注意的问题

①充分挖掘潜力,解决车位不适应居民停车服务需求的问题。由于中国的居民消费结构正在由衣食为主向住行为主过渡,对汽车有着巨大需求,在未来相当长一段时间里,中国汽车市场将继续保持快速发展。据国家统计局 2008 年 2 月 28日发布的《2007 年国民经济和社会发展统计公报》,至 2007 年末,我国私人轿车保有量达到 1 522 万辆,比上年增长 32.5%。因此,除政府应有计划地兴建大型停车场所,新建物业增加附设停车场面积外,物业小区应在现有条件下,充分挖掘停车资源,将各小区内部的一些闲置的公共区域利用起来,设置一些停车位,满足一部分周边市民的停车需要。另外,对单位的自用停车场,在满足自身需要的情况下,积极鼓励有偿对外开放,走市场化的道路。

②积极推广智能化停车场管理系统的应用。停车场根据使用对象可分为“内部停车场”和“公用停车场”两大类。内部停车场主要是面向各单位、住宅、写字楼公寓等自用。它的特点是使用者固定,禁止外部车辆使用者对设施长时间使用。在早晚上班等高峰期出入密度较大,对停车场设备的可靠性及处理速度要求较高。此类车场自动管理系统采用非接触型 RF 感应卡,在小型停车场可配备短距离 RF 识别卡系统。该系统造价低,对需要停车识别时,不会造成过多的堵车。在大型停车场可配备远距离 RF 识别卡系统,系统能自动识别远距离带卡车辆,挡车器根据授权自动开关,车辆可连续进出,不会造成出入口堵塞,设备使用寿命长,但价格较高。公用收费停车场主要是提供临时性的停车服务,车场使用者通常为临时一次性的使用者,数量多、时间短。要求车场管理系统运营成本低廉,使用简单,设备牢固可靠,可满足收费等商业处理要求。根据上述特点在公用收费停车场可配置磁卡或打印条码式自动管理系统,价格低,使用方便,配置灵活。车辆自动管理系统可作为一个子系统纳入建筑物自动化网络中,使远距离的管理人员可以监视与控制停车场,车辆信息也可以通过网络传送到需要的部门,达到管理更为方便、快捷。

③积极妥善处理停车场和公共场地的产权及利益关系问题。目前此类问题纠纷比较多,主要是停车场的产权归属、公共场地的经营收益分配、车辆保管中的责任问题。前两个方面的应根据《物权法》、《条例》等有关法律法规规定,明晰产权

归属。对公共部位、场地进行出租应优先满足业主需要,利用物业共用部位、共用设施设备进行经营的,应当在征得相关业主、业主大会、物业服务企业的同意后,按照规定办理有关手续。业主所得收益应当主要用于补充专项维修资金,也可以按照业主大会的决定使用。在车辆保管中应当以合法的形式约定双方责任。

9.2.11 业主及非业主使用人管理

1)业主及非业主使用人管理含义

业主及非业主使人管理是因产权关系和租赁关系而发生的对人方面的管理。主要有对物业区域居住的业主及非业主使用人的档案资料、行为规范、投诉处理等。

2)业主及非业主使用人管理的内容及处理方法

(1)居住行为的管理

①情感管理。随着市场经济步伐的加快,人们生活水平的提高,居住环境的优化、美化,人们对物业管理的观念也开始逐渐转变。更注重服务的多样化和个性化,使业主和非业主使用人的心理、精神需求得到更大的满足。有的物业服务企业为了增加本公司的信誉度,树立自身形象,与住户加强情感沟通,开展社区文化活动。有些企业推出的专项服务系列、特约服务项目,既满足了业主的个性化需求,又使物业管理的功能得到充分发挥,同时也利于物业服务企业形象的建立和提高。

②规范管理。物业管理的成功与否,其前提条件之一是能否得到住户的密切配合。作为物业的业主或使用人在履行自己的权利时,不能损害其他住户的利益,为管理好物业,就必须有全体住户共同遵守的行为规范。物业服务公司要从全体住户共同利益的角度出发,制定规范住户行为的有关规定,以确保物业长期保持环境优美,生活、工作有序,服务方便;确保管理活动的顺利进行,从而维护全体住户的共同利益。为此需要对小区(大厦)的业主(使用人)制定一些行为规范。这些规范大致包括物业装修管理规定、公共场所的文明守则、车辆管理规定、消防管理规定等。

(2)共同事务的管理

①业主大会制定管理规约或业主公约。关于管理规约和业主公约目前有两种观点,一种观点认为管理规约是具有特定适用范围和组织纪律效力的物业管理自治行为规范,业主公约是其主要表现形式。另一种观点认为,管理规约与业主公约为同一概念,即业主为调整相互之间的利益关系而共同制定、共同遵守、对全体业主具有约束力的协议。业主公约可以理解为一种公共契约,具有协议、合约的性质,是由业主承诺的,是全体业主共同约定、相互制约、共同遵守的有关物业使用、维护、管理及公共利益等方面的行为准则。《物权法》和《条例》的提法为管理规约

有其现实意义,管理规约关键字是"规",它侧重于反映业主共同合意表达的制度成果——协议或合约;而业主公约的关键字是"公"字,它侧重于反映业主集体意愿表达的制度本质。因此从物业管理的权力来源和指向对象上看,业主是业主公约制定的主体,也是被约束的指向对象,因而业主公约对业主的权力行使和自律非常有意义。但从长期的日常管理服务需要上看,"管理规约"是业主制定的自治行为规范,也是物业服务企业日常管理服务工作的重要管理依据。因其指向对象是业主的行为活动,物业服务企业可依据合同对违规行为进行管理,因此对物业服务企业更有意义。管理规约作为业主自治的最高行为规则,效力及于整个建筑区划内的全体业主及物业使用人,任何业主、物业使用人的行为及业主大会、业主委员会的决议及行为均不得违反管理规约的规定。管理规约之订立,目的在于维系建筑区划内全体居住者的共同利益,而不论居住者对所居住的房屋享有所有权抑或租赁权,并不影响该共同利益的存在。因此,物业使用人同样应遵守管理规约。

②物业服务企业依据委托合同制定"管理规定"与《用户手册》。"管理规定"是物业服务企业依据与业主委员会签订的物业服务委托合同制定的日常物业管理综合制度。制定"管理规定"是管理规约或业主公约在合同约定范围内的贯彻落实,也是企业为实现物业服务活动的自律行为。制定管理规定的目的是为了规范业主或使用人的行为,监督管理人员的工作质量,保障物业、公共设备和设施的正常使用,创造一个安全、方便、文明、舒适的工作环境或生活环境。"管理规定"在对业主及业主使用人的管理方面起到重要的作用。《用户手册》或用户指南、楼宇使用说明书,这是关于物业的功能、服务企业提供的配套服务和业主的日常行为准则的指导性文件,目的是使用户更好地了解和使用此物业。通过业主和服务企业的共同努力,创造安全、方便、优雅、宁静与舒适的生活和工作环境。《用户手册》包括如下内容:常用资料、顾客服务、保安措施、用户服务、用户守则及责任等。

(3)业主投诉与纠纷管理

①投诉处理。由于委托代理关系性质所决定,物业服务企业必须接受业主的投诉,对投诉持什么态度,反映了物业服务公司的管理意识。因此,对待业主的投诉,首先,要热情地接待,抱着积极、负责的态度来解决,要给业主一个满意的答复。其次,要处理及时,跟踪管理,回访有序,一定要说话算数,切不可无故拖延,更不能"踢皮球"。第三,要善于倾听,换位思考,理解困难,做贴心人,要做到有礼、有节、有度,使业主真正从心里理解和接受物业企业为其所做的一切。

②纠纷的调解。由于居住人员的分散性,不同职业、不同素质的人往往对居住环境的要求和态度是不一样的,有的人注重邻里关系,配合管理,遵守公共秩序;而有些人就唯我独尊,不注意他人的利益,因此往往会引起一些纠纷,各执一词。在处理这些问题时物业服务公司要以法律、条文、公约等为依据、准绳,以公正的立场,做耐心仔细的工作,必要的时候要与街道、居委会及派出所取得联系,以取得政府的支持。坚持不向不良行为让步,要维护大多数人的利益。

9.3　物业经营服务

9.3.1　物业经营服务的含义

1) 物业经营服务的含义

物业经营服务是物业服务中具有明显营利目的的服务方式,是指由物业服务企业提供的、与物业的正常使用和业主使用人生活、工作等相配套的餐饮、购物、娱乐、健身、卫生、教育、通信、金融等经营服务项目的总称,它是在物业服务企业提供的常规性公共服务之外,基于业主生活、工作等需要对物业服务的更高要求,是社会服务在物业管理区域内的延伸。经营服务是物业服务企业以管理区域内的资源条件为基础,以业主和使用人的需求为导向的经济活动。由于物业自身的具体条件不同,业主使用人的需求不同,各物业服务企业开展的综合经营服务项目也不尽相同。

物业服务企业从事经营服务是由其服务大众的微利行业性质决定的。一方面微利性质决定了物业服务企业只有另辟服务领域才能获得好的收益,得到更好的发展;另一方面物业管理本身涵盖面就很广,易于与大众的各种服务需求相结合。所以,在搞好物业基本服务的基础上,根据物业的条件和大众的需求,积极扩展服务领域,不断增加综合经营服务项目,一方面可为业主或使用人创造出更好的居住、生活、工作环境和条件,提升物业价值;另一方面可以增加物业服务企业的收入,增强物业服务企业的生存能力和经营服务水平,促进企业的良性发展,更好地实现物业管理服务的目标。

2) 物业经营服务的特点

①规模性。物业服务企业所开展的经营性综合服务应考虑规模性,只有达到一定规模的住宅小区设置一些经营性商业网点、医疗、体育文教、娱乐设施,才会有经济效益。

②盈利性。经营服务的成本和利润来自经营服务的收费。物业服务企业通过为业主(使用人)开展服务获取一定的利润,有利于增强物业服务企业的实力。

③从属性。物业服务企业开展的物业经营性服务从属于物业服务企业的公共服务,以促进公共服务的开展为重要目的,否则影响公共服务管理权的取得,从而也失去经营服务的机会。

3) 经营性服务的内容

经营性服务一般包括针对性的专项服务和委托性的特约服务。

(1)针对性的专项服务

它是指物业服务企业为改善和提高业主和非业主使用人的工作、生活条件,满足其中一部分人和单位的一定需要而提供的各项服务工作。专项服务涉及千家万户,涉及日常生活的方方面面,内容也比较繁杂。物业服务企业应根据管辖物业的基本状况和业主的需求以及自身的能力,开展全方位多层次的专项服务,并不断加以扩充和拓展,专项服务的内容主要有以下几大类:日常生活类;商业服务类;文化、教育、卫生、体育类;社会福利类。

针对性专项服务具有如下的特点:①专项服务需求有一定的市场规模,达到开展此项业务的保本经营以上的业务需求量。②要与公共服务的宗旨一致,即以业主生活方便,提升生活品质为目标,不影响公共利益为前提。③要有开展专项服务业务的基础条件。一般来说专项经营业务交易活动是在专门的场所内进行的,如会所、游泳池、球场、健身房等,开展此类经营服务业务需要一定的经营条件。因此,开展专项服务项目前物业服务企业应事先做好启动资金、经营场地、物料和人员的准备工作。

(2)委托性特约服务

它是为满足业主及使用人的个别需要受其委托而提供的服务,通常指在物业管理委托合同中未要求,物业服务企业在专项服务中也未设立,而物业业主和非业主使用人又需要的个性化服务。因此,特约性服务是具有委托代理性质的服务方式,故又称为委托性的特约服务。

特约服务实际上是专项服务的补充和完善。当有较多的业主和非业主使用人有某种需求,即达到最低市场规模时,物业服务企业可将此项特约服务纳入专项服务。

特约性服务具有以下几个特点:一是需求个别性。特约性服务通常是物业服务合同中未约定的服务,是应个别住户的特殊需求而设立的服务。二是代理手续简单性。它不像保洁、安保、消防、绿化等公共服务项目是以合同形式确定下来的。三是需求项目多样性。特约性服务是住户根据自身需要自愿选择的服务方式,物业服务企业根据住户不同层次的不同需求,开设多种多样的特种服务项目。四是不固定性。这是由住户在生活或工作上碰到的困难经常是临时的、不固定的特点决定的。

9.3.2 物业经营服务的开展

1)经营服务项目的选择

(1)经营服务项目选择的原则

物业服务企业开展综合经营服务,在进行项目选择时应贯彻以下原则:

①少投资、避风险的原则。由于物业服务企业主营业务的微利性,决定了大多数物业服务企业较弱的风险承担能力。因此,在开办综合经营服务项目时,一般应

遵循少投资、避风险的原则,多做一些委托管理项目、承租经营项目、代售代销项目等。对于前景看好的项目,也最好在投资时找一个稳妥的投资伙伴,以减少风险。

②稳健进取的原则。企业开展综合经营服务,最好选择与物业管理主业相近,与物业管理常规性公共服务相近、相邻,容易发挥自身优势的项目,如家庭装修、室内美化、居室保洁、房地产中介代理、物业管理咨询、开设小的商业服务点、提供便民特约服务等。同时,物业企业应主动开展一些人们急需的服务项目。每上一个项目均须深入调研,充分论证,反复测算,优先上成熟的项目,讲究实效,稳健进取。

③配套开展,规模适度。由于物业服务的低技术性,使得开展单一的服务项目容易被模仿重复,难以盈利。只有拓展服务的深度,利用服务消费的关联性,配套开展延伸性服务项目,达到适度的规模,才有更好的盈利保障。

④经济利益与社会效益、短期效益与长期效益兼顾。企业开展综合经营服务项目,不能只顾眼前的经济利益,要考虑配合主营业务,多从满足消费者的利益着想,多从长远着想。一些有利益但会扰民的项目不宜开展;一些短期赢利性不强,但能深得民心的项目,却可以重点考虑。

(2)选择经营服务项目的方法

①由优秀人才组成的项目选择班子。物业服务企业应由优秀人才组成项目选择班子,要有懂技术、懂经营、懂财务会计、懂市场营销管理的人员参加,一般需要3~4人。

②项目筛选。进行社会调研,收集信息,分析归纳,按照上述项目选择的原则,筛选出合适的经营服务项目。

③谈判。若是受托经营项目或是需与他人合作的项目,需要就有关事项进行谈判。一般情况下,谈判需反复进行,经多次沟通协调方能达成一致。

④经济论证。经济论证是项目选择最关键的一环,要进行深入细致而全面地论证。一般与物业管理相关相近的项目的经济论证内容主要有:项目名称、地理位置及交通状况、周边环境、客源情况、档次定位、技术水平、市场预测、发展前景、人员编制、员工来源及培训、投资概算、经济效益预测分析。其他项目的经济论证,可根据项目本身特点,增加或减少上列经济论证的项目内容。

(3)经营服务项目选择的方向

①充分发挥物业服务垄断性和业主的固定,开展代销服务。物业服务企业应充分利用受托管理物业的各种有利条件和场所,开展各种代理代销业务。主要包括:开办一些代理代销网点,如开小百货店、副食品店、冷饮店、花店、工艺品店等;开展各种特约服务,如代做保洁、代送子女上学,以及代订车、船、机票等;开展房地产中介代理、咨询和评估业务。开展各种代理代销业务,业务简单,不需投资,占用资金少,风险小,是各物业服务企业应该优先考虑开展的项目。但这些经营项目收费标准低,效益不高。

②充分利用物业服务企业自身的资产经营业务优势,开展资产经营服务。主要方式是资产承租或资产承包经营。物业服务企业可以组织力量,对外开展承租或承包各种经营服务项目,扩大营业面,增加收益。如承租或承包收益性物业(公寓、写字楼、酒店等)。物业管理承租或承包经营,是物业服务企业的优势和强项,可以将物业管理和物业经营有机结合起来,充分发挥物业管理的专业优势和丰富的管理经验,增加营业收入,提高经济效益。物业服务企业进行物业或其他项目的承租或承包经营,目的在于盈利,也必然存在一定风险。所以一定要扬长避短,多加调研,把风险降到最低程度。

③充分开发小区专业服务需求市场,开办延伸性经营服务项目。这方面可开展的服务项目很多,如开办装修公司、绿化公司、家政服务公司等,从事各种对物业管理主业有补充衔接作用的经营服务项目,内外兼营,既能发挥优势,又能取得良好的经营效益。

④充分利用小区场地、公共物业资源,开展专项经营活动。如以会所为依托开设酒店、健身、娱乐等服务,以游泳池、球场等为依托开展体育服务。特别值得一提的是"会所酒店内外服务结合"的经营模式,是会所经营的一条重要出路。目前小区会所基本上亏损经营,这种状况在长期持续和频换物业公司的情况下,将对小区会所经营有致命伤害,不利小区品位提高。同时,目前大多数会所缺少经营人才,经营理念也有问题:只顾眼前利益,没有培育有固定的会所消费习惯的模式化会员,以及没有一定规模的"守株待兔"式的经营是会所经营亏损的重要原因。

2)物业经营服务项目的市场调查与预测

(1)进行市场调查预测的必要性

物业管理综合经营服务项目的开办,不能凭感觉、想当然进行。要想使综合经营服务取得成功关键在于经营,经营的重点在于决策,决策的基础就在于预测。有准确的市场预测,才能做出正确的经营决策。即正确的决策是建立在对市场总的态势、各种影响因素、消费者需求以及潜在竞争对手的正确分析和判断的基础之上。正确的市场预测还能帮助我们制订正确的经营方针,减少经营中的盲目性和风险性,增强企业竞争能力。做好了市场调查与预测,才能有效地针对不同场合不同人群提供适用的商品与服务,大大降低企业在经营中的风险,取得良好的经济效益。

(2)调查准备

综合经营服务的开展要顾及物业管理区域内的具体条件,以业主和非业主使用人为主要服务对象。综合经营服务项目的设计应针对物业项目本身的需求,在不影响本物业管理区域业主和非业主使用人的利益、不会产生矛盾的前提下,也要兼顾物业周边的市场,同时为区内和区外服务。适度扩大规模,发挥服务潜力,实现规模经济效益。

比较简单的市场调查与预测可以由物业服务企业自己组织人力完成,若进行大规模、复杂的市场调查,则可以考虑聘请专业咨询公司完成。

(3)进行市场调查

①考察物业项目的地理位置、交通状况、周边商业服务设施条件。

②了解物业类型、规模及开展综合经营服务项目的条件。

③收集服务对象的资料及其服务需求情况。

④分析物业服务企业自身的优势和条件。

(4)进行市场预测

市场预测是运用科学的测试手段和方法,对市场中未来某种(类)产品的供给、需求、竞争、消费的发展变化趋势,做出分析、推测和估算。对综合经营服务的市场预测,就是指运用一般的市场预测方法结合综合经营服务的专业知识,对某个或某类服务项目开设之后的未来市场供求关系变化和收益、发展情况做出分析评估。具体包括:

①预测经营服务项目的市场需求量。利用调查数据,研究该物业项目服务范围相关服务和产品的社会拥有量和社会饱和点,计算出物业项目服务范围内的购买力和购买指数,分析业主和使用人的社会文化层次、购买心理和潜在竞争因素。

②预测经营服务项目的专业发展。例如,对房屋装修、装饰服务项目,就要对这方面新技术、新材料、新工艺、新产品的发展趋势和未来影响做出预测。

③预测本企业应提供经营服务项目的供给量。用物业地域辐射范围内的市场需求量减去周边设施的接待能力即可得出供给量的缺口。对客流量进行统计分析,确定经营规模。

④其他预测。除以上这些预测外,还可以进行市场产品和服务价格预测、市场竞争情况预测以及项目市场前景预测等。

3)综合经营服务项目的实施

(1)开展综合经营服务前的准备工作

①筹集资金。可以运用企业自有资金,也可以通过银行贷款、集资或合资的办法来解决启动资金的问题。

②准备经营场所。经营场所可以是物业服务企业自有的房屋和场地,也可从开发商或业主处租借或承包。选位应多考虑在物业项目的中心、入口处或裙房、底层商铺等处。

③人员配备和管理机构组建。人员配备和管理机构组建要根据物业服务企业的规模、结构和经营管理能力是否能够达到开展综合经营服务的要求,有没有足够的富有经验的管理人员去策划、运作相关项目,以及这部分业务能否与常规性服务

项目齐头并进甚至相互促进。条件具备时,可以成立专门的部门负责这部分业务。

④准备实施方案。实施方案中要详细给出项目启动应具备的场地、设施设备、人员配备及岗前培训安排,列出各项目操作流程、服务内容及试运营安排。

(2)物业经营服务项目的组织和管理

①选择经营方式。物业服务企业可以自己经营多种综合服务项目,可以实行承包制,将自营综合服务项目外包,也可以直接面向社会招标,开发综合经营服务项目。

②实施经营服务。物业服务企业在选好承包商、项目开业后,还要对收费是否规范进行抽查监督,避免出现乱收费等问题。

③监控服务质量。为了保证服务产品的质量,应根据服务项目特点建立一套规范化的管理服务标准,对服务行为发生的整个过程实施全面质量管理。管理标准要细化、量化,具有可操作性。同时,要派出专门人员随时掌握综合经营服务项目开展、运作的情况,及时收集消费者对服务质量的意见,对服务质量进行跟踪,按照约定的标准从严掌握,对经营者提出改进建议,保证服务水平的不断提高。

④服务效果考评。考评是检验经营服务项目运作状况的主要办法,有助于修改完善原有方案,为下一阶段的工作提供依据。具体包括:

a.定期对承包的商户或者机构进行考评。对承包的商户或机构进行的考评分为内部考评和外部考评两部分。内部考评时物业服务企业按照原定的发展目标进行自我检验评价。外部考评时在业主中进行调查,收集反馈意见并将其汇总列入考评指标体系中。外部考评时在业主中进行调查,收集反馈意见并将其汇总列入考评指标体系中。考评不仅要注重经营项目的经济效益,还要综合考虑其社会效益和环境效益,既要考评服务部门的工作业绩,还要对全部经营服务项目的经营效果进行评估。

b.根据考评结果挑选承包商。考评能够帮助物业服务企业根据不断变化的需求与周边同类项目的竞争态势,对经营服务项目进行微调或者结构性调整,按照市场竞争、优胜劣汰的原则重新选择承包商,使服务项目组合的结构和效益达到最佳状态。

c.总结经营服务项目的整体工作状况。除对承包的商户或机构进行的考评外,还应对经营服务项目的竞争态势做出总结,要分析自身的优势和劣势,形成特色,完善企业形象,同时不能干扰主业,避免主次不分。

⑤培养核心竞争力。要在运作中培养企业的核心竞争力,应辨别主要的竞争对手,就其提供服务的规模、目标、质量、营销策略、特色、市场份额等方面进行分析,特别是超市、美容美发、餐饮等竞争比较激烈的服务项目更应经常调整,列出应对竞争的措施,必要的时候可以采取联合的方式,扬长避短,优势互补。总的来说,物业综合经营服务的发展方向之一是与大商业服务企业联合,将大企业的触角深

入到千家万户。

9.3.3 物业经营服务业务运作应注意的问题

（1）注意经营服务与物业环境的关系

物业服务企业应合理规划综合经营服务项目，不能影响物业周围环境和居民、客户的工作与生活。开展经营服务项目可能会产生噪声、废气、光、电磁波辐射、高温、灰尘、煤烟、污水，甚至有占道、侵占绿地和公共用地等现象，处理不好不仅影响物业环境和他人工作生活，更会破坏物业服务企业与住户、客户的关系，使经营服务项目失去大众的支持而难以为继，同时也违背了开展项目的初衷。所以，在开办经营服务项目时，不能损害公共服务业务的开展。

（2）注意处理好与当地政府机关及有关部门之间的关系

有些综合经营服务项目，物业服务企业打算开办，街道办事处、居委会等也想开办，处理不好便会造成矛盾。同时，有些经营服务项目的开展，必然要涉及"通气、通水、通电、通信"等问题，需要协调好与煤气公司、自来水公司、供电公司、通信公司等的关系。从事餐饮业，还需配合环保、卫生、工商、消防、税务等部门的督导检查工作。

（3）注意经营服务的质量

综合经营服务中，最要注意的是质量问题。一是产品质量，包括餐饮业中的食品、饮品等，一定要保证质量，谨防假冒伪劣、过期变质产品；二是服务质量。从业人员不能因为独家经营而"店大欺客"，应谨遵服务业的要求，视顾客为上帝。提高服务质量主要应做好两方面工作：一是规范服务，树立服务企业的良好形象；二是搞好企业内部管理，强化对从业人员的监督考核。

（4）合理选择经营方式

物业服务企业许多情况下是经营服务的组织者，应该改变仅仅是把经营性用房租出去坐收租金的简单做法，自主开展多种有偿收费服务项目，争取实现利润最大化。若是外包，承包商的选择要引入竞争机制，可以采取招标的方式，遴选最佳的合作伙伴。物业服务企业应依约对承包商进行管理、协调、监督与考评。

（5）有针对性地处理好收费问题

综合经营项目的设施配置和服务收费水平应与服务对象的收入水平相适应，使其感到物有所值。对中低收入的业主可提供生活必需、保本微利的服务项目；对收入较高、追求生活舒适、消费超前的客户群体，可提供利润率较高、时尚超前、享受型的服务项目。在提供这些服务时，无论是物业服务企业自身定价还是承包经营商定价，只有质价相符、公平合理的收费标准才能够被消费者持续接受。若是外包项目，物业服务企业应作为客观中立的第三方对承包商起到监督作用，严格掌握服务收费标准，及时调查处理消费者的投诉、举报，必要时将有关情况及时反映到物价部门,化解有关矛盾。

〔简要回顾〕

本章主要讨论的是物业服务企业业务展开的主要管理工作和主要业务内容。

首先介绍物业服务经营管理工作开展的主要管理工作,主要内容包括:物业服务业务工作综合协调的意义和途径、物业服务标准及等级的确定、物业管理招标投标、物业管理服务的前期介入、前期物业管理服务、物业服务经费收支管理等。然后重点讲述了物业公共服务的主要内容,包括档案资料管理、入住服务、房屋使用管理、房屋修缮管理、房屋设备设施管理、清洁卫生管理、绿化管理、治安管理、消防管理、车辆停放秩序管理和业主及非业主使用人管理等。最后介绍了物业经营服务的内容和特点,以及在运作过程中可能产生的问题和处理方法。

〔案例碰撞〕

物业服务达不到标准怎么办?

河北省石家庄市××小区的某业主,某天突然接到法院的传票说是因拖欠物业费用而被起诉(和她一起的还有一批业主)。

这位业主很生气,认为既然买得起房子肯定交得起物业费,可物业公司的一些做法实在是让业主寒心。入住前承诺24小时保安巡逻,可一年之内她家居然被盗3辆自行车,物业公司竟没有给她一个说法,最为可气的是现在保安除了在门口登记一下出入车辆的牌照,小区内居然见不到人。丢车事件频频发生,物业公司索性发出通告说让大家把一切车辆放入地下室,丢失一律不负责。电动车放门口一转身5分钟就没了,如果有保安巡视还会这样吗?

业主找物业公司交涉费用问题(称只要给其一个合理的说法,马上把一切费用补齐)的时候,物业公司告诉她等消息,可就在同时却又再次起诉她说欠费问题,而且在短短的几天内居然又多了将近2 000元的滞纳金,问题还没得到解决却又无故多出来近2 000元钱。

就在前几天晚上小偷入室盗窃3户业主,损失高达几万元,可第二天物业公司又贴出告示让晚上睡觉注意安全。

业主埋怨:"就拿丢车事件来说吧,偷车人要么配钥匙要么撬锁,可他总得从大门口出去吧? 被撬的车总会有痕迹而且多半是在深夜或黎明时,大门口应该出入人很少的呀? 房子有了问题,物业公司说与他没关系,得找承建商;财产受损物业公司说跟他没关系,得找派出所;卫视坏了,物业公司说找卫视公司;水管经常漏水,一停就是几天,大家苦不堪言。这也不管那也不管,除了每月查一下电表,抄一下水表,真不知还为业主做了些什么? 每平方米1.4元的物管费不算低,可就是不知物业公司都为大家做了些什么?"

所有的业主没有一个没怨言的,比如3—5单元的地下公共灯基本就没开着过,更别说入宅门口的灯了。一直没人解决,就知向大家收费,却不办实事,业主都希望有一家好点的物业公司能取代他们。(摘编自《中国物业服务顾问网》,黎宇清)

互动话题:

1.业主拒缴物业管理费的原因是什么?物业公司应如何应对?

2.业主拒缴物业管理费后果是什么?

3.在物业管理费纠纷中政府应如何做?

第 10 章
物业管理服务评价

【重点关注】

物业管理行业发展水平评价　物业服务企业服务质量评价

物业服务企业业绩评价　物业管理行业服务质量评价

物业管理服务顾客满意度评价

10.1　物业管理行业发展水平评价

10.1.1　物业管理行业发展水平评价及其意义

物业管理行业发展水平评价是指为指导和促进物业管理行业的发展，从物业管理行业整体角度设计评估物业管理行业发展水平的指标体系，并运用现代评价方法，对影响物业管理行业发展的重要指标进行统计分析，得出物业管理行业发展的现状、问题、重要关系状况、发展规律等影响物业管理发展的评估结论，并以此指导物业管理行业发展的评估活动。

物业服务业行业在国民经济中的地位日显重要，其发展已成为经济可持续健康增长的重要后续动力和支撑点之一。因此，对物业管理行业发展水平进行评价，对国民经济的发展具有重大意义。同时，物业管理行业发展水平评价对于物业管理行业企业自身的健康发展、提高物业服务水平、和谐物业管理关系等都具有重要意义。

（1）通过评价可以了解物业管理行业在国民经济中的地位

物业管理行业作为第三产业中的重要服务业领域，其地位到底如何？这都需要做全面的统计分析和评价才能做出结论。这有利于全社会理解并重视物业管理行业的发展，特别是对政府制定社会经济发展规划有重要的影响作用。

（2）通过评价可以正确认识物业管理行业在我国社会经济发展中的重要价值

物业管理行业对社会经济发展有什么价值，这是大家普遍关心的事。近些年人们对物业管理行业的价值很关注,但大多是反面的评价,可以说没有真正地认识到物业管理行业的社会价值和自身的价值。通过评价有利于人们客观公正地评价物业管理行业的价值。

(3)通过评价有利于物业管理行业加强自我认识,便于指导行业的发展

物业管理行业在中国从无到有,从弱小到成熟,从无序到有序是一个艰难而又漫长的进程,这需要长期的努力。但是为使这一进程平稳、有序和健康,就必须对自身的现状与问题、特点与规律、关系与模式等重要问题有客观的了解和掌握,通过评估就可以获得一些重要指标的数据,得出重要结论,并据此通过行业自律行为和影响政府政策来促进物业管理行业发展。

(4)通过评价有利于指导物业服务企业健康成长与科学发展,促进物业管理服务关系和谐

物业管理行业作为服务业的重要新兴产业,有异军突起之态势,但近年来普遍遭遇物业管理纠纷案的纷扰,处于发展的困惑之中。这其中有物业服务企业自身的原因,也有业主的原因,但更重要的原因很可能是行业发展中的深层次因素在制约行业的发展。这需要做更深入、更多的物业管理行业发展的评价工作,去发现其中的问题,探讨产生问题的根源,从而全面、系统、科学、有效地解决行业发展中的问题。反过来也为物业服务企业的问题解决提供重要决策依据,并创造良好的环境条件,促进企业健康成长与科学发展。进而言之,物业管理服务水平提高了,物业服务企业与业主之间的关系更加融洽,从而促进了物业管理服务关系的和谐。

10.1.2　物业管理行业发展水平评价的内容

对任何一个行业发展水平进行评价的时候都应针对行业的自身特点,将其重要的经济指标进行分析、归类,然后通过指标来评估行业在自己的领域发展到怎样的水平。

物业管理行业是在房地产行业中分离发展起来的,所以在对物业管理行业发展水平进行评价的时候,可以参照房地产行业的发展水平分析相似的指标,从而看出物业管理行业的现阶段发展水平。

通常来说,房地产开发企业主要反映的是企业个数,从业人员数以及房地产企业规模,开竣工面积以及土地开发与购置,商品房销售与空置情况,房地产开发企业主要财务指标完成情况等。

与物业管理相关的普查数据在我国 2004 年的经济普查中首次发布,主要反映了企业规模和主要财务指标的完成情况。

下面简单介绍和物业管理发展相关的主要统计指标:

(1)房地产开发主要统计指标解释

住宅:指专供居住的房屋,包括别墅、公寓、职工家属宿舍和集体宿舍(包括职工单身宿舍和学生宿舍)等。但不包括住宅楼中作为人防用、不住人的地下室等。

别墅、高档公寓:一般指单位建筑面积造价高于当地同等地段商品住宅平均造价一倍以上的公寓或别墅,或者经有权审批房地产投资计划的审批单位审定为高档公寓、别墅的房地产投资项目。

经济适用房:指根据国家经济适用房计划安排建设的住宅。由国家统一下达计划,地方政府统一组织建设;用地一般实行行政划拨的方式,免收土地出让金,对各种经批准的收费实行减半征收;出售价格实行政府指导价,按保本微利的原则确定。

办公楼:指企业、事业、机关、团体、学校、医院等单位使用的各类办公用房(又称写字楼)。

商业营业用房:指商业、粮食、供销、饮食服务业等部门对外营业的用房,如度假村、饭店、商店、门市部、粮店、书店、供销店、饮食店、菜店、加油站、日杂等房屋。

其他:凡不属于上述各项用途的房屋建筑物,如中小学教学用房、托儿所、幼儿园、图书馆、体育馆等。

本年完成开发土地面积:指报告期内对土地进行开发并已完成七通一平等前期开发工程,具备进行房屋建筑物施工或出让条件的土地面积。

待开发土地面积:指经有关部门批准,通过各种方式获得土地使用权,但尚未进行开发的土地面积。

本年购置土地面积:指在本年内通过各种方式获得土地使用权的土地面积。

本年土地成交价款:指进行土地使用权交易活动的最终金额。在土地一级市场,是指土地最后的划拨款和出让价;在土地二级市场是指土地转让、出租、抵押等最后确定的合同价格。土地成交价款与土地购置面积同口径,目的是正确计算平均土地购置价格。

房屋施工面积:指报告期内施工的全部房屋建筑面积,包括本期新开工的面积和上年开工跨入本期继续施工的房屋面积,以及上期已停建在本期恢复施工的房屋面积。本期竣工和本期施工后又停建、缓建的房屋面积仍包括在施工面积中,多层建筑应为各层建筑面积之和。

房屋新开工面积:指在报告期内新开工建设的房屋面积,不包括上期跨入报告期继续施工的房屋面积和上期停缓建而在本期恢复施工的房屋面积。房屋的开工应以房屋正式开始破土刨槽(地基处理或打永久桩)的日期为准。

房屋竣工面积:指报告期内房屋建筑按照设计要求已全部完工,达到住人和使用条件,经验收鉴定合格或达到竣工验收标准(实行房地产开发小区综合验收的城市,应经小区综合验收合格),可正式移交使用的各栋房屋建筑面积的总和。

竣工房屋价值:指在报告期内竣工房屋本身的建造价值。竣工房屋的价值一般按房屋设计和预算规定的内容计算。包括竣工房屋本身的基础、结构、屋面、装修以及水、电、卫等附属工程的建筑价值,也包括作为房屋建筑组成部分而列入房屋建筑工程预算内的设备(如电梯、通风设备等)的购置和安装费用;不包括厂房内的工艺设备、工艺管线的购置和安装,工艺设备基础的建造;办公和生活用家具的购置等费用;购置土地的费用;迁移补偿费和场地平整的费用及城市建设配套投资。竣工房屋价值一般按结算价格计算。

实际销售面积:指报告期已竣工的房屋面积中已正式交付给购房者或已签订(正式)销售合同的商品房屋面积。不包括已签订预售合同正在建设的商品房屋面积,但包括报告期或报告期以前签订了预售合同,在报告期又竣工的商品房屋面积。

预售面积:指报告期末仍未竣工交付使用,但已签订预售合同的正在建设的商品房屋面积。报告期预售又在报告期转正式或协议销售的商品房屋的面积应列入实际销售面积,同时统计为销售收入。

空置面积:指报告期末已竣工的可供销售或出租的商品房屋建筑面积中,尚未销售或出租的商品房屋建筑面积,包括以前年度竣工和本期竣工的房屋面积,但不包括报告期已竣工的拆迁还建、统建代建、公共配套建筑、房地产公司自用及周转房等不可销售或出租的房屋面积。

出租面积:指在报告期期末房屋开发单位出租的商品房屋的全部面积。

实际销售额:指报告期内出售房屋的总收入(即双方签署的正式买卖合同中所确定的合同总价)。该指标与实际销售面积同口径,包括正式交付的商品房屋在建设前期预收的定金、预收的款项及结算尾款和拖欠款。不包括未交付的商品房所预收的款项。收取的外汇按当时外汇调节市场价折算在其中。如果商品房是跨年完成的,应包括以前年度所收的定金及预收款。

(2)物业管理主要统计指标解释

在管物业占地面积:指报告期末物业管理单位正在进行管理的物业所占用的全部土地面积。

在管房屋建筑面积:指报告期末物业管理单位正在进行管理的已竣工交付使用的全部房屋建筑面积。

厂房:指直接用于生产或为生产配套的各种房屋,包括主要车间、辅助用房及附属设施用房。凡工业、农业、建筑业、交通运输业、商业等单位中的厂房都包括在内。

住宅、办公用房、商业营业用房等指标解释同前。

10.1.3　几种主要的综合评价方法介绍

1)层次分析法

层次分析法是美国运筹学家沙旦于 20 世纪 70 年代初提出的,是一种定性与定量分析相结合的、系统化、层次化的多目标决策分析方法。它的特点在于对复杂的决策问题的本质、影响因素及其内在关系等进行深入分析的基础上,将决策者的经验判断给予量化,利用较少的定量信息使决策的思维过程数学化,从而为多目标、多准则或无结构特性的复杂决策问题提供简便的决策方法,特别适合于对决策结果难于直接准确计量的场合。层次分析法的应用已经遍及于经济计划和管理、能源政策和分配、行为科学、军事指挥、运输、农业、教育、人才、医疗和环境等领域。

层次分析法的步骤如下：

①通过对系统的深刻认识，确定该系统的总目标，弄清规划决策所涉及的范围、所要采取的措施方案和政策、实现目标的准则、策略和各种约束条件等，广泛地收集信息。

②建立一个多层次的递阶结构，按目标的不同、实现功能的差异，将系统分为几个等级层次。

③确定以上递阶结构中相邻层次元素间相关程度。通过构造两个比较判断矩阵及矩阵运算的数学方法，确定对于上一层次的某个元素而言，本层次中与其相关元素的重要性排序的相对权值。

④计算各层元素对系统目标的合成权重，进行总排序，以确定递阶结构图中最底层各个元素的总目标中的重要程度。

⑤根据分析计算结果，考虑相应的决策。

虽然层次分析法较好地考虑和集成了综合评价过程中的各种定性与定量信息，但是在应用中仍摆脱不了评价过程中的随机性和评价专家主观上的不确定性及认识上的模糊性，这必然使评价过程带有很大程度的主观臆断性，从而使结果的可信度下降；当同一个层次的元素很多时，决策者容易做出矛盾和混乱的判断，使判断矩阵出现严重的不一致现象。

2) 模糊综合评价

模糊综合评价就是以模糊教学为基础，应用模糊关系合成的原理，将一些边界不清、不易定量的因素定量化，进行综合评价的一种方法。模糊综合评价是通过构造等级模糊子集把反映被评价事物的模糊指标进行量化（即确定隶属度），然后利用模糊变换原理对各指标综合。

在模糊综合评价中，隶属函数和模糊统计方法为定性指标定量化提供了有效的方法，实现了定性和定量方法的有效集合。当涉及的客观事物不是绝对的肯定或绝对的否定的模糊因素时，模糊综合评判方法则很好地解决了这类判断的模糊性和不确定性问题，也克服了传统数学方法结果单一性的缺陷，其结果包含的信息量十分丰富。当然，模糊综合评判法也具有本身固有的缺陷，它不能解决评价指标间相关造成的评价信息重复问题；各因素权重的确定带有一定的主观性；在某些情况下，隶属函数的确定有一定困难，尤其是多目标评价模型，要对每一目标、每个因素确定隶属度函数，过于繁琐，实用性不强。

3) 灰色关联度评价法

1982年，华中理工大学邓聚龙教授首先提出了灰色系统的概念，并建立了灰色系统理论。之后，灰色系统理论得到了较深入的研究，并获得了广泛的应用。灰色系统理论认为,人们对客观事物的认识具有广泛的灰色性,即信息的不完全性和不确定性,因此由客观事物所形成的是一种灰色系统,即部分信息已知、部分信息未知的系统,比如社会系统、经济系统、生态系统等都可以看作是灰色系统。人们对综合评价的对象——被评价事物的认识也具有灰色性,因而可以借助于灰色系统的相关理论来研究综合评价问题。灰色关联分析是一种多因素统计分析方法,它是以各因素的样本数据用灰色关联度来描述因素间关系的大小、强弱和次序。如果样本数据列反映出两因素变化的态势(方向、大小、速度等)基本一致,则它们之间的关联度较大;反之,关联度较小。与传统的多因素分析方法(相关、回归等)相比,灰色关联分析对数据要求较低,无需大量样本,也不需要经典的分布规律,可用原始数据进行直接计算,并且计算简单,通俗易懂,数据不必进行归一化处理,便于广泛应用。

但是,现在常用的灰色关联度量化模型所求出的关联度总为正值,这不能全面反映事物之间的关系,因为事物之间可以存在负相关关系,而且存在负相关关系的时间序列曲线的形状大相径庭,若仍采用常用的关联度模型,必将得出错误的结论。建立各种灰色关联度量化模型的理论基础很狭隘,单纯从比较曲线形状的角度来确定因素之间的关联程度是不合适的,甚至可以说是错误的。该方法不能解决评价指标间相关造成的评价信息重复问题,因而指标的选择对评判结果影响很大。

4)因子分析法

因子分析在某种程度上可以被看成是主成分分析的推广和扩展,它是将具有错综复杂关系的变量(或样品)综合为数量较少的几个因子,以再现原始变量与因子之间的相互关系,探讨多个具有一定相关性的实测指标是如何受少数几个内在独立因子所支配的,同时根据不同因子还可以对变量进行分类,是属于多元统计中处理降维的一种统计方法。

在实际问题中,不同指标之间往往是有一定相关性的,因子分析法正是根据评价指标中存在着一定相关性的特点,用较少的指标来代替原来较多的指标,并使这些较少的指标尽可能地反映原来指标的信息,从根本上解决了指标间的信息重叠问题,大大简化了原指标体系的指标结构,因而在社会经济统计中,因子分析法是应用最多、效果最好的方法。在因子分析法中,各综合因子的权重不是人为确定的,而是根据综合因子的贡献率的大小确定的。这就克服了某些评价方法中人为确定权数的缺陷,使得综合评价结果唯一,而且客观合理。

10.1.4　物业管理行业发展水平评价的实证分析

1)物业管理行业在房地产行业中的发展水平评价

物业管理行业是大房地产运行体系不可或缺的组成部分,房地产业的良性高效发展离不开物业管理行业的充分发展。下面就我国物业管理发展相对成熟的城市,其物业管理行业发展水平与房地产行业发展水平进行比较。

(1)物业服务企业与房地产企业的发展规模比较(见表10.1)

表 10.1　物业服务企业与房地产企业的发展规模比较[1]

统计指标 地区	各地区按登记注册类型分物业服务企业数(单位:个)				各地区按登记注册类型分房地产开发企业数(单位:个)				物业服务企业数与房地产开发企业数比例
	总　计	内　资	港澳台商投资	外商投资	总　计	内　资	港澳台商投资	外商投资	物业服务企业数/房地产开发企业数
全国	31 682	30 717	479	12	59 242	53 495	3 639	2 108	0.534 789 5
北京	3 219	3 089	7	1	2 733	2 402	185	146	1.177 826 5
辽宁	1 861	1 797	8		2 867	2 566	159	142	0.649 110 5
上海	2 645	2 465	31	1	5 000	4 491	293	216	0.529
广东	4 868	4 622	75	2	5 982	4 940	757	285	0.813 774 6
四川	1 572	1 552	27		2 753	2 636	73	44	0.571 013 4
陕西	432	425	20		967	931	23	13	0.446 742 5
统计指标 地区	各地区按登记注册类型分物业服务企业从业人员数				各地区按登记注册类型分房地产开发企业从业人数				物业服务企业从业人数与房地产开发企业从业人数比例
	总　计	内　资	港澳台商投资	外商投资	总　计	内　资	港澳台商	外商投资	物业服务企业从业人数/房地产开发企业从业人数
全　国	1 434 219	1 345 168	51 977	37 074	1 585 428	1 429 291	95 646	60 491	0.904 625 7
北京	184 130	164 436	12 019	7 675	83 032	67 921	8 291	6 820	2.217 578 7
辽宁	59 579	56 284	1 177	2 118	59 960	54 269	2 807	2 884	0.993 645 7
上海	164 683	140 327	14 782	9 574	113 406	92 245	10 065	11 096	1.452 154 2
广东	278 921	253 417	14 092	11 412	147 856	123 661	17 197	6 998	1.886 436 8
四川	62 231	61 416	480	335	87 813	84 659	1 438	1 716	0.708 676 3
陕西	13 286	13 095	84	107	31 834	30 558	756	520	0.417 352 5

[1]数据来源:中国经济普查年鉴.中华人民共和国国家统计局.2004.(表13.2、表13.3亦同)

通过物业服务企业数量与房地产企业数量的比较可以看出,在全国范围内物业服务企业数大致为房地产企业的一半,但是不难发现在物业管理发展较为成熟的地区,如北京、广东等地区,物业服务企业数与房地产企业数相当接近,北京物业服务企业数还大于房地产数,由此可以看出物业管理发展在一定程度上具有区位性特点。此外,物业管理在解决就业方面对我国经济做出了一定的贡献。在物业管理成熟的地区,物业管理行业吸纳就业人数大大多于房地产行业。

(2)物业服务企业经营范围分析(见表 10.2)

表 10.2　物业服务企业经营范围表

地　区	各地区物业服务企业主要指标完成情况					
	在管物业占地面积	在管房屋建筑面积	住　宅	办公用房	商业营业用房	厂　房
全国	1 765 615 680	2 882 522 107	2 149 598 932	249 981 375	211 406 476	131 431 718
北京	179 492 598	255 512 908	189 197 582	35 681 133	10 762 080	3 591 470
辽宁	97 435 693	170 993 667	142 662 109	11 540 953	13 019 647	3 102 158
上海	194 012 643	410 850 773	333 814 291	31 684 948	16 119 501	13 827 287
广东	234 591 503	430 202 359	278 462 908	40 577 486	42 643 817	49 948 672
四川	49 332 308	98 680 287	73 697 808	8 425 490	10 115 458	2 136 569
陕西	13 785 774	20 151 313	16 036 183	1 873 833	1 512 916	345 042

物业管理行业是房地产行业的衍生行业,近些年来,随着物业形式的多元化,物业管理范围也变得更为宽泛,主要涉及住宅、办公用房、商业营业用房、厂房等领域。上述表格描述的是各地区物业服务企业主要指标完成情况。下面介绍如何理解这些指标分析含义。

上海和广东两个地区在管物业占地面积与在管房屋建筑面积差不多,但是各自的经营范围却大不一样。上海的物业管理主要集中在住宅物业的管理,而广东在这个领域管理面积相对其管理的其他类型物业来说较少,其管理的主要物业类型均匀地分布在办公用房、商业营业用房、厂房这些新兴涉及的领域,北京的物业管理主要集中在办公物业领域。由此我们可以看出广东的物业管理发展要快于上海、北京,这是体现在 3 个地区物业管理领域上的不同。

从总面积上来分析,北京、上海、广东物业服务企业的管理面积远远大于其他地区,显示出我国物业管理发展"三足鼎立"的现状。

(3)物业服务企业与房地产开发企业的利润比较(见表 10.3)

表 10.3 物业服务企业与房地产开发企业的利润比较 （单位:万元）

统计指标 地区	各地区按登记注册类型分 物业服务企业利润总额				各地区按登记注册类型分 房地产开发企业利润总额				利润比较
	总计	内资	港澳台商投资	外商投资	总计	内资	港澳台商投资	外商投资	物业服务企业利润总额/房地产开发企业利润总额
全国	411 907	348 816	10 440	52 652	10 351 780	8 523 108	743 237	1 085 435	0.039 790 9
北京	71 178	36 034	-3 732	38 876	1 070 071	1 022 253	-62 759	110 577	0.066 517 0
辽宁	-1 972	-3 322	-2 266	3 616	88 536	79 928	3 994	4 613	
上海	87 318	76 115	7 830	3 374	3 833 259	2 971 579	158 956	702 724	0.022 779 0
广东	156 877	143 560	3 602	9 716	1 520 815	1 161 861	276 489	82 464	0.103 153 2
四川	-692	-1 172	529	-48	217 032	162 626	15 435	38 971	
陕西	3 942	3 643	298	1	-6 422	-1 360	-3 857	-1 205	

现阶段我国物业管理发展很不平衡,除了起步较早的上海、广东、北京等地区物业管理行业发展较快、经营状况良好外,其他地区行业发展相对落后,甚至存在严重亏损的问题。如何借鉴成功经验,使得物业管理行业在其他地区也能可持续地发展下去,也是每一个物业管理人所肩负的责任。

在物业服务企业利润和房地产开发企业利润进行比较时明显可以看出,尽管我国物业管理行业近几年发展较快,但相比房地产行业其利润收益仍很小。这表明物业管理行业是房地产行业的衍生行业,房地产行业经济的溢出效应对物业管理行业起着重要作用。

2) 物业管理行业生存状况评价[1]

中国物业管理协会于 2007 年二季度开始,通过网上填报的形式组织全国各地开展了物业管理行业生存状况调查。截至 2007 年 12 月底,完成网上调查信息数据填报的企业总数为 4 600 家,调查面覆盖了全国 31 个省、自治区、直辖市,共涉及 128 个城市和地区。

（1）物业管理行业生存状况总体评价

随着我国住房制度改革和住房商品化政策的持续推进,以及乡村城市化、城市现代化进程的加快,物业管理作为一个新兴的服务行业,近几年得到了长足发展,在经济发展与和谐社会建设中发挥着越来越重要的作用。

---

[1]本部分的数据均来自中国物业管理协会《全国物业管理行业生存状况调查报告》。

　　首先是服务水平显著提高。被调查企业所管理的不再单纯是新建商品房项目,而是包括从商品房到经济适用房、房改房,从住宅物业到办公、工业、医院、学校、机场、码头、车站、仓储、运动场馆、文物建筑物业,从小型配套到大型公建,从单门独院到大型社区,从单一类型物业到综合性建筑等多种多样的物业类型;90%以上被调查企业都注重服务品牌的培植和运用,从简单的专项服务到整体的综合性服务,从行为规范到服务标准,从服务理念到发展战略,从传统管理到创新服务,从客户管理到客户满意,从单项的物业服务到综合的资产经营管理,服务的品质和品牌意识已在全行业深入人心。物业管理有效提高了城市管理和房地产管理水平,赢得了政府、社会和广大业主的良好赞誉。

　　其次是社会效益表现突出,支持就业再就业工程,减轻社会就业压力;积极参与社会公共事务,协助公共秩序管理;热心参与社会公益事业,自觉承担社会责任。

　　第三是经济效益逐步改善。2006 年盈利企业为 1 825 家,占调查企业的39.7%,实现利润总额达 149 797.5 万元,平均利润额 82.1 万元。但目前大多数物业服务企业的经营规模偏小,4 118 家填报企业现有资产总值 4 010 501.3 万元,平均资产总值 973.9 万元;1 581 家填报企业上缴企业所得税金 42 352.54 万元,平均上缴企业所得税金 26.8 万元;但近半数企业未能盈利,而且盈利企业的平均利润额仅为 82.1 万元,反映了多数企业生存状况的困难,缺乏可持续长远发展的经济基础。另外,物业服务企业在提供服务过程中,积极为业主出谋划策,采取多种方式提高物业经营效益,其中 238 家企业 3 年中通过改善服务,提高房屋出租率等,为业主增加租金收益 24 667.16 万元。还有 298 家企业通过节能改造,为业主增加经济效益 8 949.24 万元。

　　第四是环境效益初步显现。物业管理行业在环境效益方面的作用也是十分明显的。由于物业管理覆盖了城市大部分区域,污染减少了、社区整洁了,环境优美了,生活方便了,人们的环境意识不断增强,生活习惯日益文明。

　　(2)企业发展情况评价

　　①从企业成立时间与数量看物业管理行业发展态势。在被调查的企业中,1981 年至 1994 年 13 年间,只有 268 家企业成立,占现有物业企业总数的 5.82%;1994 年至 2007 年 13 年间,共有 4 332 家企业成立,占现有物业企业总数 94.18%。其中 1994 至 2004 年企业以每年近 133%的速度猛增,10 年间共成立企业 2 495家,占现有物业企业总数 75.98%。这说明 1981 年至 1994 年的 10 年,是我国物业管理的萌芽起步阶段,发展速度慢;1994 年至 2004 年的 10 年,是我国物业管理发展最为迅猛的阶段,大多数的物业服务企业在这一阶段诞生;2004 年以后,企业数量的增长速度放缓,说明物业管理市场竞争日益激烈,企业发展进入由数量扩张到质量提升的内涵发展的阶段。

②从企业注册登记类型看到物业管理行业企业经济结构。在被调查的企业中,国有企业758家,占总企业数的16.48%;股份有限公司301家,占6.54%;有限责任公司2 976家,占64.70%;私营企业348家,占7.57%;港澳台商独资企业73家,占1.59%;外商投资企业43家,占0.93%;其他类型企业101家,占2.20%。表明在所有制结构国有企业仍占有一定的地位,但主要是混合所有制企业。在公司结构上大多数物业服务企业实现了公司制(71.24%为股份有限公司和有限责任公司),但主要是有限责任公司,说明企业规模经营仍有很大空间。外资和私营企业比例偏低,建立真正意义上的现代企业制度仍是行业面临的课题。

③从企业资质情况看物业管理行业的企业实力。在被调查的企业中,一级资质365家,占7.93%;二级资质713家,占15.5%;三级资质3 287家,占71.46%;其他未取得资质的企业235家,占5.11%。说明现阶段物业服务企业的整体实力较弱,物业质量难以提高,整个行业仍处于发展初期,整体抗风险能力差,不能适应人们日益增长的物业服务需要。

④从各资质等级、面积、人员之间关系看物业管理专业化水平。由于物业管理专业化的推行,大量的专项业务可以通过外包的方式由专业公司经营,因此可以相应减少职业和管理人员。但在这次的调查中发现,资质等级越高,每一名管理人员相应配置的操作人员越多,管理人员人均管理面积越大,一、二级物业服务企业人均管理面积明显高于三级企业(见表10.4)。说明资质等级越高的企业管理人员水平较高,但专业化程度不高,而资质等级低的企业管理人员水平较差。事实上,目前许多小企业没有多少固定职工,主要靠专项业务外包来实现管理服务,与大中型物业服务企业主要由自己的员工来实施管理服务明显不同。这说明物业管理专业化的空间还很大。

表 10.4　各资质等级面积、人员之间关系

	企业数	建筑面积/万平方米	企业平均管理面积/万平方米	人员总数	企业平均人数	管理人员/操作人员	管理人员人均管理面积/万平方米
一级	365	81 826.30	224.18	322 078	882	1:6.4	1.88
二级	713	57 925.54	81.24	205 392	288	1:6.1	1.99
三级	3 287	59 304.75	18.04	220 912	67	1:4.1	1.38

⑤以经济区域划分看物业服务企业的地区分布情况。参加调查的企业中,东部沿海及经济发达省区(北京、上海、天津、河北、江苏、浙江、福建、山东、广东、海南)1 754家,占总企业数38.13%;中部省区(河南、安徽、山西、江西、湖南、湖北)1 308家,占28.44%;西部省区(重庆、四川、贵州、云南、西藏、陕西、甘肃、宁夏、青

海、新疆、内蒙、广西)904 家,占 19.65%;东北三省 634 家,占 13.78%。表明,物业服务企业的数量与经济发展水平成正相关关系,沿海发达地区物业服务企业的数量明显多于中西部和东北地区。

⑥从物业服务企业与开发企业的关系看物业管理行业对房地产开发行业的依存度。在被调查的企业中,属于房地产开发单位下属物业服务企业有 1 260 家,占企业总数 27.39%;其他隶属关系的企业 3 340 家,占 72.61%。即有近 3/4 的企业与开发商并无隶属关系,说明建管不分的状况已得到较大程度的改变。

(3)物业管理行业生存发展能力评价

①从业人员素质状况评价

其一是从不同工作岗位人员比例看人员配备的合理性。本次被调查企业的从业人员总人数为 772 032 人。从事管理岗位即企业管理层人员 119 978 人,占总人数 15.54%;从事操作岗位即企业一线操作工人 652 054 人,占总人数 84.46%。操作岗位人数中 38.40%是秩序维护员,24.84%是清洁工,13.64%是工程维修人员,5.69%是车辆管理人员,4.44%是绿化养护人员,12.99%为其他勤杂工种(见表 10.5)。可以看出,物业服务劳动密集型行业特征明显,在从业人员中管理岗位人员较少,操作岗位人员偏多,尤其是秩序维护员所占的比例过大(近四成),这在一定程度上反映出物业管理行业对促进社会就业的积极作用;但基层操作人员比例过大,使行业受用工成本影响显著,反映了行业处于发展初级阶段的现状。

表 10.5　企业的从业人员结构表

	管理人员	秩序维护员	清洁工	工程维修人员	车辆管理员	绿化养护人员	其他勤杂工
调查人数	119 978	250 392	161 998	88 912	37 113	28 921	84 718
配比情况	1	2.09	1.35	0.74	0.31	0.24	0.71

注:以管理人员为基数 1,和其他工种的比例关系。

其二是从人员学历层次结构看从业人员的知识结构。被调查企业的全部从业人员中,具有研究生学历 1 622 人,占总人数 0.21%;本科生 33 396 人,占 4.33%;大专生 89 625 人,占总人数 11.60%;中专生 147 575 人,占 19.12%;高中及其以下学历 499 814 人,占 64.74%。对比以上数据不难发现,中专及其以下学历所占比例和一线操作工人所占比例几乎完全相等(84%左右),物业管理行业的劳动密集型是与从业人员的低学历紧密联系的,提高从业人员的受教育水平是当务之急。

其三是从人员职称结构看从业人员的技术水平。被调查企业的企业经营管理人员中具有高级职称的 6 667 人,占管理人员总数 5.56%;中级职称 32 351 人,占管理人员总数 26.96%;初级职称 29 461 人,占管理人员总数 24.56%;无技术职称人员51 449人,占 42.92%。企业操作人员有高级技工 18 873 人,占操作人员总数

2.89%，中级技工 46 498 人，占 7.14%，初级技工 80 071 人，占 12.28%，无技术职称人员 506 612 人，占 77.69%。以上数据表明，物业管理行业管理人员中有 67% 没有中级及其以上职称，操作人员中 90% 没有中级及其以上技工证书，技术力量的薄弱是显而易见的。这意味着大量涉及技术水平的设施设备维护工作需要通过外包专业公司来完成，企业对外包单位的技术指导和监督也存在力不从心的问题。

另外，被调查企业的从业人员中，男性占 64.22%，女性占 35.78%。考虑到占从业人员总数 38% 的秩序维护员主要为男性，以上数据表明从业人员的男女比例大体相当，女性略占多数（与清洁工主要为女性有关）。

②物业服务企业市场竞争能力评价

其一是从管理物业项目分布情况看物业服务能力水平。被调查企业管理物业项目总数 30 831 个，总建筑面积 203 906.4 万平方米。其中：住宅项目 21 428 个，建筑面积 154 286 万平方米，分别占总项目数 69.50% 和总建筑面积 75.67%；办公楼及商业用房项目 5 825 个，建筑面积 20 976.66 万平方米，分别占 18.89% 和 10.29%；工业项目 1 204 个，建筑面积 10 509.01 万平方米，分别占了 3.91% 和 5.15%；其他类型项目 2 374 个，建筑面积 18 133.77 万平方米，分别占 7.70% 和 8.89%。表明目前物业管理项目中居住物业仍占据市场的主流，商业物业项目有较快增长，工业物业项目和其他特种物业项目也开始进入物业管理的视野。

其二是从物业管理项目的获取方式看物业服务市场化程度。在被调查企业管理物业项目中，以协议方式取得项目 22 409 个，建筑面积 132 473 万平方米，分别占 72.68% 和 64.97%；其中接管上级开发单位项目 6 335 个，建筑面积 39 317.81 万平方米，分别占 20.55% 和 19.28%；以招投标方式取得 8 422 个，建筑面积 71 433.02 万平方米，分别占 27.32% 和 35.03%。表明：虽然 2003 年《条例》明确推行前期物业管理招投标制度，但在实践中并未得到完全贯彻，大量的物业管理项目还不是以招投标方式取得，公平竞争的物业管理市场尚未形成，行政主管部门的执法监督有待加强。

③物业服务企业经营与效益评价

其一是从物业管理费价格水平和收缴情况看物业服务企业的经营环境（见表 10.6）。

从以上数据可以看出，从全国情况看，居住物业的物业服务费标准和收费率均明显低于办公物业和工业物业，其中房改房和经济适用住房的收费标准和收费率更低，今后这部分物业管理的问题会更加突出。从地域分布来看，东部地区的收费标准高于中、西部和东北地区，东部地区和西部地区的收费率高于中部地区和东北地区。从收费标准和收费率两项指标综合比较来看，东北地区两项指标均低于全国其他地区。

表 10.6　物业服务费价格水平及收缴率　　　　单位:元/(m² · 月)

序号	物业类型与收费率	全国平均	东部地区	中部地区	西部地区	东北地区
1	房改房(多层)	0.41	0.48	0.38	0.38	0.32
	房改房(高层)	0.85	1.03	0.81	0.77	0.54
	收缴率/%	75.47	78.37	74.28	81.75	63.75
2	经济适用房(多层)	0.43	0.56	0.32	0.45	0.43
	经济适用房(高层)	0.89	1.13	0.85	0.90	0.61
	收缴率/%	76.09	78.94	75.60	81.08	65.30
3	商品房(多层)	0.7	0.75	0.54	0.59	0.98
	商品房(高层)	1.28	1.49	1.06	1.03	1.24
	独立式别墅	1.91	2.27	1.16	1.53	1.78
	收缴率/%	79.48	81.78	79.86	80.95	68.57
4	办公用房	4.75	6.46	2.79	3.15	3.66
	收缴率/%	90.71	92.43	90.01	90.03	83.81
5	工业用房	1.93	1.97	1.83	2.43	1.50
	收缴率/%	92.85	93.69	93.17	93.44	82.53

其二是从不同地区企业盈利与亏损情况看企业经营效益(见表 10.7)。

表 10.7　不同地区企业盈利与亏损情况

地　区	调查企业数	盈利情况			亏损情况			持平情况
		企业数	比率/%	平均盈利额/万元	企业数	比率/%	平均亏损额/万元	企业数
全国	4 600	1 843	40.07	81.28	1 871	40.76	37.22	886
东部地区	1 754	958	54.62	124.83	522	29.76	51.82	274
中部地区	1 308	413	31.57	24.56	605	46.25	18.53	290
西部地区	904	315	34.85	40.80	404	44.69	31.30	185
东北地区	634	157	24.76	45.96	340	53.63	55.12	137

以上数据表明,有近半数的物业服务企业仍处于亏损状态,物业管理行业整体经营效益不容乐观,行业风险依然很大。盈利企业平均 81.28 万的年利润,表明物业管理行业的微利特征。从地域分布看,东部地区的盈利状况优于中、西和东北地区,东北地区的亏损面和亏损额相比其他地区都是最大的。

其三是从企业员工资福利情况看物业服务企业的吸引力。根据被调查企业上报数据汇总,2006年物业服务企业全国职工平均工资为13 453.20元/(人·年),而同期全国社会平均工资为17 568.57元/(人·年),明显低于全国社会平均工资。具体情况是:

第一,管理人员收入情况(见表10.8)。

以上数据表明,全国物业服务企业管理人员平均年收入仅高于社会平均工资4 000多元,除东部和西部地区外,中部和东北地区管理人员平均收入甚至低于全国社会平均工资,由此可见,物业管理行业的薪酬竞争力很低,这是行业无法吸引高素质人才的根本原因之一。

表10.8　企业管理人员收入情况　　　　单位:元/(人·年)

地　区	管理人员平均年收入	其　中		
		高层管理人员	管理处主任(项目经理)	管理员(主管)
全国	21 926.94	37 921.98	24 387.59	16 427.02
东部地区	29 254.75	53 578.08	32 338.20	20 803.03
中部地区	16 975.17	28 864.79	20 288.63	14 129.88
西部地区	18 149.72	30 361.74	19 502.43	13 898.28
东北地区	15 088.63	23 049.83	16 824.38	12 321.66

第二,操作人员收入情况(见表10.9)。

表10.9　企业操作人员收入情况　　　　单位:元/(人·年)

地　区	操作人员平均年收入	其　中			
		工程维修工	秩序维护员	清洁工	绿化工
全国	10 331.32	12 735.67	10 280.12	7 666.11	8 503.36
东部地区	12 477.00	15 492.80	12 031.68	9 067.32	9 789.45
中部地区	8 789.27	11 389.17	9 256.75	6 979.46	7 920.39
西部地区	9 058.63	11 097.12	9 590.11	6 988.20	7 773.73
东北地区	8 698.27	10 213.34	8 417.19	6 447.09	7 027.63

以上数据表明,物业管理行业基层操作人员的年均收入大大低于社会平均工资,绝大多数的操作人员的工资仅维持在当地最低工资标准上下,中、西部和东北地区企业的操作人员的工资水平甚至不到全国社会平均工资标准的一半,如此低廉的工资标准,显然难以保证行业的社会竞争力和公众形象。

第三,企业员工的福利情况(见表10.10)。

表 10.10　保险、住房公积金缴纳情况　　　　单位:月工资/%

地　区	基本医疗保险	失业保险	养老保险	工伤保险	其他保险	住房公积金
全国	8.01	2.25	19.94	1.14	1.63	9.96
东部地区	8.58	2.15	19.81	0.88	1.26	10.23
中部地区	7.62	2.21	19.43	1.38	1.93	10.35
西部地区	7.17	2.25	18.84	1.34	2.64	8.40
东北地区	7.90	2.69	23.31	1.94	1.57	10.97

以上数据表明,全国各地区交纳各类保险和住房公积金的标准大体一致,但由于未对交纳保险人数占员工总人数的比例,以及农民工的社会保险情况进行调查统计,此表未能反映被调查企业的实际缴纳情况。

10.2　物业服务企业服务质量评价

10.2.1　物业服务企业服务质量评价及其意义

1)物业服务企业服务质量评价的内涵

物业管理服务涉及的内容很多。对于一个物业项目而言,不仅有硬件方面的质量,如房屋的建造质量、园林小品、绿化质量、设施配套等,而且还包括软件方面的质量,如物业管理人员的服务态度、工作效率、服务过程的管理水平和业主期望管理等。对于第一方面的质量,因其是早期承建商在项目设计开发时已经确定的,是客观现实因素,不因物业服务企业服务质量高低而改变。对于第二方面的质量,由于服务质量的无形性和评价的主观性,导致对服务质量难于有一个统一客观的衡量。因此,对于物业服务企业服务质量评价的关键在于物业服务企业服务提供过程和结果的评价。

2)物业服务企业服务质量评价的意义

(1)服务质量评价是服务质量的过程和内容的内在要求

首先是物业管理服务质量环的要求。依据服务质量环理论,物业管理服务质量环节大致包括物业管理服务需求产生、物业管理服务产品开发、物业管理服务提供过程、物业管理服务结果和物业管理服务质量评价 5 个环节。物业服务质量评价体也是物业服务质量管理环中必不可少的环节。其次是质量管理体系的内在要求。在质量管理体系模式中,物业服务企业满足顾客的需求、提供产品并使其满意的组织活动由 4 个过程构成:管理职责,资源管理,产品实现过程,以及测量、分析和改进。可见,测量、分析和改进同样是物业服务企业进行服务质量评价中必不可缺少的环节。

(2)服务质量评价是物业服务企业自身发展的内在要求

面对物业管理广阔的潜在市场,物业服务企业要在激烈的市场竞争求得生存与发展,提高企业的服务质量是立足之根本。进行科学有效的服务质量评价,首先是物业服务企业进行自我质量管理的需要。企业要从根本上提高服务质量,必须知道如何评价服务质量。服务质量评价体系的建立,将有利于提高管理人员对服务质量内涵的理论认识,转变服务观念,开展质量管理,从而提高企业的服务质量。其次是物业服务企业持续改进的需要。科学有效的评价让企业能及时了解业主对服务质量的期望和实际感知的服务质量,只有这样才有可能不断超越业主的期望,提高业主满意度,进而提高企业在物业管理市场的美誉度。

(3)服务质量评价是顾客对物业管理消费的潜在需求

物业管理服务的委托性、代办性和低选择性,使作为物业管理的委托人——业主,在进行消费的过程中,为正确认识物业管理服务质量的内容,也急迫要求有一套适宜的评价方法来评价物业服务企业的服务质量,以利于及时监督和有效评价物业服务企业履行委托合同情况,最终为选择物业服务企业提供评价依据。分析目前物业管理消费市场中的纠纷,许多反映质价不符、服务质量低下等问题,除部分确实是因物业服务企业服务质量达不到合同或收费等级相应的服务标准外,业主未能理性和有效评价物业服务企业的服务质量,仅凭主观判定,个人因素较重,结果难免存在偏差。因此,有必要建立一套科学的评价方法,以帮助业主客观评价物业服务企业的物业服务水平和服务质量,以便选择合适的物业服务企业为其提供满意的服务。

10.2.2　影响物业服务企业服务质量评价的因素及评价方法

1)影响物业服务企业服务质量评价的因素

(1)行业政策和行业标准的影响

物业管理法规不完善,行业标准不一致,小区不同、收费不同造成的差异,并没有反映到人们对物业管理的评价上,没有给不同价格的小区制定不同的行业标准。行业政策和行业标准将影响物业管理评价体系的建立与完善。

(2)物业类型的影响

写字楼、住宅、商住楼、工业厂房等物业的特点不一样,物业的业主或使用人,对物业管理的服务质量要求也不一致。应该结合各自特点,对物业管理服务质量评价体系进行有选择使用,如根据不同物业类型调整各项权重等。

(3)项目本身条件的影响

物业管理的管理对象是"物",服务的对象是"人"。小区原有的房屋结构、小区环境、公共设施,甚至小区外的交通、环境等因素均影响着业主对物业服务企业服务质量的评价。

(4)项目的不同发展时期的影响

物业管理项目一般均经前期管理和正常物业管理两个大阶段。处于前期管理阶段的物业管理项目,企业仍处于自我完善阶段,企业与业主、物业使用人的交互接触程度比较高,企业和业主之间均需要有一个了解与信任的过程,因此该阶段的服务质量评价体系应偏重于顾客评价。组织自我评价则应偏向于与顾客交互程度比较多的过程,如装修服务、客户接待、保安服务等环节。进入日常物业管理阶段后,则应是三方评价并重,既要关注顾客评价,也要完善组织自我评价和第三方评价。

(5)科学技术应用的影响

随着科学技术的进步,越来越多的前沿技术逐步应用到物业管理各个环节,如计算机网络技术的应用改变了人们沟通的途径;变频技术的应用,降低了日常运行的成本;智能化安防技术的应用,改变了物业管理保安服务的流程;数据库的建立,使物业管理开展数据化管理成为可能等。因此,物业服务企业应及时了解并掌握相关科学技术的应用,并建立与之配套的物业管理服务质量评价体系,才能持续提高自我的管理服务水平和科技含量,为业主提供满意的服务。

2)物业服务企业服务质量评价方法

在进行物业服务企业服务质量评价时,可以综合考虑以下因素:

一是以顾客(业主和物业使用人)作为评价方法的研究核心。从产品设计开发、服务提供过程到服务实现结果评价,均围绕顾客展开。

二是以服务实现过程作为评价的主线。

三是全面实施组织自我评价、顾客评价和第三方评价,既考虑了服务企业提供服务的过程质量,又考虑了顾客感知的服务质量,使评价方法更具全面性、系统性和科学性。

四是从使用者角度,将评价方法划分为企业内部评价和外部评价两个范畴。企业内部评价方法主要是满足物业服务企业对服务质量实施管理控制的需要,外部评价方法则主要是满足业主或政府行业主管部门对物业管理服务质量进行监督和测量的需求(见图 10.1)。

(1)企业内部评价体系模型

设内部评价服务质量为 $SQ_{内}$,组织自我评价为 SQ_A,顾客评价为 SQ_B,第三方评价为 SQ_C,那么内部评价体系的定量评价模型可用下式表示:

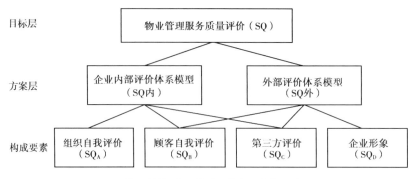

图 10.1 物业服务企业服务质量评价体系方法结构

则 $SQ_内 = a \times SQ_A + b \times SQ_B + c \times SQ_C$

式中:a,b,c 为系数,且 $a+b+c=1$

$SQ_A = \sum$ 各评价因子×因子的权重($\sum$ 因子权重为1)

$SQ_B = \sum$ 各评价因子×因子的权重($\sum$ 因子权重为1)

$SQ_C = \sum$ 各评价因子×因子的权重($\sum$ 因子权重为1)

各方评价因子及其权重的具体确定可以根据实际情况由各方自己确定,从而得出各自的评价结果。模型中三方评价结果的系数确定,可通过特尔菲法(专家打分法)。

由于物业服务企业下属有许多管理处,因此该评价方法在实际使用过程中,企业可以根据项目在不同阶段目的不同进行适当调整。如果是应用于总公司对各管理处的年终评价,通过该模型可获得一个全面、系统的评价结果。如果是应用于总公司对下属管理处的日常服务质量考核,鉴于第三方评价部分,企业不可能频繁组织,则模型可简化为:内部评价($SQ_内$)= a×组织自我评价(SQ_A)+b×顾客评价(SQ_B),其中 a,b 为系数,且 $a+b=1$。

(2)外部评价体系的定量方法

设外部评价服务质量为 $SQ_外$,企业形象为 SQ_D,那么服务质量外部评价体系的定量评价方法可用下式表示:(其中 d,e,f 为系数,且 $d+e+f=1$)

外部评价服务质量($SQ_外$)= d×顾客评价(SQ_B)+e×第三方评价(SQ_C)+f×
企业形象(SQ_D)

式中:顾客评价(SQ_B)= $\sum$ 各评价因子×因子的权重($\sum$ 因子权重为1)

第三方评价(SQ_C)= $\sum$ 各评价因子×因子的权重($\sum$ 因子权重为1)

企业形象(SQ_D)= $\sum$ 各评价因子×因子的权重($\sum$ 因子权重为1)

各方评价因子及其权重的具体确定可以根据实际情况由各方自己确定,从而得出各自的评价结果。评价方法中三方评价结果的系数确定,可以通过特尔菲法来确定。

外部评价体系主要满足业主或政府主管部门对物业管理服务质量进行监督和测量的需求。如小区业主大会可以委托业主委员会在续签新一期物业管理服务合同前,运用该方法对小区服务质量进行评价,或在日常监督中,每年组织一次外部评价,以达到科学地评价小区物业服务企业服务质量水平,并实施有效监督,促进物业服务企业持续改进服务。

(3)服务质量企业内部评价与外部评价的关系

服务质量企业内部评价与外部评价是按使用者角度进行划分的。

企业内部评价是物业服务企业自我发展的内在需求,其评价结果是为了满足企业开展持续改进。

外部评价主要用于总结性评价,是物业管理服务质量评价的最终目的。一方面,物业服务企业的任何经营活动和管理手段都是为了满足业主需要,因为物业服务企业的生存和发展有赖于业主的认可与忠诚。另一方面,为了规范物业管理市场,引导业主理性消费,让业主科学、系统、有效地判定物业服务企业的服务质量。这是物业管理服务质量评价的最终目的。外部评价通常由独立的评估顾问或评估公司来完成,容易做到公正客观,信度比较高。

物业管理服务质量体系的核心是"服务",企业内部评价促进企业的自我完善与发展,为业主提供高质量、满足业主需求的物业管理服务,以获得业主的高度评价与忠诚;外部评价将能不断促进物业服务企业转变服务理念,建立和完善以顾客为中心的服务质量体系,这也必将促进企业顺应市场需求,提高物业管理服务质量,以期满足业主的需要。可见,企业内部评价,是企业自我改进和持续提高的内在动力;外部评价为物业服务企业自我完善企业内部评价,提高服务质量提供了外在推动力。二者相辅相成、缺一不可,是互为促进的关系,我们均应给予重视和不断完善。

10.3 物业服务企业业绩评价

10.3.1 物业服务企业业绩评价及其意义

1)物业服务企业业绩评价的基本概念

(1)物业服务企业业绩评价的含义

物业服务企业业绩也称物业管理业绩,它是指物业服务企业在一定的经营时间内的经营效益和经营业绩。经营效益主要表现在盈利能力、资产运营水平、偿债能力和后续发展能力等方面;经营业绩主要是通过经营者在经营管理企业的过程中对企业经营、成长、发展中所取得成果和所做出的贡献来体现。

物业服务企业业绩评价是指运用数理统计和运筹学等方法,采用特定的指标体系,依照统一的评价标准,按照一定的程序,通过定量和定性分析,对物业服务企业在一定经营期间,管理、配置、占用、使用物业经营管理资源的效益和经营者的业绩做出客观、公正和准确的评判。

(2)物业服务企业业绩评价的类型

按照不同的评价目的和评价工作实施主体,物业服务企业业绩评价类型主要有以下3类:

①政府评价。它是指政府相关部门根据对企业监管、奖惩或财务分析等方面的需要,对物业服务企业进行的绩效评估。评价对象主要是国有独资物业服务企业或国家控股的房地产企业集团的下属物业服务子企业。

②社会评价。它是指企业出资人、债权人、中小股东或社会中介机构等,为及时了解企业经营的真实情况,促进投资效益提高,加强企业的社会监管而组织开展的评价。对于评价范围,可有企业出资人、债权人及利益相关者。根据国家有关规定和自己评价需要自行解决,并由社会组织实施。

③企业集团的内部评价。企业集团内部评价可结合企业的改革与发展战略、子企业的改制以及加强管理、提高效益等目的,选择确定物业管理绩效评价的评估对象及范围,开展自我评价。通过自我评价,再和同行业同类型的物业服务企业进行比较,可以使物业服务企业清醒地了解自身经营状况、管理服务水平、与同行业的差距,从而对改进企业的经营管理,提高经济效益发挥促进作用。

2)物业服务企业业绩评价的重要意义

物业管理最大特征就是社会效益、环境效益、经济效益并重。对物业服务企业来讲,看其物业管理服务开展好坏,不仅要看社会效益,即企业通过服务管理,解决住户对生活、生产、教育等方面的需求,促进发展和睦家庭关系,正确处理人际关系,特别是邻里关系;又要看环境效益,即所有服务区域内环境,如绿化、活动空间的整体性、治安与居民交往的协调、与城市环境的融洽;还要看物业服务企业自身的经济效益。所以,对物业管理行业业绩需要采取综合评价,其重要意义主要体现在以下几个方面:

(1)市场竞争的需要

我国物业服务市场已经是国际市场的重要组成部分,许多外资物业服务企业已经进入国内的物业管理市场,这些资金实力和人才实力雄厚、管理服务水平一流、现代化程度很高的外资物业服务企业对国内的物业服务企业将造成强烈的冲击。在这种形势下,一些规模小、管理水平低、技术落后的物业服务企业必然面临淘汰。为了增强企业的核心竞争力,物业服务企业通过物业管理综合评价,通过绩效考评,迎接挑战,提高企业的竞争力。

（2）人才竞争的需要

物业服务企业之间竞争的核心是人才的竞争。人才资源是物业服务企业创新的保证,缺乏人才的积蓄和储备,企业就无法形成竞争力。物业服务企业的领导者开始越来越意识到传统的人事管理已无法适应现代化企业的发展,如何能够通过有效的人力资源管理,做到真正的"引才、用才、留才"已成为物业服务企业领导战略规划中的重要决策之一。通过综合评价、绩效考评,使企业发现人才,合理使用人才,充分挖掘人才的潜能。

（3）行业管理的需要

对政府而言,面对着越来越多的物业管理服务投诉和诉讼,如何评价物业服务企业的工作成为一个新课题。过去那种凭印象、凭感觉对企业的评价是不科学的,容易造成片面性、武断性。通过综合评价、绩效考评,有利于政府相关行政职能部门对物业服务企业实现科学的管理,考核企业更加准确、科学。

（4）业绩评价的需要

广大的业主（使用人）对物业管理并不十分了解,存在着信息不对称,选择自己的服务管家自然也只能凭感觉了。物业管理通过综合评价、绩效考评,也是物业管理区域内业主大会（业主委员会）评价、奖励、选聘或辞退物业服务企业的重要依据,为规范、健康地发展物业管理奠定了基础。

10.3.2　物业服务企业业绩评价方法

物业管理业绩评价有 3 个基本要素,即:评价指标、评价标准与评价方法。

1）物业管理业绩评价指标体系

评价指标是实施物业管理业绩评价的基础。物业管理业绩评价指标体系有基本指标、修正指标和评议指标 3 个层次。根据一些成熟的物业服务企业绩效评价的实践来看,每个层次指标还要进一步细化。

（1）物业管理业绩评价基本指标

基本指标是评价物业管理绩效的最基础指标,是整个绩效评价指标体系的核心。通常主要基本指标内容如下:

①财务效益状况指标:

a.净资产收益率,有的也称为股权收益率或权益收益率,是指企业一定时期内的净利润同平均净资产的比率。其计算公式如下:

$$净资产收益率 = \frac{净利润}{平均净资产} \times 100\%$$

式中:净利润指企业的税后利润,即利润总额扣除应交所得税后的净额。

平均净资产指企业年初所有者权益与年末所有者权益的平均数,平均净资产＝（所有者权益年初数＋所有者权益年末数）/2。

净资产收益率充分体现了投资者投入企业自有资产获净收益的能力，突出反映了投资与报酬的关系，是评价企业资本经营效益的核心指标。

b.总资产报酬率，是指企业一定时期内获得的报酬总额与平均资产总额的比率。其计算公式如下：

$$总资产报酬率＝\frac{息前税前利润}{平均资产总额}×100\%＝\frac{利润总额＋利息支出}{平均资产总额}×100\%$$

式中：息前税前利润指当年实现的利润总额与利息支出的合计数，息前税前利润＝利润总额＋利息支出；利润总额指企业实现的全部利润，包括企业当年营业利润、投资收益、营业外收支净额和所得税等项内容；利息支出指企业在物业经营管理过程中实际支出的借款利息、债券利息等。平均资产总额是指企业资产总额年初数与年末数的平均值。

总资产报酬率表示企业包括净资产和负债在内的全部资产的总体获利能力，是评价企业资产运营效益的重要指标。

②资产运营状况指标：

a.总资产周转率，是指企业一定时期内主营业务收入净额同平均资产总额的比值。其计算公式如下：

$$总资产周转率＝主营业务收入净额/平均资产总额$$

式中：主营业务收入净额指物业服务企业当期销售产品、商品，提供物业管理服务等主要经营活动取得的收入减去销售折扣与折让后的数额。

总资产周转率是综合评价企业资产运营效率的一项重要指标，体现了企业经营期间全部资产投入到产出周而复始的流转速度，反映了企业全部资产的管理质量和利用效率。

b.流动资产周转率，是指企业一定时期主营业务收入净额同平均流动资产总额的比值。其计算公式如下：

$$流动资产周转率＝\frac{主营业务收入净额}{平均流动资产总额}×100\%$$

式中：平均流动资产总额指企业流动资产总额的年初数与年末数的算数平均值。

流动资产周转率反映了企业的流动资产的周转速度，进一步揭示了影响企业资产质量的主要因素。

③偿债能力状况指标：

a.资产负债率，是指企业一定时期内所面临的财务风险程度及偿债能力的指标。其计算公式如下：

$$资产负债率＝\frac{负债合计}{资产合计}×100\%$$

该指标是衡量企业负债偿还能力和经营风险的重要指标,一般经验认为不高于 50%,国际上一般公认为 60% 比较好。

b.利息保障倍数,是指企业一定时期的息前税前利润总额与利息支出的比值。其计算公式如下:

$$利息保障倍数 = \frac{息前税前利润总数}{利息支出}$$

利息保障倍数指标反映了当期企业物业经营管理收益是所需支付的债务利息的多少,从偿债资金来源角度考察企业债务利息的偿还能力。

④发展能力状况指标:

a.营业增长率,是指企业本年主营业务收入增长额同上年主营业务收入总额的比率。其计算公式如下:

$$营业增长率 = \frac{本年主营业务收入增长额}{上年主营业务收入总额} \times 100\%$$

式中:本年主营业务收入增长额指企业本年物业经营管理收入与上年物业经营管理收入的差额;上年主营业务收入总额指企业上一年全年物业经营管理收入总额。

营业增长率表示与上年相比,企业物业经营管理收入的增减变动情况,是评价企业成长状况和发展能力的重要指标。营业增长率是衡量企业经营状况和市场占有能力、预测企业经营业务拓展趋势的重要标志。

b.资本积累率,是指企业本年所有者权益增长额同年初所有者权益的比率。其计算公式如下:

$$资本积累率 = \frac{本年所有者权益增长额}{年初所有者权益} \times 100\%$$

式中:本年所有者权益增长额指企业本年所有者权益与上一年所有者权益的差额。

资本积累率的高低体现了企业资本积累情况,反映了投资者投入企业资本的保全性和增长性。

(2)物业管理业绩评价修正指标

修正指标是从多方面调整完善基本指标评价结果的计量因素,是用来对基本指标进行校正的重要辅助指标,它是绩效评价指标体系的第二层次,其主要内容有以下几种:

①财务效益状况修正指标:

a.主营业务利润率,是指物业服务企业一定时期的主营业务利润与主营业务收入净额的比率。它表明企业每单位主营业务收入能带来多少主营业务利润,反映了企业主营业务的获利能力,是评价企业经营效益的主要指标。

b.盈余现金保障倍数,是指企业一定时期经营现金流量同净利润的比值,它反映了企业当期净利润中现金收益的保障程度,真实地反映了企业盈余的质量。盈余现金保障倍数是从现金流入和流出的动态角度对企业收益的质量进行评价,对物业服务企业的实际收益能力进行再次修正。

c.成本费用利润率,是指企业一定时期的利润总额同企业成本费用总额的比率。成本费用利润表示企业为取得利润而付出的代价,它从企业支出方面补充评价企业的收益能力。

②资产营运状况修正指标:

a.应收账款周转率,是指企业一定时期内主营业务收入净额同平均应收账款余额的比率。应收账款周转率反映了企业应收账款的流动速度,采用该指标的目的在于促进企业通过合理制定赊销政策,严格销货合同管理,及时结算等途径加强应收账款的前后期管理,加快应收账款回收速度,活化企业营运资金。

b.不良资产比率,是指企业年末不良资产总额占年末资产总额的比重。不良资产比率是从企业资产管理角度对企业资产营运状况进行的修正。不良资产比率反映了企业资产的质量,揭示了企业在资产管理和使用上存在的问题,用以对企业资产的营运状况进行补充修正。

c.资产损失比率,是指企业一定时期待处理资产损失净额占资产总额的比重。资产损失比率用以分析判断企业资产损失对资产营运状况的直接影响。该指标表明了企业资产损失的严重程度,从企业资产质量角度揭示了企业的管理状况。

③偿债能力状况修正指标:

a.流动比率,是指企业一定时期流动资产同流动负债的比率。流动比率衡量企业短期债务偿还能力,反映了企业偿债能力的强弱。

b.速动比率,是指企业一定时期的速动资产同流动负债的比率。速动比率衡量企业的短期偿债能力,反映了企业流动资产变现能力的强弱。

c.现金流动负债比率,是指企业一定时期的经营现金净流入同流动负债的比率。现金流动负债比率是从现金流动角度来反映企业当期偿付短期负债能力,是从现金流入和流出的动态角度对企业实际偿债能力的再次修正。

d.长期资产适合率,是指企业所有者权益与长期负债之和同固定资产与长期投资之和的比率。长期资产适合率从企业长期资产与长期资本的平衡性与协调性的角度出发,反映了企业财务结构的稳定程度,财务风险的大小以及企业的偿债能力。

④发展能力状况修正指标:

a.总资产增长率,是指企业本年总资产增长额同年初资产总额的比率。总资产增长率可以衡量企业本期资产规模的增长情况,评价企业经营规模总量上的扩张程度,是考核企业发展能力的重要指标。

b.三年利润平均增长率,是表明企业利润的连续三年增长情况,体现了企业的发展潜力,利用三年利润平均增长率指标,能够反映企业的利润增长趋势和效益稳定程度,较好体现企业的发展状况和发展能力。

（3）物业管理业绩评价评议指标

评议指标属于非计量指标，用于定性分析判断，是对计量指标的进一步补充。通过评议指标的分析判断，从外部环境和非财务角度，对计量指标评价结果进行全面的检验、修正和完善。评议指标属于第三层次，主要有以下几种：

a.经营者的基本素质。该指标是指企业领导班子的知识水平、品德素质以及工作指挥、组织能力。

b.基础管理水平。该指标是指企业按照法律法规规定，并与本企业实际情况，在物业管理过程中，形成了一整套管理服务制度和组织体系，保证物业管理健康发展。

c.服务满意度。该指标是指物业管理的消费者（业主或非业主使用人）对物业服务管理的质量、种类、方便程度的心理满足程度。

d.创新能力。该指标是指企业在市场竞争中不断创新保持竞争优势，不断根据外部环境进行自我调整和革新的能力。

e.经营发展战略。该指标是指企业为了不断发展所采用各类战略措施，如：高科技投入、更新设备、资本扩充、机构兼并重组等。

f.社会贡献。该指标是指企业对国民经济和区域经济增长的贡献，如提供就业的机会，履行社会责任和义务以及企业的诚信等。

由于每项指标对企业绩效的影响程度不同，所以应对这些指标分别赋予不同的权数，重要性大的指数权数大些，相反权数就小一些。根据多层次评价指标体系的特点，上述几类评价指标还应分层次分别设定权数。权数设立应根据不同的绩效评价目的而设定，政府开展对企业绩效考评，则各类加权系数应组织专家并结合本地区物业管理特点加以确定；企业自我绩效评价则比较简单，按照企业设定的发展战略确定加权系数。无论是政府还是企业，最终要使指标计分过程规范、简单。

2）物业管理业绩评价的评价标准

物业管理业绩评价标准在整个评价体系中占有重要的地位，没有评价标准，就无法实施具体、公正、客观的绩效评价。一般评价标准分为定量标准和定性标准两类。

（1）定量指标标准

根据物业管理考核评价方便、合理，定量指标评价标准包含基本指标和修正指标的标准计算值，将标准值分为优秀值、良好值、平均值、较低值、较差值 5 个档次，分别表示优、良、中、低、差 5 种水平。

（2）定性指标评议参考标准

定性指标评议参考标准具体用于对评议指标进行综合分析和评定分数。评议参考标准和评议指标一一对应，将每项评议指标分解为具体的内容，通过详细的文字描述，规定每项指标各个级别的边界，指导评议人员正确判断企业各项评议指标达到的水平。定性指标参考评价标准,从高到低分为 A,B,C,D,E 5 个等级。其中 A 表示优秀水平;B 表示良好水平;C 表示一般水平;D 表示较低水平;E 表示较差水平。

3)物业管理业绩评价的方法

物业管理业绩评价的主要方法是功效系数法,用于计量指标的评价计分;辅助方法是综合分析判断法,用于评议指标的评价计分。

(1)功效系数法

功效系数法是根据多目标规划原理,把所要评价的各项指标分别对照各自的标准,并根据各项指标的权数,通过功效函数转化为可以度量的评价分数,再对各项指标的单项评价分数进行加总,求得综合评价分数的一种方法。计算公式为:

$$单项指标得分 = \frac{基础分 + 实际值 - 本档标准值}{上档标准值 - 本档标准值} \times (上档基础分 - 本档基础分)$$

$$功效系数 = (指标实际值 - 本档标准值) / (上档标准值 - 本档标准值)$$

a.基本指标的计分方法。主要依据评价指标的实际值对照相应的标准值,运用功效系数法计算各项指标实际得分。单项基本指标计分计算公式为:

$$基本指标总得分 = \sum 单项指标得分$$

$$单项指标得分 = 本档基础分 + 调整分$$

$$本档基础分 = 指标权数 \times 本档标准系数$$

$$调整分 = \frac{指标实际值 - 本档标准值}{上档标准值 - 本档标准值} \times (上档基础分 - 本档基础分)$$

$$上档基础分 = 指标权数 \times 上档标准系数$$

在每一部分指标评价分数计算出来后,要计算该部分指标的分析系数。分析系数是指企业财务效益、资产运营、偿债能力、发展能力 4 部分评价内容各自的评价分数属于该部分权数的比率。

b.修正指标计分方法。修正指标计分方法的基本原理仍然是功效系数法。它是在基本指标计分结果的基础上,运用修正指标对企业绩效评价基本指标计分结果做进一步调整,以各部分基本指标的评价得分为基础,计算各部分的综合修正系数,再据此计算修正后指标总分数。有关计算公式如下:

$$修正后总得分 = \sum 各部分修正后得分$$

$$各部分修正后得分 = 该部分基本指标分数 \times 该部分综合修正系数$$

$$综合修正系数 = \sum 该部分各指标加权修正系数$$

$$某指标加权修正系数 = \frac{修正指标权数}{该部分权数} \times 该指标单项修正系数$$

某指标单项修正系数 = 1.0 + 本档标准系数 + 功效系数 × 0.2 - 该部分基本指标分析系数

（2）综合分析判断法

综合分析判断法属于定性评价方法，又称隶属度赋值法，它是指评价人员按照评价工作制度的规定，本着独立、客观、公正的原则，利用其已有的知识、经验和分析判断能力，参照评价参考标准，对企业绩效评价指标体系中评议指标所反映的内容及其他相关因素进行广泛、深入的分析研究，并以此形成评判意见，然后对评价人员意见进行综合，形成对评价对象全部情况的总体判断。

综合分析判断法的具体步骤是：

第 1 步：根据评价要求，运用评议指标对影响物业经营管理绩效的相关非计量因素进行深入分析；

第 2 步：根据确定的评价因子内容，做出对企业经营状况的定性分析与判断；

第 3 步：根据评议所考核的内容，由不少于 5 名评议专家，依据评价参考标准判定指标达到的等级，并计算评议指标得分。具体做法是：

a.由评议专家以综合分析判断的方式确定各项评议指标应取等级，确定每个等级对应的参数。

b.将每位评议人员对指标的评分加总，再除以评议者人数，得到各项指标的最终分数。

c.按照以下公式计算每项指标得分。

$$单项指标分数 = \sum \frac{单项指标权数 \times 每位评议人员选定的等级参数}{参加评议的人员总数}$$

参加评议人员选定的等级参数是：A:1.0;B:0.8;C:0.6;D:0.4;E:0.2

d.计算评议指标所得的总分。

$$评议指标总分 = \sum 单项指标分数$$

10.4　物业管理行业服务质量的评价

10.4.1　物业管理行业服务质量评价的重要性及现状

目前，物业管理在我国还是一个处于快速发展的新兴服务行业，尤其是随着近几年房地产业的大规模发展，新建的居住社区越来越多，物业管理在实际操作中也暴露出了种种问题。2006 年中消协公布的投诉受理情况显示，物业管理的投诉增幅达到了 20.9%，位居各类投诉增幅首位。虽然现阶段我国物业管理水平低，但是上级主管部门并没有一套评价系统考评行业的管理水平；业主缺乏一套科学的评价系统来评价、了解服务公司的服务质量；物业服务企业由于没有科学的评价系统，看不到自己在同行业中所处的位置及在不同时期管理水平的变化。

为了提高物业管理水平，推动物业管理行业发展，国家建设部自 1995 年以来开展全国优秀管理住宅小区（大厦）评比，评比标准定为 18 大项 58 个条款。通过物业服务企业申请，各级地方行政主管部门初审，最后由建设部组织有关专家进行现场考核打分，得到优秀成绩的单位才能被评为全国优秀管理住宅小区（大厦）。

国家颁布的优秀管理住宅小区（大厦）的标准，比较全面、系统、规范，既注重内容又注重形式；既检查硬件设施管理，又检查软件服务。按照国家所制定的标准来评比优秀管理住宅小区（大厦），对提高物业服务质量是起到了很大的促进作用。虽然标准是刚性的，但评价结果也取决于检查人员的水平与要求，也会产生偶然机会，这样便使一些人产生了对评价结果的科学性的质疑。因此，建立物业服务质量评价系统，对物业服务质量进行评价、监控和纠正，是形势发展的需要。

10.4.2 物业管理行业服务质量的评价方法

1）模糊综合评价方法

由于物业管理是第三产业，其服务水平随着服务人员不同、时间不同、地点不同会产生差异性。同时，人们对物业管理认识的不同，对物业管理人员的工作理解也就不同。因此采用静止的方法来判定其管理水平容易以偏概全。一些有识之士借用模糊数学，通过动态的、随机的抽样，按照模糊数学方法而求得管理水平较为科学。

模糊综合评价基本原理：

已知 2 个有限论域 $U = (U_1, U_2, \cdots, U_m)$，$V = (V_1, V_2, \cdots, V_n)$，其中 U 是因素集，即由综合评判所考虑的因素组成的集合；V 是评判结果集（或称评价集），即由评判结果所组成的集合。

模糊综合评判的正问题，就是要按照 $B = A \circ R$，从原象 A 和模糊变换 R 去求象 B，其中 A 是 U 上的权数分配模糊子集，它是根据在评判中不同因素重要性的不同赋予的百分比（权数）来确定；B 是评判结果 V 上的模糊子集；$R = (r_{ij})_{m \times n}$ 是综合评判矩阵，它是从 U 到 V 的模糊关系（矩阵），其中 r_{ij} 表示从第 i 个因素的角度考虑，对所评判对象做出第 j 种评价的可能程度。

要想利用模糊数学解决评价问题，必须按照 2 个步骤进行：

（1）两个指标确定

首先，设置权重。由于众多影响物业管理质量的因素对其影响程度因物业本身的情况而不尽相同，如何科学地赋予不同指标以不同权重，是简单评分方法需要改正的，模糊评价方法较好地解决了这一问题。

其次，因素量化。评判中量化定性因素使定性分析过程转变为定量计算，最后综合成一个评价总分，为了解物业管理全貌和优劣提供可靠的数据。数据处理可程序化，模糊综合评判方法严谨、规范，具有可程序化运算的特点。运用现代化手段，可处理大量的采集数据，高效准确。

（2）物业管理公共服务指标评价体系确立（见图 10.2）

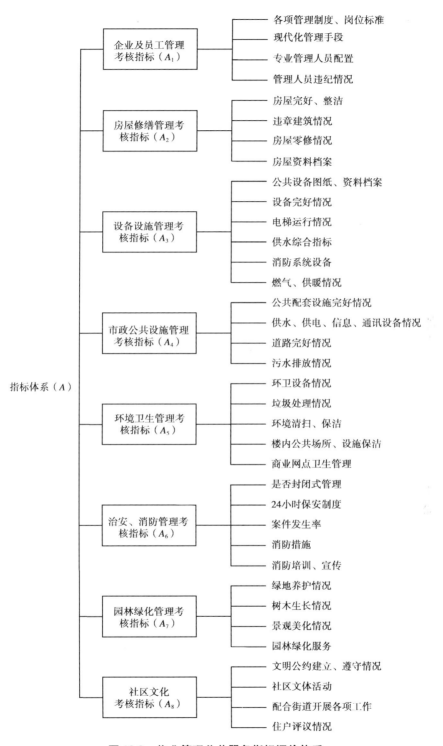

图 10.2 物业管理公共服务指标评价体系

2)综合评价方法

(1)建立评价矩阵及模糊关系矩阵

设评价指标集合 $A = (A_1, A_2, \cdots, A_8) = ($企业及员工管理,房屋修缮管理,设备管理,市政公共设施管理,环境卫生管理,治安、消防管理,园林绿化管理,社区文化$)$。

评语集 $X = ($优、良、中、差、劣$)$,将其对应的行向量设为:$X = (100, 80, 60, 40, 20)$。

对每一单项指标,采取专家组评分方法,专家组每人按照优、良、合格、差、劣的评分方式对各单项指标评议,然后对各单项指标评价结果进行统计,得到各分项指标 $A_i(j = 1, 2, \cdots, 7)$ 的总评价矩阵。

$$E_j = \begin{bmatrix} e_{11} & \cdots & e_{1n} \\ e_{21} & & e_{2n} \\ \vdots & & \vdots \\ e_{m1} & \cdots & e_{mn} \end{bmatrix} = (e_{ij})_{m \times n} (j = 1, 2, \cdots, 7)$$

式中:E_j 表示第 j 项分项指标(A_j)所对应的模糊关系矩阵;e_{ij} 表示专家组对分项指标(A_j)中第 i 项单项指标所做出的第 j 种评价结果的统计数。

(2)确定各层指标权重

对于评价体系中各指标,有的在整个体系中占据重要的地位,有的则次之。因此,为了准确反应各评价指标的重要程度,需要确定各指标的权重。权重确定要采用专家加权统计法。

第1步,专家在彼此隔离的情况下分别填写权重调查表,包括单项指标及分项指标(A_j)的权重,提出专家自己认为最合适的权重。

第2步,进行权重调查、统计、试验。

第3步,按指标权重调查统计表计算权重分配向量。

10.5　物业管理服务顾客满意度评价

10.5.1　物业管理服务顾客满意度评价的意义

随着人们对物业管理服务质量要求越来越高,物业管理质量纠纷也日益成为人们关注的焦点。由于物业服务企业不能正确获得业主对物业服务企业的满意程度的准确评价信息,致使物业服务企业常常误判形势,做出的改进措施得不到业主的回应,甚至于还激化矛盾,这对物业公司提高物业管理服务水平,客观上造成了较大的困难,也降低了物业服务公司提高物业管理服务水平的积极性。因此,作为物业服务企业必须掌握准确测评业主满意度的科学方法。推行物业管理服务顾客满意度评价对物业服务企业和业主都有重要意义。

①可以深度分析顾客对企业(项目)的期望和要求,为物业服务企业建立以顾客为中心的服务策略和质量改进措施提供决策建议。

②可以帮助物业服务企业识别影响满意度的因素及各因素的作用强度,改进服务质量,提高员工的服务观念,提高业主对物业服务的满意率和满意度,提升业主对物业服务企业(项目)的忠诚度,从而提高物业服务企业(项目)市场份额,改善物业服务企业的经营绩效。同时,较高的顾客满意度也会成为物业公司的重要无形资产。

③通过建立物业服务顾客满意度指数系统,进行物业服务满意度发展预测,可以增强物业服务企业抗风险能力,为物业服务企业可持续发展提供战略保障。

10.5.2　顾客满意度测评方法

1)顾客满意度及测评方法

顾客满意(Customer Satisfaction,简称 CS),也可译为用户满意,是指顾客认为供应商已达到或超过他的预期的一种感受,顾客满意度就是对用户满意的定量描述。

随着物业管理行业市场竞争加剧,以及业主对物业管理服务质量需求的日渐提高,如何让顾客满意,进而建立顾客忠诚为当前物业服务企业经营的首要目标,而运用科学、客观的方法度量顾客的满意程度也就成为企业乃至市场的迫切需要。基于此,国内一些专家学者开始致力于对国内外相关满意度理论与技术研究,结合物业管理行业实际情况,创建了物业管理满意度指数测评方法。目前,关于顾客满意度评价的方法很多,但主要还是以国际上流行的顾客满意度理论为基础的、通过定性指标和定量分析来评价业主的满意度,其方法主要有物业管理顾客满意度指数(CSI)测评法和物业管理顾客满意度(CS)测评法。物业管理顾客满意度指数测评法是由国内学者刘思平[1]提出的,他应用这一方法于 2001—2003 年在上海市物业管理行业开展了一系列测评活动。该方法简单易行,也是行业内普遍采用的顾客满意度测评方法。阮连法、翟东、黄秦波[2]等创立的物业管理顾客满意度测评法考虑了各指标在测评中是否关键性因素,采用权重来测算指标的相对满意度程度,从而可以更准确测评顾客满意度。

---

[1]刘思平.物业管理顾客满意度指数(CSI)测评体系研究——以上海市 2001—2003 年物业管理顾问满意度测评为例[J].现代物业, 2004(5):61-63.

[2]阮连法,翟东,黄秦波.住宅小区物业管理顾客满意度研究[J].中国住宅设施,2004(4):14-17.

2)物业管理顾客满意度指数(CSI)测评法

顾客满意度指数(Customer Satisfaction Index,简称 CSI)是指顾客在购买某产品和服务过程中或购买后的心理感知与购买前的心理期望相比较后得到的一函数值。物业管理顾客满意度指数测评体系作为一种新的评价工具,有助于真实了解和把握顾客需求和愿望,为评价物业服务质量和水平提供了量化指标,为物业服务企业持续改进和提高服务质量提供了客观依据。

(1)建立顾客满意关系理论模型

物业管理顾客满意度指数测评体系的理论模型(见图 10.3),包括输入和输出变量两个部分内容;输入变量包括客户对产品质量的感知,顾客对服务质量的感知,以及顾客对产品/服务质量的期望等,这些输入法变量引致出多个输出变量,如顾客满意度指数,顾客抱怨以及顾客忠诚,形成理论模型的输出变量。不难看出,此模型各个变量(指标)相互关联,成为一个整体逻辑结构。借助于计量经济学中的有关方法,将这些逻辑要素转换为数学模型,再将测评的有关数据输入些模型,便可以计算出顾客满意度指数。

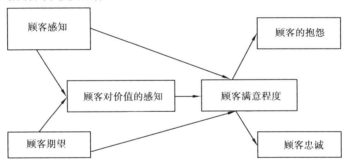

图 10.3　物业管理顾客满意关系模型

(2)设计物业管理顾客满意度评价指标体系

在建立顾客满意关系理论模型之后,接着要设计测评目标物业项目类型的顾客满意度评价指标体系。指标体系是进行问卷设计的前提和基础。根据物业管理相关法规、条例,结合物业服务企业和业主委员会的意见确定物业管理顾客满意度指数测评的指标体系。

依据定性与定量相结合的原则,问卷内容设计为两部分:第一部分统计业主的基本情况,如联系电话、性别、对物业管理规约的了解、对物业管理合同的知晓情况、对业主委员会成立与否的了解等共计十几个问题,以方便对测评结果的分析;第二部分作为测评的核心,调查顾客对物业管理服务质量与水平的评价。在指标体系的基础上,设计出一系列问题,作为顾客满意度指数的数据来源。

根据不同物业类型,应设计不同的问卷调查表。

　　以某住宅小区为例,从物业管理服务的各项内容入手,通过收集了一些业主投诉方面的资料,初步确定一些影响业主满意度的因素。之后通过征询业内人士、专家学者的意见,并采用拦截调查的方法调查了部分业主的意见。经过整理综合,建立了某小区物业管理顾客满意度评价指标(见图 10.4)。

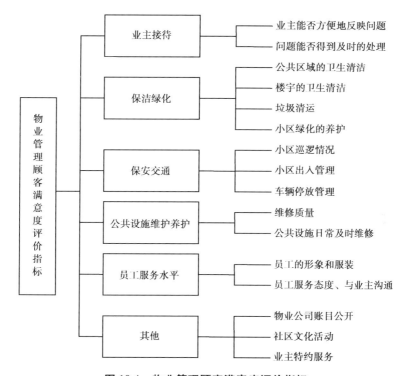

图 10.4　物业管理顾客满意度评价指标

　　(3)确定指标的评价标度,设计顾客满意度调查问卷

　　顾客满意度是一个模糊特征,顾客满意与否是一个模糊的观念,除非物业管理服务非常好或特别差,通常对服务的评价是模棱两可的。通常采用等级标度法表达,如 5 等级标度、7 等级标度或 9 等级标度等。在计算顾客满意度指数过程中,利用满意度期望值的概念,求出每个因素的顾客满意度在区间[0,1]的映射。映射值介于 0 和 1 之间,再乘以 100,即为顾客满意度指数(CSI)。

　　顾客满意度调查问卷设计时,通常为 5 级度。5 级度的评价集为(不满意,较不满意,一般,较满意,满意)等级向量,[0　0.25　0.50　0.75　1.00]如图 10.5所示。

图 10.5　顾客满意度评价标度

（4）顾客满意度指数与满意率比较

满意率是指在一定数量的目标顾客中表示满意的顾客所占百分比。在统计过程中,满意率的计算是以顾客感知为基准,等级达到五级（满意）、四级（比较满意）、三级（一般）的感知率累加得到的。

顾客满意度指数和满意率都是用来测量顾客满意程度的方法,但是二者是有区别的。例如:现对某住宅小区随机调查 100 位业主,了解他们对保洁工作的满意程度,并用计量经济学的方法来处理统计数据。调查结果显示,顾客满意率为85%。顾客的满意度指数为 58.75。进一步可以看出,在 85% 的满意顾客中,各自的满意程度是不同的。因此,用顾客满意度指数的测评方法来处理多变量的复杂总体,能够全面、客观地度量顾客的满意程度。

3）物业管理顾客满意度（CS）测评法的关注点

（1）考虑了影响物业管理顾客满意测量准确性的关键因素

物业管理顾客满意关键因素的确定受很多方面的影响,如果从更准确的角度测评顾客满意度,还不能仅仅通过比较各项服务的满意度来确定,因为它们的重要性即权重是不同的。可以按以下方法确定:其一是对于满意度评价没有达到一般水平或明显低于其他服务的可以认为是关键因素。其二是对于满意度比较接近的,可以采用满意度和权重的比值（不妨称为相对满意度）来衡量。相对满意度综合考虑了满意度和重要性,与满意度成正比,与权重成反比,即相对满意度＝满意度/权重。如果某项服务满意度低,重要性高,其相对满意度就越低,人们的需求就越没有得到满足,因此相对满意度低的服务是关键因素。

（2）绘制顾客满意"风向图"

物业服务公司可将不同时期测得的结果绘制在同一张"风向图"上,以做比较。如某小区管理满意度测评,确定了一级指标满意度较低的"员工服务水平"、"公共设施维护养护"作为关键因素,再对它们的二级指标的满意度和相对满意度进行分析,发现二级指标"维修的及时性"、"维修质量"以及"员工服务态度"、"与业主的沟通"相对满意度都较低,尤其是"与业主的沟通",因而确定这些指标为关键因素。据此,可以绘制出顾客满意"风向图"（见图 10.6）,它们是制约顾客满意度提高的主要原因。

〔简要回顾〕

本章从宏观到微观,具有层次性地介绍了物业管理服务评价的几个不同层面的评估方法,给予一个全面的评价视角,有利于客观公正地评价物业服务水平和质量。为政府、行业、企业和业主提供参与。

首先介绍了对物业管理行业发展水平进行评价的意义及评价方法、评价内容;

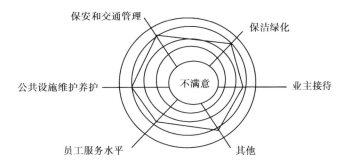

图 10.6　顾客满意"风向图"

其次从实证角度对物业管理行业在房地产行业发展水平和自身的生存状况等角度进行了评价;接着分别对物业服务企业服务质量评价、物业服务企业业绩评价、物业管理行业服务质量评价和物业管理服务客户满意度评价的意义和方法进行了详细介绍。

〖**案例碰撞**〗
五大问题困扰物管业主满意度调查

在我国物管行业,从 20 世纪 90 年代起,一些企业已开始陆续将业主满意度调查方法导入业主关系管理,并取得了较好的成效。尤其是从 2000 版 ISO 9000 族标准提出"以顾客为关注焦点"等八项质量管理原则,把顾客满意作为对质量管理体系业绩的一种测量方法以来,业主满意度调查更日益成为物业管理行业普遍采用的一种管理技术手段。企业自行组织的满意度调查方式是绝大部分物业企业目前采用最多的调查方式。这种满意度调查存在以下 5 个问题。

一是隔靴挠痒。调查目的或是单纯为了满足 ISO 9000 管理体系的要求,或是为了在形式上满足业主的维权知情需要,或是为了给上级粉饰太平。调查结果与项目的目标责任管理不挂钩,调查中业主提出的投诉不处理,合理化建议不采纳,整个调查工作游离于企业的营运体系之外,满意度调查纯粹成了一种应景之为。

二是瞒天过海。虽然不是普遍现象,但在实际调查过程中确有极少数操作人员程度不同地存在造假行为。轻则代业主、住户填写调查表充数,或在汇总时肆意修改原始数据,有时甚至在撰写最终调查报告时虚造数据,以求达到欺上瞒下,鱼目混珠的目的。

三是故弄玄虚。主要表现是调查采用的指标体系繁复庞杂,向外发布的统计报告故作深奥,不仅一般业主或公众不知所云,就连一些专业人士看到这些指标和报告时也感到如坠云雾之中,不得其要领。

四是劳民伤财。再好听的山歌,听多了也有感到乏味的时候。调查中大家普遍反映,企业开展业主满意度调查的频次设定要科学。如果一年中多次展开调查,对企业来说"伤"了自己的财,业主也不堪其累,甚感其"劳",结果只能是事与愿违。

　　五是闭门造车。由于满意度调查容易触及企业的一些"内情",个别单位不愿意"外人"介入调查过程,这样就容易导致普遍存在的闭门造车现象。于是在实践中就出现了一种众人皆知的奇怪现象,虽然各企业的满意度调查搞得红红火火,但大家都不知道别家是如何操作的。急需创造一个沟通交流平台。(摘编自 http://www.wygls.com)

　　互动话题:

　　1.满意度调查的目的是什么?

　　2.如何看待业主满意度调查对物业服务质量的影响?

　　3.针对材料反映的情况,请提出改进业主满意度调查的措施。

第 11 章
物业分类管理

【重点关注】

物业分类管理 不同物业类型的管理理念 主要问题
解决途径与方法

11.1 物业分类管理概述

11.1.1 物业分类管理及其意义

1)物业分类管理的含义

物业分类管理是指物业服务企业为了实现物业管理服务活动的满意目标,根据不同类型物业的性能、特点及其变化,业主和物业使用人的需要,以及物业管理工作的资源条件情况,运用现代物业管理方法、手段,开展有针对性的、专门化的物业管理活动。专业物业管理作为一种企业化的方式开展的物业公共事务管理,应在保持物业功能的正常发挥的前提下,始终以满足业主及物业使用人的需要为主旨。为达到这一目的,物业服务企业必须对物业及房地产、管理科学等相关学科领域的变化有敏锐的察觉和恰当的应对,只有这样才能不断满足业主及物业使用人的需要,从而使物业服务企业在激烈的物业管理市场竞争中取得成功。

2)物业分类管理的意义

现代物业的特点是人类社会发展对物业构建的要求与作用的结果。物业服务企业在实施对物业的管理过程中必须考虑这些特点,多样性、复杂性、动态性的物业在管理上必须采取分类管理的方法进行具体化的管理。从物业服务的角度有一个服务专业化和社会监督的问题,从政府管理的角度有一个分类指导的问题。

337

(1)有利于政府对物业行业的分类指导与管理,促进物业管理行业的健康发展

物业服务企业作为为业主提供公共服务的组织,替代了部分政府的社会职能。因此,政府也应当制定各种适用于不同物业的物业管理法规,来规范物业企业的行为,从而有效地保护业主的权益。国外非常重视政府对物业企业的指导与规范。在澳大利亚,从事物业管理的企业必须有管理牌照,从业人员必须具备相应的专业知识和技能。由于物业分类较多,不同种类的物业有不同的特点,这就需要有不同的法律知识和专业技能,所以就产生了不同的物业管理牌照。例如:持居民住宅牌照的不能管理商业办公楼,而持工业用房牌照的不能管理购物中心大楼等。另外,这些物业服务企业或物业代理也受到政府监督和检查,若发现有违纪违法行为,将受到不同形式的处罚和制裁,如罚款、吊销或暂停牌照,严重的甚至会判刑。我国过去的物业分类指导与管理都是由地方政府来进行的。《条例》颁布实行后,随后又有《住宅小区物业管理公共服务等级指导标准》等一些指导不同类型物业的政策出台。随着我国物业管理行业的发展,各级政府对物业分类管理将越来越重视。

(2)有利于根据不同物业的不同特点细分物业服务市场,开拓物业服务业务的空间

目前,国内物业服务企业的业务范围受到房地产开发商开发重点在住宅及商业地产的影响,以及传统的政府房屋管理思想的影响,在物业类型上主要从事居住物业管理和部分商业物业管理,特种物业管理中政府、学校、医院物业也开始涉足,而众多的工业物业则进入较少;在服务业务方面主要从事物业综合服务、公共事务管理等业务,而很少涉足资产管理等高端领域。随着《条例》等深入贯彻,"分业经营"体制和"分开运营"模式将推进物业服务市场化进程,物业服务市场细分越来越细化,必然推动物业分类细化管理进程。

(3)有利于促进物业服务科学分工,推动物业服务企业服务的专门化和社会化

物业管理属于服务型行业,它的基本职能就是为业主、住户提供物业管理服务。如何履行合约,为业主提供优质的物业管理服务?关键是自身的实力。将企业的发展与为业主提供优质服务结合起来考虑,就是要通过加强物业服务企业内部管理,通过服务专门化,提升物业服务质量,来实现业主个性需要。由于物业管理服务几乎囊括了全部社会群体,服务项目和内容之广几乎没有边际。因此,在物业管理过程中,一方面服务项目与范围必须有约定,另一方面物业服务的质量必须有保证。要达到这一目的,物业服务企业就应把物业细分,并由专业公司、专业的人员、专门的物业体系来为业主提供个性化的约定服务。同时,政府部门、物业所在地的基层政权组织,如街道办事处、居民委员会及相关组织应协助业主或业主委员会建立健全物业服务质量监督体系,确保业主利益,规范物业服务企业的管理与服务行为。

11.1.2　现代物业主要类型

目前,现代物业的类型主要是从物业的用途来划分的,有四大类型:居住物业、工业物业、商务物业、特种物业等(见图 11.1)。

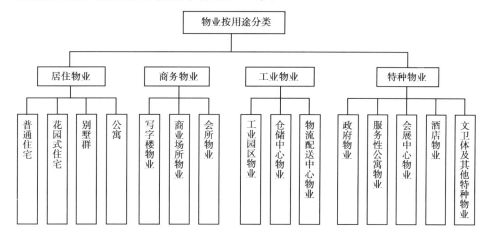

图 11.1　物业的分类

(1)居住物业

居住物业是建立于土地之上供人们生活居住的建筑物。现代居住物业多为房地产商品,它主要包括普通住宅、花园洋房、公寓、别墅等。

(2)商务物业

商务物业或商用物业是商务场所,它必须具有经营性、公众性和服务性特征,主要包括写字楼物业、商业场所物业、会所物业等各类用作商务的物业。美国学者罗伯特·C.凯尔等认为商用物业是一种私有但为公众提供商品、服务、设施和场地的场所,包括多种不同的收益性房地产,如办公楼宇、购物中心、百货商店、加油站和停车场等。

(3)工业物业

工业物业就是指所有用于或适合于开展工业活动的场所,包括土地、建筑物及其辅助设施。具体来说包括土地及其上面的用于轻重工业生产的所有设施,如重工业房地产、轻工业房地产、厢房式建筑、仓储设施、小型仓储室群、工业园区等物业。

(4)特种物业

特种物业是指除居住物业、商务物业和工业物业以外,有必要运用物业管理的方法实施管理的物业,主要有政府物业、酒店物业、服务性公寓、会展物业、文卫体物业以及其他物业等。具体来说如政府机构所在地房屋设施、酒店旅馆、俱乐部、游乐场、老年公寓、学生公寓、剧院、学校、寺院等都属于特殊用途物业。它们的共同特点是这类建筑被设计用来从事与其性质一致的特殊事业。

11.1.3 现代物业分类管理的趋势

现代物业的多样性、复杂性和动态性特性，以及物业服务企业化、现代化、专业化的要求，决定了物业管理工作的分类管理、细化管理的必然趋向。但从理论上讲，物业管理的分类管理要求是由物业管理激烈的内部市场竞争、行业的社会分工发展和物业管理日益社会化趋势决定的。

（1）物业服务市场细分化

这主要是由于物业类型和物业本身的特殊性决定的。物业产权人的个性需求随着社会进步越来越多样化是物业服务市场需求量的增长和需求类别的增加的根源，与此相伴的物业服务企业在市场竞争中，必然会不断追求物业服务市场细分化。物业服务企业通过措施降低管理成本增加收益已经没有多少空间，而通过提升专业素质和资质水平，创建优质服务品牌来不断在物业细分市场上开拓新业务，从而增加收入、增强实力，成为众多公司的首选经营战略。

（2）物业管理专业化与专门化

物业管理作为服务行业的新兴产业，竞争激烈，导致专业化的社会分工迅猛发展，物业分类管理成为必然要求。社会生产力的发展，社会分工越来越细，趋向于专业化，而这种专业服务的对象不是针对某一企业或行业，而是面向整个社会。社会产生服务的内容只有向专业化方向发展，服务水平才会有很大的提高，服务效率才能不断上升。物业分类也必须走向专业化发展的道路。物业管理行业虽然其社会分工发展起步晚，但发展较快。物业服务企业开展对这些细分市场的物业分类管理技术活动必须要有必备条件作为前提，主要是专业人才和技术手段。由于物业管理所涉及的领域颇为广泛，包括经营、管理、服务、维修、市场营销、财务等方面，因此物业管理人才需求是多元化的，目前某些单项人才过剩，而懂物业管理与服务的复合型人才奇缺，专业公司特别是高端服务的专门机构、团队缺少。物业分类细化管理将推动专门人才的培养和专业公司的发展。

（3）物业服务个性化与管理的精细化

首先是社会进步人们素质提高，物业服务需求越来越细化，加上收入持续的增加也支持个性化物业服务需求，从而推动物业服务新领域的开拓。其次是物业管理的社会化，使全社会参与、监督物业管理事业，业主自治意识和能力增强，业主委员会代表业主来参加管理，进行监督，反映他们的意见和要求，在维护他们自身的合法权益方面更加细致；物业服务企业唯有实施精细化的管理，摒弃粗放管理，才能不出现管理服务差错，才能满足业主要求。

11.2　居住物业管理

11.2.1　居住物业及特点

1)居住物业

居住物业是通常意义上的住宅房屋,是指建立于土地之上供人们生活居住的建筑物。但从房地产业的角度来看,居住物业是与土地密切相关的,是满足人们以居住为主要使用功能的房地产商品,主要包括普通住宅、花园洋房、公寓、别墅等,并以一定的聚落作为其分布特征,如农村中的村落,城市中的住宅小区等。随着人们对生活质量的不断追求,附属的设备、设施和环境必然是居住物业不可缺少的组成部分。具体地说,居住物业是指可供人们正常居住的房屋及其附属设施、场地。这里必须明确,居住物业又绝非我们通常讲的居住房屋,即使将来人类的居住水平、居住条件和环境越来越好,但社会差别总会存在,生活水平的高低、居住条件的优劣有明显区别,所以居住物业应是包括不同结构类型、消费档次、服务需求的各种以满足栖身、休养、休闲以及其他相关功能的房地产物业的统称。

居住物业是物业的基本类型之一,也是目前物业管理业务覆盖面最广的业务类型。运用物业管理的政策、理论、方法和技术手段,根据住宅小区的特点组建物业管理机构,开展针对性的物业管理活动,不仅是住宅小区自身居住功能的要求,同时还是营造优良的人居环境、实现城市总体规划的重要组成部分。

2)居住物业的特点

居住物业的特点与其他物业的特点在某种程度上是一致的。这里所谓的居住物业特指住宅小区物业,因而有它的个性;又由于特指小区,因而更注重物业的整体性。

(1)配套设施完备

住宅小区由于占地面积广,建设规模大,人口居住条件集中,配套项目、设备复杂,因此,建设开发要求统一规划布局,要按照"统一规划、合理布局、因地制宜、综合开发、配套建设"的原则,在具体位置、分布范围、占地面积、建设类型、市政工程建设、交通道路、公共服务建设的规模和构成方面,体现城市的特质、特点、规模和规划布局要求。

(2)住宅结构的系统性

住宅小区的房屋是以住宅为主体并与相应的各种服务用房、锅炉房、区内的建筑小品、道路、绿化等配套建设组成统一的整体;住宅小区地上建筑和地下设施组成一个整体;同时,住宅大多是多层连接,即使分幢、分门,其楼宇的公共设施也是系统配套;上下水、煤气、电力、电缆以及各类检查制度及活动构成一个完整的网络系统。

（3）使用功能多样性

住宅小区按照城市规划管理和居民生活水平提高对居住环境改善的要求,以住宅楼宇为主体,配有商业、文教、卫生、服务、金融、邮电、治安、行政等各类机构,小区内日常生活和工作所需要的基础设施成龙配套,气、电、暖、水、一应俱全,庭院绿化、娱乐场所、卫生清洁、道路交通、小区美化面面俱到,使住宅小区成为一个功能多样、整体协调、全面动作的有机系统。

（4）产权归属多元性

住宅小区建设面积大,吸纳人口多,面向整个城市居民,只要符合购买、租赁转让、调整、继承等条件的城乡居民,均可通过合适的方式和合法的手段住进小区。这样,就使住宅小区内房屋的产权结构出现一个极为突出的特点,即一个小区或一幢楼房有可能是几十家单位或众多的个人产权。

（5）物业区域的现代社会性

居住小区的居民由于来自城乡四面八方、各行各业,人口来源、成分较为复杂,小区居民构成在职业特征、文化素养、传统习惯、生活方式等方面存在较大差异,使小区有明显的现代社会性,各种方言和信仰复杂化,社会活动、经济活动多样化,户型结构相对缩小,血缘关系不甚密切,人际关系较松散。

同时庞大的生活小区形成较为集中的生活资料的需求,成为有良好消费基础的相对封闭的经济圈。居住物业还是一种资产,它可以给产权人带来收益,如资产保值增值、租金,或给使用人带来效用,因此物业的经济性是非常明显的。

（6）居住环境的品位性

现代居住小区特别重视环境保护与环境的优化。倡导绿色经济、低碳生活,追求生活环境的品位性。除各具特色的人文气息、建筑景观外,小区绿化、环境卫生都相对较好,楼内住宅的美化、优化、净化与楼外环境的美化、净化融为一体。

11.2.2　居住物业管理理念

1）居住物业管理的含义

居住物业管理是对居住物业小区内的房屋建筑、市政公用设施的维护、修缮、公共卫生、交通、治安、市场以及环境容貌的维护与整治,是通过实施管理法规和制度,对社区居住活动和行为关系、居住习俗进行制约、调节、领导、监督和服务,协调各种社会关系,从而使居民的居住行为的规范、有序化。对居住物业实行企业化的物业管理,对确保居民的合法权益,加快城市建设,提高人们居住生活水平具有重要作用;对稳定基层社会,促进社会文明、进步、发展具有更重要的现实意义。

2）居住物业管理理念

（1）"寓经营于管理之中、寓管理于服务之中、寓服务于经营之中"的理念

居住物业管理是一种牵涉面很广的服务性工作，它既要做好公共管理服务工作，如管理好住宅小区的房屋及附属设施设备，引导人们居住行为的规范化、合法化，又要利用物业区域公共资源为业主提供经营性服务。这就需要物业服务企业正确处理管理、服务、经营的关系，将三者结合起来，寓经营于管理之中、寓管理于服务之中、寓服务于经营之中。只有这样，才能协调好各种社会关系、妥善处理好各方利益。

（2）"业主为本，服务满意"的理念

业主需求是物业服务产品提供的前提，物业服务企业的服务工作必须树立"业主为本，服务满意"的理念，以业主为本体现了"以人为本"的管理理念，就是考虑业主意愿，尊重业主的人格，以满足业主需要为主旨，来实现自身的经营目标和企业发展。在这一理念下，虽然物业服务企业与业主及物业使用人之间是平等物业服务交易关系，但是业主是物业服务需求主体，物业服务企业是物业服务的供给主体，物业服务交易的实现要以需求主体的满意为基础，物业服务企业的应在服务好业主及物业使用人的基础上考虑自己的利益。

（3）"专业管理与自我管理相结合"的理念

随着科学技术的发展和人们生活水平的提高，城市居用建筑水平在不断提高，其中涉及的专业设备、设施和技术也越来越多，要求对它们进行专业化的管理，使一个住宅小区内的房屋及设备管理能够按照统一方针政策、统一管理标准、统一规章制度、统一组织维修更新，提高房屋及设备管理质量，使之达到科学化、正规化、制度化的高层次水平。物业服务企业在进行专业管理的同时，必须依靠业主和居民的参与，特别是利用业主自治与居民自治的力量，共同遵守公德与法规，参与管理、整治、建设小区的活动，促进社区和谐发展。

（4）"以物业保值增值为经营管理中心"的理念

居住物业管理，一方面在"保本微利，公平合理"的原则下，按照"谁享用、谁受益、谁负担"的原则，由享用人、受益人分担住宅小区的管理经费；另一方面，从保值增值这一业主最关心的问题入手，通过延长物业使用寿命、良好经营管理理念和物业服务企业的管理品牌效应实现保值增值。这一理念是遵循物业市场价值规律的体现，它不仅反映了物业管理服务的内容与要求，而且抓住了利益驱动这一中心问题，提出了物业管理要实现的目标和任务。

（5）"人、物并重，由人及物"的理念

如果说"业主为本、服务满意"的理念是为了解决物业服务企业与业主之间的关系的话，那么"人、物并重，由人及物"的理念则是解决对人服务与对物管理的关

系。物业管理最初强调的是对建筑物及设施、设备的管理,香港和台湾地区至今仍然保留着建筑设施维护管理公司这一名称,在国际上也有国际建筑设施管理协会(IFM)。这些都是只体现了对物的管理。但物业的所有者是人,物业管理的根本目的是为业主及物业使用人服务,中国存在大量的区分所有权建筑物,对人的服务是一大特色。"由人及物"不但将物业管理的内容说全了,而且符合现代管理重视人的趋势。"以人为本"的服务理念就是要提供充满亲情和亲近感的服务,根据业主不断增长的需求状况,尽可能地为业主提供更多的服务,并把业主的评价作为物业管理服务状况的主要依据。

(6)"人人平等,增进和谐"的理念

住宅物业服务绩效更多体现在员工的服务细节上,也取决于业主及居民的评价,"人人平等"有利于激发员工积极性,改善物业服务企业员工在业主心目中的形象。这不但会提高员工的服务质量,也会增加业主的满意度,增加双方的理解,促进关系和谐。物业服务企业也应在企业内部和物业管理工作中体现人人平等的理念,必须按照平等的要求对待其委托人、顾客和下属,制定岗位责任制和行为规范要体现平等理念,并要求员工共同遵守。

11.2.3　居住物业管理关注的主要问题及解决措施

目前,居住物业管理服务成为大家比较关注的物业服务领域。居住物业是物业服务企业进驻最早的物业类型,也是物业服务经验最丰富的物业管理类型,目前物业服务水平和质量较之初期有很大的提高,人们也基本上是从居住物业管理服务开始认识物业管理、理解认同物业管理服务,物业管理行业也由此成为朝气蓬勃的新兴产业。但是物业管理行业的一些带有普遍性的问题也是从居住物业管理服务中表现出来:在屡屡见报的物业管理纠纷案件大多是居住物业,矛盾激烈的时候甚至出现大打出手、集体上访、诉诸法庭等现象。居住物业管理中存在的问题已经成为影响社会和谐、城市文明和民生目标达成的重要问题。必须正视问题的存在,找到问题的根源,有效解决之,才能为物业管理行业的健康发展,物业服务企业的正常经营和业主正常的生活、工作创造良好的环境。

1)当前居住物业管理服务中存在的主要问题

(1)开发商遗留或关联性问题较多,物业管理服务活动陷入被动局面

比较突出的问题有:擅自变更规划、不按标准要求建设配套设施、建设质量不合格、销售面积缩水、承诺的事项不兑现、对待业主的正当诉求处理不当,等等。这些问题待业主入住后逐步暴露出来。诸如原来规划的绿地变成了建筑物,永久用水用电没有配套,房屋墙体开裂、漏水,房屋实际面积小于购买面积,公交线路安排承诺不兑现,动用保安破坏业主大会召开甚至动手打业主等。这些问题或因物业

公司与开发商串通一气,或因开发商的"消失"而长期得不到解决,致使业主和非业主使用人迁怒于物业服务企业。据调查,在全国 22 个大中城市中,由此引起的纠纷平均占各类纠纷总数的 50% 以上。物业服务企业整天忙于纠纷的处理,物业服务活动举步维艰。另据中国质量协会、全国用户委员会公布的 2007 年度全国住宅用户满意度测评结果显示,我国住宅用户满意度测评 7 年以来首度出现下降。2007 年住宅用户满意度指数为 66,比 2006 年降低了 5.8。住宅开发企业诚信度低,全国平均得分为 64,其中广州地区得分最高为 73,而北京地区得分只有 57[1]。

（2）物业服务质量与收费不对等,物业纠纷不断,困扰物业管理服务

物业服务质量不到位体现在许多方面。首先是服务收费高、财务不透明。《条例》第 41 条明确规定,物业服务收费应当遵循合理、公开以及费用与服务水平相适应的原则,应区别不同物业的性质和特点,由业主和物业服务企业按国务院价格主管部门会同国务院建设行政主管部门制订的物业服务收费办法执行。但实际上物业收费基本上是由物业服务公司说了算,业主只能被动接受。由于大部分小区都没有成立业主委员会,这一问题要比想象的情况严重得多。其次是物业服务质量差,达不到物业服务合同约定的要求,导致业主不满意,达到有业主以拒缴物业管理费来抵抗。据上述 2007 年度全国住宅用户满意度测评结果显示,住户对物业服务诚信度的较低评价以及感知质量普遍低于期望值,拉低了满意度指数的得分。物业服务突出问题主要表现在:环境与秩序维护不到位、小区混乱,安全性差、服务不及时,服务态度差,社区内商业网点管理与车位管理不到位、民主化管理不够等。如小区停车难、乱停车,私搭乱建、野蛮装修;家庭装修期间,物业公司对装修公司缺少管理措施,小区道路、公共部位等处建筑材料、垃圾堆放杂乱,影响居民出入;非改居、居改非、群租等现象突出,严重影响居民生命财产安全,干扰居民的休息。再次是物业服务企业经营管理活动中侵害业主权益。主要是物业区域的公共资源经营收益被物业公司私自占有,如公共场地、设施、公用部位的出租经营收入被物业服务企业占为己有。第四是物业服务人员综合素质参差不齐,普遍缺少受过专业训练的专业技术人才。一些物业服务人员服务意识不强,业务素质不高,服务被动、不专业,往往成为投诉的热点。许多物业服务企业缺少运作和经营项目专业的管理人员。例如,对建筑物及附属设施的维修、养护、改造和更新,物业公司缺少运作和经营该项目专业的管理人员;保修、保绿、保洁、保安等"四保"人员技能水平低。例如,保修方面,保修人员对科技含量较高的设备设施没有能力去维修。

（3）业主消费观念未转变,物业纠纷不断,制约了物业服务正常运作

物业管理服务虽然首先在居住物业管理领域推行,但人们的物业服务消费观念并未因此而发生很大变化。由于物业服务行业的发展是随着住房制度改革而逐

---

[1]陆昀.质量"通病"依然存在物业服务成突出问题[N],中华工商时报,2008-05-05.

步发展起来的,在住房制度改革前,广大居民住的是单位的房,大家享受的是"免费的午餐"。由于物业服务行业发展的时间不长,广大业主的观念还没有发生根本的转变,加上媒体上出现的"业主至上"、业主单方面"维权"的片面宣传误导。于是,一些业主总想着"免费的午餐"或者总想以最少的付费,得到最好的服务。这种消费观念,造成了物业服务的种种困境:一方面,业主认为只要付了费,所有的服务都要免费提供,诸如房间内的维修事宜等不属于物业服务范围的事项也要求物管公司免费提供,如果物业服务公司不免费提供,则以不交物业管理费相威胁;另一方面,从20世纪90年代后期至今,物价指数上涨了许多,物业服务企业的人工成本已经翻了几番、公用设施设备维护所需的材料等一切服务活动的成本都上涨了很多,但服务单价一直得不到调整,物业服务企业为维持经营,只能降低服务质量,而服务质量的下降,又会引起业主与物业企业更多的纠纷,从而形成一种恶性循环。在广州地区,越来越多的物业服务企业炒业主"鱿鱼",与广大业主的消费观念未转变是有内在联系的。问题还不仅如此,即使少量成立业主委员会的小区,业主委员会的主体资格的缺乏及运作的不规范,同样也使物业服务活动陷入困境。《物权法》和《条例》均未明确业主委员会的法律主体资格,一方面由于业主委员会缺失主体地位,使得不良物业服务企业做出侵害业主利益的行为时,业主委员会要替全体业主进行维权变得十分困难;另一方面,同样由于业主委员会缺失主体地位,使得部分不良业委会成员假借业委会的名义而实为个人谋私利时,势必会损害物业服务企业或绝大多数业主的利益,而物业服务公司或业主要维权时同样十分困难。于是少数业主委员会成员不是为广大业主服务而是热衷于挑起物业服务企业与业主之间的矛盾,甚至引发业主之间纠纷;个别业委会成员打着维护业主权益的旗号,利用手中的职权牟取私利,向物业管理服务企业索要钱物、指定维修工程发包单位拿回扣、要求安置亲属的工作、要求免交物业管理费等。这种业委会主体地位的不明确,运作的不规范,使得业委会内部、业委会与物业服务企业、业委员与业主之间的矛盾不断激化,严重地影响物业服务活动的正常开展。

(4)政府作为不够,行业企业自律能力有限,使物业服务活动秩序较为混乱

这一问题主要表现在以下几个方面:

第一,物业管理立法上,虽然近些年物业管理法律法规出台不少,但存在事后立法,法律不完善,法律抽象操作难,缺少适应分类物业管理需要的法律法规,致使许多问题已经成为棘手问题才关注,解决起来牵涉面广,矛盾错综复杂,困难重重。如《条例》、《物权法》的实施,对规范行业服务行为,减少纠纷的发生起到关键作用,但这两部法律、法规的颁布实施仍然存在许多不足,集中体现在两方面:第一是两部法律、法规是原则性的条款多,许多条款缺乏可操作性,执行起来难度不小;第二是对在这两部法律、法规生效前的实践中已经发生的问题、纠纷等因缺乏对相关

企业的追究措施,处理起来,同样难度十分大。

第二,政府在行政作为上不够,许多政策法律难以实施。如业主委员会成立难的主要原因是政府将这个关系业主自治权实现的核心问题委于小区居委会来指导与监督,由于居委会缺少行政主体地位和自身实力不足而难以担当这一重任,导致这一委托效能低下,这是业主委员会成立难的根本原因。

第三,物业管理行业组织在引导物业服务企业自律能力建设方面作用力不够,主要是企业资质管理关口失守,致使很多劣质物业服务企业大量充斥行业内,影响了物业管理行业的形象。全国物业管理行业生存状况调查报告显示,三级资质物业服务企业占了71.46%,还有5.11%是未取得资质的企业。大量资质低甚至没有资质的企业的存在,导致业内不正当的竞争问题日益严重,"劣质企业驱逐优良企业"的现象漫延,也形成一个怪圈:一些劣质物业服务企业以低于成本价抢占市场份额,形成低成本导致低服务质量,再导致业主意见更多、纠纷更多,最终物业服务企业被炒。而坚守规则的优质服务企业则因价高不能被业主理解而往往失守,不能为业主服务。同时还毒化了物业管理行风,如个别企业在项目招投标中采取舞弊等不正当竞争手段;在项目交接中两个企业互不相让,形成僵持,不仅干扰了小区业主的正常生活和工作秩序,也给物业服务行业造成了极其恶劣的社会影响。

第四,政府对公用事业单位的垄断经营问题没有进行有效的治理。公用事业单位不平等对待服务对象,强行签订"霸王条款",动不动就停水停电,物业公司和业主叫苦不迭,权益没有保障而无奈。

2) 改进居住物业管理的措施

(1)从政府和行业协会层面上要加强物业管理立法建设和行政执行的力度

①要完善居住物业相关的配套法律法规建设。特别是行业协会要加快制定各类居住物业服务等标准细化工作,建立与市场经济体制和收入水平一致变化的收费政府指导价格确定机制。其次是做好《住宅专项维修资金管理办法》的配套落实法规政策的制定和执行工作,解决这个业主普遍关心的问题。

②政府有关部门和行业协会应抓住当前突出的问题,按照"聚焦突出矛盾和关键问题",实行"分类指导、差别管理;突出重点,抓住关键;先易后难,分步实施"原则,切实履行对物业管理服务的监管服务工作,从和谐社会建设的高度,加大对小区综合管理的力度,特别是对业主委员会成立难,业主维权问题应投入足够的精力去解决。

③要加大老式小区改造力度,确实提高小区综合功能,改善小区环境质量,尤其使小区停车难、乱停车等矛盾得到有效缓解。

④要加强物业管理分类指导,理顺售后房、系统公房集中区域物业管理机制,使"同一个小区、同等服务,不同收费"的问题得到解决。

⑤建立完善价格与服务标准指导体系,制定收费过程中的游戏规则,推动收费向"分等定级、质价相符"的方向发展。

⑥加快公用事业单位经营体制的改革,建立适应市场经济体制运行机制,并对垄断经营加强监督,转变经营管理理念和经营作风,对公用事业单位的违法行为应当依法查处,而不应当姑息迁就。

(2)从开发商和物业服务企业层面上要抓好物业服务基础性工作

开发商应按规划进行房地产开发,并本着"百年大计,质量第一"的原则,努力提高住宅小区配套完善率和建筑质量,将房屋质量合格、配套设施齐全住宅小区交给业主,这是提高住宅居住质量,减少物业纠纷的前提。开发商要避免产生房屋质量不合格、分摊不合理、承诺不兑现、配套设施不齐全等问题,这样才能为业主和物业服务企业合作提供一个好平台。同时,物业服务企业应从业主角度着想,做好前期介入、接管验收工作,处理好与开发商的关系,为日后的物业管理服务打下良好基础。

(3)物业服务企业应加强自身实力,努力提高服务质量,增加业主满意度

首先是加强物业服务公司基础管理工作。物业服务企业应该树立以人为本的服务理念,严格按照政策法规和物业服务合同,公开服务标准、收费标准和收费依据,尽职尽心地为业主服务。其次是物业企业要进一步提高自身素质,加强对员工的培训,增强与业主的沟通和交流,积极与政府相关部门配合,进一步提高协调能力,全力支持社区建设。再次是以居住物业服务为基础创建优质服务品牌。居住物业是物业管理服务最综合的类型,搞好了居住物业管理服务才能更好地向其他物业类型拓展,为物业服务企业发展打下坚实基础。

(4)通过物业管理知识与法规政策宣传教育,增强业主的物业管理意识,提高业主自治能力

①借《物权法》、《条例》等一系列法律法规的实施,在全社会宣传普及物业管理政策法规知识和物业管理专业知识,提高业主对物业服务有偿消费模式的认识,培养物业服务这种享受型消费的习惯,在提高自觉维护自身权益能力的同时,也养成自觉缴费的习惯。

②物业服务企业应配合业主,在政府有关部门的指导和监督下成立业主委员会,帮助业主提高自治能力,主动接受业主及业主委员的监督。

③要充分发挥业主委员在业主自治中的作用,通过业主监督,维护业主合法权益。目前,在住宅物业服务中引起的许多纠纷都是因为业主委员会的不规范运作引起的,因此规范业主委员会的运作是当前解决住宅物业服务纠纷的重点之一。应加强政府职能部门,如国土房管局、街道办等的监督功能,让真正具有良好道德水平、较高的公益心、真正能为广大业主谋利益的业主参加业主委员会,杜绝不怀好意、谋私利的业主进入业主委员会队伍。

④加强舆论监督和引导,不仅要大力宣传运作规范的业主委员会,而且要让一些为自己牟取私利、损害广大业主及物业服务企业的业主委员会成员进行曝光,从而引导业主委员会的规范运作。

同时,加强法规的建设,完善相关的法律,一方面要明确业主委员会的法律主体地位,使其明确自己的责、权、利;另一方面要明确业主委员会违规的处罚措施,以此规范业主委员会的行为。

(5)充分发挥社区居委会在住宅小区综合管理上的指导和监督作用

社区居委会是住宅小区综合管理的协调者、和谐氛围形成的建设者。首先是小区居委会要转变观念,提高自身政治、业务素质,特别要研究分析小区内业主和非业主使用人的利益目标及现实要求,从他们最关心的问题出发,积极指导业主组建好业主委员会。其次是配合物业服务企业在社区中依法开展物业服务活动,积极协调物业管理纠纷和邻里纠纷。再次是积极组织小区文化教育活动,形成良好的小区社会风尚和行为规范,同时通过文化活动宣传物业管理知识,增强居民的物业管理意识,引导广大业主认识市场经济条件下,物业管理有偿消费客观规律性,提高业主主动缴纳物业管理费的自觉性,促进社区和谐。

11.3　商务物业管理

11.3.1　商务物业的特点及主要类型

1)商务物业的含义

商务物业是指以经营性房屋为主体的物业,如写字楼、商业场所、会所等,是对其进行出租或出售能够获得收入的物业。这些商务性物业普遍存在于城市中,而且随着社会主义市场经济的发展和现代建筑技术的提高,现代人对写字楼、购物中心等商业性物业的多样化、大型化的要求得到了实现和满足。在我国很多大城市,一栋栋拥有数万平方米的可供出租的商务物业,如广州天河城、中信广场等,这些物业集办公、商场、居住、娱乐等服务于一体,满足了租户多方面的需求。

2)商务物业的特点

(1)商务物业具有商业特性

商务物业作为商品交易的场所,无论是出售或出租,目的都是通过商业物业经营获得利润。同时,由于商务物业是特殊商品,在市场交换中也要遵循价值规律,这就决定了商务物业经营的主要方式是出租或出售,从而具有商业性。随着人们生活水平的提高,对这类物业的需求越来越多样化和高档化,其功能的开发也越来越多样化和高档化,其商业特性就更加突出了。

(2)商务物业具有价值不可储存性

以出租或出售为主的商务物业中的房屋建筑及其设备设施的价值及管理费用是不能储存的,如果当天出售不出去或出租不出去,就失去了当天的价值和费用的回收、补偿的机会。例如,会所的数量是固定的,即使第二天的出租率是100%,也无法挽回前一天的空置而造成的损失。但是,无论出租或出售情况如何,其管理服务开支是相对固定的,损失显而易见。

(3)商务物业需要不断保持设施先进性

以房屋出租出售和其他附属性商业服务为主的商务物业,必须保持其设施的先进性。因为只有良好的、舒适的、高层次的、现代化的设施,才能保证其出租率、出售率和营业收入,才会带来商业的繁荣。例如上海的南京路,广州的北京路等商业街的商业物业大多拥有的先进的设施,这是其吸引租户和顾客的一个重要原因。另外,只有不断地改进设施,使其保持先进和舒适,才会保持生意兴隆。所以,与一般物业的不同,商务物业要不断地更新设施和设备,保持其先进性,才能持久地吸引租户、投资客和顾客。

(4)商务物业在现代城市中的标志性

现代商务虽然有多种规模和类型,但大型中央商务区(CBD)的标志性建筑物都是商务物业,而顶级的商务物业,集中了顶级的商户和顶级的商务物业管理服务公司,同时又成为城市的标志。如广州市的中信广场、深圳的帝王大厦和赛格大厦、上海中心大厦、北京国贸大厦等。

(5)商务物业的综合性、多样性和多元性

随着社会主义市场经济的发展,人们的物质文化需求日益增长,商务物业也随之发展成为功能多样的综合性物业。一栋现代化的综合性大楼,既能办公、居住,又能购物、娱乐。由于商务物业的功能综合性带来商务物业经营方式具有多样性,其经营主体具有多元性的特点。

3)商务物业的主要类型

按照经营的性质,商务物业主要可以分为以下几类:

(1)写字楼物业

写字楼物业主要包括各行各业的行政办公、业务大楼及商务写字楼。其中,纯出租的写字楼一部分有统一的规格,另一部分不固定,可以根据市场的需要进行分割、组合。现代商业化的写字楼大多位于城市中心繁华地段,交通便利,建筑档次高,外观风格鲜明,内部装修高档,设施设备先进,服务管理周到。

(2)商业场所物业

现代商业场所物业主要包括各种类型的商场、购物中心、购物广场及各种专业性市场等。其中,大型商场多集中在城市中心或人流密度大的地方。现代商场物业,建筑造型新颖别致,外观装饰注重独特的广告效应,内部装修强调空间的充分利用,货品齐全,购物方便,经营项目综合配套,并着重营造豪华、高雅的购物氛围。

（3）会所物业

会所是指为人们提供健康、娱乐和沟通交流的场所。它是现代物质文明和精神文明的产物。会所经营的主要项目包括康体项目、休闲项目和娱乐项目。

（4）停车场物业

停车场有专用停车场和附设停车场两种,其中多数是大型或高层建筑的附设物业。随着经济的发展,人们生活水平的提高,停车场成为了高层建筑、大型成片建筑必不可少的附设物业,建筑规划设计上对此有明确的要求。高级的停车场有自动识记、记时、收费系统。停车场的特点是空间单一,信号、指示标志多,亮度、通畅性要求高。

（5）其他商务物业

其他商务物业主要有饭（酒）店、茶楼等各类商务物业。这些物业根据其使用功能的不同,在建筑和管理上有各自的特点和要求。

11.3.2　商务物业经营管理作用及主要内容

商务物业管理为商务和房地产的衔接提供平台,实现两者的有效融合。这种作用表现在商务物业的设计开发阶段和投入使用后的日常管理两个方面。其管理内容也围绕这两个阶段展开。

1）设计开发阶段

专业的商务物业管理公司在商务地产的设计开发阶段就参与介入。一方面,物业公司可以根据其以往商务管理的经验,给予设计研发方面提供建议,使设计更趋合理。另一方面,可以增进物业管理公司对商务物业的了解,有利于今后开展管理工作。具体来讲,在设计开发阶段,商务物业管理对商务地产的作用表现在以下方面:

（1）对商务地产的定位给予信息咨询服务

商务物业公司根据其对附近居民的消费习惯、偏好的了解,对本商务地产的主营业务、目标市场、商务主题策划方面提出建议。比如针对于中心商务区同质化经营严重的现状,新建商务物业就可以采用市场细分方式定位,将综合市场变为专业市场;或与其他商务物业互补,并且可以通过差异化的主题营造,使该商务地产产生不同的诉求点和对消费者的特殊吸引力。

（2）对商务地产的结构和外观设计给予合理建议

铺面的大小设计要达到经济性和适用性的最佳结合;铺面的位置的摆放以及

铺面结构要符合合理性要求;整个商务地产的外观设计达到突出主题和差异化目标;商务地产的设计还应符合使用、管理及发展的需要,使之达到独具匠心的建筑风格,清新开放的商务环境,闲雅舒适的购物氛围而赢得投资者和消费者的兴趣。

2)建成交付使用后的日常管理阶段

物业管理的水平对商务物业的经营状况是非常重要的,近年来一些城市的很多热门的小市场倒闭了,一个很重要的原因就是管理水平不够。在日常管理中要对市场统一形象,维护其商务定位,实现商务的保值增值。在此期间,商业物业管理应做好以下工作:

(1)计划与合同管理

①合同管理。物业服务企业在获得商务物业管理权后,应与业主签订委托管理合同,以明确物业服务企业的权利与义务。同时双方以合同为依据进行跟踪监督、反馈和控制管理。如果采用租赁方式出租物业时,还存在物业服务企业与租户之间的合同签订与管理。

②计划管理。物业服务企业在接管物业后,要制订一份详细的管理计划,以保证日后的管理顺利进行。制订管理计划先要进行调查研究,对物业周边地区市场进行分析,以确保物业实现最佳的效益。要分析交通与公共设施情况、经济发展状况、供求关系;还要进行业主目标分析、物业资质分析,形成租金方案和出租策略,提出经营管理预算。

(2)租赁管理

物业服务企业在做好楼宇的租赁同时应注意租赁管理。出租方式主要有租金投标和协议租金2种:在市场好、顾客量大的商场,商户往往要争相租赁,在同时出现多个承租商户的情况下可用竞标方式,以获取理想的租金;而在一般地段,商户争铺面的情况尚未出现时可以用协议租金,这一方式较灵活、便利。

①租户选择。在选择商业物业的租户时,物业服务企业要对租户的声誉、财务能力、租户组合与位置分配、租户需要的服务等诸多因素进行权衡,选择实力强、信誉好的优质商家作为租户,并建立长期合作关系。目前,国内外不少优质品牌商务物业管理公司与优质商户建立共进退关系,成为强强联合的发展模式。

②租金管理。主要是租金确定与租金收取。在租金商定时要考虑多方面因素,如商品经营的范围及类别;附近商场楼宇的空置率;承租户的经营特色;商场所处的位置。另外,经营商品给管理带来的困难也应作为一个因素。同时要制定租金收取办法,目的是尽量减少由于迟付或拖欠租金而给业主带来的损失。物业服务企业要主动收租,通过电话、信件等方式来提醒租户按时交纳租金。

③设计风格统一与标识管理。搞好整个商场的定期的外观装饰和室内装潢的设计和标识管理。物业管理要保证商场的装饰和装修在激发消费者购买欲望的同

时,符合商场的定位,树立品牌形象。

④商铺租赁者素质和经营行为监督管理。租赁者的素质和其经营行为最直接地影响整个市场的声誉和在消费者心目中的形象。例如,原北京东大桥白云市场中的商户都是就近进货,档次较低,来购买的顾客也就比较少。后来新桥市场拆迁,一些素质较高的商户进入了该市场,才使市场活跃起来。

(3)日常物业公共事务管理

①装修管理。商场楼宇的租赁往往将整个层面向外出租,出租后,由承租方依据经营要求,提出装修申请。也有的业主把一个层面装修完毕之后出租铺面,承租商户对铺面只能通过申请批准后作一些小的变动装修。这时物业服务公司应做好装修管理。首先要建立周全、详细、便于操作的管理制度,专人负责对工程实行严格的监控,选定资质高、信誉好的工程承包商进行装修,对装修现场进行监督管理。

②安全保卫管理。大型商业场所面积大、商品繁多、客流量大、人员复杂,这些因素都容易导致发生安全问题。因此,商业场所的安保工作量较大、质量要求高。商业场所物业安全管理服务主要是为顾客提供安全、放心的购物环境,应做好商业场所物品的防盗工作。

③消防管理。大型商业场所的客流量非常大,各种商品摆放较密集,而且物品种类多,这些都给商业场所的消防管理工作带来较大困难。要组建一支素质高、责任心强、专业技术过硬、经验丰富的消防队伍。针对商业场所的特点,完善各种消防标识配置。结合商业场所经营特点,制定消防预案。定期或不定期地组织商业场所的消防实践演习,以提高服务管理体制者和客户在紧急情况下的应变能力。定时、定期对消防设备设施进行检查维护,确保消防设备设施能随时启用。

④车辆管理。大型商业场所的车辆来往频繁,停留时间较短,停车是否方便,交通是否便利直接关系到商业场所的经济效益。所以,物业服务企业对来往车辆的疏导管理是商业场所物业管理工作的重要组成部分。物业服务企业要设有专人负责指挥维持交通,安排车辆停放,同时要有专人负责车辆看管,以防丢失。物业服务企业要与交通管理部门建立工作联系,了解周边地区停车场情况,有助于本商业场所的车辆疏导工作和处理解决交通纠纷问题。

⑤环境保洁与绿化管理。随着生活水平的提高,人们对商业场所环境的要求也越来越高,搞好商业场所内外的绿化和美化也是物业管理的重要工作内容。大型商业场所客流量大,产生垃圾、杂物自然会多,商业场所保洁工作任务繁重,困难较大。对商业场所进行流动性保洁,依据商业场营业时间,定期、定时对商业场所地面进行打蜡、抛光等养护工作,定期清洁商业场所外墙面。

11.3.3 商务物业经营管理中的主要问题及解决措施

由于受房地产开发热的影响,近年来我国商业物业的建立与经营大多缺乏对市场的深入调研,缺乏客观的依据,所以物业管理带有很大的盲目性,难免出现一些问题。

1)商务物业经营管理中存在的主要问题

(1)如何实现房地产与商业的对接问题

商业地产包含两个概念:商业和地产,这两方面是完全不同的领域。所以,研究商业业态及其变化规律和房地产结合是目前摆在商业地产面前最棘手的问题。"商业和地产是截然不同的两个产业,如果不了解商业经营模式,对消费需求,商业经济缺乏研究,只管发展不重经营,商业地产就会成为一块烫山芋。"[1] 目前,商业地产出现的同质化,也正是没有将商业的市场细分和定位与地产结合的表现。因此,市场需要将商业与房地产运作有机结合的有效媒介。

(2)后期的经营管理模式问题

由于我国商业地产的运营模式主要以出售为主,或是将主体留下出租,其余出售。在这种商业地产投资热的背景下,不免有些开发商会急功近利,将商业地产出售获得利润了事,而忽略后期的经营管理。另外,由于商务物业出售之后,产权比较分散,很难达到统一管理,很难实现并保持商务物业的市场定位和吸引消费者的注意。还有,由于大部分投资者都将其投资的商铺用于出租,且都是首次投资商业铺面,因此投资者没有管理经验,经营管理必然会出现经验不足的问题。例如,由于管理不力,北京的怡景园老番街,原来定位于高档商业街,但后来沦为小商品市场。因此商务管理问题成为制约此类物业投资效益的关键环节。万达集团《万达月刊》上的一篇文章这样写道:我们搞商务物业,尤其在搞长期经营管理的商务物业时,物业管理成了极重要和关键的企业职能。商务物业的经营管理搞好了,可以满足我们企业的多方面发展需求,如不断提升企业品牌、增强融资能力、扩大企业现金流、实现经常性回报、有利于连锁和跨地区发展。

2)商务物业管理与运营困难的原因

(1)对商务物业发展规律认识的肤浅

对于商务物业,房地产开发商习惯将其作为物业来做,商家则习惯将它当作商场来做。实际上它是一个综合体,其运营比单纯的物业或纯粹的百货商店要复杂得多。商务物业服务公司专门对商业地产提供经营管理服务,除了要有房地产的丰富知识和管理经验之外,还需要有很强的商业运作和管理的经验。既能够向开发商提供商业定位和市场细分方面的服务,又能够在以后的商场或商铺的管理方面有效地发挥作用,维护和扩大市场的影响力,吸引消费者的驻足。因此,商务物

---

[1]杨昱.商业地产的七大思考.焦点房产网,2003-09-29.

业的管理与运营对物业服务企业具有很大的挑战性,在管理过程中出现一些问题是必不可免的。

(2)商业经营管理模式的不稳定和不成熟,造成投资的盲目性和经营的短期性

西方发达国家在近 150 年时间内,依次爆发了百货店、连锁店、超市店、商务物业、自动售货、步行街和多媒体销售等多次零售革命,产生了 20 多种零售业态。而我国在上世纪 90 年代中期三五年时间内,几乎所有零售业态都出现了。这一方面会给商务物业的发展带来难得的机遇,另一方面也使商务物业发展出现了的盲目仿效的现象。许多项目不看地点而是盲目跟风建设,如此的商务物业效益不仅不会好,还会造成国家财产和资源的浪费。更有一些投资者因资金不足,把为消费者购物等提供方便的必要现代化硬件设施扶梯、空调砍掉,而在墙面、地面等装潢上大量花钱,给后人留下"弃之可惜,改之不能"的遗憾。

(3)商务物业发展环境条件不成熟

商务物业发展所需的客观经济环境是:有一批成熟品牌并能构成吸引客流的专卖店;城市居民向郊区延伸,消费观念转向生理和心理需求的双重满足;人均国民收入 2 000 美元以上;居民小汽车普及率超过 50% 等。据国家统计局抽样统计,2009 年上半年我国城镇人均居民收入 8 856 元,不足 2 000 美元;卫星城、小区建设刚刚起步;一些郊区的人主要在城区购物,小汽车普及率还不高。因此形成了商务物业郊外无客流,建在城区又与百货商店、社区商业中心竞争的两难境地。

(4)优质商务物业服务企业缺少

目前,国内缺少国际国内知名的商务物业服务企业是制约商务物业经营管理发展的重要原因之一。国际知名管理顾问公司,如第一太平戴维斯、戴德梁行、香港太谷等,它们对大型商务物业经营管理有着丰富的经验,善于做高端物业、综合物业。如 2001 年进入国内市场的戴德梁行,其服务的业务范围涉及房地产市场的多个领域,在投融资市场、物业代理、策略发展顾问及研究、估价顾问服务和物业管理等业务方面具有经营优势。这五大业务在房地产市场里属于较专业、服务水平高的部分,经济效益也较高。国内目前一些知名商务物业公司开展与国际知名公司的合作,希望能早日改变这一面貌。

3)拓展商务物业管理业务的主要措施

(1)科学设计商业地产开发模式,实现商业与地产合理对接

根据这一措施要求,商业地产不能简单套用住宅的先设计后销售模式,而应该先确定经营模式、招商对象和业态需求,再进行建筑规划设计,以最大限度地减少日后改造费用的成本,从而降低商业地产的风险。大连万达提出的订单式商业地产模式,即预先与世界 500 强企业签订联合发展协议,得到其租赁项目的承诺后才进入实质开发。这种战略伙伴组合的营销模式的好处是显而易见的:对于万达集

团而言,与这种外资零售业巨头结伴而行,可以加大投资开发购物广场的知名度;另外,商业地产做到了强强联手,通过各种品牌组合,产生经营优势,有效地控制了经营风险,增强了业主的投资信心。此外,在开发商务物业时,重视物业管理的前期介入,对商务物业的定位、结构和外观设计给予合理建议。在现代化商业模式中,商业地产的盈利并不是通过商铺销售来获得地产增值利润,而是通过持续的经营管理,提升商业空间的价值。因此,商业与地产的合理对接,才能双方互利,使商务物业得到较大的发展空间。

(2)认清商务物业管理关系,选择成熟的管理模式

商务物业管理是一种经营性的服务行为。它根据物业服务合同来界定物业服务内容和服务质量,明确双方的权利义务关系。商业地产的运作往往是开发权、所有权、经营权和管理权四权分离。商务物业所有权比较复杂,"只租不售"的所有权在开发商手中;"只售不租"的所有权分散在投资者手中;"租售混合"的所有权部分在开发商手中,部分在投资者手中。并且,所有者通常并不自己经营,大部分用于出租获得回报,所以对商务物业管理和运作往往不太熟悉。这样使得商务物业的管理也变得复杂起来。物业管理在商业地产设计开发阶段的作用,要通过商业地产开发商与物业管理公司之间的协议来实现。而对于出售之后的商务物业管理,在所有权较分散的情况下,物业服务企业应在该市场的商会的监督和协调下开展物业工作。商务物业管理公司要努力提高自身的营销和管理能力,在人才引进和专业水平上不断提高,以适应新时代商业的管理要求,形成商业地产开发商及其所有者、经营者与物业管理之间成熟的合作关系模式。

(3)物业服务企业正确定位物业服务的角色

无论采取何种管理模式,物业服务企业都应该把握好自己的定位,做到根据项目进度和业主需要,适时调整定位。在项目前期介入时期,物业服务企业处于协助、配合的位置,主要工作是协调好和与开发商、建筑商、驻场监理公司的关系,熟悉工程情况,参与设备安装调试,发现潜在问题,提出合理建议。在项目交接管理初期,物业服务企业逐步转换到中间位置,起承上启下的关联作用,既要落实好与开发商的物业本体验收交接,又要负责好业主、租户的入住,协调解决好业主、租户入住时的具体问题,并承担起前期物业管理服务的任务。在项目正式运营一段时间后,一般是业主(租户)入住率达到50%以后,物业服务企业则处于管理和服务的主体位置,按业主委托管理服务合同的约定,履行管理和服务的各项职能。如果采取经营和管理合作模式,则物业管理公司还要随时做好与经营公司的协调工作,为客户提供一体化的管理和服务。

(4)做好前期物业服务工作,创设良好的管理环境

①做好前期介入工作。专业的商务物业服务企业,一般在商业地产的设计开发阶段就参与介入,根据其以往商业管理的经验,给予设计开发方面的建议和各种

相关信息,使设计更趋合理,同时增进物业管理公司对商务物业的了解,有利于今后开展管理工作。

②要做好竣工验收和物业接管工作。接管验收的重点是图纸和实物的一致性,物业功能运作的完好性。接管验收是界定物业施工质量、设备安装质量的最重要的环节,对今后物业维修保养费用、保修期限,以及过程质量责任的界定和实施常规的管理与服务有着深刻的影响。

③做好业主委员会筹建工作。商务物业一般是由多家小业主构成,按照行业习惯做法,多家业主一般会成立商户委员会,以协调和处理涉及到业主关系、商业经营、促销策划和业务推广等问题。按照物业管理的法规要求,物业公司最终是由业主委员会来选聘的。在物业管理初期,物业公司受开发建设单位委托进行前期管理服务,当这一时期结束前,就自然要过渡到由业主委员会代表全体业主对物业服务企业进行合同委托管理。由此,业主委员会的组建便成为必要和重要的条件。实际做法,可以在商委会的基础上组建业主委员会,这样既解决了机构重复、多头召集、事务复杂化问题,又提高了今后物业管理工作中的有效协调和办事效率,使商业经营和物业管理有机结合,和谐发展。

(5)提升商务物业服务企业的实力,推进国际化商务物业管理模式

首先,物业服务企业应培育造就一支专业的商务物业经营管理优秀团队,学习、引进、消化国际化商务物业管理模式,形成自己的经营管理模式和理念。经营性商业项目的主要收入来自于商户的租金,租金的支付者是创造营业收入的主要组成力量。商业项目的功能就是要帮助商户去创造收入,主要通过提供商业项目从定位、规划、招商到管理的全程服务,来确保实现未来有效而持续的经营管理。

其次,提高物业管理队伍的专业素质。物业管理是运用现代经营的技术手段,按合同对物业进行多功能、全方位管理和服务,为物业产权人和使用人提供高效、周到服务,以提高物业的经济和使用价值,创造一个良好的物业环境。不少商业楼宇的智能化程度相当高,特别是楼宇自动化、通讯自动化以及信息管理自动化的广泛使用,迫使我们必须以更先进的科学手段对商业楼宇进行管理。当然在引进专业人才的同时,对原有的商业管理人员进行不断的培训也是十分重要的。

(6)准确定位商业经营方向,凸现主体经营特色

由于商业地产与市场需求关系紧密,地产商开发地产时,定位是非常关键的,同质化经营只能带来商业资源和社会资源的巨大浪费。比如社区底商的定位,其招商目标主要有:自身配套所用、综合百货业、专业市场、主题式商场等几种形式。底商首先必须考虑消费市场,只有准确、恰当的商业经营定位,才能在激烈的市场竞争中生存和发展。要做到准确定位,一方面必须适应市场的需求,另一方面也要从自身的具体情况出发,走适合自己的路线。市场细分是商务物业定位的前提,尤其是针对商业密集区,要让商务物业成功盈利,就必须把市场细分、再细分。主题

式商场可以按人群、功能进行划分,小型商务物业尤其要做好定位工作,要避免与大型商务物业正面交锋,切忌盲目地比"大"、比"全",而要做"专"、做"精",以自身特色来吸引消费者,从而在激烈的市场竞争中,求得生存,站稳脚跟,以获更大的发展空间。商务物业不同于其他物业,其项目的定位、规划、招商和经营管理是一个有机的整体,需要我们理性地思考,全盘规划,逐渐让商务物业的管理与营运走上正规发展渠道,使商务物业走向成熟。

11.4 工业物业管理

11.4.1 工业物业的特点及主要类型

1)工业物业的含义

工业物业就是指所有用于或适合于开展工业活动的场所,包括土地、建筑物及其辅助设施。

2)工业物业的特点

工业物业的特殊性对这类物业的管理产生很大的影响。工业物业的特点主要包括:

(1)投资大

要建起能够满足需要的工业性厂房,一般都要大量的投资,要占用生产性公司的大量经营资金。所以工业物业投资大的特点,决定了许多生产性的公司要租赁物业而不是自己建造物业作为生产场地。

(2)非流动性

由于不同的行业对工业建筑厂房的要求各不相同,加上一些工业物业具有大规模的特点,使得工业性厂房在房地产市场中成为一种交易缓慢的商品,具有非流动性。这种非流动性也增加了投资者——业主的投资风险,因此业主对租赁者的要求会更多。

(3)属投资性物业

由于各生产性公司对厂房等的地点功能有各自的特殊要求,租赁来的物业总有这方面或那方面的不适合,因此他们很希望能够自己选择一个场所来建造一个能够满足他们需要的物业,但同时为了将有限的资本投入到更需要的业务运营上去,他们就会寻找一个投资者来投资该物业,然后实施一个长远的租赁计划,即售后回租。这样公司就能够抽回他投资于该物业的资本,把这部分资本重新投入到业务运作上,这对双方都是有利的。所以,工业性房地产通常是厂商租赁者支付租金给投资者的一种投资性物业。

（4）功能易过时

新技术革命使工业物业对技术设备的落伍特别敏感,这种落伍的威胁增加了业主(投资者)的投资风险。因此他们在做远景规划的时候,必须以谨慎的态度,通过增加物业的租赁用途和降低物业的折旧费来规避和防范这类风险。但货仓或仓库是特例,它们的综合功能决定了其所受限制比较少,因此功能过时的危险也较小。另外,仓库租赁者往往由于业务的需要而频繁地更换场地,仓库的这种流动性也大大地降低了投资者的风险。

（5）租赁期长

由于产品有一定的寿命周期,因此工业生产一般会持续较长的时间,而重型机械的搬运和设备的保养又需要巨大的花费,因此频繁地更换厂址是不现实的,也是不合算的。工业物业的租赁者一般具有两个特征:一是具有较长的期限,一般为10~25 年,甚至更长的时间;二是对于挑选合适的厂址非常重视,有时甚至是十分挑剔的。但很多工业企业主没有房地产方面的专长,加上没有时间和精力,所以他们一般都委托物业管理者为自己选择合适的租赁对象并委托其管理。

3）工业物业的主要类型

（1）根据工业物业的特性或租户类型分类

①重工业厂房。石油、钢铁、橡胶、汽车工业等厂房是典型的重工业用房。这类厂房结构通常是根据用户的具体要求设计的,这类物业基本上也是用户所有。

②阁楼式厂房。这是一种早期的多层建筑,通常是水泥结构、砖石外墙。阁楼式厂房多数是为加工工业设计使用的。

③现代单层标准厂房。这些建筑都是为一家用户设计的,通常为用户所有,但也有一部分是业主出租给厂商的,一般租户负责对物业的维修养护和一切的经营开支。

④孵化器式厂房。这类厂房一般是小型的多租户厂房,通常归业主所有并出租给新企业,业主收取租金并支付大部分经营开支。创业阶段的企业会租用这类厂房,通常在他们实力壮大后,再迁往更大的地方。

（2）根据工业场所的适应性分类

根据工业场所的适用性可以将工业物业分为普通型、特殊型和单一型 3 类。

①普通型工业物业。普通型工业物业具有广泛的适用性,它既可用于仓储,也可用于技术密集型工业生产或劳动密集型工业生产。

②特殊型工业物业。特殊型工业物业是指受某种条件限制,仅适用于某些应用范围,例如要求带有很强绝缘(热)性质的仓储设施。

③单一型工业物业。单一型工业物业是指适合于某一类型生产运行的物业,

或者是只适合于某一类公司的物业,并且一般无法改作用于其他用途,如钢铁厂。

11.4.2　工业物业经营管理的主要内容

工业物业管理的功能作用是使工业企业内部精简机构、节约成本,剥离企业的社会服务功能,促进企业后勤服务社会化、专业化,让企业集中精力抓生产、促发展。

工业物业管理必须努力扩大服务范围,可包括常规物业公共服务、延伸营运服务和延伸专业工程服务三大部分。

(1)常规物业公共服务

治安保卫、环境保护、清洁卫生、绿化、公共设施(水电、空调、电梯、消防监控设施等)的巡视和维护、会务、报刊信件收发、出入口管理、车辆管理、厂房装饰装修管理、仓库管理、配餐和运输等。

(2)延伸配套运营服务

受业主委托,承担商业、体育、娱乐等配套物业设施的营运,如工业区及配套办公生活区内的商场、超市、招待所、酒店、体育馆、电影院等。这些项目已远远超出了普通住宅物业管理的范畴。由于人力、精力、成本等原因,工业物业业主往往直接把配套的"第三产业"部分乃至全部委托给提供基础物业服务的物业服务企业运营管理。

(3)延伸专业工程服务

延伸专业工程项目主要有厂房和生产设备设施的安装、修理、改造,专业清洗和特种保洁,等等。一些业主将延伸专业工程项目也"交"由物业服务企业来做。这种延伸直接接触业主的核心生产操作部分,物业服务企业几乎成了业主的一部分,与业主"融为一体"。

11.4.3　工业物业经营管理中的主要问题及解决措施

工业物业将成为继商务物业后又一个新兴物业管理领域,传统的工业物业和新开发的工业园区、科技园区都成为物业管理行业投资的热土。据统计数据显示,全国在近10年的"开发区"热中,大大小小先后建了6 000多个开发区,面积达30多万平方千米,这其中有相当一部分是工业园和科技园区。另据2007年物业管理行业生存状况调查报告显示,工业管理项目和在管建筑面积分别只占了3.91%和5.15%;与商务物业管理项目数与在管建筑面积为18.89%和10.29%比较相差甚远。因此,工业物业管理业务空间非常大。

但是工业物业管理专业性更强,进入并非易事。如果工业物业管理单纯模仿居民区物业管理,只搞些清洁、保安、维修,则很难推动工业企业发展,满足业主需求。

1）工业物业管理现况及问题

目前,物业管理行业的主要业务集中在住宅与写字楼物业的服务上,对于工业物业等其他方面物业的管理服务尚处于一种探索阶段。现有从事工业物业经营管理的物业服务公司主要有 3 类:一是业务转换型,主要是由从事住宅物业、商务物业经营管理的物业服务企业进行业务转换或拓展而形成的。二是体制转换型,主要是由于企业体制改革转换形成的。目前有一些大中型国有企业随着企业后勤社会化改革,成立了一些后勤服务公司或物业服务公司,并逐步按物业管理模式运行。三是由工业开发园区(经济开发区、科技园区、加工区等)开发总公司分解一部分服务职能新成立物业服务公司。除此之外还有外资企业进入到工业物业经营管理领域。目前主要的问题集中在以下几个方面:

（1）工业物业管理人才比较缺乏

在我国,长期以来工业物业的经营管理混合在工业经营管理之中,工业物业的价值和工业物业管理都处于从属地位,从事工业物业管理的人员基本是被“前勤”淘汰的“后勤”人员,加上后勤也没有专业化,没有什么技术含量,工作没有挑战性,优秀人员不愿做“后勤”服务工作,由此造成专业的工业物业经营管理人才在我国奇缺。许多物业公司因为没有专业人才而造成工业物业经营失败或望而却步。

（2）缺少工业物业经营管理经验

目前从事工业物业经营管理的公司大多处于自我摸索或与国外知名地产管理顾问公司合作引进国外管理模式、消化吸收经验的阶段。产生这一问题的根源在于我国长期以来的以工业经济为中心、以工业物业管理为辅助的工业物业与工业经济混合运营模式。这种模式在工业经营好的时候,工业物业功能体现出来;工业经营得不好,工业物业成了“废物”,被廉价拍卖、出租、转让等方式简单处理掉。因而人们将工业物业的价值忽略了,对工业物业如何经营管理,如何发挥它的潜能,都没有去研究。在企业体制改革中出现大量国有资产的流失,其中的物业(工业场地、房屋、地产、设施设备)的流失是主要的;没有将物业看作一个整体,而是拆散、单零廉价处理,是物业经营管理上一个重大的常识性失误。

（3）缺少工业管理的社会环境

大家注意力都聚焦在工业经济活动的效益上,而没有关注为工业经济活动提供基本条件、保障和环境的物业经营管理。目前整个工业物业板块显得格外的冷清与寂静,与全社会对工业物业经营管理的冷漠,特别是相关企业家的冷漠有关。

（4）工业物业缺少法律法规的引导

目前的物业管理法律法规主要是针对居住物业,其次是商务物业,对工业物业的制度规范很少,基本处于自说自话的阶段。如对于工业物业管理标准,物业服务企业各自制定的标准不一,与住宅、写字楼等物业类型管理上有统一标准形成明显的差别。

2)解决工业物业管理问题的主要措施

(1)提高对工业物业及其经营管理功能价值的认识,为工业物业经营管理创造良好环境

对工业物业功能价值的认识,主要有:

①充分认识工业物业的整体功能价值在工业经济活动中的基础保障地位和品牌形象作用。工业物业是工业厂商产品生产场所,也是产品与服务品牌形象的重要体现或展示途径,是工业厂商品牌价值的重要组成部分。

②充分认识工业物业的技术基础是工业物业经营管理活动开展的重要条件。工业物业规模巨大、设备设施技术含量高、工程系统而复杂、专业性强,没有足够的经济技术条件,是很难实施经营管理的。

③工业物业经营管理问题牵涉面广,对经济发展、就业等影响重大。工业物业特别是大中型国有工业企业往往与一个地方经济结合在一起,经营管理的好坏不但影响工业企业的发展,而且影响当地的就业,社会和谐。

(2)按"分开运营"的原则创建工业物业管理新体制

工业物业管理体制上也存在工业物业与工业经济"混合运营"问题,住宅混业经营的问题已引起了全社会的关注,但工业物业与工业经济"分开运营"的问题没有引起足够的重视。只有分开运营,物业的整体功能价值才能发挥出来,工业物业经营管理的独立性和社会价值、经济价值才能发挥出来,工业物业经营管理的研究、人才培养、投资等才会被人们重视,只有如此才能从根本上改变工业物业经营管理的落后面貌。我国工业经济整体发展,企业品牌的创建,没有工业物业经营管理这块金字招牌是无法与国际知名厂商竞争的。政府应像当初重视大中型工业企业建立、经济开发区建设、工业园区建设等重点经济项目建设一样来发展工业物业经营管理事业,这也是工业经济管理向内涵、向高端方向发展的必由之路。因此,应当推动按"分开运营"原则进行工业企业治理制度的改革与创新。

(3)加快工业物业专业团队建设,提升工业物业经营管理实力

①将工业物业经营管理人才的培育培养作为政府、行业和物业服务企业的重要措施,政府做好人才培养教育工作;行业做好高端人才的引进、进修、培训工作;企业做好人才团队的建设与培养工作。

②搞好与国外知名企业的强强联合、合作经营、管理顾问等学习、引进、借鉴、吸收、消化工作。提升国内物业服务企业的工业经营管理人员的素质和经营管理水平。

③充分利用现有相关专业人才,按先进的管理模式进行合理配置与整合。特

别是现有大中型工业企业已经有一些经营人才,只要施以先进的管理理念方法和模式就可以开发利用。

④发挥住宅物业商务物业管理人才的优势,带动对工业技术相关人才的优势结合与互补,也是一个很好的团队建设模式。这种互补还可以采用虚拟管理模式进行。

(4)总结工业物业管理经验,完善服务过程和服务细节

①做好物业管理的基础工作,租户进驻之前物业公司应做好的工作主要包括:物业管理人员的选拔和岗位培训、物业管理制度的制定等。

②作为物业管理实施者,应主动与辖区各行政主管部门建立联系,定期汇总企业在经营和发展中遇到的困难,积极帮助他们与工商、税务、公安、电力、消防、环保等相关部门协调解决;接受各政府职能部门的委托,将与企业相关的文件、通告、规定、管理立法等及时传达给企业。

③作为物业服务的延伸,小区内引进银行、邮局、仓储运输、商务中心、会务中心、产品展示中心、汽修、餐饮、家政等服务业,为驻工业园区企业提供法律代理、代办证照、融资担保、参股合作、企划、孵化等配套服务。

④扩大业主委员会的工作职能,和业主委员会合作,定期组织企业家联谊会、企业发展研讨会、经贸洽谈会、安全生产培训班等活动,加强企业间的横向交流和资源共享。

⑤做好对租户的服务工作,如合理收费,公平分摊各项费用,按承诺解决物业管理问题,重大物业管理事项集体协商,严格履行合同,认真处理投诉,办事不拖等。

(5)明确工业物业管理工作的重点,确保工业物业经营管理正常环境

①做好工业小区内保安工作,特别是消防管理和防盗防窃。必须根据工业物业的特点,制定消防管理条例,落实消防管理措施,购置消防管理设备,组织消防管理队伍。在防窃防盗管理方面,应建立严格的门卫制度,做好人员和货物的进出管理,并实施值班巡逻制度,以加强防窃防盗的安全保卫工作。

②时常保持工业物业区域内货物运输的管理,通过经常检查保证物业区域道路完好畅通;设立和管理物业区域的货物装卸区和货物堆放区,使材料、货物的装卸、堆放不影响物业区域道路的功能,便于货物的取放。

③确保水电供应和下水道的疏通,保证生产顺利进行。工业生产离不开水电,也免不了排污,所以平时就要注意对房屋建筑内的附属供水供电设备系统进行精心养护和及时维修,并定期检查其性能是否完好。疏通下水道窨井也是工业区域附属设备养护、维修的重要环节,需定期检查和疏通阴沟窨井中的垃圾和污泥。

④搞好公用设施的管理,重点是所有公用设施要可靠安全地运行,公共设施所产生的公共水电费的分摊要公开、公平、透明,各租户要公平地使用配套的公用设施。

11.5　特种物业管理

11.5.1　特种物业的特点及主要类型

1）特种物业的含义及特点

特种物业是指除住宅物业、商业物业和工业物业以外，有必要运用物业管理方法实施管理的物业。

特种物业的种类繁多，除了以建筑为主体的物业外，还有其他一些特殊用途的物业，如码头、桥梁、涵洞、水塔、隧道，等等。在实施物业管理时，可参照相关物业的管理方法，形成符合其自身特点的管理模式。

2）特种物业的主要类型

从特种物业的经营性质看，有些是公益性的，如政府物业，文教、卫生、体育等公共物业；有些是收益性的，如娱乐、酒店物业等。

从特种物业管理体制看，有单位系统管理物业和物业服务企业管理的物业。前者如计划体制下的政府机关物业、学校物业、医院物业等；后者如市场体制下由物业服务企业管理的各种政府机关物业、体育场物业等。在传统管理体制下，一般为系统管理，在投资、维修、保养等方面由主管部门承担主要责任。在经济体制改革中，按照政企分开的原则以及物业服务企业化、社会化、专业化的要求，这些物业可以由主管部门委托物业服务企业进行管理，也可由主管部门按照现代物业管理模式进行自治管理。

从特种物业的特殊用途来看，有政治性物业，如政府首脑机关办公物业、军事情报机关物业等；特种社会功能物业，如寺院物业、残疾人专用设施物业等；娱乐性物业，如歌厅物业、游乐场物业等；专业性物业，如高校及科学研究院（所）的科学技术设施、设备、仪器物业，军事设施设备物业等。

11.5.2　特种物业经营管理的主要内容

对特种物业的经营管理，具有一定的共性，即都是以"人"为本的管理服务，其管理专项业务，如物业的维护、安全、车辆管理等是类似的。但在不同的物业在具体实施时其物业服务有不同的要求和规范标准，管理服务的重点也不同，有的差别很大。

（1）服务对象

服务对象首先具有年龄、文化、性格、兴趣、信仰等的差别，其次具有滞留时间的差别。例如游乐场所,各种年龄层次的对象都可能参与,一般在 2 小时左右,流动性很大,清洁和疏散就成为管理的主要方面。再如图书馆,接待的对象主要是中青年,有一定的流动性,但也有常客,通常滞留半天至一天,因此要求安静并适当配置餐饮服务。

(2)服务需求

在特种物业中,政府办公楼要求安静、整洁、有序;求知场所要求灯光柔和,环境宁静;医疗卫生场所应特别强调通风并配置足够的座椅供患者和家属等候、休息,并且分区标识应特别醒目等。

(3)管理要求

物业用途不同,其管理侧重点也有差别。如政府办公楼强调安全保密性;图书馆、资料文物对环境保护提出了更高的要求,在防火、防盗、防潮、防尘(灰)、防虫、防鼠、防有害气体等方面必须采取专门的有效措施;酒店要求"星级服务";医院化疗、放射性工作室应作防护测定,并配以警示装置等。

(4)经费来源

如舞厅、娱乐、健身房等,可采取自负盈亏的方式实施管理。半营业半公益性的,如疗养院、卫生所等基本上由主管部门补贴。凡属公益性的,如学校原则上依靠财政拨款,学生缴纳学费作为补充。图书馆基本上依靠财政拨款,开展复印、翻译、展览等服务可获得一些收入,但此项收入甚微。

(5)管理方式

特种物业的种类繁多,在管理方式上,有的是自主经营式,有的是委托经营式。从发展趋势看,委托经营将成为主要方式。

11.5.3　特种物业经营管理中的主要问题及解决措施

特种物业有些是政府机关物业,具有明显的公益性;但也有许多事业单位和企业单位是具有营利性的。在传统管理体制中,这些物业一般实行系统管理,由政府主管部门承担投资、维修、保养等责任。市场经济条件下,随着经济体制改革的进一步深入,政府及企事业单位的职能划分逐渐清晰,人员日益精简,原先靠行政管理手段推动的对所拥有房地产的管理,适应不了社会发展的需要,更没有能力去对所拥有的物业实施精细化管理。物业管理社会化、专业化、市场化是必然趋势,必将逐步推行。机关、学校、医院、文博、体育、公园、庙宇等特种物业都将逐步走上专业物业管理的道路。例如,一些单位在计划经济体制下,承担了相当一部分不属于本单位职责范围的管理事务或非主营业务,如国有企业的幼儿园、食堂、开水房、休息室、文体活动室等物业的管理业务。进入物业管理新体制后,如不将这一部分物业的管理事务剥离开,势必会影响其主要精力,影响其经营管理效率与效益。还有一些单位则因为物业管理不能到位,或配套服务的缺失而影响了工作的进一步开展。像我国的高等院校,长期以来学生的住宿、吃饭、生活配套设施不能满足需要而导致招生能力不能扩大,或者影响到教学质量的进一步提高。因此,由于经济发展的需要,特种物业的管理工作需要从这些相关的政府、机关、企业事业单位中分离出来进行专业化社会化市场化运营。特种物业管理已经成为物业服务业务进一步拓展的新领域。

特种物业管理在我国还只是刚刚起步,问题是所有物业类型最多的,困难也是最大的。主要有以下几个问题:

(1)人们对传统特种物业管理模式弊端认识不足,物业管理体制转换难

由于计划经济时期,政府、医院、学校等几乎所有特种物业类型的物业管理是政府、单位的福利,经费充足,大家免费享受(当地)最好的服务,同时又养了一大批与单位领导多少有点沾亲带故的闲杂人员。这种总务式物业管理模式,改革起来困难非常大。首先是要改变传统的福利思想指导下的无偿服务为有偿服务。其次是要裁减富余人员,触及既得利益。因此,特种物业管理最大的难题在后勤社会化,关键是要让人们认识到后勤社会化势在必行,重点是推进后勤转换体制,或者将后勤部门进行公司化改革,或者将物业管理以项目招标方式向社会引入专业物业公司进行社会化改革。

(2)政府或业主要求过高,特种物业服务市场扭曲

由于政府机关工作人员缺少市场经济观念,往往招标时高高在上,提出不平等的过高要求,物业服务公司很难进入,即使进入也难以维持经营。主要表现:其一政府等特种物业业主或招标工作人员对物业管理知识缺乏,对委托代理交易物业服务的"质价相符"、"等级与收费对应"、"等价交换"、"以收费标准定服务等级"等一些基本的物业有偿服务的逻辑不清楚,往往在招标时将物业管理经费定得很低,而服务等级要求又很高,使物业服务企业处于接下项目必然亏损,不接下项目又无事可做的两难境地。有的地方政府财政部门甚至于提出"低价中标"这一违背物业管理规律和常识的中标原则,实在让人啼笑皆非。问题还不止于此,一些劣质物业公司则乘虚而入,先接项目,后采取偷工减料的手段实现盈利,这种方式往往因政府等特种物业业主的监督不到位而得逞。因此,特种物业管理要从基本的物业管理知识普及教育开始,从政府机关、企事业单位物业招投标文件的正本清源入手,构建符合市场经济等价交换的基本逻辑和正常市场交易机制。

(3)地方保护、单位控制,特种物业管理领域进入难

特种物业的业主大多具有强势的社会背景,专业物业服务企业的进入经常会受到各种行政干预或社会限制。比较典型的情况:一是外地物业服务企业很难进入当地的特种物业的招标,如对投标企业设置苛刻的商务评分标准,以资格审核不通过或证件不符、主动劝退、本地企业加分、本地纳税加分等方式将其拒之门外;二是协议由本单位成立的物业服务公司承包,或通过业主自己组织招标,然后控制招

标范围、投标人,或用其他非法手段内定中标人等;三是故意压低价格,提高知情的物业公司中标机会,等等。在这种情况下,优质服务品牌的物业公司很难进入当地特种物业管理领域。因此,打破"肥水不落外人田"的地方保护主义和单位保护主义,引进外地优质服务品牌企业,是实现特种物业服务市场公平竞争、优胜劣汰的重要途径。

(4)企业规模小,素质差,服务质量难提升,经营困难

当前除少数大中型物业服务企业进入到特种物业服务领域外,绝大部分特种物业管理是由单位转换体制成立的物业服务公司或后勤服务公司管理。这些公司类似于计划经济体制下的行政科、后勤服务中心或劳动服务公司,缺乏自主权,办事审批程序复杂,运作机制不符合市场发展规律,市场化、专业化、社会化的运作程度较低;公司资产不多,缺少可供经营的资产,造血功能不足,物业服务费低廉,难以形成新的积累;经济上与原单位不分清(特别是产权),又难以得到更多支援(不少单位还有创收、上缴任务),同时由于福利观念的影响,一时还难以建立"自己花钱买服务"的消费观念,在定价和收费上困难重重,因而,此类物业服务企业很容易陷入经济困境之中;同时,物业规模偏小,设施陈旧,从业人员专业技术水平不高、物业服务意识薄弱,服务质量差是必然的;由于各单位原来都是自办"小社会",原来的规划与建设缺乏大手笔,上规模小区不多,客观上给物业管理带来了很大的难度,服务难以满足业主要求。目前,多数单位下属的后勤企业,已形成了"诸侯割据"的局面,各自托管的面积并不大,难以形成规模经营。因此后勤转轨改制的物业服务企业,应打破行政界限,面向市场改革,整合优势资源,统一服务品牌,联合合作经营才能改变目前的面貌。政府机关、企事业单位应从长远考虑转轨改制的物业服务公司的市场化存在与发展,创造更多的条件,给予有力的支持,让物业服务公司有发展成长的空间;政府机关、企事业单位通过物业管理平台,提供延伸优质物业服务,提高和优化单位的品牌;物业公司又可以通过优质物业服务,实现企业自主经营、自负盈亏、自我积累、自我发展,从根本上解决后勤社会化改革问题。

(5)物业服务企业缺少专业技术人员,优质服务有困难

由于特种物业在技术上有特殊要求,要具有专门的设施设备、专业的技术人员,这一点同工业物业相似。但目前这方面现有人才缺少整合,增量人才不足,是一些专业物业服务企业拓展特种物业业务的瓶颈问题。因此要通过整合现有人才,培育新的专业人才来解决;同时企业内部的专业技术团队的建设也显得非常重要。

〖简要回顾〗

本章首先介绍现代物业分类管理的意义及必然趋势,然后根据居住物业、工业物业、商务物业、特种物业 4 个主要类型的特点,分别探讨了如何开展分类细化管

理的理念、原则、方法与处理相关问题的技能。

在居住物业管理中介绍了居住物业的特点、管理理念、存在的主要问题及解决途径;在商务物业管理中介绍了商务物业的特点、商务物业管理存在的主要问题、原因以及拓展商务物业管理业务的措施;在工业物业管理中介绍了工业物业的特点、存在的主要问题以及提出了"分开运营"的新模式;在特种物业管理介绍了特种物业的特点,特种物业管理的主要问题及解决思路。

〖案例碰撞〗

会所经营的突围
——广州颐和酒店物业会所资源与社区资源的成功结合

据调查统计,北京有70%的会所闲置或亏损,深圳、广州更达到80%以上。而且亏损皆由开发商实行补贴。这使得不少正在进行项目前期规划的开发商都在考虑,以后小区还要不要建会所?很多开发商的实践证明:会所不是聚宝盆。而很多买了某小区的商品房而又没能享受到会所服务的业主们则认为:会所是个美丽的陷阱。

会所运营失败的主要原因有4个方面:一是定位失准。许多开发商当初建会所,仅仅是为了迎合消费潮流,提高楼盘形象,从而获得销售利润,实际上中看不中用,为日后运营埋下隐患。二是功能失衡。由于建造会所的目的单一,导致会所在没有专业会所经营管理和设计人员介入的情况下,不从实际出发,致使会所位置不合理、功能设施定位不明确。三是经营不力。楼盘销售结束后,大部分开发商或是把空闲人员派来管理会所,或是委托给小区物业公司管理,而这些人对该项业务并不熟悉,经营难度可想而知。四是闲置率高。近几年,投资房产的比率增加,业主变更频繁流动性大,尤其是新小区的闲置率非常高,致使会所服务对象缺乏,经营举步维艰。

然而,会所经营也有成功的案例,广州颐和山庄颐和大酒店将会所资源与社区资源的成功结合,不失为"会所经营的突围"佳径。

由广州颐和酒店物业管理有限公司管理的颐和大酒店位于拥山抱水、花香鸟语、四季常青、闹中取静的广州市著名绿色高尚社区——颐和山庄内,是广州颐和集团按照国际五星级酒店标准独家投资兴建、新加坡著名设计师设计的具有浓郁东南亚风情的生态园林式酒店。酒店生意兴隆,经营情况良好,深获业主和消费客人的好评,会所成为"聚宝盆"。

首先是准确定位。开发商将酒店建设在社区边缘,而且按四星级的标准兴建,在设计上充分利用社区环境资源和酒店环境资源,将社区资源和酒店资源在软硬件上相结合,使物业和酒店互相得益。没有好的社区大环境,酒店就衬托不起来,所以在社区景观和环境方面,开发商就愿意投入。同样要使楼房卖出高的价格和使物业增值,就需要有漂亮的酒店做基础,开发商也愿意投入。这样一来,物业和酒店相得益彰,迎合消费潮流,提高楼盘形象和物业价值,更为日后会所的经营打下良好的基础。

其次是功能齐全而不失衡。开发商在建造酒店时功能定位为"酒店+会所"形式,不搞所谓"私家会所"概念,酒店对外满足外部顾客的消费需要,会所对内满足业主的配套需要,为业主打造一个"五星级的家"。酒店除客房和中西餐厅外还设有室内外游泳池、健身运动、保龄球馆和休闲中心等,可以满足业主和住客不同的需要。

第三是多元化经营。酒店由有丰富酒店管理经验的专业团队进行管理,有一套成熟的经营管理方式和一定的社会营销客户资源。酒店自负盈亏,既可对外也可对内,务求实在,不用管理费补贴也不用开发商补贴,实行市场化运作。对于社区的业主,酒店给予业主优惠价格,从而吸引大批业主光顾。对外,酒店客房和众多的会议室可以满足不同外来客户的需要,这是酒店的主营业务收入,而游泳池、健身房、书吧和餐厅经营等容易受消费客人少而产生收入不足的问题得到平衡弥补。

第四是没有闲置率。由于可以内外经营,场所和设施的利用率就会得到提高,就不会受限于社区消费业主人数和消费金额的影响;同时有些场所如咖啡厅、健身室等属于酒店服务的配套,因此就不存在闲置的情况。(摘编自广州颐和酒店物业管理有限公司内部资料,黄宇航)

互动话题:

1.广州颐和酒店物业的会所经营成功经验是什么? 你有什么评价?

2.会所资源与社区资源结合的会所经营模式创新点是什么? 可否推广? 为什么?

第 12 章
物业管理发展

【重点关注】
物业管理行业发展与物业管理理论关系
影响物业管理行业发展的因素　物业管理行业发展的路径

12.1　物业管理理论与物业管理发展

12.1.1　物业管理发展需要成熟的物业管理理论

物业管理学和物业管理实务是物业管理理论界和实业界讨论比较多的话题。一些人认为物业管理没有什么理论,因而称物业管理务实;或认为理论不足、不成熟,则称之为物业管理实务。无论是否成熟完善,不论怎么称呼,中国的物业管理学已是客观存在。经过 20 多年的物业管理实践和理论研究,特别是近 10 年的研究,人们对物业管理学科理论的认识有了一定的深化,经历了从引进消化到吸收总结,再到完善与创新发展的理论创设艰难历程,物业管理理论正在成为指导我国物业管理实践的强有力的理论武器。

物业管理学是物业管理实践中总结、概括、提炼出来的系统化、理论化的物业管理知识体系。物业管理知识体系在理论性、系统性、完整性、成熟性等几个方面都有了明显的发育成果,特别是理论体系能够自圆其说,并因有工具学科和相关学科理论与方法来源的支撑而日臻完善。当然,物业管理学作为新兴学科还有许多不足,主要是学科性质有待公认,理论体系有待完善、知识与理论模块有待贯通、中国特色有待形成。尽管如此,物业管理理论不可能等待完善了再来指导实践,按认识论的观点,理论和实践向来是相辅相成,实践认识,再实践再认识,循环往复发展的。我们应该在实践中发展理论,在理论指导下科学实践。

物业管理实务是物业管理理论元素的来源,是物业管理知识的实操部分,是有关物业管理实际工作的具体内容、工作程序、工作方法和工作要求,是关于物业管理工作常识和专业技能知识的总和。如果物业管理学重点要解释"是什么"和"为什么",那么物业管理实务则是侧重"如何做",是如何具体地做好物业管理服务的每一项具体工作的常识和技能。因此,物业管理学与物业管理实务共同构成物业管理知识体系。称物业管理知识体系为物业管理学还是物业管理实务都不可否认物业管理理论的客观存在。

近 30 年来,物业管理在我国已经逐步形成一个崭新的行业。物业管理实践的深入和实务的发展,为物业管理理论研究提供了现实可能性,也使其具有十分重要的现实意义。作为一门新学科,毋庸置疑,中国物业管理学理论的产生是社会经济发展的客观反映,是市场经济与行业实践发展的客观要求。物业管理学科的产生是随着我国房地产的商品化、房地产业的复苏与房地产市场的发展,物业管理服务需求日益增长的客观需要而逐步产生的。通过结合我国国情和管理现状,研究房地产开发建设、流通以及建成进入消费过程中的管理与服务活动的规律与特点,特别是研究物业管理学科范围所涉及的一系列问题,促使实践中大量丰富的感性认识上升为理性认识,促使物业管理学科理论和实务知识技能得到全面升华。

我们也要清醒地意识到,由于缺乏符合中国国情的、系统而科学的物业管理理论的指导,各地在制定地方性法规的过程中,往往局限于对国内外成功经验的模仿或就事论事的解决方案上,会存在不少漏洞。《物权法》、《条例》对物业管理行业都具有划时代的理论贡献,但其中也有许多悬而未决的理论和操作问题以及法律盲区,加上各地环境条件不同,还须有更多的配套实施细则、办法等法律文件出台才能指导实践。但是不容乐观的是,立法的理论依据本应该是物业管理理论所构建的逻辑与准则,可在现实中,房地产经济的逻辑和民法的逻辑畅行,物业管理的逻辑几乎看不到。如"分业经营"从物业管理角度讲是以行业独立存在为依据的,是必须的选择;但从房地产经济的角度,则物业管理是房地产开发的延续,是房地产行业的组成部分,当然不可分。因此,物业管理理论对物业管理行业来说太重要了,它能说清楚行业的独立存在的价值,和怎么去实现这个价值及怎么维护这个价值所带来的行业利益。

目前的尴尬局面是一些物业管理实业界人士,其埋头苦干、辛辛苦苦换来的利益,可能因一个政策、一个舆论、一个案件就荡然无存了,虽冥思苦想不得其解,但同时又对物业管理理论学习研究视而不见。一些人一方面认为物业管理没有理论,搞虚无主义,进而经验主义泛滥;另一方面又从房地产经济、工程管理等相关学科专业乐此不疲地派生。既无理论,何来派生?既可派生,必有深厚理论。此为一对矛盾,表面上反映了一些人对待物业管理理论的草率和漠视的态度,实质上反映的是物业管理学科研究严重滞后于实践的现状。缺少物业管理理论成果严重制约着物业管理行业的发展。因此,物业管理发展需要成熟的物业管理理论,组织专门的物业管理专家深入探索，做到理论先行，从而引起中国法律界对理论的足够重视，对未来物业管理法律、法规、规章的建设做出统一规划，根据实际需要，适时再推出或修改相关立法。物业管理的立法必须有科学的物业管理理论做指导，立法才有适当的超前性，更好地服务于物业管理实践。

12.1.2　物业管理理论对物业管理实践的影响

（1）物业管理理论研究成果对物业管理实践的直接推动作用

①物业管理理论可以通过转化为生产力推动行业企业的发展。物业管理首先是一种以物业为载体的管理科学，对它的研究就是希望能使物业管理更加科学化、系统化。同时物业管理还是一种人文科学与自然科学交叉的学科。与其他自然学科和人文学科相比，它的理论研究成果较易运用到实践中，并很快转化为现实的生产力，即物业管理理论对物业管理规律和物业服务规律的揭示直接通过物业管理和物业服务活动，即通过对物、对人两方面的管理服务活动转化为生产力，表现为物业管理服务水平和质量的提高。对企业而言，增强物业服务企业的市场竞争能力，并因此成为企业发展的强大动力。对于整个行业而言，就能提高物业管理的生产力水平，推动物业管理的健康、快速发展。

②物业管理理论可以指导物业服务企业的创新活动，推动物业管理水平提高。物业管理作为新兴产业，许多问题有待研究解决，特别是在日益激烈的市场竞争中要立于不败之地，就应该有自己的特色和品牌，而这又需要在不断发现问题，在科学的理论指导下实施持续的创新和改进来实现持续的发展。没有理论指导的行动是盲动，是劳民伤财的行为。有理论指导物业服务企业则可以避免走弯路，提高管理和决策的科学性，提高企业经营管理的效率和效益。

③理论研究可以提高专业技术水准，提炼企业文化，形成和传播企业的品牌，"做稳"、"做强"企业。笔者认为企业"做大靠资本，做稳靠技术，做强靠文化"。如今许多大中型物业服务企业开始走上"做稳"、"做强"的阶段，而"做稳"、"做强"需要的技术和文化，与理论研究及其成果联系紧密。物业管理理论使物业管理技术更加有源头、更加科学，使物业管理程序方法和要求更加严密、合理、有序、可行。物业管理理论研究与成果可以使物业服务企业的文化得到科学、有序的规划与建设，并通过企业的品牌物化为企业的核心竞争力。如今的物业服务企业都很重视自己的文化提炼和品牌建设，并通过现代传媒宣传自己。但只有有理论指导和支撑的企业文化才是有品位的企业文化，而不是对别人的文化标识的杂乱堆砌和抄袭模仿。只有有理论的支撑的技术才会持续有序执行，而不会"千个师傅，千个法"、"朝令夕改"去折腾企业中层管理者和基层员工。许多企业的文化、管理模式成为行业的楷模，都得益于企业领导对物业管理理论的学习与研究。

（2）物业管理理论对物业管理实践的间接影响

①物业管理理论对全社会思想观念和行为模式的影响,从而间接影响物业管理行业企业的发展。正如前面章节提到,人们的物业管理意识和行为模式与物业管理知识的掌握程度直接相关。人们在看待和理解物业管理问题时首先是凭借物业管理知识,没有物业管理知识,则只好凭经验;而没有经验时,有几种选择:理性的行为是找相关书籍、资料、信息,或咨询专家、专业人士主动解决问题;较理性的行为是保持沉默,见机行事,等待条件成熟再解决问题;不理性的行为是盲目行动,只会制造混乱和是非,不但解决不了问题,还增加新问题。近几年物业管理行业很多社会现象是不理性的,根源在于物业管理知识缺乏,实质是理论研究拿不出有价值的成果来说服民众。因此,物业管理理论研究对构建人们的物业管理知识体系、物业管理意识、物业管理认识逻辑、矛盾纠纷处理方式起到不可替代的关键作用。

②政府的物业管理立法和行业指导需要科学的物业管理理论做指导。法律是在实践运作和理论研究的基础上制定的。因为我国物业管理基础理论研究薄弱,使物业管理立法缺乏相应的理论支持和依据,从而使物业管理立法工作难以开展。而物业管理立法又是物业管理健康、快速发展的重要保证。因此,目前我国物业管理的立法迫切需要物业管理理论研究的支持。另外,在行业指导上,因为对物业管理认识模糊,造成物业管理协会与房地产协会存在职责不分,相互影响的问题。目前有些地方只有房地产行业协会,而没有物业管理协会,使得物业管理工作受到房地产行业协会的影响和制约,不利于物业管理行业工作的正常开展。

（3）物业管理理论对物业管理实践的制约作用

①物业管理理论在推动物业管理行业向国际化、先进化、本土化方向创新发展不够。目前的物业管理理论经验主义的东西仍然是主要的内容,简单模仿国际知名企业做法,在人家后面亦步亦趋。在中国,随着人们收入水平的提高,物业管理服务需求将显现几何级数增长的态势,物业管理的观念也将深入人心,物业管理服务运作方式将越来越人性化、细微化,物业管理行业的产业结构也将进一步细分化。同时城市化使中国人口越来越向城市集中,城市可开发土地越来越少,区分所有建筑物业大量存在,使我国物业管理环境特点明显区别于西方发达国家。近几年物业管理纠纷增多,其中重要原因之一就是对这些新情况和中国特点研究不够,制约了物业管理行业的发展。

②由于物业管理理论研究和准备的不足,物业管理行业在人员的专业素质、专业设施设备的技术含量上都存在较大不足,从资质、构成上限制物业管理和服务水平的提高,也从物业管理水平和服务质量改进上限制了物业管理的自身发展和市场竞争力。我国的物业管理从业人员的知识、技术、经验等素质,还远不能适应当前的物业管理发展状况。但是由于物业管理学科认识上的问题,曾一度单独开设物业管理本科专业的院校又改从其他相关专业派生物业管理方向来培养物业管理

人才。目前主要靠高、中职院校培养专科或中专人才。其中从单个学校来说，广播电视大学成为了物业管理专科人才培养的主要院校，年在校生达15 000余名。但是没有理论上的认识，物业管理专业人才的培养始终存在专业认同、职业发展和人才稳定性三大物业服务行业企业致命性问题，加上各类物业管理的培训经常流于形式，制约了人才专业水平提高。这种局面如不迅速加以改变，势必严重影响和制约我国物业管理事业的进一步健康发展。

12.2 物业管理行业与物业管理发展

12.2.1 物业管理行业现状

（1）物业行业发展的总体概况

物业管理实际上是与我们国家的房改和住房商品化密切相关的，中国内地最早在1981年有了第一家物业服务企业，但是真正物业管理的发展是从上世纪90年代开始的，特别是近年来发展非常快。据不完全统计，到2006年底，全国物业服务企业已超过3.3万家，从业人员超过320万人，全国一级物业服务企业达到368家。全国实行物业管理的房屋面积超过108亿平方米，物业管理覆盖率达到50%。北京、上海、深圳等发达城市的覆盖率分别达到70%、97%、95%；物业服务企业创造的产值已占当地国民生产总值的2%左右。所以说物业管理所创造的增加值在一些大城市占GDP的比重也在逐年上升，逐渐成为推动国民经济增长，增加就业的新兴行业。仅2006年全国就有135个住宅小区、大厦、工业区进入国家物业管理示范行列，全国达标示范住宅小区、大厦、工业区累计达到1 400多个。而且管理领域也在继续拓展，物业管理服务领域在住宅小区、写字楼（含机关办公楼）、工业厂房、仓库、学校、医院、机场、酒店、超市、商场、农贸市场、广场、步行街、高速公路、会展中心、体育场馆、博物馆、图书馆、科技馆、汽车赛场、寺庙等基础上，又拓展到剧院、地铁、福利院、孤儿院、烈士陵园、农村等领域。但同时，我国物业管理还存在着覆盖率偏低、地区间差距较大等不足。从我国物业管理的发展实践看，南方、经济发达地区、沿海城市、大城市开展早，发展快；北方、经济不发达地区、内陆城市和中小城市推进得较慢。

（2）农村物业管理服务开始进入物业服务企业的视野

尽管物业管理发展不平衡，但我国物业管理行业仍在努力拓展中，其中最具代表意义的事件就是，农村物业管理已经破土。《条例》实施后，对农村实施物业管理已经有法可依，有章可循。2006年广东华侨物业发展公司在全国率先走进农村，对东莞市黄江镇龙村开展了新农村物业管理的试点，开始探索建立在农村实施物业管理的模式，并取得了初步成效；从此结束了我国物业管理仅限于城市、无人涉足农村的局面,开辟了我国物业管理的新领域,实现了历史性的突破。更可喜的是新《条例》将业主委员会成立指导及备案、管理的行政主体扩充到乡镇人民政府,从而在法律上为农村物业管理服务提供了保障。

（3）物业管理市场化进程加快

我国物业管理市场化步伐进一步加快,特别是《条例》颁布后,分业经营在一些发达地区开始推行,全国大中城市普遍推行了前期物业管理招投标制度,小城市也开展了前期物业管理招投标的试点,实施物业管理招投标的项目日益增多。一些物业类型,如政府物业管理项目市场化进程加快,特别是住宅项目和政府物业项目。广州市所有政府及事业单位的物业项目达到一定标价总额的,全部实行公开招投标。随着"谁开发、谁管理",由开发建设单位或物业管理行政主管部门委派或指派物业服务企业的模式被打破,公开、公平、公正的市场竞争机制正在形成。物业管理招投标的普遍开展,不仅加快了我国物业管理市场化的进程,而且使物业管理服务的质量和水平得到了明显提高。

（4）企业重组取得新进展

自我国加入世贸组织以来,物业管理行业为了适应世贸组织的要求和求得自身的生存与发展,北京、上海、深圳等城市先后有一批物业服务企业实施了企业整合、兼并、重组战略。现在,我国物业服务企业整合、兼并、重组的步伐继续加快,如2006年初,由上海德律风物业有限公司、上海邮电物业管理有限公司、上海长途电话物业有限公司、上海邮电飞鸽物业管理有限公司、上海德律风房屋设备装修有限公司、上海德律风房屋置换有限公司和上海德律风通信工程有限公司 7 家公司重组成立了上海德律风物业管理有限公司,注册资本 2 000 万元,完成了 2006 年中国物业管理行业一场大规模的兼并重组行动。同年 12 月 8 日该公司随上海市信产通信服务有限公司一起在境外上市。上海德律风物业管理有限公司的重组上市,显示了企业整合、兼并、重组的优势,是近年来我国物业管理行业出现的企业整合、兼并、重组走向集团化的典范。另外,国内物业服务企业与国际知名物业服务公司强强联合也取得了初步成效。

（5）物业管理服务在沿海及内地发达城市普遍推行,中小城市也开始紧跟其后

物业管理行业的发展首先在沿海发达地区（深圳、广州、上海、北京等）兴起,然后内地省会及中心城市（如天津、重庆、南京、杭州、武汉等）推进,目前又向一些发展较快的中小城市发展。形成了以"珠三角地区"、"长三角地区"和"环渤海地区"为龙头,以沿海、沿江中心城市为支点,以省会及区域经济中心城市为依托,向中小城市辐射的物业服务产业格局。尽管物业管理行业在全国分布不均,但是物业管理的"战国时代"即将到来。"珠三角地区"以深圳为先锋,作为我国物业管理的发源地,不仅在全国物业管理众多方面开了先河,而且为全国创造和积累了诸多的经验和成功的做法,为中国物业管理的发展做出了卓越的贡献,并为全国推行物

业管理新体制起到了辐射、示范和带动作用。据统计,截至 2007 年底,深圳市纳入统计的服务企业达到 1 209 家,年收入达 118.097 亿元,利润总额 10.881 4 亿元,从业人员 16.4 万人,管理市内项目 5 981 个,面积 2.88 亿平方米;国内其他城市项目 1 073 个,面积 1.68 亿平方米,顾问项目 228 个,面积 4 976 万平方米,国家示范项目 115 个,一级资质企业 64 家。上海市以 1991 年 12 月成立第一家物业服务企业为起点,经过 15 年的发展,全面改革了传统的房屋管理体制,基本构建了物业管理法规体系框架,初步建立了物业管理的市场机制,形成了以市场经济为基础,以满足上海城市功能和管理要求为目标,与上海国际化大都市地位相适应的物业管理模式。据有关统计显示,到 2006 年底,上海市已有物业服务企业 2 963 家,从业人员 20 多万人,管理物业 5.4 亿平方米,其中居住物业 3.5 亿平方米,物业管理覆盖率达 97%,一级物业服务企业 47 家。如今物业管理已成为上海市最具有活力的新兴行业之一。北京市的物业管理尽管起步较晚,1992 年才注册第一家物业服务企业,但发展迅速,法规健全,制度完善。目前北京市的物业服务企业已发展到 2 800 多家,其中,一级物业服务企业 70 家,从业人员近 20 万人,物业管理面积 3.2 亿平方米,物业管理覆盖面为 70%,累计达国标住宅小区、大厦、工业区 114 个。北京市在全国较早颁布了《北京市居住小区物业管理办法》,并率先出台了《北京市居住小区物业管理企业与各专业管理部门职责分工的规定》等一系列的规章、规范性文件。北京市物业管理法规体系已经基本形成,是全国城市中物业管理立法最多、最细、最具体的城市。由于北京市的物业管理立法基本上满足和适应了本市物业管理发展的需要,使该市的物业管理在依法管理的轨道上得到了蓬勃发展,并在全国首创了业主委员会与社区委员会有机结合的新体制。另外,广州、天津、重庆、南京、杭州、武汉等城市的物业管理近几年来发展也非常快,并各有千秋。随着我国加入世贸组织过渡期的结束,国外物业服务企业的大举登陆,市场竞争加剧,我国物业管理的"战国时代"即将到来。物业管理行业"三足鼎立"的局面正在形成。

12.2.2　社会经济发展对物业管理行业的机会和挑战

物业管理行业是中国经济改革发展的产物,也与中国经济发展一起成长。改革开放 30 年来,物业管理行业的发展,从物业开发、物业消费观念、物业安全、物业功能、物业设施设备的技术应用、物业产权与物业管理经济纠纷、物业人文环境保护、物业区域优化、居民生活品位低碳生活、e 社区等,诸多新概念新名词反映出来,可以说物业管理行业是成长最快,技术应用最多,矛盾纠纷最复杂,影响社会最深刻的新兴产业和新行业之一。同样物业服务行业也将随着社会、经济、政治、文化、科技、信息、管理等领域的进步,而得到新的发展。物业管理行业的发展将受到下列因素的影响。

（1）社会的发展给物业管理行业以新的空间

首先,我国大力推进的小康社会、和谐社会的建设为物业管理行业的社会定位找到了新的依据。以前人们讨论物业管理服务时,较多谈到的是与开发商的经济关系,与物业服务企业服务质量与收费的问题,现在人们开始谈论物业管理与社区管理的结合,与城市文明进步的关系。政府也在各种政策、规划中将物业管理服务纳入其中,而不是以前的漠视态度。

其次,物业管理与党的十七大提出的"住有所居"的社会发展目标紧密相连。因为"住有所居"的政策,一是要解决有与没有"居"(即居所)的问题,二是要解决"住"(小区生活)的质量问题,住得安全,住得有品位。"居"的更高要求就是居的功能,居的维护养护,居的人文元素及价值、居的增值等这些需求的满足都需要更好的物业管理技术和更优质的物业服务才能实现。可以说"住有所居"的社会发展目标,为物业管理服务带来了美好的愿景,为物业服务业务空间的不断持续扩大带来了无尽的商机。

其三,社会的分工发展推动享受型物业服务消费的习惯的形成。随着社会经济发展,社会分工越来越细,物业服务作为享受型服务的第三产业,将在社会分工中不断壮大其行业规模,人们将逐步适应分工带来的好处,也同时接受享受型物业服务,以便节约时间、精力和提高生活品位。加之经济的发展支持物业服务消费的水平的提高,为物业服务提供了经济保证。

(2)经济发展对物业管理方式的变革的推动

我国发端于改革开放初期的物业管理,由于体制、观念、人员、手段、对象等因素的影响,传统的管理方式非常明显。如物业管理服务中对待业主的态度、方式、管理理念等都与现代市场经济社会不相适应;又如物业管理项目的取得方式主要是协议方式,市场招投标方式还是少数。但是市场经济的不可逆转性,决定物业管理方式必须变革,如尊重物权、业主自治;平等的物业服务交易、按服务的本质与规律提供服务;按契约办事、有偿服务;要面对国际知名物业管理顾问公司的竞争等,一切都在变,物业管理关系模式也要变。

经济发展不仅促使观念、理念、思想改变,而且经济活动组织方式也发展了变化,最明显的是经济活动管理的时间空间并存发展,实时管理、多维管理、虚拟管理、柔性管理、扁平化管理、团队管理、项目管理等,许多管理方式方法和理念,叫人眼花缭乱。同时许多以前用于军事、高科技开发、国家大型项目建设等领域的管理方法和技术也在全社会推广,如追求零库存物流管理、订单管理、客户关系管理、信息管理、人工智能化、电子商务、生命安全与职业健康管理、环境管理等,引入一般经济生活。物业管理作为与科技、经济、生活、生命紧密联系的行业,也有必要且最好是先行采用这些管理理念、方法和技术。

由于经济发展的观念发生变化,以前经济发展主要看 GDP、国民收入等指标,往往对环境、健康、社会稳定和谐、民主进步等不很重视,未来的社会发展应该是环境友好的发展、经济可持续的发展、社会和谐的发展。物业管理体制、政策环境和目标要求也将随之而变化,这对物业管理行业也是挑战和机遇。

(3)高科技和先进的管理手段,给物业管理专业化发展带来新难题

智能大厦、智能小区日益普及,现代物业的高科技含量不断增加,如何通过物业管理更好地发挥和维护智能物业的科技功能,实现及提高其使用价值,将是物业服务企业面临的一大挑战;同时,在企业中应用先进的计算机信息化管理手段,提高工作效率,实现无纸化办公,也是物业管理行业的新课题。

首先,建筑技术发展和新技术应用对物业管理行业提出新要求。建筑的结构设计不断变化,以前一套图纸用于无数个建筑的模式不存在了,代之以千姿百态甚至于千奇百怪、追求独特创新的建筑。物业管理作为下游产业必须适应这些物业的结构、外形、功能的变化,提供专业的维修、养护服务。

其次,新型建筑材料的使用给物业管理服务带来困难。由于结构变化,环保要求,人们对舒适度的要求不断增高,物业服务要在环境保护与生命安全、美观、舒适之间做出最佳的安排与服务才能满足业主需要。

第三,各种设备大量使用,大到供电、给排水、供暖、空调、电梯、通讯、电视接收系统,小到水龙头、马桶、电源开关……每年都有新产品出现。这些设备器材寿命到期后,须不断地频繁更换、维护养护,由于生产厂家、技术、型号、年代、规格、材质等因素的不同,解决起来也是困难重重。另外,随着楼宇智能化的推广,先进的楼宇智能化系统对物业管理人员的素质提出更高的要求,环境保护技术、职业健康管理也成为物业服务的新课题,而目前物业管理行业在这方面人才奇缺。

(4)人们对生活质量和品位的追求,对物业管理个性化服务,甚至是公共服务提出了更高的要求

由于人们的收入、知识、文化、涵养等诸多方面的提升,对生活的新潮、品位、档次、人文关怀等方面有更多的要求,对传统的物业管理服务业务结构和重点有很大的冲击和改变。

首先,在公共服务方面,人们将由对物业服务费的多少和缴与不缴的关注,转移到我得到了什么服务,数量、质量如何?我满不满意?同时公共服务的范围也将扩大,如以前只关注最低标准的小区清洁卫生、绿化、保安,到关注服务等级的提高,追求星级服务,或某些大家共同关注的服务,如24小时有智能监控的安全服务等。

其次,在经营性服务方面将会有更多的先进设施设备手段为业主提供优质服务。如信息服务、电子小区、智能小区已成为现实,人们充分享受信息化智能化带来的便捷服务;又如会所和健身功能的需要日益成为大众化需求,改变以前只是少数贵族阶层特色服务需求的局面;停车服务也成为大量高收入阶层人士关注的重点领域;另外,人们收入提高对物业资产管理也有新要求,物业资产管理人才将是未来的一个热门人才类型。

（5）物业管理意识的觉醒和消费者权益的重视与维护对物业管理服务水平带来挑战

首先，业主自治与维权行动对物业服务企业角色定位的影响巨大。由于《物权法》的实施，人们对物权越来越重视，业主自治和维权活动"一浪高过一浪"。业主对自身权益的看重和物业管理意识的觉醒，几乎是从与开发商和物业公司打官司的维权行动中逐渐形成，而最终又通过《物权法》确立，使平等的业主与物业服务企业的委托代理关系逐步确立下来。清醒地认识到这一客观法律实事，适时转换自己的角色定位，对于物业服务企业的生存发展具有决定性意义。

其次，物业管理服务在实现业主权益上有新的扩展。如业主对节能、绿化与环境、废弃物的排放与处理、噪声污染、生活垃圾污染等方面对物业服务企业提出许多要求，有法律上的、有技术上的、也有公共关系处理上的。物业服务企业现在不得不面对这些问题，特别是需要技术力量才能处理，无疑地增加了成本。

再次，由于业主消费物业服务的档次和质量的提高，物业服务企业在人员数量和质量上需要不断更新才能满足需要。各类满足分类细化服务需求的专业技术型人才和实施项目管理、团队管理的综合型管理人才，将成为最抢手的物业管理人才类型。

12.2.3　制约与影响物业管理行业发展因素分析

由于现阶段我国物业管理行业处在上升发展时期，各种问题和矛盾也处于高发阶段，有深层次问题，如体制、关系、理论研究、立法、观念、管理方式与管理理念等问题；也有浅层次问题，如现实利益、服务质量、知识素养、管理模式等。

（1）对物业管理认识不足，物业管理逻辑不一致

物业管理服务作为市场经济的产物，但其理论准备不足，人们消费习惯没有改变，法律制度和政策可操作性不足，特别是人们的观念还没有完全从计划经济的福利事业、免费消费习惯、行政管理方式和不平等关系模式上完全转换到市场经济的有偿服务、花钱消费和平等交易、契约服务上来。在普遍民众长期无大量财产性收入和房地产资产的情况下，对基于财产权的物业管理权益也重视不够，业主自治意识缺乏、公共权力的淡漠和契约精神的缺失，加之物业管理理论研究不够，知识准备不足，缺乏正确的理论和政策引导，人们在物业管理规律的认识把握上产生偏差，造成物业管理基本主体的缺位和错位，物业管理运营逻辑不一致，矛盾纠纷丛生。

（2）物业管理规律把握不准，制度设计不尽完善

由于时代的局限和客观条件的制约，加之在立法中受"宜粗不宜细"等因素的影响，原有立法中可操作性差等问题逐步显现出来。如《条例》和《业主大会规程》就业主大会的成立、运作、职责、执行机构等问题做了较为完备的规定，但在具体操

作层面上,业主大会筹备组如何组成并开展工作,如何保障业主大会的召开并发挥作用,政府主管部门如何对业主大会进行指导和监督,业主委员会如何接受业主、业主大会及有关部门的监督等,没有做出具体规定。由于立法设计上的局限性,一些小区业主大会不能发挥作用,对涉及业主利益的重大事项不经业主大会讨论,民主协商和少数服从多数的原则没有得到充分体现;一些业主委员会不能真正代表大多数业主的利益,个别成员甚至把个人利益置于业主共同利益之上,任意决定业主共同事务,损害其他业主利益或业主的共同权益。再加上有的物业服务企业运作不规范,业主自律的机制不够完善,造成物业管理区域内各种矛盾频频发生。

（3）物业管理关系不顺,责任界限不清

由于物业管理与房地产开发混业经营的长期运营习惯的影响,物业管理与房地产开发之间的关系混乱,开发商损害物业公司和业主的利益时有发生。另外,政府在处理物业管理和社区管理、公用事业经营管理、基层民主管理关系时没有发挥应有的作用,对社区管理公共性认识不足、关注不够,将物业服务企业看成纯粹的经营性组织,将业主的权益只从民事关系上对待和处理。开发商遗留的问题,如果只从民事关系上看,政府根本不用、也没有资格插手,但是如果将这些问题看作城市公共管理问题、社区和谐问题,政府就完全应该插手。况且开发商遗留的问题,如改变规划问题、质量问题、小区及通往城市中心的基本设施和公共服务承诺问题、维修基金问题、业主委员会成立与运作问题、小区文化设施问题、小区治安问题,这些原本就是政府的事情,开发商没有管好政府最后应该负责处理,至少应该指导和监督落实。现实是由于职责不清,使得物业服务企业承担了很多不该承担的工作和责任。如应由政府承担的社会治安职能,应由社区承担的社会保障职能,应由水、电、气以及公交等公用事业企业承担的经营管理职能,应由开发商承担的建设质量与保修责任等,业主将这些原来不是物业服务企业的职责误认为是物业管理的事情。一旦出了问题,业主都找物业服务企业算账,使得物业服务企业代人受过现象时有发生。

（4）传统管理方式根深蒂固,服务理念难以形成

物业管理的出发点和最终归宿是为业主提供质价相符的服务,但部分物业服务企业至今未能彻底转变经营理念,仍然以管理者自居,缺乏以服务为特征的为业主服务意识,造成服务质量低劣,使得物业服务的特征被淡化。少数物业服务企业过度追求利润,在物业管理收费定价时,没有充分考虑业主对物业管理的支付意愿和承受能力,把过高的收费标准强加给业主,给进驻后的管理留下了隐患;有的物业服务企业不按照合同的约定为业主提供质价相符的服务,引发了业主的不满。

（5）物业管理人才培养教育混乱,人才素质参差不齐

物业管理是新兴的服务行业,尽管国家出台了一系列的法规、规章和规范性文件规范行业的发展,并通过培训等手段提高物业管理人员的素质。但由于多种原

因,整个行业从业人员的文化素质、专业技术素质偏低,滞后于行业发展的要求。除了前述物业管理高等教育和中职教育存在的问题外,行业企业在人才培训培养上还存在走过场、为"证"而学的问题,因而培训的有效性不强;行业内存在不愿培养,靠"挖""引"人才解决人才不足问题的习惯方式,致使物业管理职工队伍参差不齐,高层次、复合型管理人才严重短缺。由于大部分企业没有形成自己的品牌和文化,企业认同感不强、留不住优秀人才,人才流动性大。一些中小企业更是不重视人才培养,专业人才奇缺,部分管理人员素质和能力与承担的任务不相适应。一些运作不规范的企业和职业素质较低的从业人员的存在,使一些物业服务水平不尽如人意,客户关系紧张,甚至引发激烈的冲突和矛盾,损害了行业的形象。

(6)行业协会功能弱化,自律意识和能力较差

物业管理行业的发展除了有赖于业主、政府、媒体和司法等外部力量的监督以外,更主要的是加强行业自律。但是由于物业管理行业是个新行业,房地产行业并没有完全放弃对物业管理行业的控制,特别是物业管理行业的企业家,今天在位明天就可能是房地产企业家了。事实上物业管理行业中的知名企业的高管、资金、经营决策、管理项目等方面都没有脱离房地产开发企业的行政控制或经济控制,行业协会因此而不能自强自立,自律能力也不强。目前全国已有七十多个大中城市成立了物业管理协会,中国物业管理协会已经为一级资质的物业服务企业建立了诚信档案制度。但物业管理行业运作仍然依赖于行政监管,行业自律机制仍未完全建立起来,行业自律的社会化和专业化制度依然较低。这也是导致行业无序竞争和行业危机加剧的主要原因。

12.2.4　物业管理行业的发展路径

物业管理是随着市场经济兴起的新兴行业,它以市场化、企业化、专业化、社会化方式提供物业管理服务,在国民经济中的地位和作用越来越重要,在实现小康目标及建设和谐社会、和谐社区的进程中越来越重要。物业管理行业的可持续发展既是行业自身健康发展的必然要求,也是整个国民经济和社会可持续发展的重要组成部分。要实施物业管理行业的可持续发展,必须抓住如下几点。

(1)加强物业管理理论研究,促进行业健康发展

目前物业管理理论研究的滞后,已经成为制约物业管理行业发展的关键因素。正如前面所讲,物业管理行业企业的发展离不开理论的指导,科学的理论不但可以转化为现实生产力,还可以认识生产关系现状,揭示物业管理规律,为物业管理行业企业创造良好的制度环境和带来发展机会。非常高兴的是中国物业管理协会已经看到这个问题,为加强物业管理理论研究工作,中国物业管理协会于 2008 年 6 月 28 日在深圳召开了行业发展研究中心成立大会,70 名特聘研究员参加了会议,共商物业管理发展大计。2007 年《物权法》颁布实施后,全国各高校对物业管理专

业和学科也开始重视。2007年国家精品课程也第一次出现了物业管理专业的课程《物业管理实务（1）》，同时物业管理学术研究空气也越来越浓厚，成果也越来越多，新闻传媒也开始正面报道物业管理活动，这些都是"正本清源"的良好开端。

（2）推行"分业经营"体制和"分开运营"模式，实现行业独立价值

首先，要坚定不移地发挥行业协会的作用，全面推行房地产开发与物业管理分业经营管理体制。行业协会应从组织机构到职责，再到运作，都达到健全、有效。充分发挥行业协会上联政府，下联会员企业，同时关注业主权益（因为我国还没有业主协会），重点搞好行业发展理论研究、反映企业合理诉求、维护企业合法权益、形成行业的凝聚力、正确引导舆论宣传，同时也调查业主需求、测评业主满意度、企业信誉评价、劣质企业淘汰、支持业主委员运作和合法权益维护等工作。只有做好自律、提升实力、形成品牌、团结好业主才能真正实现分业经营；否则自律差、资质低、实力弱、服务劣，业主不满意、纠纷多，就是让物业公司独立也不能得到健康发展。

其次，在拓展商务物业、工业物业业务时要推行"分开运营"模式。在商务物业、工业物业管理领域，没有物业经营管理与工商业经济运营管理按各自规律和逻辑进行分开运营，物业管理的价值就体现不出来，专业的工业物业、商务物业的经营管理业务就没有发展的空间。未来中国物业管理必然要走向高端物业、资产经营等高回报物业管理业务领域，由于运营模式的限制，专业的工业物业经营和商务物业经营管理首先会在资本运作、人才团队、经营决策、品牌经营等几个关键要素上受制于人。特别是国内工业物业的业主很多是国有企业，其具有的垄断性，使其他靠管理住宅物业起家的物业服务公司很难进入。目前工业物业领域的物业服务企业基本上是原有企业改制而来，大型商务物业也大多是由国外知名企业参与合作、顾问、管理，本土企业独立运作的较少。因此，"分开运营"是工业物业、商务物业管理发展的必由之路。

（3）政府应加强对物业管理行业发展的支持力度，推动物业服务成为社区管理服务的先锋

物业管理服务处于社会公共管理和公共服务的低端和底层，有很明显的公益性和社会性。改革开放初期，百废待兴，经济发展中的资金不足，政府利用房地产开发权来促进社区公共设施建设和社区商业化的物业管理服务，促进了城市化和房地产经济的发展，但同时也牺牲了部分社区公共利益。随着党和国家对社会发展的关注，社区管理、社区服务、社区保障、社区环境、居民权利、社区和谐等成为社会发展中的重要民生问题，政府在经济发展到一定程度，有财力的情况下应关注这些本应由政府做的事情。目前有些经济发达城市已经开始实施对经济能力差的居民进行物业管理费补贴政策，这是回归正轨的做法，值得期待。政府应在物业服务市场体系建设方面发挥应有的作用，在物业管理费定价、物业管理项目招投标、物

业服务等级标准、物业服务客户满意度评价、住宅专项维修基金管理、社区管理与服务体系建设统筹等诸多方面为物业服务企业创造的良好经营环境。

(4)物业服务企业应当提升自身实力,走品牌经营发展的道路,适应国际国内竞争的需要

目前,物业服务企业一方面受到国外知名品牌企业的市场挤压,特别是高端物业管理领域基本上是处在国外知名企业垄断状态;另一方面一般住宅物业等低端物业类型主要是国内一级资质企业获得经营权较多,一些知名国内企业在高端物业管理上开始走强强联合的道路。物业服务企业发展的出路在于发挥自身实力,打造优质品牌。资金、人才、技术、管理、品牌等成为物业服务企业关注的重点发展要素;质量、职业健康和环境认证、智能化信息化、个性化服务、专业团队建设、"强强联合"等成为企业发展的重要手段;物业服务质量、顾客满意度等成为物业管理绩效的主要评价指标。物业服务企业应当按社会化、市场化、专业化、品牌化、国际化的战略要求来发展自己,特别是品牌化、国际化的战略尤为重要。

品牌化是我国物业管理行业发展的重要战略。我国物业服务的品牌建设,或者说打造物业服务品牌企业,在 20 世纪 90 年代中期就已经开展,但那时的打造物业服务品牌企业还停留在初始阶段,真正有意识地去做并产生重大效应的是近几年。我国物业管理行业经过近 30 年的探索与实践、改革与发展,涌现出一批品牌物业服务企业,国家建设部认定的国家一级资质物业服务企业已达 368 家。随着我国物业服务市场化的形成,新一轮物业服务企业的竞争已经进入了品牌竞争的新阶段。近年来,国外品牌物业服务企业大举进入我国物业服务市场,它们凭借成熟的运行机制、丰富的管理经验、良好的品牌形象、高超的专业化管理水平、灵活的用人机制,已对我国物业服务企业构成了严重的挑战。面对众多国内外品牌物业企业争夺天下的时代,我国物业服务企业要生存,要发展,要在竞争中打败对手,必须不失时机地打造物业服务品牌企业,把实施品牌战略作为走向市场的重头戏。在国内品牌物业服务企业中,通过整合、兼并、重组,近年有望在上海、北京、深圳等城市出现多个像上海陆家嘴物业管理公司一样的超大型物业服务企业集团(管房面积超过 2 000 万平方米、营业收入过亿元),代表我国物业管理行业的管理服务水平和行业形象,并肩负起挑战国内外物业服务市场的重任。

我国物业服务市场已经是国际物业服务市场的一部分,因此国际化是物业管理行业发展的必经阶段,也是适应竞争需要发展壮大自己的必然选择。物业服务国际化表现为两个方面:一方面是以国外物业服务企业进入我国物业服务市场为特征的外来型国际化;另一方面是以我国物业服务企业走出国门、进入国外物业服务市场为特征的输出型国际化。尽管我国的物业服务起步较晚,但我国物业管理行业面临国际化的问题不容迟疑。正如我们看到的,北京、上海等大城市的物业服务市场几乎都有境外物业服务企业的参与,我国物业服务市场受国外物业服务企

业的冲击日益激烈。在北京、上海等城市,国外的物业服务企业进来后,不仅抢占了我国物业服务市场的份额,而且正以滚雪球之势,占领市场的份额越来越大。应当说加入世贸组织以来,我国物业服务的国际化已经得到业界的重视,并纳入了物业服务的工作日程。中海物业公司为我国物业服务企业进入国际市场起到了扛大旗、打头阵的作用。随着我国物业服务企业自身综合实力和品牌知名度的不断提高,会有更多的物业服务企业打进国际市场。这也是我国物业服务企业的现实选择。

(5)物业管理行业的发展还要处理好与其他利益相关者的关系

物业管理的复杂性在于公共管理和经营管理并举,管理主体众多,关系模式各不相同,管理依据也不一样。物业管理行业企业必须在这样的环境中生存和发展,关系不顺矛盾多,问题难处理。因此,要根据物业管理关系的不同模式和运营规律,进行有效处理。首先要发挥政府的行政政策法规的抽象规制作用和行政指导、监督与管理的具体行政行为作用,还要利用城市政府的公共资源和政府的权威作用优化社区管理和物业管理环境。其次是发挥业主的自主治理作用,通过业主自治权的实现,来寻求物业服务企业的经营效益。其三是充分发挥居民委员会的指导和管理作用,促进社区管理、社区服务、公用事业和物业管理均衡发展,多方共赢。

〖简要回顾〗

本章重点讨论物业管理行业发展的理论和实践的问题。

首先分析物业管理理论对物业管理发展的直接和间接促进作用,以及制约作用;其次分析了物业管理发展的机会与挑战、发展趋势、制约因素和发展路径。

本章既总结了现状也展望了未来,同时对物业管理将来的发展提出了建设性意见和建议,可以说本章是本书的结束总结,又是物业管理发展的全新开端。

〖案例碰撞〗

金典物业"创新服务"显良好社会效应

2002年,正当湖南省的物业管理服务行业初具规模,步入正轨的时候,有3名从一家大型商业机构辞职的高中层管理人员,他们放弃"铁饭碗",端起"泥饭碗"成立了一个湖南金典物业管理有限公司。公司董事长龚为荣认为:"服务行业只要精心服务,不断创新,就能出效益,就会有收获,也会成为一个充满生机、充满希望的行业。"

近6年来,金典物业的发展无疑可以用得上这4个字:"迅速崛起"。目前,已涉及的物业管理服务领域包括:医院、学校、行政事业单位、商住物业、仓储物业等,管理面积约100万平方米,公司员工约500人,现在的金典物业管理有限公司已经是国家二级资质物业服务企业,在同行业中率先通过了 ISO 9001:2000 国际质量管理体系认证,被湖南省建设厅评为"诚实守信"企业,湖南金典物业管理有限公司董事长龚为荣也多次被评为湖南省省级物业管理先进个人。其所有管理服务项目充分展示了和谐的社会效应,按他的话说,就是得益于"创新服务"。

首先,创新团队管理是"创新服务"的基石。谈到团队建设,龚为荣先生的脸上展现一种骄傲的神情,"我们的团队可以说真正体现了'能者上,庸者下'、'有为才有位'的用人原则"。职业经理人的期权制度在物业管理行业已经执行了好多年,但真正已经开始这样做的,甚至已经做到了的物业服务企业不能说没有,但肯定不是很多。经过几年的发展,金典物业已经形成了一套在同行业领先的人才激励机制。优秀且具有突出贡献的员工,随着职务的提升,可以直到拥有公司的股权,成为公司的股东。公司的副总经理是一名业务能力强、有上进心的年轻人,在公司市场拓展工作中表现尤为突出,而今,这名副总经理已经成为公司的股东。

其次,创新服务创造的是"感动"。创新服务首先应该是具有社会责任感。董事长龚为荣说:"感恩社会、回报社会一直是我们企业的企业文化内涵之一。"在日常,金典物业的特困员工,公司登记在册,公司管理层领导对口联系,经常对特困员工嘘寒问暖,对管理项目中住宅小区的特困住户,公司出台了一系列的帮扶措施,如果哪家住户面临困难,公司项目管理处就会在第一时间得到信息,首先登上特困住户家门的就是这群不知疲倦的物业管理人。四川省汶川大地震后,金典物业的人员,在第一时间作出了反应,除公司捐款外,还积极倡议员工捐款、献血,金典物业捐赠的善款居湖南省同行业前列。金典物业的善举,无形中带动了其管理项目的业主们踊跃捐款。

第三,创新服务要与时俱进。"先爱国后爱家然后爱自己"这是金典物业培养员工爱国精神,举国同庆的"2008 北京奥运"在金典物业就是大事,公司多次在员工中组织专题奥运知识宣传和奥运期间注意事项的培训。当奥运火炬到达长沙时,金典物业不但号召全体员工积极参与,还号召、组织了各管理项目的住户一起文明观看奥运圣火传递,感受奥运无限的荣光。

公司董事长说:"物业管理服务的'创新服务',不能单纯从专业管理模式和专业实操中创新服务,还要从大处着手创新服务,没有形成良好的社会效应,创新服务也就变成了一句空话。"所以说金典物业的创新服务,创造的是感动,创造的是良好的社会效应。(摘编自《中国现代企业报》)

互动话题:

1.金典物业创新服务有哪些举措? 如何评价?

2.金典物业在团队建设、文化建设及留住人才方面有什么管理特色?

3.金典物业的创新服务对物业管理行业发展有什么启示?

参考文献

References

[1] 黄安心.关于物业管理学科性质的看法与建议[J].江西社会科学,2006(5).

[2] 黄安心.公共管理:物业管理的根本属性[J].广州广播电视大学学报,2004(3).

[3] 王乐夫.论公共管理的社会性内涵及其他[J].政治学研究,2001(3).

[4] 邓如山.物业管理的起源和辨析[J].现代物业,2007(2).

[5] 黄安心.物业管理学科应当正确定位[J].现代物业,2007(3).

[6] 黄安心.当前物业管理人应当正视的问题[J].现代物业,2006(7).

[7] 陈万灵.社区管理对公共管理的理论和实践贡献[J].暨南学报:哲学社会科学,2003(3).

[8] 张慧.物业管理的几个理论问题[J].长沙大学学报,2007(1).

[9] 臧炜彤,张喜军.建筑物区分所有权制度对我国物业管理立法模式的影响[J].吉林建筑工程学院学报,2008(1).

[10] 何亚军.论我国物业管理业主委员会制度的完善[D].北京:中国政法大学,2007.

[11] 龙玉来.我国物业管理发展前景探析[J].管理研究,2007(3).

[12] 肖方仁.国外社区服务经验简介[J].合作经济与科技,2007(14).

[13] 肖艳.关于我国社区服务理论发展的分析与思考[J].求实,2000(11).

[14] 熊燕.试论住宅小区物业管理存在的问题与对策[J].时代金融,2008(5).

[15] 赵国志,钱凯西.企业战略管理方法研究[G].贵州省科学技术优秀学术论文集,2004.

[16] 高芙蓉.浅议加强企业团队管理与构建和谐组织[J].安阳师范学院学报,2006(1).

[17] 李兴森,丁茂良.团队管理一二三法[J].软件世界,2007.

[18] 黄海斌.虚拟企业组织的管理方法与应用[J].水运工程,2003(8).

[19] 郭秀清,严隽薇.基于项目管理的虚拟企业性能评价指标体系和方法研究[J].制造业自动化,2004(9).

[20] 沈苗英,陈延敏,周美立.现代虚拟企业的实用管理方法与网络系统模型[J].工程建设与设计,2000(2).

[21] 李广林.质量管理理论在房地产开发项目中的应用研究[D].武汉:武汉理工大学,2002.

[22] 王蕾.项目管理方法在大客户业扩流程管理中的应用——谈提升营销大客户业扩流程的集约化经营与精细化管理[J].电力信息化,2007(2).

[23] 李国强.基于项目管理的虚拟供应链运作模式及管理方法研究[D].重庆:重庆大学,2005.

[24] 黄安永,成欣.用项目管理方法提高物业管理水平[J].中国房地产,1996(10).

[25] 匡小平.运用项目管理方法指导物业管理走出困境[J].住宅科技,2002(3).

[26] 张家盛.客户关系管理应用研究[D].武汉:华中师范大学,2004.

[27] 陈睿.中海地产客户关系管理应用的研究[D].武汉:华中科技大学,2004.

[28] 谢献春.基于CRM的物业管理企业服务战略分析[J].江西社会科学,2005(6).

[29] 刘志君.新经济与传统房地产业的结合——浅谈房地产开发企业改善客户关系的方法[J].吉林建筑工程学院学报,2000(3).

[30] 谢鸿.项目管理中的沟通问题和沟通方法[J].广西科学学院学报:增刊,2005(10).

[31] 刁爱华.试论EFE矩阵在物业管理企业外部环境分析中的应用[J].当代经济,2007(7).

[32] 刘霞,王春兰.当前物业管理企业战略管理中的外部环境分析[J].中华女子学院山东分院学报,2005(1).

[33] 奚百尧.优化物业管理环境[J].中国房地信息,1999(6).

[34] 张永来.对完善我国住宅物业管理体制的思考[J].甘肃科技纵横,2008(1).

[35] 张战勇.城市居民社区自治组织发展初探——以业主委员会为例[J].前沿,2007(5).

[36] 涂振.业主自治是物业管理的基础[J].合肥工业大学学报:社会科学版,2004(8).

[37] 薛竹.物业管理呼唤新体制——兼论物业与居民自治相结合的社区管理体制[J].价格理论与实践,2003(11).

[38] 王景军.我国城市社区居民自治研究[D].北京:中国地质大学,2006.

［39］戴瑛,韩学科.物业管理权的性质［J］.辽宁行政学院学报,2007(7).

［40］徐玉环.浅析物业管理权的及物性特征［J］.安徽工业大学学报:社会科学版,2007(5).

［41］贾茹.物权法下的物业管理权［J］.现代物业,2007(13).

［42］陈士哲.物业管理体制存在的问题及其对策［J］.厦门科技,2007(5).

［43］高芙蓉.浅议加强企业团队管理与构建和谐组织［J］.安阳师范学院学报,2006(1).

［44］李健,范贻昌.关于房地产企业战略环境的SWOT分析［J］.内蒙古农业大学学报:社会科学版,2006(3).

［45］郭宗逵.物业管理体制探讨［J］.南京工业大学学报:社会科学版,2002(9).

［46］本刊编辑部.聚焦国外物业管理模式［J］.城市开发:综合版,2007(9).

［47］尹国森,尹国辉.物业管理经营体制的转变［J］.北方经贸,2004(3).

［48］肖江平.物业服务市场的自然垄断及其规制思路［J］.法商研究,2006(2).

［49］陈民.业主在物业服务市场上的角色分析［J］.商业时代,2007(26).

［50］刘兴桂,刘文清.物业服务合同主体研究［J］.法商研究,2004(3).

［51］万兴亚,赵谦.聚焦业主维权困境:选聘物业难讨要权益更难［N］.中国青年报,2005-12-12.

［52］傅中强.住宅区物业管理的体制、机制和市场建设［J］.时代金融,2007(11).

［53］苏宝炜,李薇薇.智能化住宅遭遇的尴尬与实施改进分析［J］.住宅与房地产·物业管理,2004(11).

［54］容国梁.来自北京市物业管理市场的一份调研报告［J］.中国物业管理,2005(12).

［55］苏宝炜,李薇薇."强制执行"全案揭示中国物管危机［J］.现代物业,2006(1).

［56］于淑文.目前我国物业管理市场存在的问题分析［J］.行政与法,2006(8).

［57］邹慈德.物业管理市场拓展问题探讨［J］.上海房地,2007(9).

［58］谢家谨.大有可为的物业管理［J］.中国房地产信息,1995(9).

［59］陈庆芳,任秋平.分业经营是规范物业管理业的必由之路［J］.中国房地产信息,2003(8).

［60］赵富林.开发商自炒"物业亲子"为哪般［J］.物业管理,2003(1).

［61］张慧文.浅谈当代企业组织模式的沿革与变迁［J］.社会纵横,2003(6).

［62］褚映峰.浅析物业管理行业中的人力资源素质与管理［J］.商场现代化:学术版,2005(11).

［63］石高林.当前物业管理企业搞好服务质量的策略［J］.现代物业,2007(2).

［64］王劲松.完善内部制度,做好物业管理人力资源工作［J］.中国物业管

理,2007(2).

[65] 李家伟.物业管理企业如何履行好社会责任[J].城市开发,2007(3).

[66] 李之松.物业管理创新探讨[J].温州职业技术学院学报,2004(2).

[67] 万红.品牌建立是物业管理企业个性和特点的集中体现[J].中国物业管理,2006(2).

[68] 肖洁.天成别墅物业服务质量管理研究[J].电子科技大学学报,2003.

[69] 谢家瑾.完善服务等级标准,提高物业服务水平[J].中国物业管理,2004(1).

[70] 陈鑫.物业服务收费制度的法律调整[J].法律适用,2006(11).

[71] 陈丽,高继伟.物业管理收费纠纷的成因及对策分析[J].现代商业,2007(21).

[72] 许文芬.商业物业的管理与运营模式探讨[J].商业时代:学术评论,2006(11).

[73] 刘明辉.商业物业管理在商业地产中的角色[J].西南民族大学学报:人文社科版,2004(7).

[74] 吕继光,赵利强.工业厂房的物业管理体会[J].现代物业,2007(2).

[75] 唐尚霞.浅谈行政后勤向物业管理的转轨改制[J].长沙民政职业技术学院学报,2006(6).

[76] 由滨生.关于物业管理的思考[J].西北工业大学学报,2005(1).

[77] 王超.大庆市第三产业发展水平综合评价研究[D].哈尔滨:哈尔滨工程大学,2006.

[78] 中国物业管理协会秘书处.全国物业管理行业生存状况调查报告[R],2008(5).

[79] 中国物业管理协会秘书处.中国物业管理协会第二届理事会第二次全体会议论文集[G].南宁:中国物业管理协会,2008-5.

[80] 李斌.物业管理理论与实务[M].上海:复旦大学出版,2006.

[81] 丁芸.物业管理案例精选与解析[M].北京:中国建筑工业出版社,2003.

[82] 林广志.物业管理学[M].广州:中山大学出版社,2000.

[83] 王秀云.物业管理理论与实务[M].北京:清华大学出版社,2006.

[84] 宋建阳,黄安心.物业管理实务Ⅰ[M].广州:广东高等教育出版社,2006.

[85] 朱爱华,张彦.物业管理[M].北京:社会科学文献出版社,2002.

[86] 韩朝.物业管理综合能力[M].北京:中国建筑工业出版社,2006.

[87] 韩朝,谭泽宏.物业管理经济学[M].北京:清华大学出版社,2007.

[88] 童忻.物业管理[M].北京:中国水利水电出版社,知识产权出版社,2006.

[89] 陈淑云.物业服务经济概论[M].武汉:华中师范大学出版社,2006.

[90] 李军鹏.公共管理学[M].北京:首都经济贸易大学出版社,2005.

［91］戴玉林.物业管理典型案例与分析［M］.北京:化学工业出版社,2006.

［92］景象,胥盈.物业管理案例分析［M］.北京:机械工业出版社,2006.

［93］黄安永.现代房地产物业管理［M］.南京:东南大学出版社,2003.

［94］刘胜全,吴民.物业服务企业 QES 三标一体化应用实例［M］.北京:中国水利水电出版社,2008.

［95］胡龙伟.物业管理概论［M］.北京:中国电力出版社,2006.

［96］王俊峰.物业管理基础［M］.北京:电子工业出版社,2007.

［97］方芳,吕萍.物业管理实务［M］.上海:上海财经大学出版社,2001.

［98］徐琳,孙惠萍.物业管理理论及实务［M］.成都:四川大学出版社,2006.

［99］罗伯特·C.凯尔,等.物业管理——案例与分析［M］.北京:中信出版社,2001.

［100］沈振闻.新编物业管理实务手册［M］.北京:中国市场出版社,2004.

［101］周小路.物业管理实务［M］.北京:电子工业出版社,2007.

［102］中国物业管理协会.物业管理综合能力［M］.北京:中国建筑工业出版社,2006.

［103］武智慧.物业管理概论［M］.2 版.重庆:重庆大学出版社,2008.

［104］苏宝炜,李薇薇.物业经理案头手册［M］.北京:人民邮电出版社,2008.

［105］李爽.物业管理师［M］.北京:机械工业出版社,2007.

［106］董藩,秦凤伟,刘毅.物业管理法律与制度［M］.北京:清华大学出版社,2006.

［107］邵光远.物业服务规范［M］.北京:中国经济出版社,2003.

［108］黄安心.物业管理实务 Ⅱ［M］.广州:广东高等教育出版社,2003.

［109］陈德豪,等.物业管理概论［M］.北京:中国轻工业出版社,2004.

［110］周宇.现代物业管理［M］.大连:东北财经大学出版社,2005.

［111］王青兰.物业管理导论［M］.北京:中国建筑工业出版社,2000.

［112］王建廷,盛承懋.物业管理［M］.北京:中国建筑工业出版社,2007.

［113］梁柱.中国物业管理理论探索与实践［M］.北京:中国经济出版社,2003.

［114］牛凤瑞,等.中国房地产发展报告［M］.北京:社会科学文献出版社,2007.

后 记
Epilogue

　　自从 2004 年盛夏在哈尔滨中国物业管理协会年会上提出物业公共事务管理的观点那一时刻开始,我就有一种预感,这将有可能诱发物业管理行业发展所必然的一个重要而大胆的理论创新活动。但同时这也是一个争议很大的课题,一方面,从网上可以看到不少的质疑声;另一方面,赞同、支持、关注的人随着时间推移也越来越多。不过这都成为我更加坚定地沿此学术路线探索、完善、发展下去的强大动力。自那时起就有一个强烈的愿望,要以此观点为基础,构建一个能自圆其说的物业管理理论新体系。

　　2007 年初,物业管理行业发生一些不得不令人关注的事件,特别是《物权法》的通过,《物业管理条例》也做了修改……物权、建筑物区分所有权、业主自治、物业服务、物业维修基金,等等,一些过去人们回避的话题忽然成为热门话题。可以说,这些最重要的物业管理理论与实践范畴的正本清源行动,给以物业公共事务管理理论为核心的物业管理理论体系的构建提供了良好的法律与政策环境。人们对反映业主公共事务管理规律的游戏规则的探索、膜拜与遵从,也是呼应物业管理理论创新的社会强音。但实际并非这么简单,一个行业的出生是要经过重大洗礼而后展示于众人,作为房地产母体长期孕育的新生儿,几乎所有的物质都是来自母体,初生后还有很长的母乳哺育期。他将以什么示人?是人们所共同期待的。这个期待的结果不应是母体克隆物,而应是一个蕴涵着所有物业人的新智慧、新思维、新气息的全新的充满生机活力的物业管理新机体!相信母亲一定期待孩子健康成长,青出于蓝而胜于蓝!期待他去兴旺一片行业新天地,期待他用新智慧解决新问题,以新的生机创造新的文明!

　　在这个物业管理行业"成人礼"的盛筵大典上,物业管理理论的创新自然地成为一道不可或缺的主菜。作为物业管理理论工作者,也期待为这个盛筵做一道自认为"拿手"的好菜,奉献出来大家一起品尝!一本系统研究物业管理理论体系的拙作，终于与所有关注物业管理理论研究与发展的"客人"们见面了。这可能是在做一种风险尝试！如同当初第一篇文章出来时一样，我的观点和说法可能让人爱恨交加，但我也相信更多的可能是让人清新开胃。尽管如此，希望大家在欣赏、评点、批评之余，更多的是鼓励。如果理论对人没有一点触动，就影响不了人，这种理论就没有出生的价值；进而言之，如果说理论不能推动实践中的新问题的解决，这种理论就更没有存在和发展的前提。我真诚希望得到大家批评和建议，以鞭策和鼓励本人在物业管理学科建设和行业发展中做出更有价值的行动。

本著第1版出版后，很快引起业内和学界关注，并给予很高评价，一些专家和读者也提出了很宝贵的意见。特别是《现代物业》杂志以"标准持重，理论奠基"为标题做的书评，这使我一方面感到受宠若惊，另一方面也深感责任重大，唯有努力耕耘，才有可能回馈大家的恩情！修改后的第2版，在科学性、体系性、逻辑性和通俗性上有较大的改善，也请大家一如既往给予关注，并不吝赐教！

在本著第2版出版之际，请允许我再一次向从我开始涉足物业管理理论研究领域就给我鼓励和支持的领导、专家、学者们表示衷心感谢！特别感谢中国物业管理协会会长、原建设部原房地产司司长谢家瑾女士，国家住房和城乡建设部房地产市场监管司物业管理处处长、原中国物业管理协会秘书长陈伟先生；学界专家东南大学黄安永教授，广州大学陈德豪教授、宋建阳副教授，山东工商学院闫旭骞教授，重庆大学贺云华副教授；业界知名专家陈庆芳女士，李健辉先生，宋有兴先生，时云女士；还有单位的领导、同事等。大家给我的关爱、支持和推举才有今天的成果！华南师范大学研究生袁文娟、蔡伟、冯文嘉、熊玲燕等同学参加了大部分章节的资料收集工作；重庆大学出版社林青山编辑在出版事务上给予了精心出版策划和指导；我的夫人在我艰难的著述过程中给了我贴心的支持和帮助，在此表示由衷的感谢！所有这些点点滴滴的呵护，汇聚了巨大的人气资源，创建了一个无与伦比的人文环境，激发了原初的学术潜能和动力，促使物业管理理论苗圃中的这株新苗能茁壮成长！促使本书顺利出版面世。也使我永远胸怀感恩之心，激励我唯以真诚和善行才能报答所有关爱我的人们！

最后必须说明的是，在本书中参考和借鉴了不少专家学者的研究成果，但限于篇幅还有一些参考资料没有在参考文献中列出，在此致歉并表示真诚谢意！

作　者

2010 年 1 月 27 日于广州麓湖